Holger König

Das Dachgeschoß

Gesunder Wohnraum unter dem Dach:
Ausbau - Umbau - Neubau

ökobuch
Staufen bei Freiburg

CIP-Titelaufnahme der Deutschen Bibliothek

König, Holger:
Das Dachgeschoß: gesunder Wohnraum unter dem Dach:
Ausbau - Umbau - Neubau / Holger König.
1. Aufl. - Staufen bei Freiburg : Ökobuch-Verl., 1993
ISBN 3-922964-55-9

Über Anregungen, Hinweise und
Kritik würde ich mich freuen.

Holger König
Wacholderweg 1
82194 Gröbenzell

Die Anwendungsempfehlungen und Konstruktionsbeispiele
in diesem Buch wurden nach bestem Wissen zusammengestellt. Für die praktische Umsetzung lassen sich daraus
jedoch keine Haftungsansprüche gegenüber Autor oder
Verlag ableiten.

ISBN 3-922964-55-9

1. Auflage 1993
2. unveränderte Aufl. 1994
© ökobuch Verlag, Staufen bei Freiburg, 1993
    Alle Rechte vorbehalten

Satz: Uwe Stohrer, Norsingen
Druck: Rombach GmbH, Druck- und Verlagshaus, Freiburg

Inhaltsverzeichnis

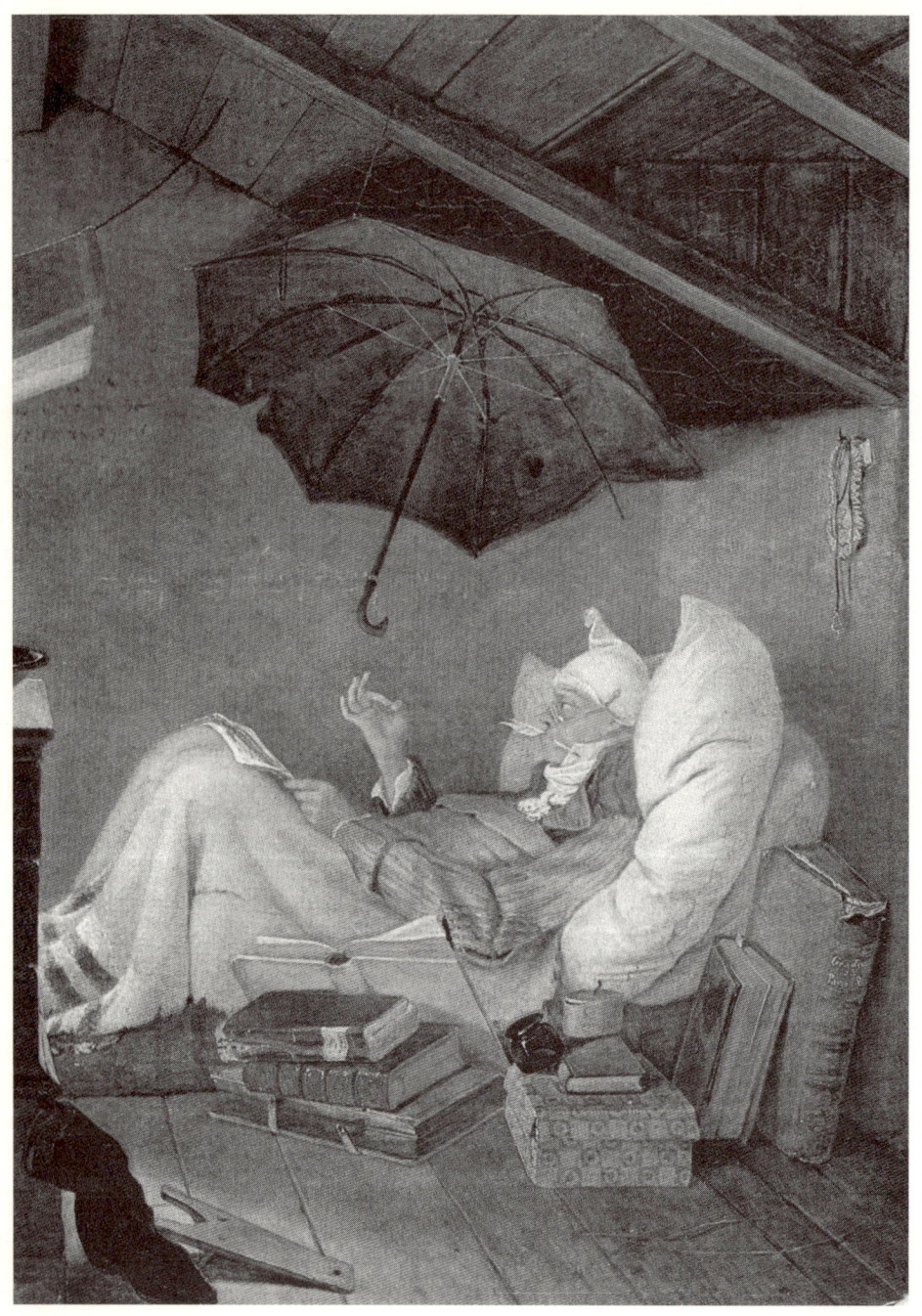

Vorwort

Thema und Anliegen des Buches ist es, Lösungen für die vielen Probleme aufzuzeigen, die beim Ausbau eines Daches für Wohnzwecke entstehen. Dabei wurde nicht nur an den nachträglichen Dachausbau eines bestehenden Gebäudes gedacht, sondern auch in der Entwurfsphase für einen Neubau kann das Buch wichtige Informationen in die Hand geben.

Von den baurechtlichen Anforderungen über die Gestaltung der Bauteile bis zu beispielhaften Lösungen soll der Leser/die Leserin zu einem Verständnis der vielen, sich gegenseitig beeinflussenden Faktoren geführt werden.

Was verbindet die Werbung gewöhnlich mit dem Wort Dachausbau? Latzhose und kariertes Hemd anziehen, Ärmel aufkrempeln, auf die Leiter steigen und sich von einer lächelnden jungen Frau den Mineralfaserfilz zureichen lassen. Piekfein die glitzernde Aluminiumfolie antackern und die glatt gehobelte Nut- und Federschalung zum Sonderangebot von 9,99 DM pro Quadratmeter aus dem Baumarkt darübernageln. Ein Kinderspiel!

Kein Wort über Winddichtigkeit und Tauwasserprobleme, kein Hinweis auf Feinstaubbelastung und Hitzestau. Dreißig Jahre realitätsverzerrende Werbung haben dafür gesorgt, daß unter Deutschlands Dächern unzumutbare Wohn- und Arbeitsbedingungen herrschen!

Soll der Dachraum jedoch ein angenehmer Aufenthaltsort sein, dann heißt es Abschied zu nehmen von liebgewonnenen Billigkonstruktionen, ungenauen Detailzeichnungen und schlampiger Bauausführung. Um schadens- und bauphysikalisch einwandfreie Konstruktionen zu schaffen, muß hier wesentlich mehr beachtet werden als im massiven Geschoßbau, wie im folgenden zu sehen ist.

Gröbenzell, im September 1993
Holger König

Historischer Rückblick

Im Dachgeschoß wohnt man nicht! Mit dieser Feststellung ein Buch über den Ausbau von Dachgeschossen einzuleiten, mag ungewöhnlich sein. Ein kurzer historischer Rückblick soll jedoch zeigen, daß der Dachraum in früheren Zeiten nur selten als hochwertiger Aufenthaltsraum gedient hat. Dies mag Handwerkern und Bauherren helfen, die vielen bunten Prospekte über das heute prestigeträchtige Wohnen unter dem Dach mit kritischeren Augen zu sehen und für die vielen Schwierigkeiten, die beim Dachgeschoßausbau bewältigt werden müssen, aufgeschlossener zu sein. Denn nur dann wird es gelingen können, unter dem Dach einen sowohl winters als auch sommers gut nutzbaren Wohnraum zu schaffen.

Betrachten wir die Grundrisse alter Gebäude, so wird deutlich, daß die Nutzung des Dachraumes im wesentlichen von der wirtschaftlichen Nutzung des Gesamtgebäudes bestimmt wurde. Da es bei Bauern, Handwerkern und Kaufleuten ein

"Nur-Wohnhaus" bis zur zweiten Hälfte des 20. Jahrhunderts nicht gab, war das Dach immer Vorratskammer im weitesten Sinne.

Ob der *Bauer* nun den Einraum-Haubarg in Norddeutschland, das Fachwerkgehöft in Mitteldeutschland oder den oberbayerischen Grünlandhof bewohnte, alle Höfe zeigen eine sehr ähnliche Grundrißorganisation. Das Erdgeschoß mit Küche, Speise, Stube und Stall diente der Tagesarbeit, das Obergeschoß war zum Schlafen da. Ging es eng zu, schlief der Knecht beim Vieh. Die großen Dachstühle mit Dachneigungen von 20 - 60° wurden als Kornspeicher oder Heuschober genutzt. Sie sicherten das Überleben des Viehs im Winter und die Aussaat im nächsten Frühjahr. Da die Bauern vom Ertrag des neuen Jahres unmittelbar abhingen, war der Vorrat ein Ausdruck ihres Reichtums oder ihrer Armut (Abb. 0.1, 0.2).

Abb 0.1
Bauernhaus in Holzständerkonstruktion
mit Klinkerausmauerung

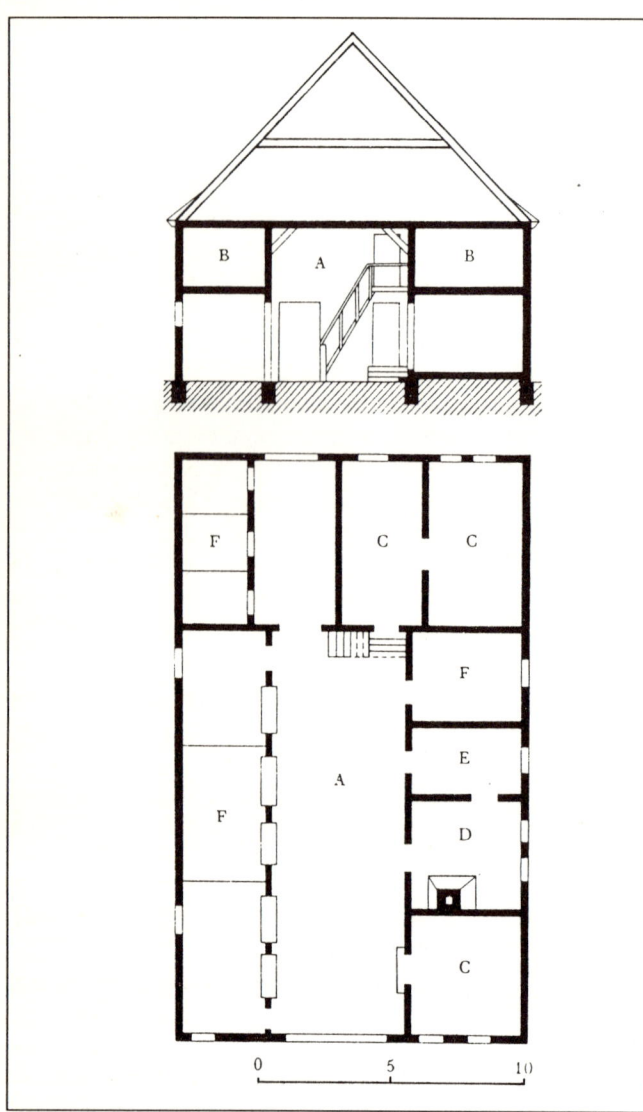

Abb. 0.2
Ackerbürgerhaus in Steinheim/Westfalen von 1729
(Grundriß und Schnitt)
Um die haushohe Diele (A) gruppiert, leben Menschen und Tiere unter
einem Dach (C = Stube, D = Küche, E = Kammer, F = Stall).
Lediglich ein umlaufendes Zwischengeschoß (B) ist für erweiterte
Wohnbedürfnisse eingefügt.   Quelle (1)

Der *Handwerker*, in der Stadt groß geworden, kannte bereits den Platzmangel, da der Mauerring der mittelalterlichen Stadt ein beliebiges Ausdehnen in der Fläche nicht zuließ. Der Raum an der Straße war knapp. Schmale, tiefe Parzellen mit dem repräsentativen Haupthaus zur Straße riegelten das Grundstück ab. Neue Wirtschafts- und Wohnflächen wurden oftmals durch eine Bebauung der rückwärtig liegenden Gartengrundstücke geschaffen. Diese Nebengebäude und der kleine Garten im hinteren Bereich waren unzureichend erschlossen und belichtet. Sie stellen die Planer bei heutigen Altstadtsanierungen vor große Probleme. Die Werkstatt besetzte das ganze Erdgeschoß, der Meister wohnte mit seiner Familie und dem Gesinde im Obergeschoß. Der Lehrling schlief in der Werkstatt oder wurde in ein zugiges "Dachstübchen" ausquartiert. Hier lebte er zwischen den gelagerten Materialien, die auch seinen Arbeitstag bestimmten.

Der *Kaufmann* lebt von seinem Lager. Die drei-, vier- und fünfgeschossigen Dachspeicher prägten das Bild der mittelalterlichen Fachwerkstädte bis in das neunzehnte Jahrhundert hinein. Die Kragbalken im Dachspitz für den Lastenaufzug und die Türöffnungen auf jeder Lagerebene bestimmten die Straßenansicht. Da die Ausstellungsräume das Erdgeschoß bereits ausfüllten und die Buchhaltung, das Kontor, im Obergeschoß untergebracht war, mußte die Familie oft auf das Hinterhaus ausweichen.

Die *Verwaltung* der Gottes- oder Kaiserreiche brachte neue Berufe hervor: Beamte, Lehrer, Geistliche. Diese lebten nicht mehr von ihrer Hände Arbeit, sie erhielten von Institutionen wie der Kirche oder der Gemeinde ein monatliches Salär und bekamen Wohnungen oder Häuser zugewiesen. Meist war ein kleiner Garten und Kleinviehstall dabei, der zum Lebensunterhalt beitrug. Aber auch in diesen bescheidenen Verhältnissen wurde im Dachgeschoß nur selten gewohnt.

Erst in den rasch wachsenden Städten wurde der Wohnraum so knapp, daß die Räume unter dem Dach als minderwertige Aufenthaltsräume dienen mußten. Üblicherweise wurden diese Räume aber nur vom Dienstpersonal genutzt. Noch heute sind in den großen Prunkbauten in Paris um den Arc de Triomphe 6 - 10 m² große "Taubenschläge" unter dem Dach

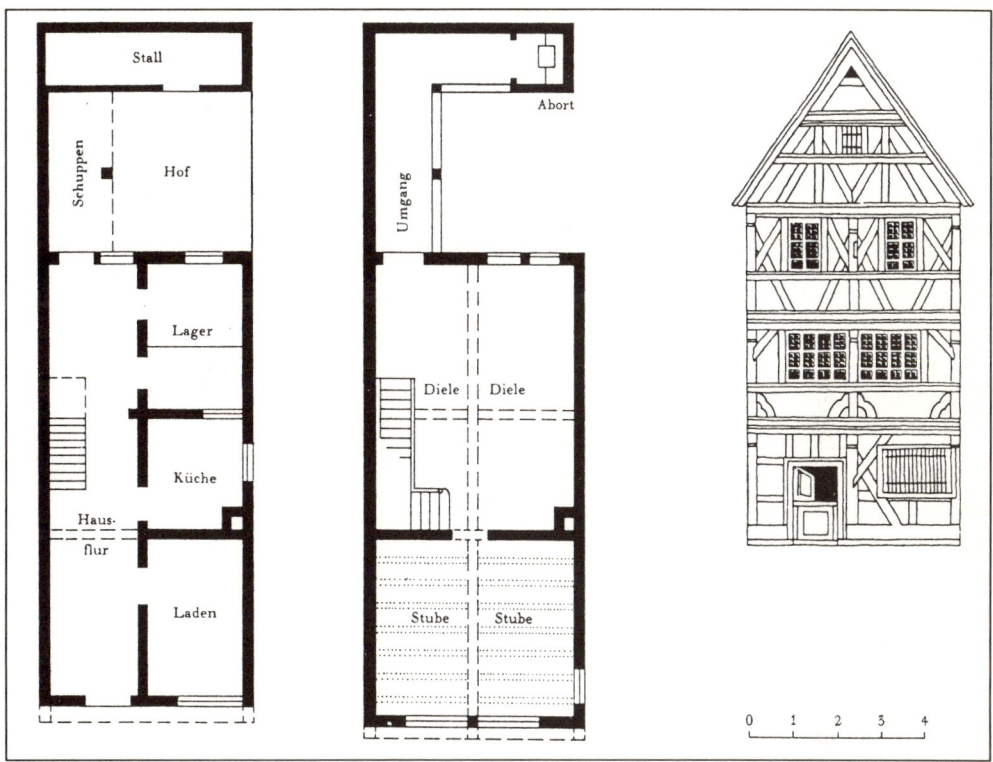

Abb. 0.3
Handwerker-Fachwerkhaus um
1500 (Grundrisse und
Straßenansicht). Wirtschaften und
Wohnen auf einem 5 m breiten
Grundstück.
Quelle (1)

in intensiver Benutzung. Durch die fensterlosen Flure, an die sich Kammer an Kammer und alle 50 m eine Toilette reihen, lassen sich ganze Straßenblocks abschreiten. "Der arme Poet" von Spitzweg, dem "Hofmaler" des kleinbürgerlichen Biedermeier, mag in einer solchen Dachkammer gehaust haben, mit dem Regenschirm über dem Bett, um die Wassertropfen aus dem undichten Dach von seiner Dichtkunst abzuhalten.

Die Manufaktur und Industrie des 18. und 19. Jahrhunderts brachte eine völlige Veränderung der Bevölkerungsstruktur. Aus erwerbslosen Landarbeitern und durch neue Technologien ruinierten Kleinhandwerkern entstand die sogenannte Arbeiterklasse und damit der Arbeiter, der nichts sein eigen nannte und nur seine Arbeitskraft verkaufen konnte. Seine Unterbringung wurde nach dem Profitgesetz geregelt: genutzte Wohnfläche = Mietpreis. Unter diesem Effizienzgesichts-

punkt entstanden die monotonen Arbeitersiedlungen der Industriestädte Englands und die Hinterhof-Bebauungspläne Groß-Berlins im 19. Jahrhundert. Vor diesem Hintergrund hatten die sozialreformerischen Ansätze der Gartenstadtbewegung von EBENEZER HOWARD und die Eigenheimbewegung der Nationalsozialisten dasselbe Ziel: Ein kleines Häuschen mit Wirtschaftsgarten in Privatbesitz für den bis dahin unterprivilegierten Arbeiter. Bei den verschiedenen Haustypen ist das ausgebaute Dachgeschoß hier nun aus Kostengründen obligatorisch.

Nach dem zweiten Weltkrieg wurden in Deutschland wegen des Wohnraummangels die noch verbliebenen alten Dachgeschosse in den Städten und auf dem Lande ausgebaut. Dabei konnten aus Materialmangel damals nur Mindestansprüche bezüglich des Wärme- und Brandschutzes und der

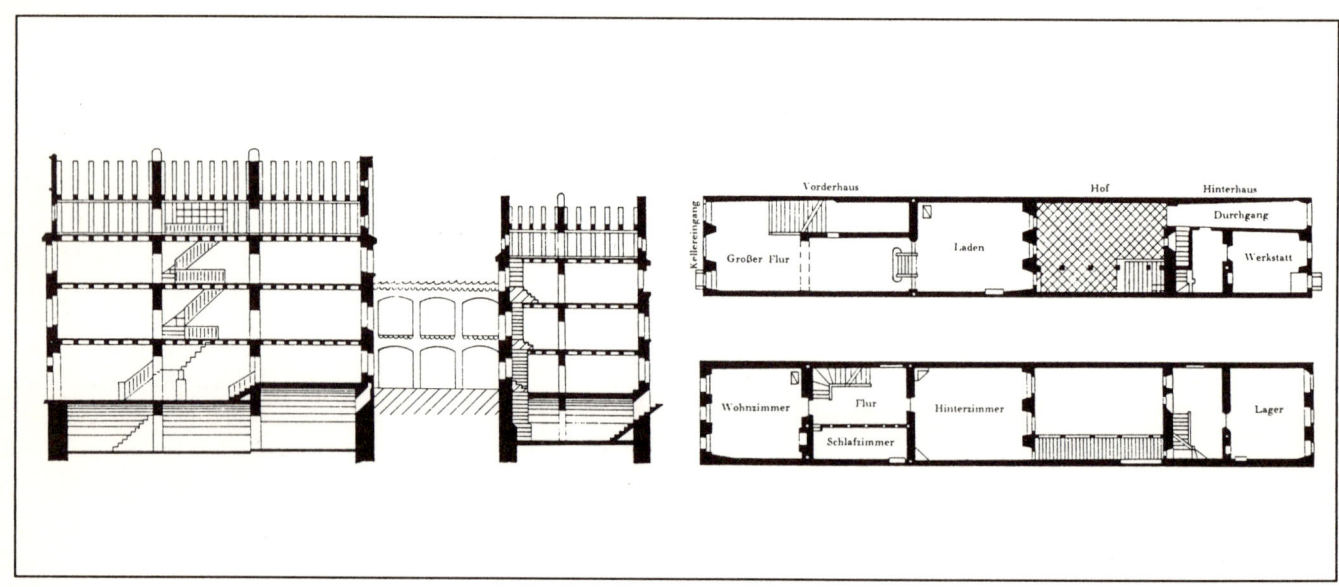

Abb. 04 Mittelalterliches Kaufmanns-Haus in Posen (Längsschnitt und Grundrisse des Erd- und Obergeschosses). Quelle (1)

Statik eingehalten werden. Der Wohlstandsgesellschaft der 70er und 80er Jahre blieb es vorbehalten, das ausgebaute Dach als besonders schöne und exclusive Wohnform zu propagieren und zu verkaufen. Zwei Gründe haben diese Entwicklung gefördert:

- Die vielen, nicht ausgebauten, großen Dachgeschosse in den Innenstädten versprechen bei geringer Investition hohe Renditen.
- Die Stadtplaner wollen mit der Festsetzung I+D (d.h. eingeschossige Bauweise mit ausgebautem Dachgeschoß) in den Bebauungsplänen darauf hinwirken, daß in verschiedenen Ortsbereichen, vor allem in Ortsrandlagen, eine abgestufte Bebauung mit geringer Grundfläche eingehalten wird (Abb. 0.5).

Die Situation in den 90er Jahren, nämlich Wohnraummangel als Folge von gestiegenen Wohnraumbedürfnissen, Bodenspekulation und Mietwucher, versucht man ebenfalls durch Förderung des Dachgeschoßausbaus zu entschärfen.

Aus diesen Gründen müssen viele Baufamilien, Planer und Handwerker eine Antwort auf die Frage finden: Wie baue ich ein Dachgeschoß sinnvoll aus?

Abb. 05
Einfamilienhaus mit ausgebautem Dachgeschoß in Ortsrandlage

1. Baurecht

Nichtausgebaute Dachräume bestehender Gebäude bieten oft ein beachtliches Reservoir, um mit dem Einsatz verhältnismäßig geringer Mittel zusätzlichen Wohnraum zu schaffen. Ziel der Baugesetzgebung ist es, durch entsprechende Vorgaben bei der inneren Bebauung von Städten und Gemeinden einen sparsamen Umgang mit Grund und Boden zu gewährleisten. Daher ist es aus städtebaulicher Sicht grundsätzlich sinnvoll, wenn zusätzliche Wohnräume und Wohnungen durch Um- oder Ausbau von Dachgeschossen geschaffen werden können.

Bevor ein Bauherr oder eine Baufrau sich entscheidet, ein Dachgeschoß auszubauen, muß die Frage geklärt sein, ob das geplante Bauvorhaben überhaupt baurechtlich zulässig ist. Zwei Gesetze sind hierbei zu berücksichtigen:

- Das bundeseinheitliche Baugesetzbuch (BauGB) mit der Baunutzungsverordnung und
- die jeweilige Landesbauordnung (LBO), die bei der föderativen Struktur der Bundesrepublik Deutschland in allen Ländern anders gestaltet ist, wobei zum Teil erhebliche Abweichungen festzustellen sind.

Im folgenden bezieht sich der Autor auf gesetzliche Bestimmungen, wie sie in Bayern zur Zeit gültig sind.

1.1 Baugesetzbuch

Den Gemeinden obliegt die Aufgabe, für das Gemeindegebiet festzusetzen, was wo und wie gebaut werden darf. Diese Festsetzungen können in einem Bebauungsplan als Rechtsnorm festgeschrieben werden (§33 BauGB). In bereits bebauten Gebieten mit freien Grundstücken, für die kein Bebauungsplan vorliegt, muß sich die Neubebauung in die vorhandene Bebauung einfügen (§34 BauGB). Ein Gang zum Bauamt der Gemeinde kann diesbezüglich Klarheit schaffen und spätere unliebsame Überraschungen vermeiden helfen.

Da ein Dachgeschoßausbau in der Regel zu Wohnzwecken dient, ist er in fast allen Gebieten der Gemeinde zulässig, ganz gleich, ob es sich um ein reines Wohngebiet (WR), ein allgemeines Wohngebiet (WA), ein Dorfgebiet (MD) oder ein Mischgebiet (MI) handelt. Wesentlich wichtiger für die planungsrechtliche Zulässigkeit eines Dachgeschoßausbaues ist das Maß der baulichen Nutzung. Dieses wird im Bebauungsplan durch die Grundflächenzahl (GRZ), die Geschoßflächenzahl (GFZ) und die Zahl der zulässigen Vollgeschosse festgesetzt.

1. Grundflächenzahl

Die Grundflächenzahl gibt an, wieviel Quadratmeter des Grundstücks überbaut werden dürfen. Eine GRZ von 0,2 bedeutet zum Beispiel, daß bei einer Grundstücksgröße von 1000 m² maximal 200 m² Grundfläche überbaut werden dürfen. Nebengebäude wie Garagen zählen dabei nur zur bebauten Fläche, wenn sie 10% der Grundstücksfläche überschreiten. Bei einer Aufsattelung, d.h. bei dem Aufbau eines geneigten Daches auf ein Flachdach, wird die Gebäudegrundfläche, im Gegensatz zu einem Anbau, nicht vergrößert.

2. Geschoßflächenzahl

Die Geschoßflächenzahl gibt an, wieviel Quadratmeter Geschoßfläche je Quadratmeter Grundstücksfläche zulässig sind. Die Geschoßfläche ist nach den Außenmaßen des Gebäudes in allen Vollgeschossen zu ermitteln. Ist das Dachgeschoß kein Vollgeschoß, so sind die Flächen der Aufenthaltsräume, einschließlich der zu ihnen gehörenden Treppenräume und die Umfassungswände mitzurechnen. Eine GFZ von 0,2 bedeutet zum Beispiel, daß auf einem 1000 m² großen Grundstück insgesamt 200 m² Geschoßfläche gebaut werden darf

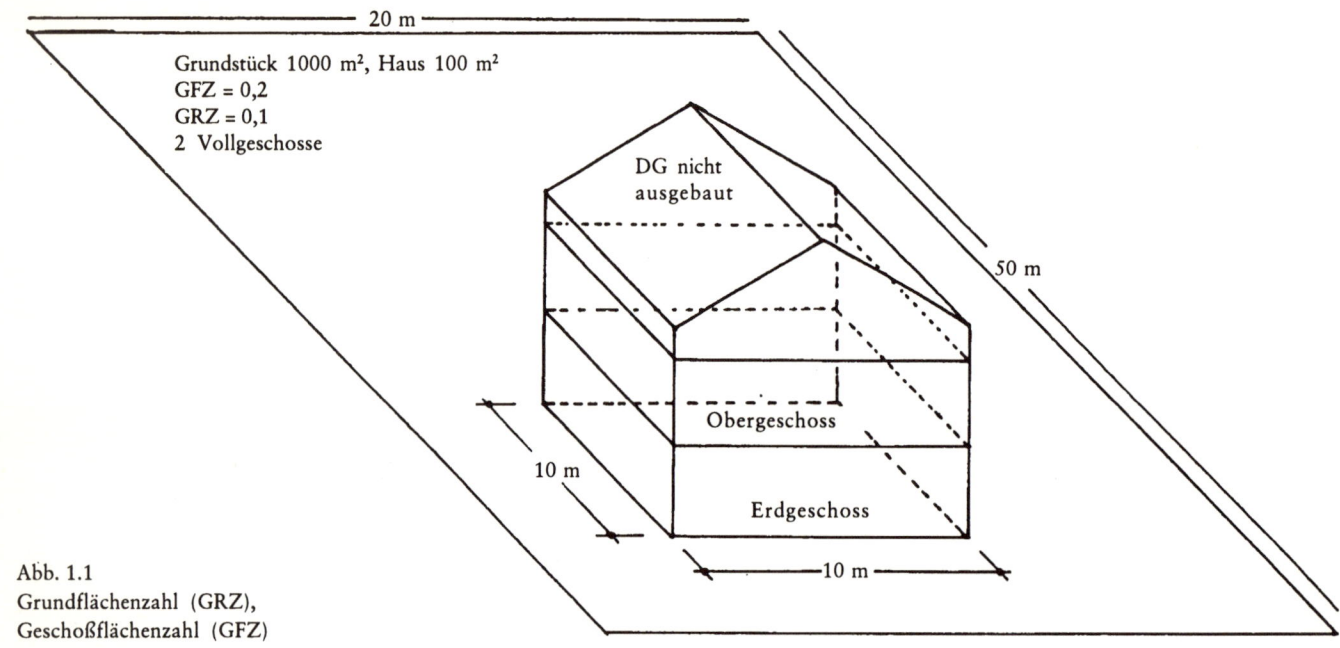

Grundstück 1000 m², Haus 100 m²
GFZ = 0,2
GRZ = 0,1
2 Vollgeschosse

20 m

50 m

10 m

10 m

DG nicht
ausgebaut

Obergeschoss

Erdgeschoss

Abb. 1.1
Grundflächenzahl (GRZ),
Geschoßflächenzahl (GFZ)

(Abb. 1.1). Wird die GFZ beim Dachgeschoßausbau überschritten, so ist nach §31, Abs.2 des BauGB eine Befreiung erforderlich, die aufgrund der neueren Rechtssprechung verfahrensrechtlich auch vertretbar ist. Städtebaulich ist dies problematisch, da so ein wichtiges Instrument der Stadtplanung unterlaufen wird, nämlich die Festlegung der zulässigen baulichen Nutzung durch den Bebauungsplan.

3. Vollgeschoß

Vollgeschosse sind Geschosse, die über mindestens 2/3 der Grundfläche eine lichte Höhe von 2,30 m aufweisen (Abb. 1.2). Befindet sich z.B. auf einem Grundstück ein Haus mit zwei Vollgeschossen, und sind nur zwei Geschosse zulässig, so darf das ausgebaute Dach kein Vollgeschoß sein. Entsteht durch den Ausbau, z.B durch den Aufbau einer größeren Gaube ein (nach der Festlegung nicht zulässiges) zusätzliches

Vollgeschoß, kann dieses dennoch genehmigungsfähig sein, wenn aus städtebaulicher Sicht die Grundstruktur des Gebäudes im wesentlichen erhalten bleibt.

4. Wohnflächenberechnung

Für die Wohnflächenberechnung gilt die DIN 283. Auch hier werden je nach Raumhöhe die Flächen unterschiedlich berechnet:

- Räume mit Höhen über 2 m. Bei der Flächenberechnung wird dieser Bereich als Vollgeschoß bewertet.
- Räume mit Höhen von 1,0 m - 2,0 m; sie werden bei der Flächenberechnung zur Hälfte als Wohnfläche bewertet. In diesem Bereich können z.B. das Bett, Sitzgelegenheiten, das WC, Wandschränke oder Regale untergebracht werden.

1 Erforderliche Höhe und Grundfläche eines Aufenthaltsraumes im Dachgeschoß.

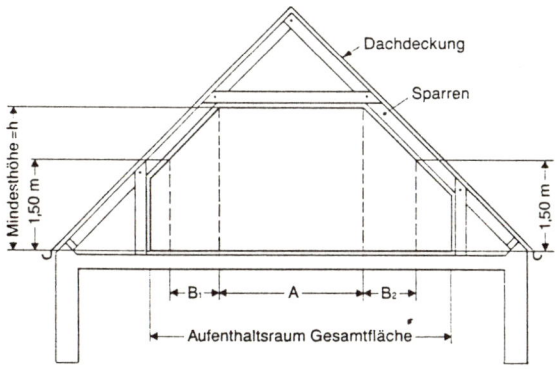

Voraussetzung für Aufenthaltsraum:

$$A \geq (B_1 + B_2)$$

h =   Mindesthöhe
                    (lichte Höhe des Aufenthaltsraumes)

h = 2,40 m: Bei Neubauten

h = 2,20 m: Mögliche Ausnahme bei Neu-
                    bauten durch Genehmigung der
                    Bauaufsichtsbehörde nach
                    Art. 72 BayBO

h = 2,20 m: Beim nachträglichen Ausbau des
                    Dachgeschosses in bestehenden
                    Wohngebäuden

A =   Fläche, über der die Mindesthöhe h
                    eingehalten ist

B_1, B_2 = Flächen, über denen die Höhe
                    kleiner als h, jedoch mind. 1,50 m ist

2 Bestimmung eines Vollgeschosses im Dachraum.

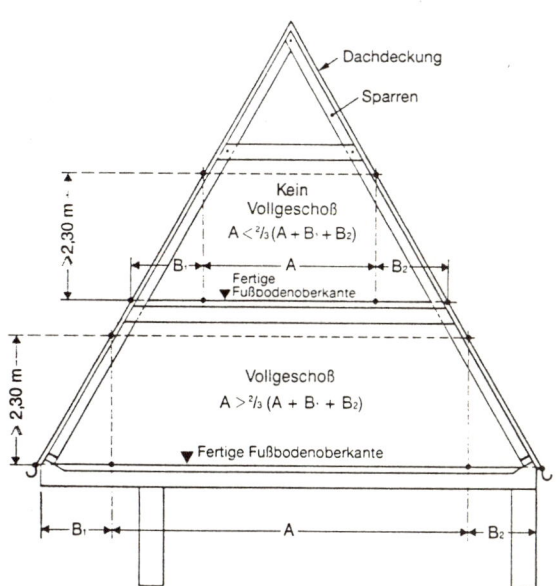

Voraussetzung für ein Vollgeschoß:

$$A \geq {}^{2}/_{3} (A + B_1 + B_2)$$

A = Fläche, mit einer Mindesthöhe von 2,30 m

B_1, B_2 = Fläche mit einer Höhe von < 2,30 m

Abb. 1.2 Bestimmung von Aufenthaltsraum und Vollgeschoß   Quelle (2)

Mindestraumhöhen von Aufenthaltsräumen im Dachgeschoß (nach Landesbauordnung)			
Bundesland	Mindest- raum- höhe m	über mindestens .... der Raum- Grund- fläche	Raumteile unter .... m bleiben außer Betracht
Bayern	2,20	1/2	1,50
Baden-Württemb.	2,20	1/2	1,50
Berlin	2,30	1/2	1,50
Bremen	2,50	1/2	1,50
Hamburg	2,30	1/2	1,50
Hessen	2,20	2/3	1,50
Niedersachsen	2,20	1/2	1,50
Nordrhein-Westf.	2,20	1/2	1,50
Rheinland-Pfalz	2,20	1/2	1,50
Saarland	2,30	1/2	1,50
Schleswig-Holstein	2,30	1/2	1,50
Brandenburg*	2,30	1/2	1,50
Mecklenburg-Vorp.*	2,30	1/2	1,50
Sachsen*	2,30	1/2	1,50
Sachsen-Anhalt*	2,30	1/2	1,50
Thüringen	2,30	1/2	1,50

Abb. 1.3
Mindestraumhöhen von Aufenthaltsräumen im Dachgeschoß (nach Landesbauordnung)   Quelle (3)

Baustoffklasse	Bauaufsichtliche Benennung
A A1 A2	nicht brennbare Baustoffe
B B1 B2 B3	brennbare Baustoffe schwerentflammbare Baustoffe normalentflammbare Baustoffe leichtentflammbare Baustoffe

Abb. 1.4   Brandschutzklassen

- Raumhöhen unter 1,0 m: deren Nutzung ist immer eine Notlösung. Es empfiehlt sich, diesen Bereich mit einer Wand, der sogenannten Abseiten-, Drempel- oder Kniestockwand, vom Wohnraum abzutrennen. Eventuell kann durch eine Tapetentüre der Raum für eine zusätzliche Abstellmöglichkeit zugänglich bleiben.
- Balkone sind zur Hälfte anzurechnen.

1.2 Landesbauordnung

Die bauordnungsrechtlichen Belange werden in den jeweiligen Landesbauordnungen geregelt.
Um dem Wohnraummangel effektiv zu begegnen, hat die vierte Novelle zur Bayerischen Bauordnung (BayBO) für den Dachgeschoßausbau erhebliche Erleichterungen gebracht, z.B. durch die Genehmigungsfreiheit für die Errichtung einzelner Aufenthaltsräume, die Verringerung der notwendigen lichten Höhe usw. Da dies aber sicherlich nicht in allen Bundesländern der Fall ist, werden nachfolgend die wichtigsten Begriffe und Anforderungen näher erläutert.

1. Aufenthaltsraum

Räume, die nicht nur zum vorübergehenden, sondern zum dauernden Aufenthalt von Menschen bestimmt sind, werden als Aufenthaltsräume bezeichnet.
Aufenthaltsräume müssen eine lichte Höhe von 2,40 m aufweisen, die nach der Bayerischen Bauordnung (BayBO, Art. 61 (2)) beim Dachgeschoß auf 2,20 m verringert werden darf. Diese Höhe sollte über die Hälfte der Raumgrundfläche eingehalten werden, wobei Raumteile unter 1,50 m unberücksichtigt bleiben. Die Landesbauordnung für Baden-Württemberg sieht ebenfalls die lichte Höhe von 2,20 m über mindestens die halbe Grundfläche als notwendig an (LBO BW, 38 Abs.1), dasselbe gilt in Nordrhein-Westfalen (LBO NRW, 44,1) und in einigen anderen Bundesländern (Abb. 1.3).
Stehende Fenster für eine ausreichende Belichtung und Belüftung müssen vorhanden sein, ihre Fläche sollte 1/8 der Grundfläche betragen bzw. 12,5%.

Aufenthaltsräume im Dachgeschoß müssen unmittelbar über der obersten Geschoßdecke liegen.

Diese Räume müssen einen zweiten gesicherten Rettungsweg aufweisen oder mit Feuerwehrleitern sicher zu erreichen sein. Darüberhinaus sind auch noch bautechnische Auflagen bezüglich des Brand-, Wärme- und Schallschutzes zu erfüllen, sowie die Garagen- und Spielplatzverordnung zu beachten und bestimmte Abstandsflächen einzuhalten.

2. Brandschutz

Dem Brandschutz wird von Seiten der Baugenehmigungsbehörde besondere Aufmerksamkeit gewidmet, da die Dachstühle meist aus brennbarem Material bestehen, und somit die Brandgefahr größer ist als in den massiven Untergeschossen. Zudem sind meist auch die Fluchtwege länger.

Die Räume müssen gegen nichtausgebaute Geschosse durch mindestens feuerhemmende (Feuerwiderstandsdauer > 30 Minuten = F 30 B) Wände, Decken und Türen abgeschlossen sein. Dies gilt nicht für Gebäude mit nur einem Vollgeschoß unterhalb des Dachgeschosses.

Bei dem Ausbau von zwei Dachgeschossen übereinander sind alle Umschließungsflächen des unteren Dachgeschosses feuerbeständig (F 90 B, d.h. aus brennbaren Baustoffen, oder F 90 A, d.h. aus nicht brennbaren Baustoffen) auszuführen, das zweite Geschoß braucht nur jedoch nur feuerhemmend (F 30) ausgebildet sein (siehe untenstehend Exkurs Brandschutz).

Fenster, die zur Rettung von Menschen bestimmt sind, müssen mindestens 0,6 x 1,0 m groß sein, die Unterkante der Öffnung darf nicht höher als 1,1 m über dem Fußboden liegen und die Entfernung zur anleiterbaren Traufe kann max. 1,0 m in der Schräge betragen. (DVBay BO 10 (2)).

Exkurs Brandschutz

In der DIN 4102 werden Baustoffe und Bauteile nach ihrem Brandverhalten klassifiziert.
Baustoffe werden in die Baustoffklassen A und B eingeteilt (Abb. 1.4). Als nichtbrennbare Stoffe (Klasse A) gelten alle

Feuerwider-standsklasse	Feuerwider-standsdauer	Bauaufsichtliche Benennung
F 30	≥ 30 min.	feuerhemmend
F 60	≥ 60 min.	------------------
F 90	≥ 90 min.	feuerbeständig
F 120	≥ 120 min.	------------------
F 180	≥ 180 min.	feuerhochbeständig

Abb. 1.5 Feuerwiderstandsklassen

mineralischen Stoffe z.B. Lehm, Kies, Kalk, Steine und Schaumglas. Brennbare Stoffe (Klasse B) werden unterschieden in

- *schwerentflammbare Baustoffe (Klasse B 1), z.B. verputzte, mineralisch gebundene Holzwolleleichtbauplatten,*
- *normalentflammbare Baustoffe (Klasse B 2), z.B. imprägnierte Kokosfaser, Kork, Holz ab 2 mm Dicke und*
- *leicht entflammbare Stoffe (Klasse B 3) z.B. Heu, Papier, Holzwolle. Leichtentflammbare Stoffe dürfen beim Bauen nicht verwendet werden.*

Bauteile werden nach ihrem Brandverhalten in Feuerwiderstandsklassen eingeteilt (F 30, F 60, F 90), wobei die Bezeichnung F30 bedeutet, daß das Bauteil im Brandfall mindestens 30 Minuten lang dem Feuer Widerstand leistet (Abb. 1.5).
Je nach Gebäudenutzung und Stockwerksanzahl setzen die Bauordnungen Brandschutzauflagen fest, deren Einhaltung streng kontrolliert wird (Abb. 1.6).
In Gebäuden mit zwei und mehr Vollgeschossen unterhalb des Dachraumes sind Wände, Decken und Dachschrägen von Aufenthaltsräumen feuerhemmend (F 30-B) auszubilden. Für den Einbau von Aufenthaltsräumen im 2. Dachgeschoß gelten die gleichen Anforderungen, die Wände, Decken und Dachschrägen von Aufenthaltsräumen im 1. Dachgeschoß sind jedoch feuerbeständig (F 90-AB) auszubilden. Wird das 2. Dachgeschoß in bestehenden Gebäuden ausgebaut und das 1. Dachgeschoß nicht wesentlich geändert, genügt es ausnahmsweise, wenn Wände, Decken und Dachschrägen beider Dachgeschosse feuerhemmend (F 30-B) ausgebildet sind. Wird im Zuge des Ausbaus des 2. Dachgeschosses das 1. Dachgeschoß wesentlich geändert oder erfolgt der Ausbau

Voll-geschoß	Gebäude mit bis zu 2 Wohnungen	Wohn-gebäude	Andere Gebäude	Landwirtsch. Gebäude
10 9	Feuerbeständige Bauart aus nichtbrennbaren Baustoffen F 90 - A			
8 7 6 5 4	Feuerbeständige Bauart, zum Teil auch aus brennbaren Baustoffen F 90 - AB			
3	Feuerbeständige Bauart, im konstruktiven auch brennbare Baustoffe, aber mind. F 30			
2 1	Ohne Auflagen			Ohne Auflagen
KG	Feuerhemmende Bauart			

Abb. 1.6 Brandschutz-Auflagen der bayerischen Bauordnung

des 1. und 2. Dachgeschosses gleichzeitig, genügt es ausnahmsweise, wenn Wände, Decken und Dachschrägen des 1. Dachgeschosses unter Einbeziehung der bestehenden hölzernen Dachkonstruktion feuerbeständig F 90-B (anstelle des massiven Dachausbaus) ausgeführt werden, während der Ausbau des 2. Dachgeschosses F 30-B sein muß. Hierbei ist zu bemerken, daß ein Gebäude bereits einen Tag nach der Bauabnahme als bestehend gilt.

3. Wärme- und Schallschutz

Dächer müssen wärmegedämmt und so ausgebildet sein, daß eine übermäßige Erwärmung und Tauwasserbildung verhindert werden.

In Einzelfällen sind Schallschutzmaßnahmen erforderlich.

Der Dachraum muß be- und entlüftbar und vom Treppenraum aus zugänglich sein. In Einfamilienhäusern ist auch ein Zugang von anderen Räumen aus zulässig.

4. Garage, Spielplatz, Abstellraum

Werden im Dachgeschoß nicht nur weitere Aufenthaltsräume für bestehende Wohnungen gebaut, sondern neue Wohnungen eingerichtet, so sind zusätzliche Vorschriften zu berücksichtigen:

Für ein Gebäude mit mehr als drei Wohnungen ist ein Kinderspielplatz zu schaffen.

Für eine neue Wohnung sind zusätzliche Stellplätze einzurichten.

Die Stellplatzverordnung der Gemeinde oder des Landkreises kann ein, eineinhalb oder 2 Plätze für jede neue Wohnung verlangen. Eine Ablösung der Stellplätze durch Geldzahlungen ist nur in Ausnahmefällen zulässig.

Die Dachgeschosse von Mietshäusern sind häufig als Trocken- oder Abstellräume vermietet. Für diese Räume muß bei einem Ausbau des Dachgeschosses Ersatz geschaffen werden .

5. Abstandsflächen

Um Beeinträchtigungen durch zu enge bauliche Nachbarschaften von vornherein zu vermeiden, werden in der Bauordnung sogenannte Abstandsflächen festgelegt. Die Abstandsflächen vor den Außenwänden eines Gebäudes sind oberirdisch von baulichen Anlagen freizuhalten. Je nach Land sind die Regelungen hier unterschiedlich.

Die Höhe der Wandflächen ab Oberkante Gelände ist zu ermitteln. Der Giebel zählt zu einem Drittel zur Höhe des Hauses, die Traufseite nur bis unter die Traufe. Bei Dachneigungen über 45 Grad wird allerdings auch hier die Dachhöhe zu einem Drittel zur Abstandsfläche hinzugerechnet. Bei Gebäuden unter 16 m Länge muß nach der Bayerischen Bauordnung die Abstandsfläche zum Nachbargrundstück an zwei Seiten nur die halbe Höhe betragen (sog. Schmalseitenprivileg), wobei Mindestabstände von 3 m einzuhalten sind (Abb. 1.7).

Die Abstandsflächen, wie sie durch die jeweiligen Länderbauordnungen gefordert werden, ändern sich durch einen Dachausbau grundsätzlich nicht. Werden allerdings neue Dachaufbauten geplant, z.B. Quergiebel, so haben diese ab einer

bestimmten Größe Einfluß auf die geforderte Abstandsfläche (in Bayern z.B. wenn sie tiefer als 1,20 m und länger als 1/5 der Hauslänge sind).
Eine besondere Aufgabenstellung ergibt sich, wenn ein Flachdachgebäude mit einem neuen geneigten Dach versehen werden soll, das zugleich ausgebaut wird. Dann müssen zuerst die Abstandsflächen geprüft werden. Sind die geforderten

Abstandsflächen nicht einzuhalten, ist das Bauvorhaben in der vorgesehenen Form nicht genehmigungsfähig.

Ob alle diese zur Zeit geltenden Gesetze und Vorschriften erfüllt werden können, muß eine Fachperson, üblicherweise ein Architekt bzw. eine Architektin, anhand der baulichen Gegebenheit prüfen und in einer kurzen Stellungnahme die Realisierungsmöglichkeit des Bauvorhabens erläutern.

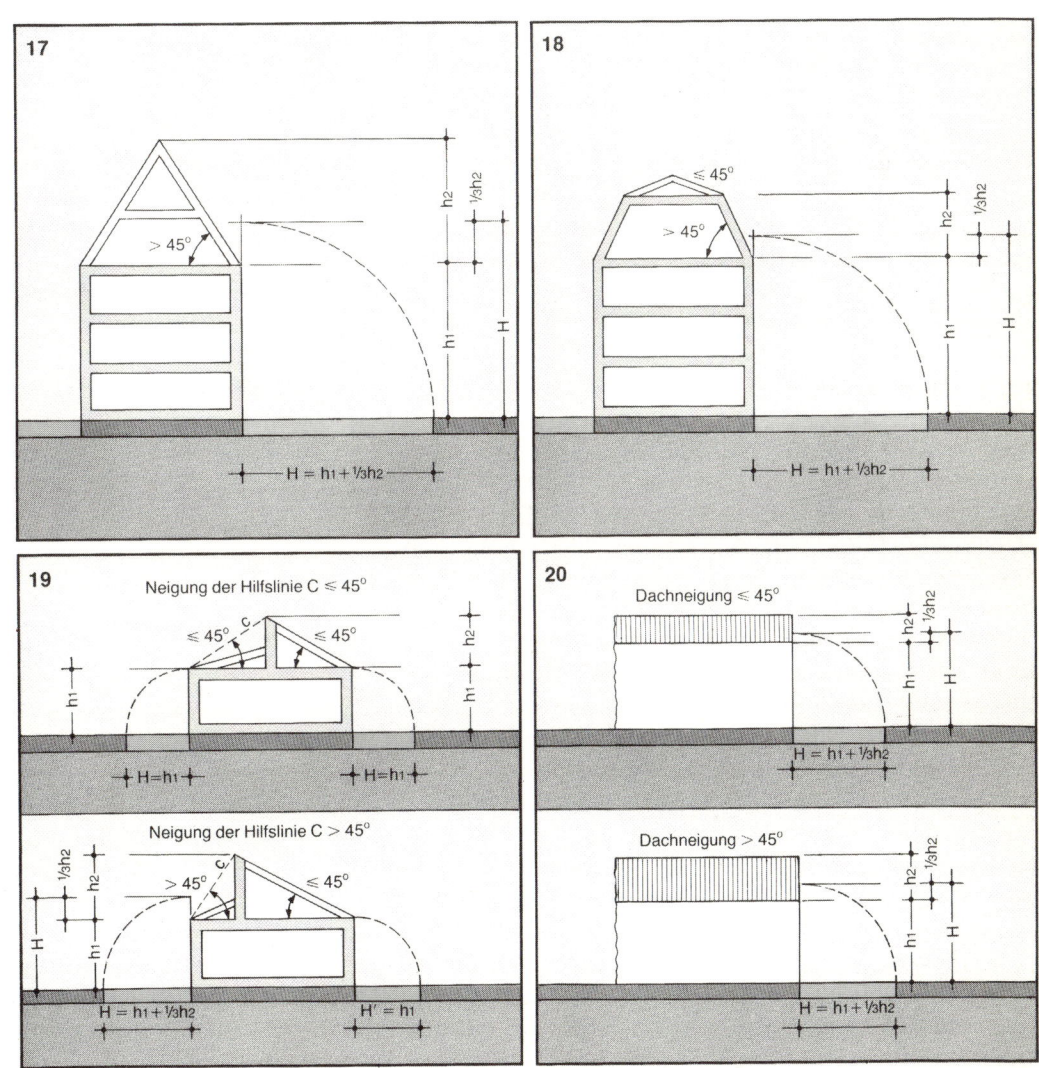

Abb. 1.7
Abstandsflächen
Quelle (4)

2. Planungsprozeß

2.1 Bestandsaufnahme

Voraussetzung für jede Planung sind brauchbare Zeichnungen des Gebäudes. Bei Häusern, die vor 10 bis 40 Jahren gebaut worden sind, liegen üblicherweise die Genehmigungspläne im Maßstab 1:100 vor. Sind zwischenzeitlich erfolgte Bauänderungen oder Umbauten nicht in den Plänen enthalten, so sollten sie sorgfältig nachgetragen werden. Außerdem ist es sinnvoll, die meist in den Plänen nicht aufgeführten Angaben zur technischen Installation zu ergänzen. Erst wenn die Pläne auf den aktuellen Stand gebracht sind, können sie als Entwurfsgrundlage genutzt werden.

Von Häusern älteren Baujahres liegen den Eigentümern meist keine Pläne mehr vor. Hier können oft die Archive der Bauämter aushelfen. Die Plankopien müssen ebenfalls mit dem Jetzt-Zustand des Gebäudes verglichen und - falls notwendig - ergänzt werden.

Sind keine Pläne aufzutreiben, bleibt nur noch die langwierige und aufwendige Methode der Bauaufnahme. Dabei müssen das Gebäude und alle konstruktiven Bauteile exakt aufgemessen werden. Zusammen mit den Kontrollmessungen und Winkelmessungen von außen (Triangulation), kann das Gebäude dann wirklichkeitsgetreu mit allen kleinen Maßabweichungen und Besonderheiten gezeichnet werden.

Für einen Dachgeschoßausbau wird in der Regel nur das oberste Geschoß und der Dachstuhl erfasst. Dies ist die sogenannte maßliche Bestandsaufnahme. Danach können bereits Aussagen über das statische System und die Tragfähigkeit der Bauteile getroffen werden. In diesem Zusammenhang sollten auch alle vorhandenen Anschlüsse wie Brauchwasser, Abwasser, Heizung, Elektro, Gas, Telefon und Antenne nach Lage und Maßen aufgenommen und in die Pläne eingezeichnet werden.

Die technische Bestandsaufnahme beschreibt den qualitativen Zustand der Bausubstanz. Dabei werden alle Bauteile optisch auf Mängel hin überprüft. Verdeckte Konstruktionen, wie Holzbalkendecken oder teilausgebaute Dächer, müssen an den problematischen Stellen geöffnet werden, um eine Prüfung zu ermöglichen. Dies ist eine wichtige Voraussetzung, um bei Altbauten den Umfang der Reparatur- und Sanierungsmaßnahmen frühzeitig einschätzen zu können.

Kleine Checkliste für die technische Bestandsaufnahme:

- Dachstuhl unverändert oder zwischenzeitlich umgebaut mit Änderung des statischen Systems?
  (Danach können bereits Aussagen über das statische System und die Tragfähigkeit der Bauteile getroffen werden)
- Durchfeuchtungen und dadurch Schädlings- und/oder Fäulnisbefall?
- Ausreichende Tragfähigkeit der vorhandenen Decken- und Dachkonstruktion?
- Zustand der Dachdeckung und der Blechteile?
- Zustand der Schornsteine?

2.2 Entwurf

Liegen die Bestandspläne vor und besteht Klarheit über die baurechtlichen Möglichkeiten, beginnt die Entwurfsphase. Voraussetzung für einen befriedigenden Ablauf dieses Planungsabschnittes ist ein möglichst umfangreicher Frage- und Antwortkatalog des Bauherren, aus dem die Wohnbedürfnisse und Ziele des Bauvorhabens ersichtlich werden. Je detaillierter und sachkundiger die Auftraggeber ihre Wünsche und Anforderungen artikulieren können, desto interessanter und fruchtbarer kann der Entwurfsprozeß zwischen der Baufamilie und dem Architekten ablaufen. Damit Neues entstehen kann, müssen sich aber beide Seiten darauf einlassen, von vorgefaßten Ideen und Wünschen abzurücken.

Im Gegensatz zum Neubau ist der nachträgliche Dachausbau in vielen Aspekten bereits festgelegt, da das Gebäude und viele raumbestimmende Bauteile bereits vorhanden sind. Dennoch bietet ein Dachgeschoßausbau durch die Vielfalt der Gestaltungselemente oft eine Reihe von Möglichkeiten, die in einer Etagenwohnung mit vier geraden Wänden nicht gegeben sind: Schrägen und Dachgauben, unterschiedliche Raumhöhen und Galerien, Dachfenster und Oberlichte. Die Bindung an das statische System der vorhandenen Dachkonstruktion sollte nicht als Beschränkung aufgefaßt werden, im Gegenteil, sichtbare Stützen oder Balken verstärken gerade den besonderen architektonischen Reiz der Dachwohnung.

In den Vorentwurfsskizzen müssen natürlich auch allgemeine Entwurfgrundsätze berücksichtigt werden bezüglich:

- Hauslage, Aussicht, Lärm
- Besonnung, Belichtung, Verschattung und
- Anordnung der Räume nach Himmelsrichtung (Abb. 2.1).

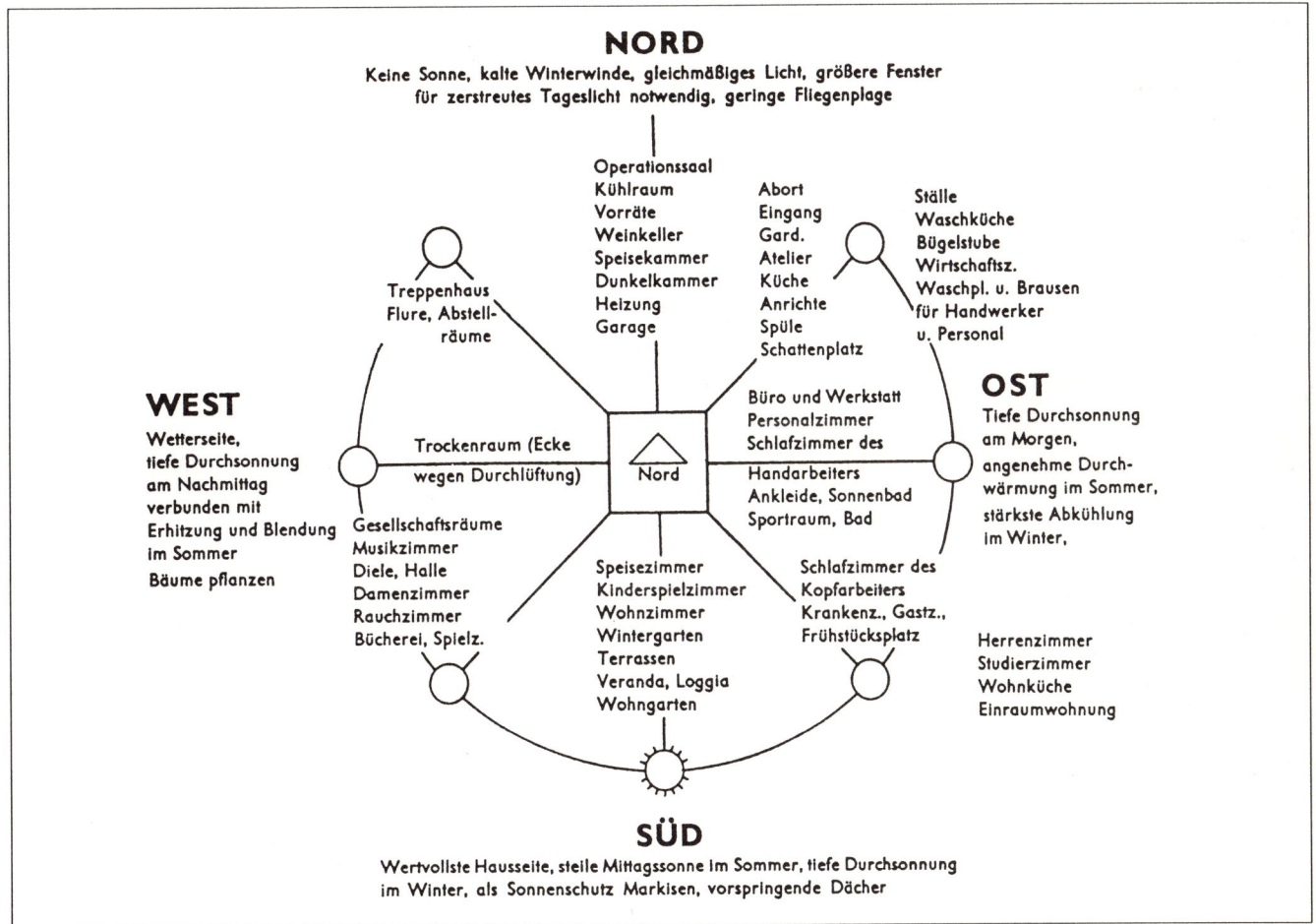

Abb. 2.1 Günstige Orientierung von Räumen gemäß den Himmelsrichtungen   Quelle (5)

Kostengruppe	Beschreibung	Gesamtpreis
1. Baugrundstück		entfällt
2. Erschließung		entfällt hier
3. Bauwerk 3.1 Baukonstruktion 3.2 Installationen	300 m³ x 400 DM/m³ Rohbauanteil 30% Ausbauanteil 40% 30%	120.000,-- DM
4. Gerät	z.B. Einbauküche	15.000,-- DM
5. Außenanlagen		entfällt
6. Zusätzliche Maßnahmen		entfällt
7. Baunebenkosten 7.1 Vorbereitung Bauvorhaben 7.2 Planung Baumaßnahme ca. 15 % Ziffer 3. 7.3 Durchführung Bauvorhaben 7.4 Finanzierung 7.5 Allgemeine Baunebenkosten 10% Ziffer 3.		18.000,-- DM 12.000,-- DM
Gesamtkosten in DM		165.000,-- DM

Abb. 2.2
Beispiel einer
Kostenberechnung für einen
Dachausbau mit mittlerem
Standard bei 300 m³
umbautem Raum
(nach DIN 276)

Am Ende dieser Arbeit sollte der Entwurf für das Dachgeschoß mit Grundriß, Ansichten, evtl. Innenraumperspektiven oder noch besser mittels eines Arbeitsmodells aus Pappe die vielen offenen Fragen beantwortet haben.

Die Kosten für das Bauvorhaben können zu diesem Zeitpunkt durch eine Schätzung bzw. Berechnung nach m³ umbauten Raumes ermittelt werden. Dies ist ein relativ ungenaues, aber schnelles Verfahren. Je nach Übernahme der vorhandenen Bausubstanz und dem gewünschten Ausbaustandard sind als Kubaturpreise anzusetzen:

Richtwert in DM/m³ umbauter Raum (Index 1993)
- Ausbau bei weitgehender Übernahme der vorhandenen Bausubstanz: 270,- bis 320,- DM/m³

- Ausbau bei größeren Umbauten aber Beibehaltung des statischen Systems: 370,- bis 430,- DM/m³
- Ausbau bei vollständiger Erneuerung des Daches: 470,- bis 590,- DM/m³

Die reinen Baukosten zählen zu der sogenannten Kostengruppe 3. Zur Ermittlung der Gesamtbaukosten sind weitere Kosten (Abb. 2.2) zu berücksichtigen, und zwar
- Kostengruppe 2:
  Erschließungskosten (Abwasser, Wasser, Strom);
- Kostengruppe 4:
  Geräte;
- Kostengruppe 7: Baunebenkosten (Architekt, Statik, Genehmigung);

2.3 Baugenehmigung

Die Landesbauordnungen regeln, welche Bauvorhaben genehmigungspflichtig sind. Grundsätzlich müssen genehmigt werden:

- alle wesentlichen Änderungen am Äußeren eines Gebäudes, beispielsweise der Ausbau von Dachgauben oder der Einbau neuer Fensteröffnungen in die Fassade;
- Nutzungsänderungen, wenn für die neue Nutzung weitergehende Anforderungen des Baurechts gelten;
- wesentliche Änderungen der tragenden Bauteile.

Aber auch genehmigungsfreie Bauvorhaben müssen die Vorschriften der Bauordnungen erfüllen. Genehmigungsfrei bedeutet also nicht "Bauen ohne Vorschriften". Vielmehr ist die Eigenverantwortung der am Bau Beteiligten größer.
Über die Zulässigkeit eines Bauvorhabens entscheidet die Gemeinde und der Landkreis. Dazu muß ein sogenannter Eingabeplan im Maßstab 1:100 bei den Behörden eingereicht werden. Dieser Plan, unterschrieben und abgestempelt von einem zugelassenen Planfertiger (in der Regel Architekt/in), ist das juristische Dokument, auf dem die Lage des Gebäudes, die Außenfassade und die Grundrisse mit allen notwendigen Maßen eingetragen sind. In Bayern müssen alle betroffenen Nachbarn der Bauvorlage zugestimmt und den Plan unterschrieben haben. Je nach Bundesland sind verschiedene Unterlagen mit der Planvorlage einzureichen. In Bayern sind dies:

- amtlicher Lageplan 1:1000,
- Bauzeichnung 1:100,
- Baubeschreibung,
- GFZ-/GRZ-Berechnung,
- schriftlicher Bauantrag,
- statistischer Erhebungsbogen.

Entsprechende Vordrucke sind im Schreibwarenhandel als Bauvorlagenmappe erhältlich.
Das Bauamt in der Gemeinde prüft den Antrag auf Vollständigkeit und seine grundsätzliche Zulässigkeit. Außerdem bedarf das Bauvorhaben der Zustimmung des Bauausschusses. Danach wird der Bauantrag an das Landratsamt weitergeleitet und dort abermals im Hinblick auf technische und gestalterische Belange geprüft.
Die *technische* Prüfung umfaßt die Zulässigkeit des Bauvorhabens nach Baugesetzbuch und Länderbauordnung, die *gestalterische* Prüfung durch den Kreisbaumeister soll die Einfügung des Gebäudes in die Umgebung gewährleisten.
Hat das Bauvorhaben alle Prüfungen bestanden, wird die Baugenehmigung erteilt. Diese kann mit besonderen Auflagen über die Ausführung des Baues, z.B. Maßnahmen für Brand- oder Schallschutz, verbunden sein. Die Kosten der Genehmigung betragen 0,3% der Baukosten. Die Baugenehmigung ist z.B. in Bayern 3 Jahre gültig und kann auf Antrag verlängert werden.

Jetzt steht dem Ärmelaufkrempeln, zupacken, ausbauen nichts mehr im Wege. Doch HALT! Über die Bauweise, die genaue Ausführung der Wände, Decke oder des Fußbodens hat der Eingabeplan nur wenig ausgesagt. Dies ist Aufgabe der Werkplanung.

2.4 Werkplan

Die Werkplanung zeigt in verschiedenen Maßstäben von 1:50 bis 1:1, wie die einzelnen Bauteile ausgeführt werden sollen. In diesen Plänen werden die Angaben des Statikers, der Heizungs- und Sanitärprojektanten und verschiedener Fachhandwerker z. B. Elektriker zusammengeführt. Die von dem Bauherrn ausgewählten Materialien müssen entsprechend den Verarbeitungsrichtlinien der Hersteller und DIN-Normen eingezeichnet, bzw. in die vorgesehenen Konstruktionen übernommen werden. Der Werkplan sichert das "Zusammenpassen" der Einzelelemente und zeigt zugleich dem Handwerker, wie er seine Arbeit auszuführen hat.
Und hier liegt häufig das Problem. Der Architekt oder Werkplaner kennt zwar die DIN-Normen und Regeldetails seiner Produkte, die Verarbeitungstechniken der Handwerker und die Materialeigenschaften sind ihm jedoch meist wenig bekannt. Daraus ergibt sich bei der Baudurchführung, daß der Handwerker und das Material überfordert werden. Vor al-

lem bei baubiologischen oder besser gesagt umweltverträglichen Materialien und Konstruktionen ist dies aus Erfahrungsmangel häufig der Fall (siehe hierzu auch Kap. 2.7).

Parallel zur Werkplanung sind als Entscheidungshilfe die Kosten unterschiedlicher Bauteilausführungen zu ermitteln. Der Architekt kann auf Erfahrungswerte alter Bauvorhaben zurückgreifen und diese nach Kostensteigerungen hochrechnen, oder er hat Zugang zu einer Baupreisdatenbank. Ein genauer Kostenvoranschlag ist erst nach Ausschreibung und Vergabe der Bauleistung möglich.

2.5 Ausschreibung und Vergabe

Die Ausschreibung erfaßt in schriftlicher Form auf Basis der Werkplanung alle auszuführenden Arbeiten des Bauvorhabens nach Art und Menge und teilt diese in die entsprechenden Handwerkerleistungen (Gewerke) ein. So arbeiten an einer einfachen massiven Außenwand der Maurer, der Putzer und der Maler und entsprechend ist der Anstrich mit Silikatfarbe im Malergewerk zu finden, der Innen- und Außenputz im Putzgewerk und das 36,5 cm starke Ziegelmauerwerk bei den Maurerarbeiten. Die daraus entstehenden Leistungsverzeichnisse (LV) werden an mehrere Handwerker geschickt, diese tragen ihre Preise in die einzelnen Positionen ein und senden sie zurück. Durch Auswertung der LV's wird ein günstiges Angebot ermittelt und nach Klärung von Ausführungszeitraum und Einzelkonditionen kann der Bauvertrag abgeschlossen werden.

Rechtliche Grundlage für die Ausschreibungen und Bauverträge ist die Verdingungsordnung für Bauleistungen (VOB). Diese muß im Bauvertrag vereinbart sein, da sonst nur die Bestimmungen des Bürgerlichen Gesetzbuches (BGB) gelten. Im Bauvertrag wird die Vertragssumme, die Abrechnungsform, die Ausführungsfrist und die Gewährleistungsfrist vereinbart. Bei kleinen Bauvorhaben ist das Verfahren Leistungsverzeichnis-Bauvertrag-Abrechnung nach Menge zu aufwendig. Hier sollte es genügen, eine Leistungsbeschreibung zu formulieren und mit Mengenangaben (m³, m², lfm) den Arbeitsumfang zu erfassen. Nach einer Ortsbesichtigung kann daraufhin der

Handwerker ein Pauschalangebot abgeben. Unvorhergesehene Arbeiten werden als sog. Regiearbeiten nach Material- und Zeitaufwand abgerechnet. Der Stundenlohn wird vorher festgelegt, die Stundenzettel sollten täglich kontrolliert und unterschrieben werden.

2.6 Baudurchführung

Sind die einzelnen Gewerke vergeben, und liegt die Baugenehmigung vor, so kann die Baumaßnahme begonnen werden. Die sogenannte "heiße Phase" des Bauvorhabens beginnt. Jetzt sollen all die Wünsche, Ideen, Gedanken und Pläne Wirklichkeit werden. Für die Beteiligten ist dies die schwierigste Phase, da nun sichtbar wird, ob Vorstellungen und Pläne zusammenpassen. Dies betrifft nicht nur Raum und Stoff, sondern auch Geld und Zeit. Die wichtigste Person in dieser Phase ist der Bauleiter. Er überwacht den Einsatz der ausgewählten Materialien und die Ausführung der vorgegebenen Konstruktion. Als Vertreter des Bauherren muß er auch die Einhaltung der Sicherheitsmaßnahmen kontrollieren. Die Genehmigungsbehörde, meist das Landratsamt, überprüft durch ihre Außenbeamten die Einhaltung der genehmigten Planung und die Bauausführung. Der Bauherr hat den Beginn der Bauarbeiten 14 Tage vorher schriftlich anzuzeigen, ebenso die Rohbaufertigstellung und die Gesamtfertigstellung.

Wird der Dachausbau in einem bestehenden Gebäude ausgeführt, so sind die Störungen im Haus beträchtlich. Um Staub und Dreck auf ein Minimum zu beschränken, sollte geprüft werden, ob die Materialtransporte nicht über einen Aufzug, Schrägaufzug oder Kran von außen durchgeführt werden können. Das Abbruchmaterial sollte über staubgekapselte Schuttrinnen direkt in Container abgeworfen werden.

Der Bauablauf kann anhand eines Zeitplanes überwacht werden, in dem alle Arbeiten, aufgegliedert nach Gewerken, erfaßt und grafisch auf einen Zeitstrang verteilt werden. Mit dieser Methode läßt sich die gegenseitige Abhängigkeit der auszuführenden Arbeiten von den einzelnen Fertigstellungsterminen darstellen. Die Aufstellung eines Zeitplanes erfor-

Monat / Gewerk	Firma, Adresse, Tel.	1. - 4. Woche	5. -. 8 Woche	9. - 12. Woche	13. - 16. Woche	17. - 20. Woche	21. - 24. Woche	25. - 28. Woche	29. - 32. Woche	33. - 36. Woche
Mauerer										
Zimmermann			Abbund/Aufrichten/ Schalung/Pappe		Wärmedämmung	Balkon		Schalung außen		
Dachdecker										
Glaser			Fertigung	Fenstereinbau						
Sanitär					Rohinstallation			Wanneneinbau	Fertiginstallation	
Heizung					Rohinstallation Heizkörper			Demontage Hk.	Fertiginst. Hk.	
Elektro					Rohinst. Verteilung				Fertiginstallation	
Gipser					Gk-Platten/Dach/Naßputz		Gerüst/Außensims/Außenputz		Anstrich Fassade	Demontage Gerüst
Estrichleger							Trockenzeit			
Fliesenleger								Wand/Boden		
Schlosser				Glas-Lichtdach		Stahltüre	Geländer/Außentreppe			Schließanlage
Schreiner					Haustüre	Geländer/div.		Türen		
Maler							Wand/Decke/Holz/Stahlteile/Schalung/div.		Fenster außen	
Bodenbeläge									Spachteln/Textilbelag	
Baureinigung										
Außenanlagen										
Kosten pro Monat										

Abb. 2.3 Bauzeitenplan   Quelle (6)

dert große Erfahrung bezüglich des Zeitumfangs der einzelnen Arbeiten und ihrer Abhängigkeiten, ist aber ein unverzichtbares Mittel zur termingerechten Auftragsvergabe und -abwicklung. Zusätzlich kann in diesen Plan der Kostenumfang der einzelnen Arbeiten eingetragen werden, so daß er für den Bauherren gleichzeitig Finanzierungsplan wird und dieser entsprechende Geldmittel zu den einzelnen Terminen bereithalten kann (Abb. 2.3).

Eine wichtige Aufgabe des Bauleiters und des Bauherren ist es, die Handwerkerleistung abzunehmen. Diese Abnahmen sind immer dann notwendig, wenn die Arbeit bei weiterem Baufortschritt "verschwindet", wie z.B. das Mauerwerk unter dem Putz, die Dämmung unter der Verkleidung. Dies ist eine sog. Teilabnahme, meist verbunden mit einer Abschlagszahlung an den Handwerker über 90% seiner Leistung. Bei vollständiger Leistung stellt der Handwerker den Antrag auf Schlußabnahme, die innerhalb von 12 Werktagen durchgeführt werden muß, bzw. innerhalb von 6 Tagen, wenn der Bau bereits bezogen wird. Sind Mängel vorhanden, so kann die Abnahme verweigert, und der Handwerker zur Nachbesserung aufgefordert werden.

Mit der Abnahme beginnt auch die Gewährleistungszeit. Treten innerhalb der Gewährleistungszeit (2 oder 5 Jahre) Mängel auf, so ist auch in diesem Fall der Handwerker zur Mängelbeseitigung aufzufordern. Der Handwerker hat sogar ein Recht auf diese Nachbesserung, d.h. erst nach erfolgloser

1. **Ermittlung der Grundlagen (ca 3%)**
- Baubeschreibung
- Klären der Aufgabenstellung
- Aufnahme und Beschreibung der Bausubstanz mit zeichnerischer Darstellung des Ist-Zustands
- Beratung zum gesamten Leistungsbedarf
- Vorprüfung der baurechtlichen Zulässigkeit

2. **Vorplanung (ca 7%)**
- Analyse und Bewertung der Bausubstanz
- Abstimmung der Planungsziele
- Anfertigen von Entwurfsskizzen (Vorentwurf)
- Vorverhandlung über die Genehmigungsfähigkeit
- Schätzung der voraussichtlichen Baukosten ("Kostenschätzung")

3. **Entwurfsplanung (ca 11%)**
- Anfertigen der Entwurfsskizzen: Grundrisse, Ansichten, Schnitte; in der Regel im Maßstab 1:100
- Festlegen der endgültigen baulichen Lösung
- Abstimmen mit Statiker und anderen Fachingenieuren
- Verhandlung über Genehmigungsfähigkeit
- Beschreibung der Bauteile und der Haustechnik ("Baubeschreibung")

4. **Genehmigungsplanung (ca 6%)**
- Anfertigen, Zusammenstellen und Einreichen der Genehmigungsunterlagen in der vorgeschriebenen Form

- Vervollständigen und Anpassen der Planungsunterlagen

5. **Ausführungsplanung (ca 25%)**
- Anfertigen der Bauzeichnungen für die Handwerker, Werkpläne im Maßstab 1:50, Detailpläne im Maßstab 1:20 bis 1:1
- Einarbeiten der Tragwerksplanung und anderer Fachingenieurleistungen

6. **Vorbereitung und Vergabe (ca 10%)**
- Aufstellen der Leistungsverzeichnisse für die einzelnen Gewerke
- Massenermittlung

7. **Mitwirken bei der Vergabe (ca 4%)**
- Zusammenstellen der Vergabeunterlagen
- Einholen und Auswerten der Angebote
- Verhandeln mit den Bietern
- Zusammenstellen der Kosten nach den Angebotspreisen ("Kostenanschlag")
- Vorbereiten der Bauverträge

8. **Bauleitung ("Objektüberwachung", ca 31%)**
- Überwachen und Koordinieren der Bauausführung
- Erstellen eines Zeitplanes
- Vorbereiten von Anträgen und Herbeiführen von behördlichen Abnahmen (Anträge an Versorgungsunternehmen, Abnahmen durch Baurechtsbehörde und Bezirksschornsteinfeger)

- Aufmaß und Abnahmen mit den Unternehmern
- Rechnungsprüfung
- Kostenkontrolle/"Kostenfeststellung"
- Überwachung der Mängelbeseitigung bis zur Abnahme

9. **Objektbetreuung (nach Fertigstellung ca 3%)**
- Feststellen von Mängeln und Überwachen der Mängelbeseitigung im Gewährleistungszeitraum
- Zusammenstellen der zeichnerischen, schriftlichen und rechnerischen Unterlagen

Besondere Leistungen (n. Bedarf) z.B.
- Detaillierte Bestandsaufnahme
- Gutachten zur Schadensanierung
- Prüfen der Umweltverträglichkeit
- Alternativplanungen nach grundsätzlich unterschiedlichen Anforderungen
- Wirtschaftlichkeits- und Kostenuntersuchungen
- Finanzierungsplanung
- Anfertigen eines Modells
- Planungen für Freianlagen

Die in Klammern gesetzten Prozentzahlen geben den Anteil am Gesamtaufwand der Planungsleistung an. Das Architektenhonorar beträgt 100% Planungsleistung je nach Umfang und Schwierigkeitsgrad der Bauaufgabe zwischen 10 und 20% der Bausumme

Abb. 2.4 Architektenleistungen in Anlehnung an die Honorarordnung für Architekten und Ingenieure HOAI   Quelle (6)

Nachbesserung oder wenn der Handwerker der Aufforderung nicht Folge leistet, kann ein anderer Handwerker mit der Arbeit beauftragt werden.
Die Kosten hierfür hat der Schadensverursacher zu tragen. Um die Ansprüche des Bauherren zu sichern, kann im Bauvertrag vereinbart werden, daß 5% der Rechnungssumme als Sicherheitseinbehalt erst nach Ablauf der Gewährleistungszeit vom Bauherren bezahlt werden oder daß der Handwerker über diesen Betrag eine Bankbürgschaft vorlegt.
Ein Rechtsstreit über die Schadensursache sollte, wenn irgend möglich, vermieden werden, da Bauschadensprozesse wegen der notwendigen Gutachten teuer und vom Ausgang her unkalkulierbar sind und meist in einem Vergleich enden. Eindeutige Verträge mit Leistungsverzeichnis oder Leistungsbeschreibung, genaue Preisangaben und eine kontinuierliche Baudokumentation sind die beste Basis für eine befriedigende Abwicklung auch im Streitfall, der hoffentlich nicht eintritt. Mit der Schlußabnahme und der Zusammenstellung der entstandenen Kosten (Kostenfeststellung, Dokumentation) ist das Bauvorhaben abgeschlossen (Abb. 2.4).

2.7 Eigenleistung

Ein Haus, eine Wohnung oder ein Zimmer mit bestimmten Nutzungswünschen und Gestaltungsvorstellungen so zu entwerfen, daß eine statisch sinnvolle Konstruktion bei effizientem Material- und Zeiteinsatz und unter umweltverträglichen Gesichtspunkten entsteht, erfordert mehr als nur das Nachbasteln irgendwelcher Bauteile aus bunten Prospekten. In Bayern gibt es dazu ein Sprichwort: "Da wär ja ein G'lernter a Depp."

Dies soll nun nicht heißen, daß ein engagierter Bauherr mit entsprechender Vorinformation keine interessanteren Vorstellungen über sein Bauprojekt entwickeln kann als mancher Architekt, der nach jahrelanger, stupider Wiederholung immer gleicher Ausführungsdetails und Grundrißmuster den ökologischen Ambitionen seiner Kundschaft nur kopfschüttelnd und abwehrend gegenübersteht. Es soll hier auch nicht in Abrede gestellt werden, daß ein Bauherr nicht überzeugter seinen Weg gehen kann als der junge, engagierte Planer, der vor lauter Fassadenkosmetik und transparenter Grundrißgestaltung für naturnahe Materialien und traditionelle Konstruktionen nur ein geringschätziges Achselzucken übrig hat.

Gelingt es nicht, einen fähigen Architekten zu finden, so bleibt als Ausweg nur die Informationstour durch ein Bauzentrum und durch Messen, die Beratung durch Wohnberater der Verbraucherverbände und durch einzelne Fachleute, der Besuch von Vorträgen über umweltverträgliches Bauen und die Lektüre von Fachbüchern, sowie Gespräche mit Fachplanern und Handwerkern. Aus den gesammelten Informationen müssen wie bei einem Puzzle die passenden Stücke zusammengesetzt werden. Bei der Vielzahl der Möglichkeiten ist es kein Wunder, wenn zeitweise dann im Kopf das Chaos ausbricht. Ist erst einmal Klarheit erreicht, kann ein Bauzeichner den notwendigen Eingabeplan zeichnen. Für die Eingabe ist aber auf jeden Fall eine Eingabeberechtigung erforderlich.

Für die Bauarbeiten gelten ähnliche Bedingungen. Das Handwerk wird von juristischen Haftungs-. und Gewährleistungszwängen "gewürgt" wie kaum ein anderer Produktionszweig.

Daher werden nur noch DIN-gemäße Konstruktionen mit "bewährten" Industriebaustoffen ausgeführt. Risikoreiche Experimente mit neuen, baubiologisch einwandfreien Baustoffen werden häufig abgelehnt bzw. scheitern an fehlender Information über Bezugsquellen und mangelhaften Verarbeitungshinweisen. Auch in diesem Fall ist es nur von Vorteil, wenn die Baufamilie über handwerkliche Grundkenntnisse verfügt. Denn dann können Maler- oder Fußbodenlegearbeiten und anderes mehr selbst ausgeführt werden. Oft ist dem Handwerker schon geholfen, wenn ihm die unbekannten Materialien besorgt und ihm Möglichkeiten für Probearbeiten geschaffen werden. Bei Eigenleistungen am Bauwerk ist allerdings immer abzuwägen, ob dadurch nicht der Gewährleistungsanspruch gegenüber anderen Handwerkern verlorengeht, da die angewandte Konstruktion nicht DIN-gemäß ist oder die verwendeten Materialien nicht jede DINorm erfüllen. Dasselbe kann passieren, wenn die Eigenleistung auf eine Handwerkervorleistung erbracht wird, z.B. durch das Verlegen eines Parkettfußbodens auf einen Zementestrich, und nicht alle vorgeschriebenen Qualitätsprüfungen (Messen der Estrichfeuchte usw.) durchgeführt wurden.

Für die Eigenleistung bieten sich an:

- Malerarbeiten
- Oberflächenbehandlung der Fußböden
- Verlegen der Fußböden
- Verlegen der Fliesen
- Setzen von Türstöcken
- Setzen der Fenster
- Erstellen von Trockenbauwänden
- Verkleiden der Dachkonstruktion mit Trockenbauplatten oder Holz
- Anbringen der Winddichtungsbahn bzw. Dampfbremse mit allen Anschlüssen an Dachflächenfenster und Wände
- Einbringen der Dachdämmung

Auch nach 15 Jahren angewandter Bauökologie und -biologie gilt für alle in diesem Sinne am Bau Tätigen: Nur größtmögliche Klarheit über die eigenen Ziele und Hartnäckigkeit bei der Durchführung führen zu befriedigenden Ergebnissen.

3. Dachkonstruktionen und Materialien

Nach den grundsätzlichen Informationen zum Baurecht und Planungsprozeß werden nachfolgend die Bauteile des Dachgeschosses behandelt. Der Einfachheit halber wird hier das Dachgeschoß in Einzelteile wie Dach, Treppe, Decke usw. zerlegt, obwohl es natürlich eine Einheit darstellt, auf die alle Bauteile Einfluß nehmen. Maßgebend für die Konstruktionsmöglichkeiten sind die unterschiedlichen Bauteilbelastungen. So werden zum Beispiel an eine gedämmte Dachfläche andere technische und bauphysikalische Anforderungen gestellt als an eine Zwischendecke.

Eine Konstruktion sollte immer das Ergebnis eines Auswahlprozesses sein, der die Bautradition, das lokale Klima sowie verfügbares Material und Handwerk berücksichtigt. So entstanden in schneereichen Gegenden des Alpenvorlandes flachgeneigte Pfettendächer mit großen Dachüberständen und in den milderen Lagen Mitteldeutschlands steilgeneigte Sparrendächer mit knappen Dachrändern. Aus diesem Grunde sind die aufgeführten Beispiele nicht als Patentrezepte zu verstehen, sondern sollen prinzipielle Lösungswege aufzeigen. Aus diesem Fundus müssen für den jeweiligen Anwendungsfall angepaßte Konstruktionen gefunden werden.
Bei den Konstruktionsbeispielen wurde versucht, die Anwendung von Zement, Beton, Teer, Metall und Kunststoff auf ein Minimum zu beschränken.

In alten Zeiten sorgten die genauen Kenntnisse der klimatischen Verhältnisse und die einheitlichen Deckungsmaterialien für ein harmonisches bauliches Erscheinungsbild ganzer Landschaften. Als typisch bezeichnen wir z.B. das kalkweiße Flachdach der griechischen Inselwelt, die schwere Mönch- und Nonnendeckung der Steinhäuser rund um das Mittelmeer, die Schindeldächer der Alpenbauernhöfe, die Biberschwanz- oder Schieferdeckung Mitteleuropas, das Stroh- oder Reetdach entlang der Nordsee und die Grasdächer auf den Holzhäusern in Norwegen und Schweden.

In unseren Breiten sind die Grundformen des *Sattel-* und *Walmdaches* traditionell am häufigsten anzutreffen, wobei das Satteldach wegen seiner einfacheren Konstruktion auch heute bevorzugt zur Anwendung kommt (Abb. 3.0.1). Für Nebengebäude und Anbauten stellte das *Pultdach* (ein halbes Sparrendach) eine kostengünstige Dachform dar. Eine wesentliche Abwandlung des Satteldaches schuf erst der Architekt Mansart (1598 - 1666), der auf das vornehme Pariser Stadtpalais das gebrochene Dach setzte, um dadurch ein zusätzliches Geschoß zu erhalten.

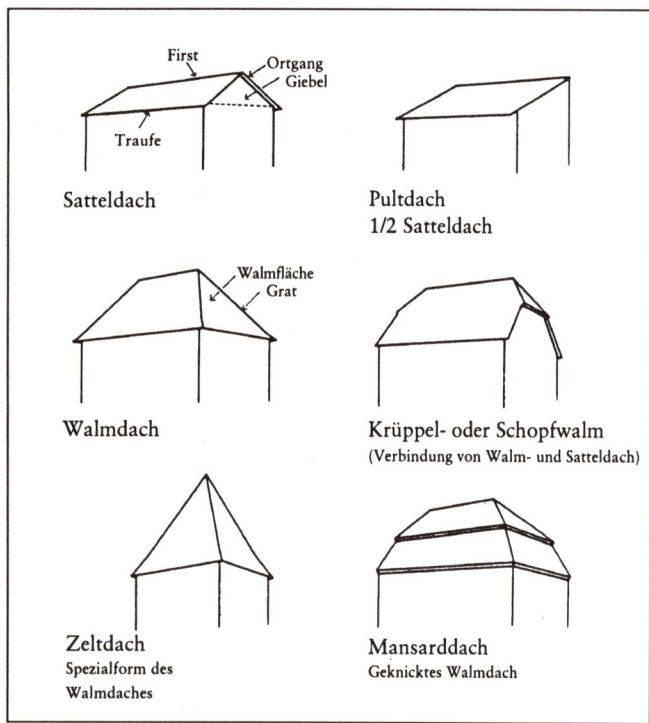

Abb. 3.0.1 Dachformen   Quelle (7)

3.1 Dachstuhl

Das *Tragwerk* des Daches muß die Belastung aus Schnee und Wind aufnehmen und die Dachhaut tragen (Abb. 3.1.1). Die Übertragung dieser Lasten auf das Bauwerk bzw. auf die Gründung ist von der Dachform bzw. Dachkonstruktion abhängig. Neben den vertikalen Lasten können auch horizontal wirkende Kräfte auf das Bauwerk einwirken, die je nach Konstruktion punktförmig oder flächig in den Baukörper eingeleitet werden (Abb. 3.1.2). Dachtragwerke müssen für sich allein oder in Verbindung mit dem übrigen Bauwerk unverschiebbar ausgebildet sein, was durch Aussteifungen und Verankerungen erreicht wird.

Soll ein Dach ausgebaut werden, so ist die genaue Kenntnis seines statischen Gefüges Voraussetzung für eine Beurteilung von Zustand und Umbaumöglichkeiten. Aus ökonomischen Gründen ist es günstig, wenn das Tragwerk beim Dachausbau nicht verändert wird. Änderungen am Dachtragwerk sind bei kleineren Maßnahmen nur unter Anleitung eines Zimmermannes auszuführen, bei größeren Umbauten ist in jedem Fall ein Statiker hinzuzuziehen.

Die *Dachhaut* als äußere Schicht hat hauptsächlich die Aufgabe, Witterungseinflüsse wie Regen, Schnee und Hagel abzuleiten. Ob Stroh-, Holzschindel-, Ziegel- oder Steindeckung, alle Deckungen werden schuppenartig übereinandergelegt, um einen schnellen Abfluß der einwirkenden Feuchtigkeit zu gewährleisten.

Als Dachtragkonstruktion sind üblich:

- das Sparrendach (Kehlbalkendach) und
- das Pfettendach.

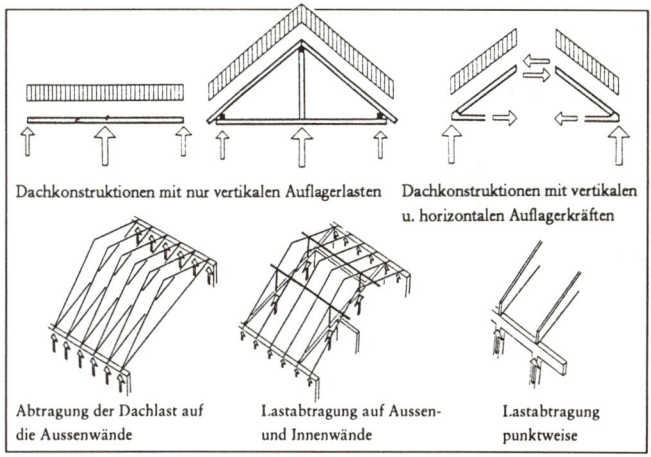

Abb. 3.1.2   Lastabtragung in der Dachkonstruktion   Quelle (8)

Abb. 3.1.1   Dachstuhl

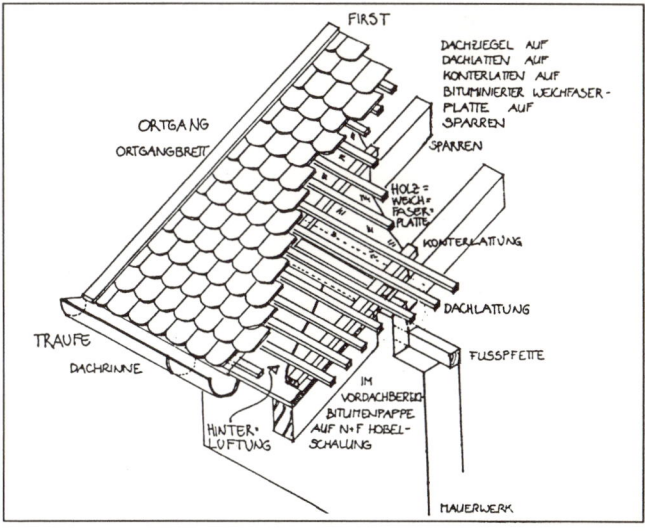

Abb. 3.1.3   Schema Dachaufbau

29

I. Sparrendach

Sparrendächer bilden einen stützenfreien Dachraum, so daß die Grundrißanordnung von der Dachkonstruktion nicht eingeengt wird. Die Sparren stehen auf den Deckenbalken und sind mit ihnen fest verbunden. Sie bilden mit dem Deckenbalken ein unverschiebbares Dreieck. Die Dachlast wird dabei nahezu vollständig auf die Außenwände übertragen (Abb. 3.1.4). Da alle Teile ihre Funktion nur als geschlossenes Dreieck erfüllen können, ist für die Herstellung von Öffnungen ein erheblicher Aufwand erforderlich:

- Deckenbalken wirken als Zugstäbe (Abb. 3.1.5) und dürfen deshalb für ein Treppenloch nicht ohne besondere Maßnahmen durchtrennt werden.
- Öffnungen für Gauben und Dachflächenfenster können erst nach einer Lastabtragung des Dachstuhls geschaffen werden. Bei neuen Konstruktionen ist die Deckenbalkenlage oft durch eine Stahlbetondecke ersetzt und die Sparren stemmen sich auf ein Fußholz oder mittels Knagge in die Betonaufkantung (Abb. 3.1.6).

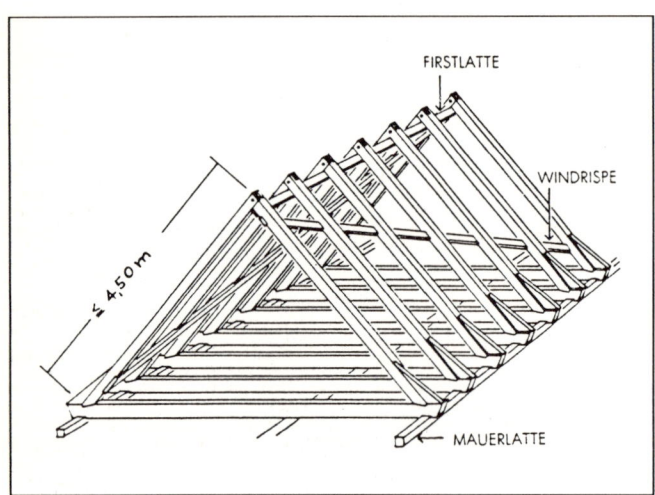

Abb. 3.1.4 Sparrendach   Quelle (7)

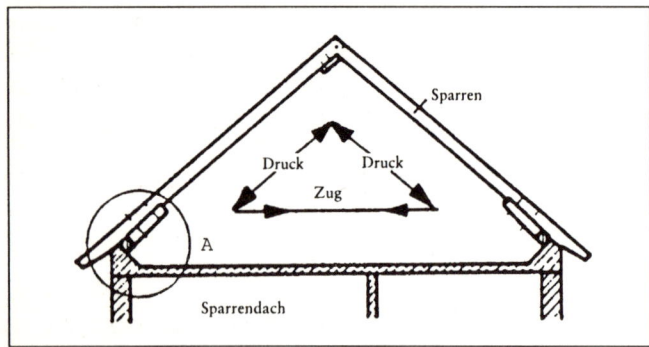

Abb. 3.1.5 Kräfteverlauf beim Sparrendach   Quelle (9)

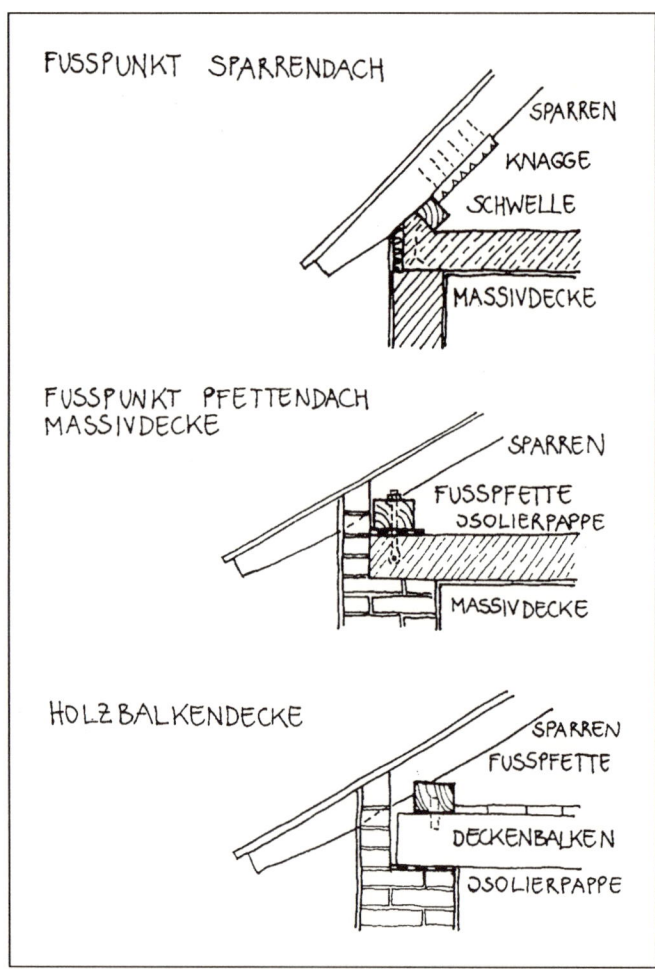

Abb. 3.1.6 Fußpunkte beim Sparren- und Pfettendachstuhl

Ist beim Sparrendach die freie Länge der Sparren größer als 4 - 5 m, so müssen die Sparren durch einen Hahnen- oder Kehlbalken in einer zweiten waagrechten Ebene versteift werden (Abb. 3.1.7). Dieser Kehlbalken kann bei großer Spannweite durch Pfetten und Stützen unterstützt werden (Abb. 3.1.8). Der stützenfreie Dachraum geht dadurch aber verloren. Die Längsaussteifung geschieht mittels sogenannter Windrispen, dabei wird ein Brett oder ein Stahlband diagonal durch die Dachfläche gelegt. Sparrendachstühle sind besonders für Dachneigungen ab 40° geeignet.

2. Pfettendach

Bei einem Pfettendach werden die Dachlasten nicht nur von den Außenwänden aufgenommen, sondern über Längsträger - den Pfetten - mit Stützen und Streben auf tragende Bauteile im Gebäudeinneren abgeleitet (Abb. 3.1.10). Aus diesem Grunde behindert das Pfettendach durch die Holzsäulen, Kopfbänder und zusätzliche Abbockungen die freie Grundrißgestaltung. Die Sparren werden mit den Pfetten durch Kerben und Sparrennägel verbunden, die Pfetten mit der Balkenlage oder

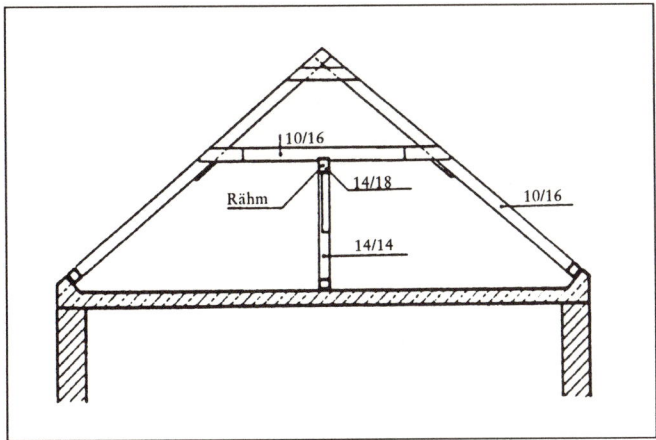

Abb. 3.1.7   Kehlbalkendach   Quelle (10)

Abb. 3.1.8   Unterstützung der Kehlbalken   Quelle (10)

Abb. 3.1.9   Kehlbalkenlage

der Massivdecke durch zugfeste Schrauben (siehe Abb. 3.1.6). Dadurch entsteht auch hier ein unverschiebbares Dreieck. Bei größeren Sparrenlängen werden Mittelpfetten notwendig, die wiederum durch Stützen die Last auf darunterliegende Balken oder Zwischenwände ableiten (Abb. 3.1.11). In dieser Ebene wird durch Zangen ein weiteres aussteifendes Dreieck gebildet. Die Längsaussteifung übernehmen die Kopfbänder zwischen Stütze und Pfette. Öffnungen in der Dachfläche sind durch Auswechselungen der Sparren bei dieser Konstruktion relativ einfach herzustellen (Abb. 3.1.12).

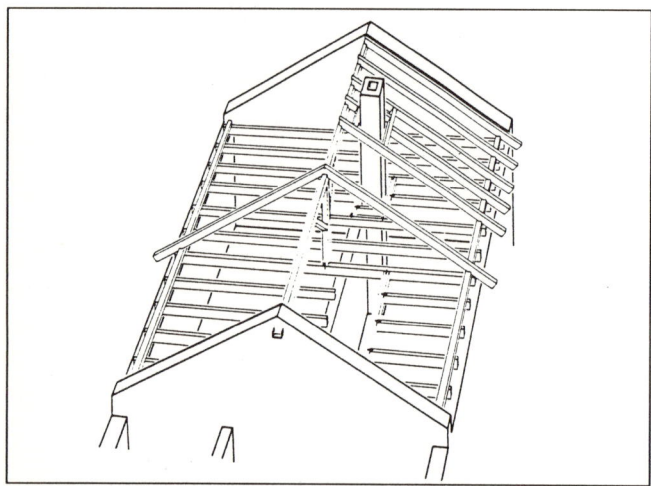

Abb. 3.1.10   Pfettendachstuhl   Quelle (7)

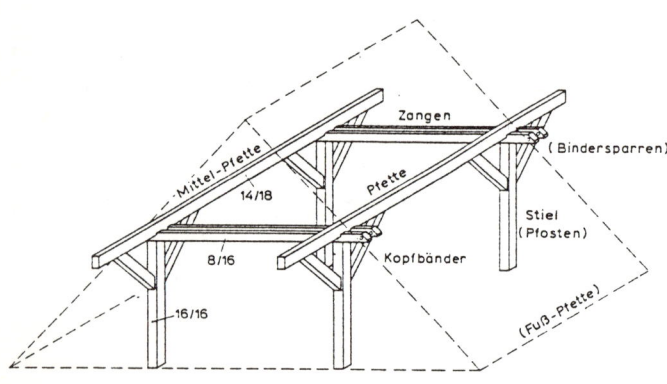

Abb. 3.1.11 Dachstuhl mit Mittelpfette   Quelle (8)

3. Mansarddach

Das Mansarddach ermöglicht eine größere Ausnutzung des Dachraumes durch die stärkere Neigung der Sparren im unteren Dachbereich. Allerdings wird der Dachstuhl hierdurch aufwendig, so daß diese Konstruktion heutzutage selten ausgeführt wird. Die Ausführung erfolgt nach Art des Kehlbalken- oder Pfettendaches (Abb. 3.1.13).

4. Walmdach

Das Walmdach ist allseitig abgeschrägt und kann sowohl mit Kehlbalken, als auch mit Pfetten konstruiert werden. In der Schnittlinie der Dachflächen liegt jeweils ein Gratsparren, an welchem die Schiftsparren mit Nägel befestigt sind. Zum Ausbau ist das Walmdach wegen fehlender Giebelflächen, d.h. wegen der allseitigen Dachschrägen, ungünstiger als die anderen Dachformen (3.1.14).

Abb. 3.1.12
Wechsel für
Dachflächenfenster

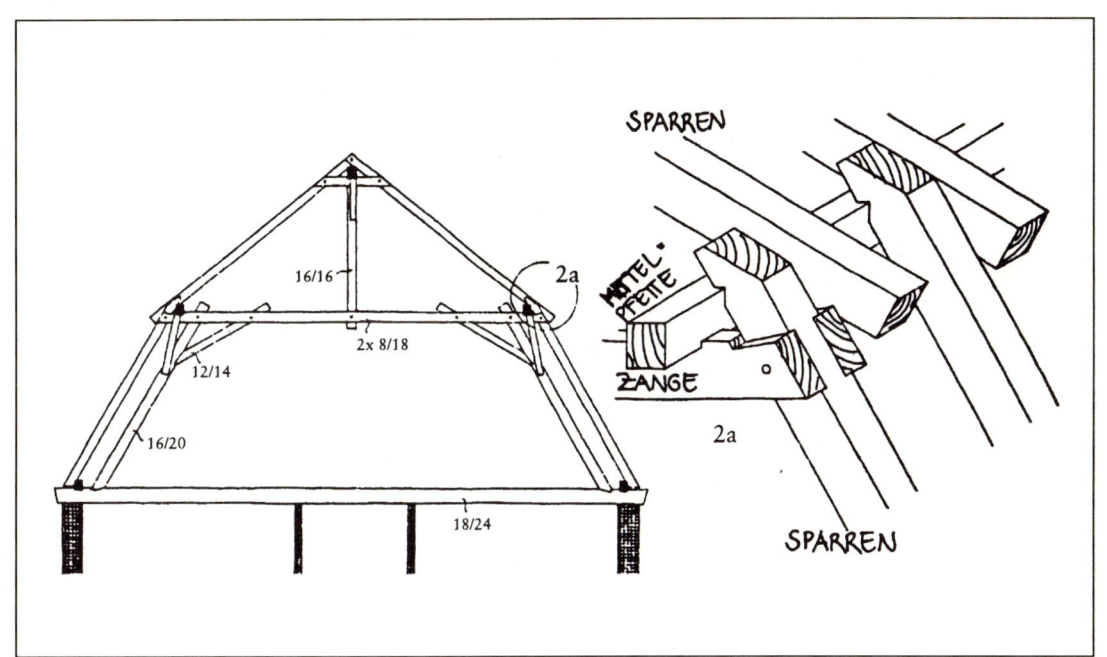

Abb. 3.1.13
Detail: Mittelpfette
beim Mansard-Dach
Quelle (11)

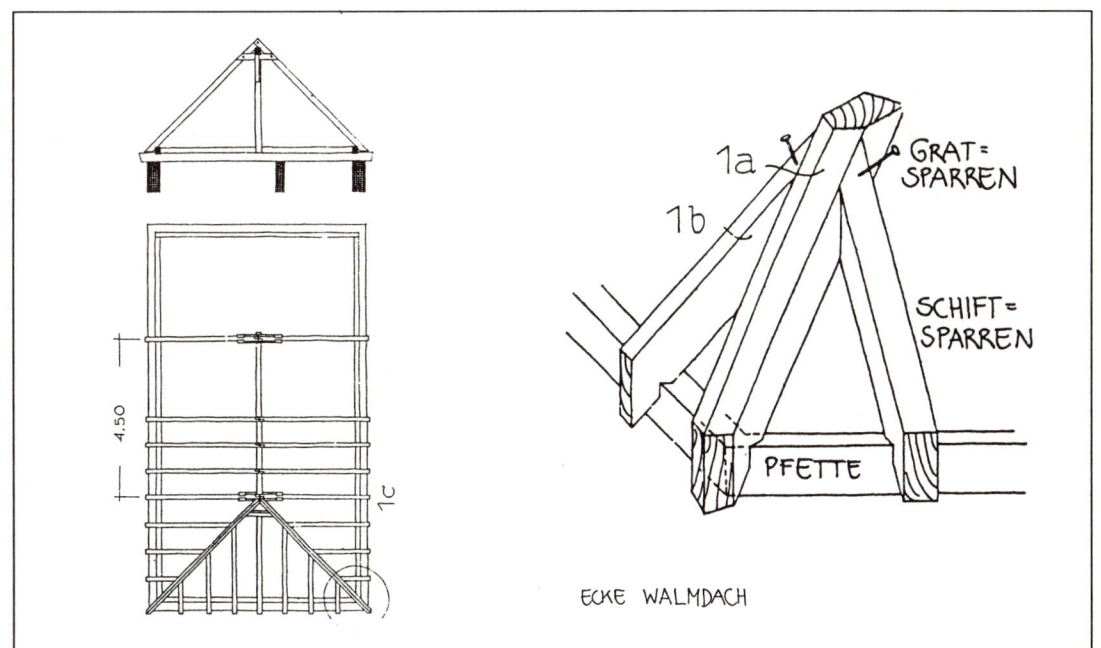

Abb. 3.1.14
Detail: Eckausbildung
beim Walmdachstuhl
Quelle (11)

Abb. 3.1.15 Gemauerter Kniestock

5. Kniestock

Liegen die Fußpfetten nicht auf einer Holzbalken- oder Massivdecke auf, sondern ist die Traufmauer noch 0,5 m oder höher gezogen, wird dies als Kniestock, oder Drempel bezeichnet (Abb. 3.1.15). Der Kniestock bedingte früher meist aufwendige Dachkonstruktionen, da eine Ziegelwand den Horizontalschub ohne Aussteifung nicht aufnehmen kann. Erst durch bewehrte Betonaufkantungen (als Wand- oder in Stützenform) bereitet diese Wandausführung keine größeren Schwierigkeiten mehr. Der Kniestock ermöglicht eine bessere Ausnutzung des Dachraumes, vor allem bei geringen Dachneigungen, da die Überkopfhöhe größer wird. Je nach Höhe des Kniestockes wird der Dachraum schnell zu einem Vollgeschoß, da die geforderte Stehhöhe von 2,2 m oder 2,3 m bereits wenige Meter von der Außenwand erreicht wird (s. auch Kap. 6, Abschnitt Kniestock).

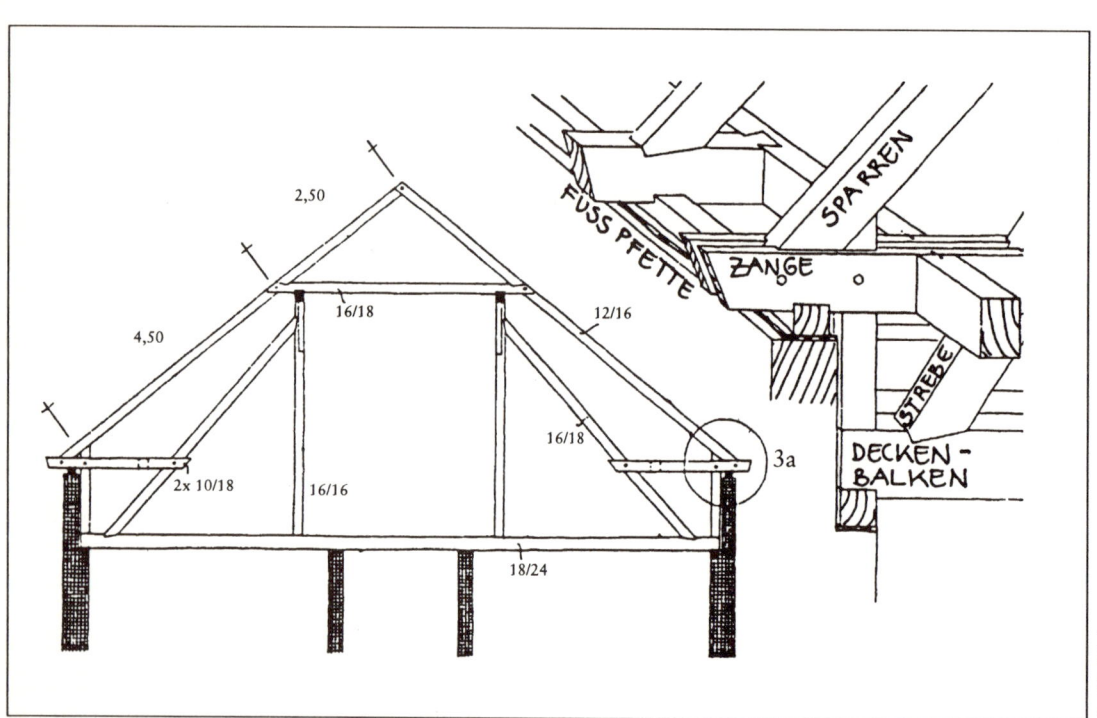

Abb. 3.1.16
Detail: Binderkonstruktion
im Kniestockbereich
Quelle (11)

6. Nutzfläche

Entscheidend für die Nutzungsmöglichkeit eines Dachgeschosses sind die vorhandene Stehhöhe und Stehfläche. Diese werden bestimmt durch Dachneigung und -konstruktion.

Die horizontalen Konstruktionshölzer wie Mittelpfette, Zange oder Kehlbalken müssen mindestens 2,40 m über dem Rohfußboden liegen. Nur dann ist die Minimalhöhe für ein als Aufenthaltsraum genutztes Dachgeschoß von 2,20 m einzuhalten. Ist dies nicht der Fall, so muß mit dem Statiker und Zimmermann besprochen werden, ob eine Höherlegung dieser Teile unter ökonomischen Gesichtspunkten möglich ist.
Binderkonstruktionen, die in Abständen von 4 - 5 m quer zum First verlaufend in die Nutzfläche ragen, können kaum beseitigt werden (Abb. 3.1.16). Diese Konstruktion findet man häufig bei großen Bauernhof- oder Scheunendachstühlen mit Kniestockaufmauerung. Eine Integration in den Grundriß ist notwendig. Die Binder werden entweder in die Zwischenwände gelegt und dabei ummantelt oder sie gliedern sichtbar den Raum.
Hängewerke sind am schwierigsten zu verändern, da sie komplizierte holztechnische Konstruktionen darstellen. Mit diesen Konstruktionen erreichte man auch bei großen Spannweiten stützenfreie Räume im darunterliegenden Geschoß, z.B. für Säle oder Kirchenhallen (Abb. 3.1.17). Wird der gesamte Hausgrundriß geändert, können die Deckenbalken auf Zwischenwände aufgelagert und die Lastabtragung kann neu über Mittelpfetten und Stützen vorgenommen werden.

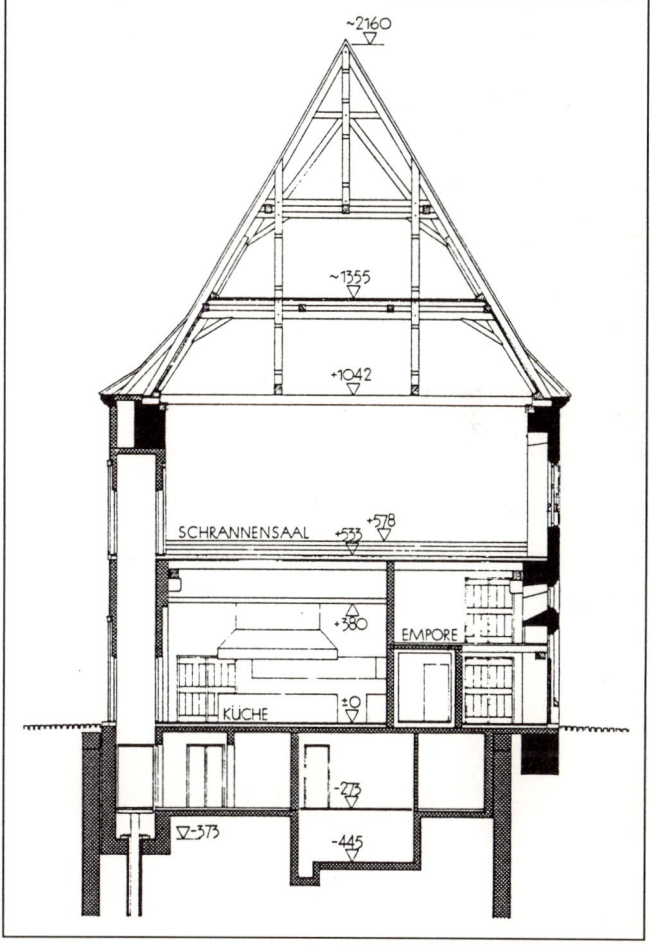

Abb. 3.1.17 Hängewerk   Quelle (12)

7. Material

Der Dachstuhl wird bis heute im wesentlichen aus Fichtenholz gefertigt. Abgebunden, d.h. zugeschnitten und mit den notwendigen Verbindungen versehen sowie komplett aufgestellt, kostet das Holz ca. 1200 DM/m³ (1992). Fichtenholz ist leicht zu bearbeiten und trotz seines geringen Gewichtes in der Lage, große Lasten aufzunehmen. Wo es vom Aufwand her vertretbar ist, sollten handwerkliche Holzverbindungen bevorzugt werden, da die Verwendung von Stahlblechen und Maschinenschrauben bei exponierten Konstruktionsteilen das Verfaulen des Holzes an diesen Stellen begünstigt. Ursache dafür ist Kondenswasser, das sich an den kälteren Eisenteilen niederschlägt.
Die übliche Sparrenhöhe von 16 bis 20 cm Höhe beschränkt bei einer Wärmedämmung zwischen den Sparren die Dämm-

Abb. 3.1.18
Leimholzpfette mit Blechabdeckung zum Schutz des Hirnholzes

Abb. 3.1.19   Masonite-Träger   Quelle (13)

In Deutschland werden bei großen Spannweiten auch Fachwerkträger eingesetzt.

Andere Konstruktionsmaterialien wie Stahl, Stahlbeton, armierter Gasbeton und Ziegelelemente sind im Wohnungsbau weniger gebräuchlich, im Gewerbe- und Industriebau werden sie aus statischen und brandschutztechnischen Gründen recht häufig eingesetzt (siehe unter "Sargdeckel").

Bezug und Preise: Holzbezug über Forstämter, örtliche Sägewerke oder Zimmereien. Gefällter Baum je nach Durchmesser und Klasse 200 - 250 DM/Festmeter; eingeschnittenes Holz incl. Transport 450 - 500 DM/m³; abgebundenes Holz ca. 750 bis 1200 DM/m³.

Exkurs: Holz als Baustoff

Durch den zellularen Aufbau ist Holz ein poriger Körper mit ausgezeichneten bauphysikalischen Eigenschaften. In trockenem Zustand hat es ein geringes Raumgewicht (Nadelholz z.B. 600 kg/m³) und eine relativ niedrige Wärmeleitzahl λ (Nadelholz λ = 0,14 W/mK). Der Wasserdampfdiffusionwiderstandswert μ wird in der Literatur mit μ = 40 angegeben.

stoffstärke auf dieses Maß. In Schweden werden aus diesem Grund zunehmend Doppel-T-Träger aus Holz eingebaut, sogenannte Masonite-Träger. Diese industriell gefertigten Träger zeichnen sich durch hohe Maßgenauigkeit, geringes Gewicht und große Belastbarkeit bei wirtschaftlichstem Holzeinsatz und geringem Wärmebrückeneffekt aus (Abb. 3.1.19) aus.

Abb. 3.1.20 Beton-Dach

Holz hat aber - eine Eigenschaft pflanzlicher Baustoffe - im Gegensatz zu mineralischen Materialien die Fähigkeit, den μ-Wert dynamisch den Feuchtebedingungen anzupassen, so daß eine Entfeuchtung schneller stattfinden kann.

Holz hat sehr gute statische Eigenschaften. Seine Druckfestigkeit in Faserrichtung ist so hoch wie die von Stahlbeton (60 N/mm²). Holz ist jedoch nicht spröde, sondern elastisch, so daß ein Holzbauteil auch nach hoher Belastung wieder seine ursprüngliche Form annimmt. Seine Zugfestigkeit in Faserrichtung wird - bei Betrachtung der üblichen Baustoffe - nur noch von Stahl übertroffen.

Holz ist zwar normalentflammbar (Klasse B 2), wegen seiner geringen Wärmeleitfähigkeit und der Bildung einer oberflächlichen Holzkohleschicht, die isolierend wirkt, geht der Verbrennungsprozeß jedoch langsam vor sich. Dies hat zur Folge, daß Holzkonstruktionen der Einwirkung von Feuer länger widerstehen können als z.B. Metallkonstruktionen, die bei Erreichen des Schmelzpunktes schlagartig und ohne Vorwarnung zusammenbrechen.

Die Haltbarkeit des Holzes wird durch den Zeitpunkt des Fällens, die anschließende Lagerung, die Trocknung, den Einschnitt und die materialgerechte Konstruktion beeinflußt. Da Bauholz mit einem maximalen Feuchtigkeitsgehalt von 30% eingebaut werden darf, ist für gute Austrocknung bis zum weiteren Ausbau zu sorgen.

8. "Sargdeckel"

Dachstühle werden in der Regel als Leichtbaukonstruktionen ausgeführt, wenn nicht durch Brandschutzauflagen eine massive Ausführung erforderlich ist. Wegen ihrer meist trapezförmigen Konstruktion werden massive Dachaufbauten im Baujargon gern als "Sargdeckel" bezeichnet. Brandschutzauflagen von F 90-A, die sich nur durch eine mineralische Konstruktion erfüllen lassen, werden im mehrgeschossigen Wohnungsbau bei sehr großen Dächern oder im Gewerbebau gestellt, wenn zwei Geschosse übereinander ausgebaut werden sollen.

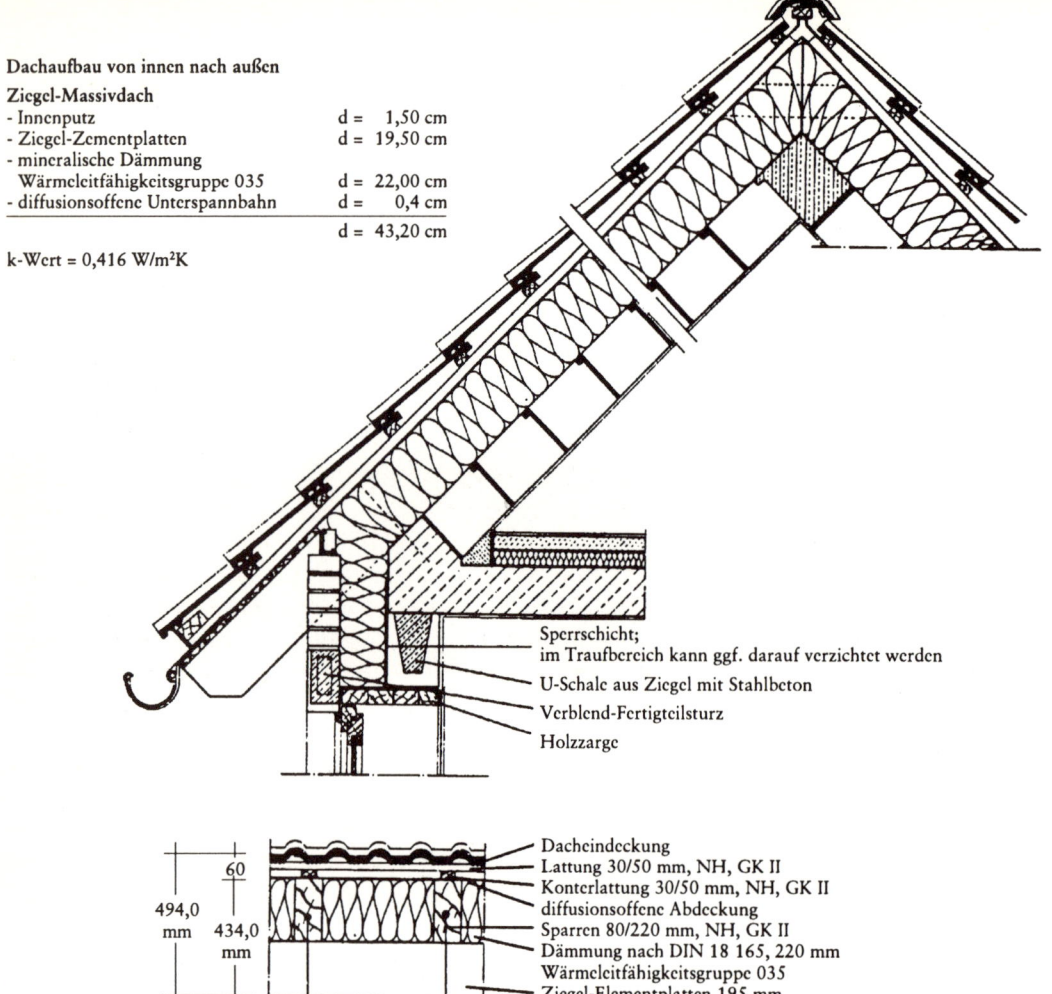

Dachaufbau von innen nach außen

Ziegel-Massivdach
- Innenputz   d =   1,50 cm
- Ziegel-Zementplatten   d =   19,50 cm
- mineralische Dämmung
  Wärmeleitfähigkeitsgruppe 035   d =   22,00 cm
- diffusionsoffene Unterspannbahn   d =   0,4 cm
                                    ――――――――――――
                                    d =   43,20 cm

k-Wert = 0,416 W/m²K

Sperrschicht;
im Traufbereich kann ggf. darauf verzichtet werden
U-Schale aus Ziegel mit Stahlbeton
Verblend-Fertigteilsturz
Holzzarge

494,0 mm   60   434,0 mm

Dacheindeckung
Lattung 30/50 mm, NH, GK II
Konterlattung 30/50 mm, NH, GK II
diffusionsoffene Abdeckung
Sparren 80/220 mm, NH, GK II
Dämmung nach DIN 18 165, 220 mm
Wärmeleitfähigkeitsgruppe 035
Ziegel-Elementplatten 195 mm
Innenputz 15 mm

Sparrenabstand
700-900 mm

Abb. 3.1.21
Ziegelmassivdach mit
Außendämmung
Quelle (14)

Dachschräge und Decke werden in bewehrtem Beton gegossen, oder aus bewehrten Gasbetonfertigteilplatten bzw. Betonträgern und Ziegelfüllkörpern hergestellt. Auf diese Flächen wird eine Dampfbremse aufgelegt und schmale Sparrenhölzer aufgedübelt. Zwischen die Sparren wird die Wärmedämmung eingelegt und anschließend das wasserführende Unterdach und die Dachdeckung wie bei jedem anderen Dach ausgeführt. Der Vorteil dieser Dachkonstruktion besteht in ihrem großen Gewicht mit der sich daraus ergebenden ther-

mischen Stabilität im Dachraum und der guten Schalldämmung gegen Außenlärm (Abb. 3.1.21).
Bei großen, innerstädtischen Altbauten sind die Dächer oft so voluminös, daß über dem bereits ausgebauten Dachgeschoß noch ein weiterer Dachraum ausbaufähig ist. Auch für diese Dächer würde die Bestimmung des F 90-A gelten und damit wäre ein nachträglicher Ausbau nicht möglich. Aus diesem Grund gibt es hier Ausnahmemöglichkeiten (s.Exkurs: Brandschutz).

9. Reparaturen am Dachstuhl

Wird bei einer optischen Kontrolle des Dachstuhlholzes ein Schaden festgestellt, so sind die Reparaturen vor jeder weiteren Baumaßnahme durchzuführen. Die häufigsten Schäden an den konstruktiven Teilen sind:

- Pilzbefall aufgrund dauernder Durchfeuchtung. Meist sind schadhafte Verblechungen an den Dachdurchdringungen von Kamin, Abluftrohren usw. die Ursache. Auch gebrochene oder fehlende Dachplatten und undichte Blech- oder Pappeindeckungen führen zu Wasserschäden.
- Befall durch Holzschädlinge wie Hausbock oder Holzwurm.
- Das Fehlen konstruktiver Teile, die bei einer vorhergehenden Nutzung gestört haben und einfach entfernt worden sind.
- Zu schwach bemessene Querschnitte aller oder einzelner Holzteile und Holzverbindungen und darauf zurückzuführende Bruchstellen.

Folgende Maßnahmen sind durchzuführen:
- Alle Undichtigkeiten an der Dachhaut müssen beseitigt werden.
- Die von Pilzen oder Holzinsekten befallenen Teile sind auszubauen und zu ersetzen (siehe Exkurs Holzschutz).
- Fehlende Holzteile müssen wieder eingebaut werden.
- Schwachbemessene Hölzer können, wie oft schon eine überschlägige statische Berechnung zeigt, meist nicht die zusätzliche Belastung durch den Dachausbau aufnehmen. Sie sollten entweder ausgewechselt oder durch Beilagen aus Holz bzw. Stahl verstärkt werden.
- Unterdimensionierte Hölzer, die bereits durch die bisherigen Lasten (Dachlast, Winddruck, Schneelast) verformt worden sind, müssen ebenfalls ersetzt oder verstärkt werden. Vor dem Verstärken sind die verformten Teile wieder auszurichten.

Manchmal ist es notwendig, windschiefe Dachstühle wieder auszurichten. Dies ist nur möglich, wenn für die benötigten Flaschen- oder Greifzüge Befestigungsmöglichkeiten an belastbaren Bauteilen (meist Stahlbetonteile) vorhanden sind.

Nach dem Einrichten werden die Knotenpunkte durch Nagelbleche und Windrispen in ihrer Position gesichert. All diese Arbeiten muß ein erfahrener Zimmermann vor Ort anleiten.

10. Aufsattelung

Zwischen 1960 und 1980 wurden häufig auch Wohnhäuser mit Flachdächern versehen, die heute nun mehr oder weniger sanierungsbedürftig sind. Angesichts der Kosten einer Flachdachsanierung, des begründeten Mißtrauens, was die Haltbarkeit von Flachdachabdichtungen betrifft, und des Wunsches nach mehr Wohnfläche, ist die Entscheidung vieler Hausbesitzer für ein Steildach verständlich.
Unter Aufsattelung wird das Aufsetzen eines kompletten, neuen Dachstuhls auf ein Flachdachgebäude verstanden. Es können alle vorher erwähnten Dachformen eingesetzt werden, wenn die Bauvorschriften einerseits und die Statik andererseits dies zulassen. Die Aufsattelung ist sowohl bei eingeschossigen als auch bei mehrstöckigen Gebäuden möglich. Sie stellt eine erhebliche Änderung der baulichen Anlage dar und bedarf insofern der bauaufsichtlichen Genehmigung.
Bei eingeschossigen Flachdachgebäuden, sog. Bungalows, ist die Errichtung eines lastabtragenden Dachstuhls in der Regel aufwendiger als bei mehrstöckigen Gebäuden, da hier selten nichttragende und tragende Bauteile sinnvoll und rhythmisch angelegt sind, sondern ungeordnet nebeneinander bestehen (vgl. Kap. B.7).

Exkurs: Holzschutz - Holzgift

Holz als pflanzlicher Baustoff kann von Schädlingen wie Insekten und Pilzen befallen werden. Deshalb gibt es in Deutschland eine Industrienorm für den Holzschutz (DIN 68800). Eine DIN-Norm ist eine Empfehlung und keine Vorschrift. Erst durch die Einführung als Technische Baubestimmung (TB) wird sie Vorschrift. Die DIN 68800 ist nicht in allen Bundesländern als TB eingeführt.

Die wichtigste Maßnahme, um Schädlingsbefall vorzubeugen, ist der konstruktive Holzschutz für bewitterte Bauteile, d.h. der Schutz des Holzes vor zuviel Feuchtigkeit:

- alle liegenden Flächen werden abgeschrägt,
- Hirnholz wird mit Brettern abgedeckt, z.B. mit Pfettenbrettern,
- offene Bohrungen, Zapfenlöcher und Schlitze werden verschlossen,
- eine gute Belüftung aller Konstruktionsteile muß gewährleistet sein,
- sperrende Maßnahmen (diffusionsdichte Anstriche, Versiegelungen) sind zu vermeiden.

Durch diese Maßnahmen soll erreicht werden, daß Holzbauteile auch bei Bewitterung nur kurzfristig mehr als 15% Feuchte enthalten, dann aber wieder schnell abtrocknen.
In der neuen DIN 68800, T.3 (April 1990), wird eine Gefahr für Pilzbefall erst ab 20% Feuchte gesehen. Aus diesem Grunde wird Holz im Innenraum, wenn es dreiseitig offen angeordnet und kontrollierbar bleibt (z.B. bei einer sichtbaren Dachkonstruktion) oder allseitig verkleidet ist, der Gefährdungsklasse 0 zugeordnet und braucht nicht zusätzlich mit chemischen Mitteln geschützt werden. Beim ausgebauten Dach ist eine vorbeugende Holzbehandlung sinnvoll, wenn die Sparren in der Wärmedämmschicht liegen, da dann Tauwasser auftreten kann. In diesem Fall sollte aber nur ein reines Borsalzpräparat zum Einsatz kommen. Der Einsatz anderer Salze, sogenannter CKF-Salze (Chrom-Kupfer-Fluor), oder gar öliger, lösemittelhaltiger Holzgifte mit Inhaltsstoffen wie Lindan, Furmecyclox, Permethrin usw. ist wegen der gesundheitlichen Gefahren unbedingt zu vermeiden.
Alte Dachstühle sind spätestens ab den 40er Jahren intensiv getaucht, gespritzt oder gestrichen worden. Aufschluß darüber ist im jeweiligen Fall nur durch die Laboranalyse einer Stoffprobe zu erhalten. Ist das Holz mit fungiziden Salzen oder öligen Giften behandelt worden, muß beim Dachausbau durch dichte Sperrschichten sichergestellt werden, daß keine belasteten Dämpfe in das Rauminnere gelangen können. Bei hohen Konzentrationen von Pentachlorphenol (PCP), dessen Einsatz seit 1989 in der BRD verboten ist, kann wegen der Giftigkeit des Stoffes nur eine Entfernung des Dachstuhls empfohlen werden.

Nähere Auskunft erteilt die Interessensgemeinschaft der Holzschutzmittelgeschädigten (IHG), Unterstaat 14, 51766 Engelskirchen.
Sollte ein Befall durch Insekten oder Pilze vorliegen, so kann alles getan werden, was nicht gegen die Giftverordnung der Länder verstößt. Hier gilt es, die Maßnahmen mit Bedacht zu steigern: Vom Auswechseln einzelner befallener Bauteile, über das wohldosierte Spritzen befallener Hölzer mit Borsalz (zum bekämpfenden Holzschutz nicht zugelassen, aber wirksam), bis zur Heißluftbehandlung ganzer Dachstühle. Bei der Heißluftbehandlung wird so lange Warmluft von außen in den Dachstuhl hineingeblasen, bis in der Balkenmitte aller Hölzer eine Temperatur von mindestens 55°C erreicht wird, die ausreicht, um tierische Schädlinge aller Art abzutöten.

3.2 Dachdeckung

Dachdeckung und Dachneigung müssen aufeinander abgestimmt sein. Stroh verlangt eine eher steile, Schiefer und Ziegel erlauben auch eine recht flache Neigung. Im Süden Deutschlands wird man dem Ziegeldach eine flachere Neigung geben können als im Norden mit seinen bis dreifach höheren Niederschlagsmengen und dem stärkeren Wind. Früher spielte das örtliche Vorkommen des Deckungsmaterials eine entscheidende Rolle für die Dachform. Für jedes Deckungsmaterial gibt es eine sogenannte Regeldachneigung, z.B. Biberschwanz 30°, Hohlpfanne 35°, Flachdachpfanne 22°. Bei Unterschreiten der Regeldachneigung ist ein Unterdach zwingend vorgeschrieben (siehe Kap. 3.5.5)

1. Materialien

Unterschieden werden harte, nicht brennbare Bedachungen (Ziegel, Schiefer usw.) und weiche, brennbare Dachdeckungsmaterialien (Stroh, Schindeln). Grundsätzlich muß die Dachhaut gegen Flugfeuer und Wärmestrahlung widerstandsfähig sein, was eine harte Bedachung bedingt. Für Gebäude mit bis zu zwei Vollgeschossen in offener Bauweise - also keine

Reihenhäuser- kann aber auch eine Dacheindeckung aus weichen, brennbaren Materialien, wie z.B. Holzschindeln, gestattet werden. Voraussetzung ist, daß umstehende Gebäude oder nach den baurechtlichen Vorschriften zulässige künftige Gebäude mit harter Bedachung mindestens 15 m, solche mit weicher Bedachung mindestens 25 m und kleine, nur Nebenzwecken dienende Gebäude (z.B. Garagen) mindestens 5 m davon entfernt sind. Mit dieser Vorschrift soll eine unkontrollierte Ausdehnung von Bränden durch Brandüberschlag verhindert werden. Der Ursprung dieser Bauvorschrift läßt sich bis ins Mittelalter verfolgen, als viele Städte durch Feuersbrünste eingeäschert wurden.

In holzreichen Gegenden entstand die Dacheindeckung mit *Holzschindeln*, die für Dachneigungen von 15° bis 80° (z.B. bei Kirchturmdächer) geeignet ist. Im Hochgebirge verhindert eine flache Dachneigung das Abrutschen der schweren Schneemassen und dadurch ein Mitreißen der Dachhaut. Mit Schindeln lassen sich geschwungene Dachformen und weiche Übergänge hervorragend ausbilden (Abb. 3.2.1 und 3.2.2).
Im Norden Deutschlands wurde das *Ried-* oder *Reithgras* der Marschen als Eindeckungsmaterial verwendet, wobei eine dichte, mindestens 28 cm starke Strohlage auf einer nicht weniger als 60° steilen Dachfläche den schnellen Ablauf des Regenwassers sicherstellte. Das Strohdach ist windundurchlässig, witterungsbeständig, wärme- und schalldämmend.

In Gegenden mit Schiefervorkommen entwickelte sich die gelegte *Steinplattendeckung* (heute nur noch selten zu sehen), die nur bei Dächern mit Neigungswinkeln unter 30° auszuführen war; Dacheindeckungen mit genagelten, dünnen Schieferplatten (Mindestneigung 25°), löste die durch das hohe Dachgewicht unwirtschaftliche Steindeckung ab.

In Mitteleuropa ist das meistbenutzte Dachdeckungsmaterial der *Tonziegel*, wobei der Biberschwanzziegel und die Mönch- und Nonnedeckung die ältesten Ziegelformen darstellen. Seit Beginn dieses Jahrhunderts entwickelte die Industrie mit den Flachpfannen und Falzziegeln (3.2.3) wirtschaftlichere Formen. Waren vorher für die Flachziegel Dachneigungen ab 36° notwendig, so können Falzziegel je nach Fabrikat ab einer Mindestdachneigung von 20° eingesetzt werden. Geschwun-

Abb. 3.2.1
Holzschindeldeckung
Foto: Michael Wesely, Ebersberg

Abb. 3.2.2
Sanfte Übergänge mit Holzschindeln
Foto: Holzschindelwerk Theo Ott, Piding

Abb. 3.2.3 Tonziegeldeckung
Foto: Dachziegelwerk Möding, Landau

gene Dächer lassen sich nur mit Biberschwanzziegel decken. Da sie die schwerste Deckung mit der größten Elementanzahl ist (ca. 34 Stck./m²), ist sie auch die teuerste Deckungsart. Mittlerweile hat der Dachziegel erhebliche Konkurrenz durch den Betondachstein bekommen. Dieser billiger herzustellende, im Format um 50% größere und im Deckungsgewicht etwas schwerere Stein, bis vor zehn Jahren nur mit grauschwarzer Einfärbung im Handel, ist heute in Ziegelrot erhältlich und für den Laien kaum noch von einer Tonziegeleindeckung zu unterscheiden.

Die sehr aufwendigen Dacheindeckungen mit Stroh, Holzschindeln und Naturschiefer wurden inzwischen vielerorts nicht nur durch die Ziegeldeckung, sondern vor allem durch preiswertere und sehr rationell einsetzbare Materialien wie Dachpappe, Bitumenwellplatten, Asbestzementwellplatten, feuerverzinkte Profilbleche bzw. Aluminiumprofilbleche verdrängt. Die Nachteile dieser Materialien werden erst allmählich deutlich:

- *Dachpappbahnen* auf Holzschalung sind die billigste Deckung und auch für sehr flache Dachneigungen geeignet. Der hohe Wartungsaufwand und die geringe Lebensdauer führten zur Entwicklung kunststoffmodifizierter Schweißbahnen. Die bituminösen Inhaltsstoffe sind toxikologisch bedenklich und wegen ihrer Herkunft aus der Erdölproduktion ökologisch abzulehnen. Die Lebensdauer liegt zwischen 10 und 20 Jahren.
- *Bitumenwellplatten* werden genagelt oder geschraubt. Auch ihre Lebensdauer ist gering, sie liegt bei 10 bis 15 Jahren.
- *Asbestzementplatten* sind mittlerweile wegen der Gesundheitsgefährdung durch Asbestfasern verboten. Der Nachfolgestoff mit Fasern aus Kunststoff bringt langfristig wie sein Vorgänger Probleme hinsichtlich Rißbildung durch Versprödung des Materials, Auffrieren der Risse mit nachfolgender Zerstörung der Platte.
- *Blech* ist korrosionsanfällig (gering bei Kupfer und reinem Zinkblech), die Geräusche von auftreffendem Regen oder Hagel können u.U. eine sehr störende Lärmquelle bilden. Große Temperaturschwankungen und die daraus resultierende Eigenbewegung des Materials erfordern sorgfältige Konstruktionen, um Dichtigkeit für lange Zeit zu garantieren. Undichtigkeiten sind schwer aufzuspüren.

Im Vergleich zu kleinformatigen Schuppendeckungen, wirken Dächer mit großformatigen Materialien oft unstrukturiert und wenig harmonisch.

Grasdächer erleben heute eine Renaissance und in Anbetracht der Vernichtung von Wiesen und Feldern durch exzessive Baumaßnahmen ist es besonders im städtischen Bereich sinnvoll, die überbaute Fläche wieder ergrünen zu lassen. Gerade z.B. für die Flachdächer von Industrie- und Gewerbebauten, die ohnehin einen wasserdichten Dachaufbau erhalten müssen, sind Grasdächer eine gute Lösung (Abb. 3.2.4). Für stärker geneigte Dächern ist eine Begrünung weniger zu empfehlen, da der Gefahr des Abrutschens (z.B. bei starken Regenfällen) nur mit erheblichem Aufwand begegnet werden kann. Andererseits kann das Gründach das Innenraumklima günstig beeinflussen, da es durch seine Masse temperaturausgleichend und schalldämpfend wirkt (Abb. 3.2.5). Durch das höhere Gewicht und die dadurch notwendige stärkere Dimensionierung der Dachbinder, Stützen, Wände und Fundamente ist eine Dachbegrünung in der Regel kostenaufwendiger als andere Eindeckungen.

Das Brandverhalten begrünter Dächer ist je nach Aufbau unterschiedlich:

- Bewässerte Dächer mit Intensivbegrünung und dichter Substratschicht sind gegen Flugfeuer widerstandsfähig.
- Dächer mit Extensivbegrünung benötigen eine Schichtdikke von mindestens 3 cm Substrat (Erde) mit höchstens 20% Gewicht organischer Bestandteile. Bauteile wie Brandwände, Fenster usw. sind mit Platten oder Kies von 50 cm Breite vom Gras abzutrennen, um ein Überspringen von Feuer zu verhindern (Quelle: Bauministerium Nordrhein-Westfalen 1989).

Jedes Dachdeckungsmaterial sollte hinterlüftet werden, damit alle darunterliegenden hölzernen Bauteile nach Durchfeuchtung wieder trocknen können. Dies gilt in besonderem Maße für Holzschindeldächer, aber auch z.B. für Holzschalungen, auf denen Bleche verlegt werden (Brettschalung mit 1 cm Luft zwischen den Brettern zum Hinterlüften). Die Hinterlüftung ist auch für Tondachziegel wichtig, selbst wenn sie

Abb. 3.2.4
Grasdach

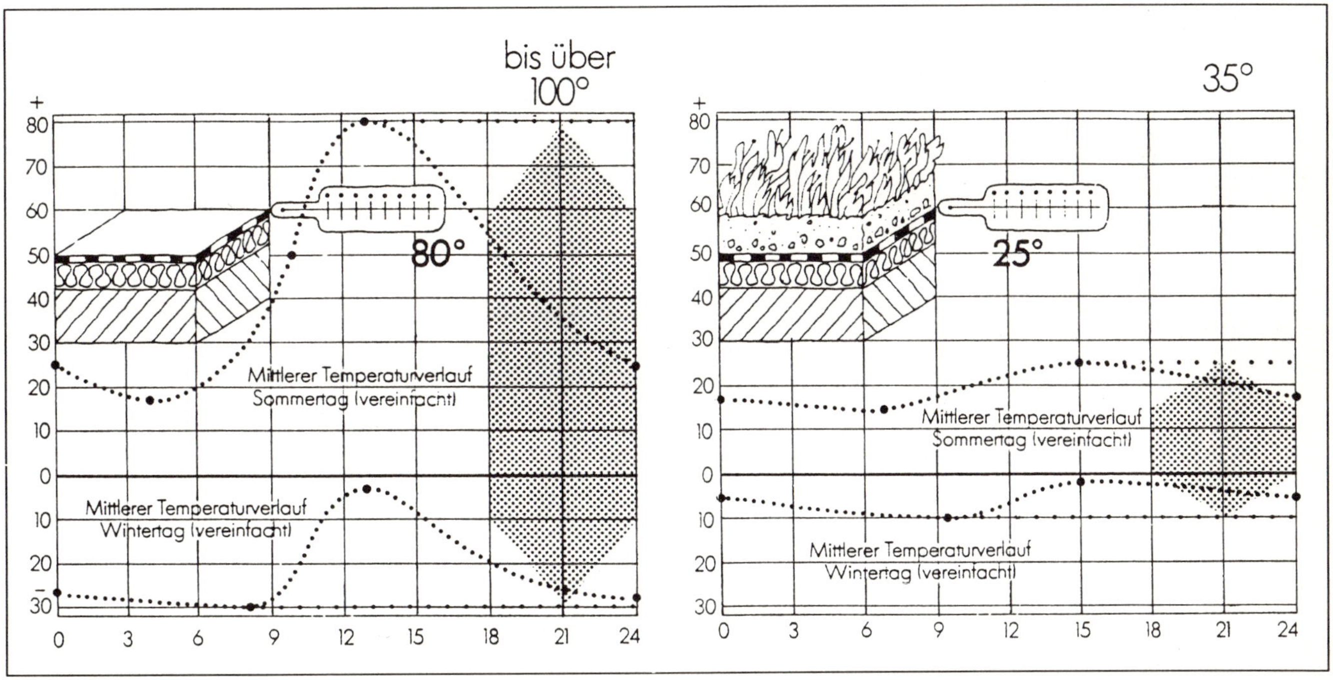

Abb. 3.2.5 Temperaturverlauf beim unbegrünten (links) und begrünten Dach (rechts)   Quelle: Fa. Kömmerling

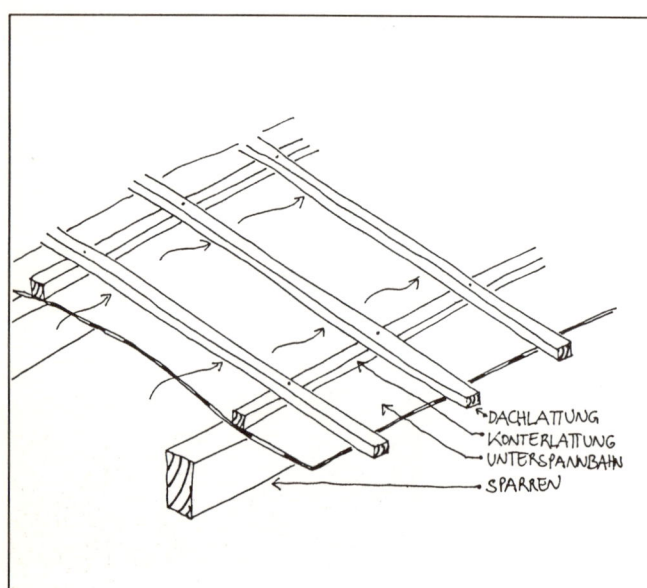

DACHLATTUNG
KONTERLATTUNG
UNTERSPANNBAHN
SPARREN

Abb. 3.2.6 Unterlüftung Dachsparren

frostbeständig sind, damit sie aufgenommenes Niederschlagswasser wieder abgeben können, bevor es zu Auffrierungen kommt. Betondachsteine und Faserzementplatten sind wegen ihrer dichteren Materialstruktur weniger frostgefährdet, dafür bildet sich aufgrund ihrer größeren Abkühlung an der Unterseite aber schneller Kondenswasser. Da diesen Produkten ein kapillares Wasseraufnahmevermögen weitgehend fehlt, kommt es an der Unterseite bald zu Tropfwasser, das nur durch eine gute Unterlüftung der Platten wieder abgeführt werden kann.

Zur Gewährleistung einer funktionierenden Hinterlüftung ist ein von der Traufe bis zum First durchgehender Abstand zwischen Dacheindeckung und Unterdach erforderlich. Der Durchlüftungsquerschnitt wird in der Regel durch eine senkrecht zur Dachlattung eingebrachte Konterlattung hergestellt (Abb. 3.2.6). Wird der Luftstrom durch Dachflächenfenster oder Kamine unterbrochen, sind Ab- und Zuluftöffnungen (z.B. Entlüftungsziegel) anzuordnen.

Grundsätzlich gilt unabhängig von den eingesetzten Materialien, daß die Dachhaut möglichst wenig Durchdringungen aufweisen sollte, da diese auch bei bester Ausführung immer einen Schwachpunkt darstellen.

2. Erneuern

Bei der Beurteilung der Dacheindeckung ist zu berücksichtigen, daß an die Dichtigkeit der Deckung bei einem Dachausbau höhere Anforderungen gestellt werden müssen als beim nicht ausgebauten Dach. So ist eine Biberschwanz-Einfachdeckung oder eine zweilagige Holzschindeldeckung nicht mehr ausreichend.

Die Reparatur- und Erneuerungsmaßnahmen richten sich nach dem Ausmaß des festgestellten Schadens:

- Einzelne schadhafte Ziegel können von innen ausgetauscht werden. Alle auf Schalung verlegten Materialien wie Schieferplatten oder Holzschindeln, Bleche und Pappen müssen von außen ersetzt werden.
- Ist über ein Drittel der Deckung schadhaft, muß umgedeckt werden, d.h. das Dach wird nicht vollständig abgedeckt, sondern Stück für Stück aufgedeckt, wobei das gute Material beim Eindecken wiederverwendet und die fehlende Menge ergänzt wird. Diese Methode ist nur möglich, wenn dasselbe Deckungsmaterial zugekauft werden kann.
- Bei größeren Schäden oder wenn ein minderwertiges Material ersetzt werden soll, ist eine vollständige Neueindeckung des Daches sinnvoll.

Preise: Alle Dachdeckungsmaterialien sind über den örtlichen Baustoffhandel oder Dachdeckerfachhandel zu beziehen. Dachlattung 30 x 50 mm, ca. 1,20 DM/lfm; Tonziegel 20 bis 40 DM/m²; Betondachstein 15 bis 30 DM/m²; Holzschindeln 50 bis 80 DM/m²; Schieferplatten 110 bis 130 DM/m²; Dachpappschindeln ca. 15 DM/m²; Dachpappbahnen zweilagig 8 DM/m²; Dachpappschweißbahnen 15 bis 20 DM/m²; verzinktes Blech 25 DM/m²; Titanzinkblech ca. 45 DM/m²; Kupferblech ca. 60 DM/m².

3.3 Verblechung und Kamin

1. Bleche

Auch wenn Blech nicht als Material zur Dacheindeckung eingesetzt wird, hat es dennoch bei der Abdichtung der Dachhaut Hilfsaufgaben zu erfüllen:

- Dachdurchdringungen durch Abluftrohre, Kamine, Dachflächenfenster usw. werden regensicher in die Dachhaut eingebunden (3.3.1).
- Die Dachflächen werden durch Blechstücke an andere Bauteile wie Brandmauern oder Attikaaufkantungen angeschlossen.
- Dachverschneidungen und Kehlen sind mit einer Blechunterlage einfacher einzudecken (3.3.2).
- Gauben können teilweise oder vollständig in Blech eingefaßt werden.
- Die gesamte Dachentwässerung wird mit Scharblech, Regenrinne und Fallrohr aus Blech ausgeführt.

Materialien: Wie bei der Dachdeckung kommen auch hier grundsätzlich die Materialien Alumium, verzinktes Stahlblech, Zinkblech (Titanzink) und Kupfer infrage. Werden verschie-

Abb. 3.3.1 Mit Blech eingefaßter Schornstein

Abb. 3.3.2 Kehle in Titanzink

Korrosion durch galvanische Ströme

In Verbindung mit Feuchtigkeit entstehen zwischen unterschiedlichen Metallen elektrische Ströme, die zur Korrosion der in der Spannungsreihe niedriger liegenden Metallart führt. Bei den Arbeitsausführungen ist deshalb darauf zu achten, daß verschiedene Metalle nur ihrer Spannungsreihe entsprechend zusammengebracht werden dürfen.

Elektrochemische Spannungsreihe:

Silber	**Ag**
Kupfer	**Cu**
Blei	**Pb**
Zinn	**Sn**
Eisen	**Fe**
Zink	**Zn**
Mangan	**Mn**
Aluminium	**Al**

So müßten z.B. Aluminiumbleche oben, Zinkbleche in der Mitte und Kupferbleche unten angebracht werden.

Abb. 3.3.3
Elektrochemische Spannungsreihe
Quelle: Fa. Täumer, München

dene Metalle eingesetzt, muß die elektrochemische Spannungsreihe berücksichtigt werden. Denn in Verbindung mit Feuchtigkeit bilden verschiedene Metalle untereinander galvanische Elemente, wobei es durch elektrische Ströme zur Zersetzung des unedleren Metalls kommt. Am Hausdach führen die durch den Regen gelösten Metallionen bei den in Fließrichtung liegenden unedleren Metallen zu beschleunigter Korrosion. Sofern nicht mit einem einheitlichen Material gearbeitet werden kann, müssen z.B. auf Aluminiumbleche

oben am First, die edleren Metalle Zink oder Kupfer weiter unten eingesetzt werden (Abb. 3.3.3). Ebenso darf auf Zinkblech im oberen Teil des Daches nur mit Zink oder Kupfer im unteren Teil weitergearbeitet werden. Ist eine Direktverbindung verschiedener Metallarten nicht zu umgehen, sind Trennschichten als Isolierungen dazwischenzuschalten (Farbanstriche, Ölpapierbeilagen o.ä.).

Das preiswerteste Material ist verzinktes Stahlblech, allerdings korrodiert es schnell durch schlechte oder zu dünne Verzinkung und die aggressive Atmosphäre (Schwefeldioxid der Ölheizung bildet schwefelige Säure). Nach ein bis zwei Jahren, wenn der Fettbelag vollständig abgewaschen ist, muß ein Schutzanstrich aufgebracht werden. Aus diesen Gründen kommt zunehmend Titanzink- oder Kupferblech zum Einsatz. Aluminiumblech wird nur für große, vorgefertigte Strangprofilblecheindeckungen verwendet. Walzblei ist für komplizierte Anformungen an andere Materialien im Einsatz, es korrodiert kaum, neigt allerdings zur Rissebildung (Abb. 3.3.4).

Wird vom Dach aufgefangenes Regenwasser für die Gartenbewässerung verwendet, ist Zinkblech zu empfehlen, da dessen gelöste Bestandteile weniger schädlich als die von Kupferblech sind.

Dächer an öffentlichen Wegen und über Hauseingängen sollten zum Schutz vor abrutschendem Schnee, Eis, losen Bauteilen usw. mit in Dachhaken eingehängten Schneefangstützen aus Metall oder Rundholz versehen werden (Abb. 3.3.5).

2. Kamin

Der Kaminkopf ist von allen Bauteilen am stärksten der Witterung ausgesetzt und muß deshalb häufiger kontrolliert und repariert werden. Beschädigte und durchfeuchtete Kamine gefährden nicht nur die Dichtigkeit des Daches, sondern führen auch durch die verschlechterte Wärmedämmung zu Kaminversottungen, da die aufsteigenden Rauchgase zu stark abkühlen und das Kondensat den Stein durchfeuchtet. Vor der Veranlassung von Reparaturmaßnahmen ist es sinnvoll, den Bezirksschornsteinfeger oder Kaminkehrermeister zwecks Ausführungsdetails zu befragen (Sanierungen des gesamten

Blecharten	Vorteile	Nachteile	Preisverhältnis etwa
VERZINKTES STAHLBLECH	Sehr steif, weitgehend elastisch und gut verformbar, hohe Zugfestigkeit	Korrodiert und es sind fortlaufend Unterhaltsanstriche erforderlich Schweißungen nur bedingt möglich	100%
ALUMINIUMBLECH	Steif, gut verformabar Mittlere Zugfestigkeit Keine Unterhaltsanstriche notwendig	Große Temperatur-Bewegungen und dadurch Gefahr der Rissebildung Bei Bahnbreiten (Dachdeckung) über ca. 750 mm können durch ständigen Windsog und -druck Materialermüdungen auftreten	140%
ZINKBLECH	Nur bei höheren Temperaturen verformbar Keine Unterhaltsanstriche notwendig	Durch die erheblichen Bewegungen bei häufigen und stark wechselnden Temperaturen können Materialermüdung und Risse eintreten. Spröde bei niederen und nicht sehr steif bei höheren Temperaturen	150%
KUPFERBLECH	Steif, sehr gut verformbar und elastisch Hohe Zugfestigkeit Keine Unterhaltsanstriche notwendig Lange Lebensdauer	Nur geringe Nachteile durch Temperaturbewegungen, da sehr geschmeidig Bei Bahnbreiten (Dachdeckung) über ca. 750 mm können durch ständigen Windsog und -druck Materialermüdungen auftreten	350%
WALZBLEI	Außerordentlich gut verformbar und zäh, daher für schwierige Anschlüsse geeignet keine Unterhaltsanstriche notwendig	Sehr geringe Zugfestigkeit und große Temperatur-Bewegungen, dadurch Gefahr der Rissebildung Nicht sehr steif	290%

Abb. 3.3.4
Vor- und Nachteile der
verschiedenen Blecharten
Quelle: Fa. Täumer, München

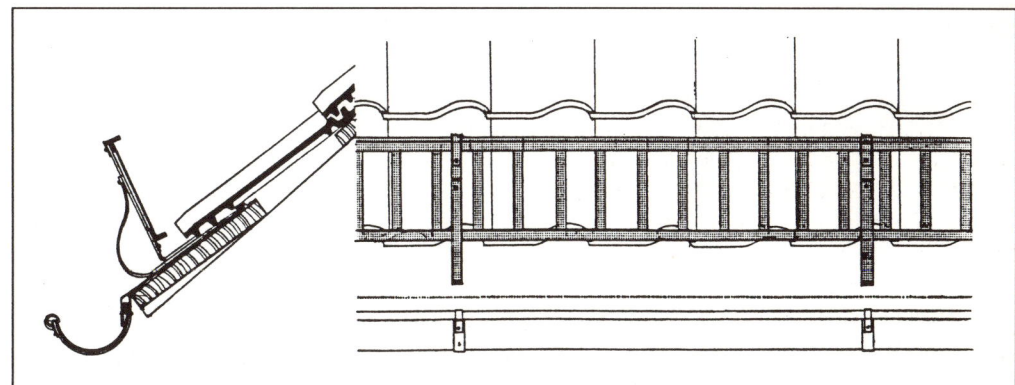

Abb. 3.3.5
Schneefangstützen bei Falzziegel
Quelle: Bauberatung Ziegel

Kaminrohres siehe Kap. 12.3.2). Grundsätzlich muß ein Kamin 50 cm über den Dachfirst ragen oder mit der Mündung mindestens 1,0 m (bei harten Bedachungen) senkrechten Abstand von der Dachhaut einhalten. Verputzte Kamine sind pflegeaufwendiger als verklinkerte. Kostengünstiger ist es heute, das Fertigkaminrohr mit einer wärmegedämmten, hinterlüfteten Blechverkleidung vom Spengler fertigen zu lassen. Eine nachträgliche Wärmedämmung aus nichtbrennbaren Materialien kann die Zugleistung eines alten Kamins verbessern. Dann muß zusätzlich eine hinterlüftete Verblechung angebracht werden. (Abb. 3.3.6 und 3.3.7). Die beliebten Blechhauben auf den Kaminen sind zu vermeiden, da sie selten das Erscheinungsbild des Daches verbessern. Darüberhinaus schaden sie mehr als sie nützen:

- Sie verursachen störende Windgeräusche im Kamin.
- Sie beeinträchtigen den Kaminzug.
- Sie drücken die Abgase auf das Dach, was dort zur Kondensatbildung führt.

Wenn Kamine nach dem Dachausbau nicht mehr vom Dachboden aus geräumt werden können, ist sicherzustellen, daß sie von außen geputzt werden können. Je nach Höhe des Hauses sind unterschiedliche Aus- und Aufstiegshilfen für den Kaminkehrer möglich.

Bei eingeschossigen Häusern wird man mit einer Leiter von außen auf das Dach steigen und von der Traufe mittels Dachtritte oder Dachleiter zum Standbrett vor dem Kamin gelangen. Bei mehrgeschossigen Gebäuden muß an geeigneter Stelle eine ausreichend große Ausstiegsöffnung vorgesehen sein. Von hier aus sind auf der Dachfläche Laufbretter oder -gitter zu den einzelnen Kaminen zu verlegen.

Welche Hilfsmittel an welcher Stelle einzusetzen sind, ist in einem Gespräche mit dem zuständigen Bezirkskaminkehrermeister zu klären. Dies hilft, falsche Einbauten zu vermeiden.

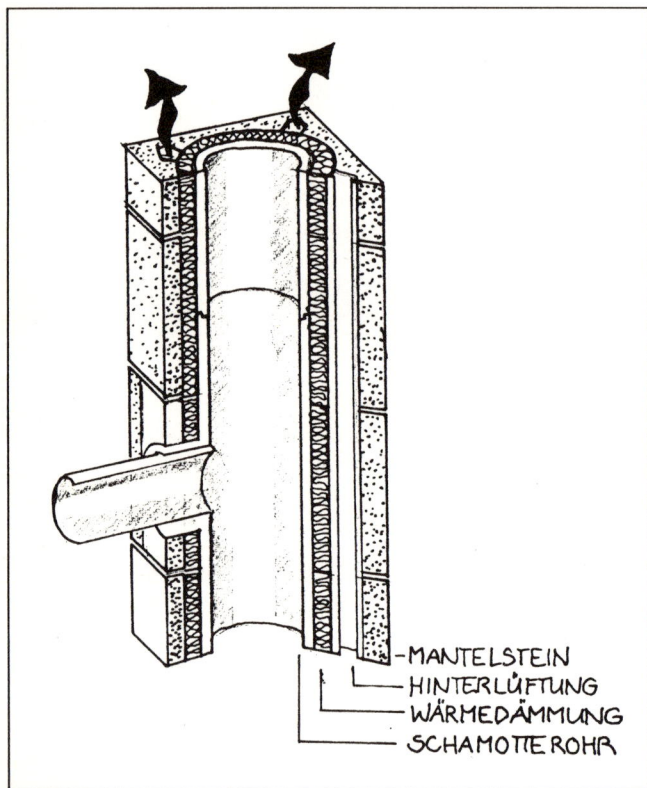

MANTELSTEIN
HINTERLÜFTUNG
WÄRMEDÄMMUNG
SCHAMOTTEROHR

Abb. 3.3.6 Schornsteinaufbau

ABLUFT DER HINTERLÜFTUNG
DÄMMPLATTE
MANTELSTEIN
BLECH

Abb. 3.3.7 Hinterlüftung des Kaminrohres

3.4 Wärmedämmstoffe

Wärmegedämmt wurde auch in früheren Zeiten, z.B. mit Torf, Stroh, Seegras, Reet, Holzwolle, Sägemehl und Rindenschrot. Im Winter legte der Bauer Stroh und Heu auf seinen Dachboden und in alten Schloßdecken finden sich bei Renovierungsarbeiten Dämmschichten aus Flachsschaben. Mit der industriellen Revolution erweiterte sich die traditionelle Palette der Bauformen und -stoffe. Die Stahl- und Glaspaläste der Weltausstellungen, die es ab 1850 in Frankreich, England und den USA gab, wurden zu Prototypen der großen Industriehallen. Da die Leichtbauten ungeheure Mengen an Energie zur Raumheizung, Kühlung und Lüftung verbrauchten, stieg der Bedarf an robusten Dämmstoffen, die möglichst nicht brennbar sein sollten. In Deutschland wurde ein Verfahren (von REINHOLD und MAHLA) entwickelt, Kork mit Hilfe von Wasserdampf zu expandieren und zu Blöcken zu verbakken. Holzfasern ließen sich mit Magnesit- und Chloridlauge zu festen Platten verpressen, und vieles mehr wurde ausprobiert (Abb. 3.4.1).

Aber erst im 20. Jahrhundert konnte mit Erfindung der Mineralwolle und später mit vollsynthetischen Schaumkunststoffen der zunehmende Massenbedarf gedeckt werden (Abb. 3.4.2).

Naturnahe Dämmstoffe	Künstliche Dämmstoffe
Holzwolle-Leichtbauplatten Kork Koksfasererzeugnisse Holz-Weichfaserplatten Torfplatten Blähton Holzspäne Rindenschrot Stroh Riedrohr Seegras Cellulose Wellpapier Schafwolle	Polystyrol-Hartschaumplatten Polystyrol-Extruderplatten Polyurethan-Schaumstoffe Phenolharzschaum Schaumglas Mineralfaserplatten und -matten mit synthetischen Bindemitteln z. T. aus Rückstandsmaterialien der Erzgewinnung

Abb. 3.4.1 Naturnahe und künstliche Dämmstoffe

		1986	1987	1988	1989	1990	1991	1992
1	Mineralwolldämmstoffe	8.100	8.550	8.800	9.450	10.500	12.500	13.900
2	EPS-Hartschaumdämmstoffe	4.900	4.925	4.928	5.050	5.162	6.131	6.405
3	PUR-Hartschaumdämmstoffe	749	753	813	854	888	977	1.022
4	Polystyrol-Extruderschaumstoffe	390	443	455	501	538	591	688
5	Dämmende Leichtbauplatten	270	252	233	247	265	277	295
6	Sonstige anorg. Dämmstoffe	128	134	132	137	123	138	177
		14.537	15.057	15.361	16.239	17.476	20.614	22.487
	EPS-Hartschaumdämmstoffe *	-118	-110	-132	-141	-148	-153	-177
	Dämmstoffmarkt Bauwesen **	14.419	14.947	15.229	16.098	17.329	20.461	22.310

*   Diese Mengen sind in Mehrschichtleichtbauplatten nach DIN 1101, Teil 1 (Gruppe 5) enthalten und werden abgezogen
** Diese Mengen stellen etwa 95% des Gesamtmarktes Hochbau in der Bundesrepublik Deutschland dar.

Abb. 3.4.2 Dämmstoff-Verbrauch von 1986 bis 1992 in der Bundesrepublik Deutschland (Angaben in 1000 m³)   Quelle (15)

Die Dachhaut als Hülle des ausgebauten Daches ist in den meisten Fällen eine Leichtbaukonstruktion. Sie besteht aus einem statisch wirksamen Tragwerk (Sparren und Pfetten) und der dazwischenliegenden Wärmedämmung. Konstruktionsgewicht (80 - 120 kg/m²) und Speicherfähigkeit (100 kJ/m²K) sind deutlich geringer als bei massiven Außenwänden (300 - 400 kg/m² und 300 kJ/m²K). Die geringe Masse des Bauteils schafft im Vergleich zur massiven Wand ein ungünstigeres Temperaturverhalten: Aufheizung und Auskühlung sind zeitlich eng mit dem Temperaturverlauf des Außenklimas verknüpft, die Temperaturschwankungen werden weniger gedämpft (Abb. 3.4.3). Dies führt im ungünstigen Fall zu einem "Barackenklima" im Dachgeschoß, d.h. das Raumklima wird bestimmt von übergroßer Wärme im Sommer vom Nachmittag bis in die Nacht. Der Winterkälte kann im ungenügend gedämmten Dachgeschoß nur durch intensive Dauerbeheizung begegnet werden, bei Nachtabsenkung der Heizung kühlen die Räume schnell aus.

Unter der Bezeichnung Dämmstoffe werden Materialien zusammengefaßt, die aus sehr verschiedenen Rohstoffen hergestellt werden, aber eines gemeinsam haben: großes Volumen bei geringem Gewicht aufgrund vieler kleiner Hohlräume.
Da ruhende Luft im Vergleich zu festen Körpern ein sehr schlechter Wärmeleiter ist, bewirkt vornehmlich die in den Hohlräumen eingeschlossene Luft die wärmedämmenden Eigenschaften dieser Baustoffe. Die Wärmeleitfähigkeit wird durch einen materialabhängigen Zahlenwert, die spezifische Wärmeleitfähigkeit λ (lambda) beschrieben. Dieser Wert gibt den Wärmestrom (in Watt) an, der pro m² Oberfläche durch 1 m eines Werkstoffes bei einem Temperaturgefälle von 1 Grad Kelvin (entsprechend 1°C) hindurchströmt.
Entscheidend für die Gebrauchstauglichkeit ist das Verhalten eines Dämmstoffes bei Feuchtigkeit. Feuchtigkeit kann die Wirkung auf Dauer stark herabsetzen, z.B. verschlechtert bereits eine Zunahme der volumenbezogenen Feuchtigkeit um 0,5% die Dämmwirkung von Mineralwolldämmstoffen

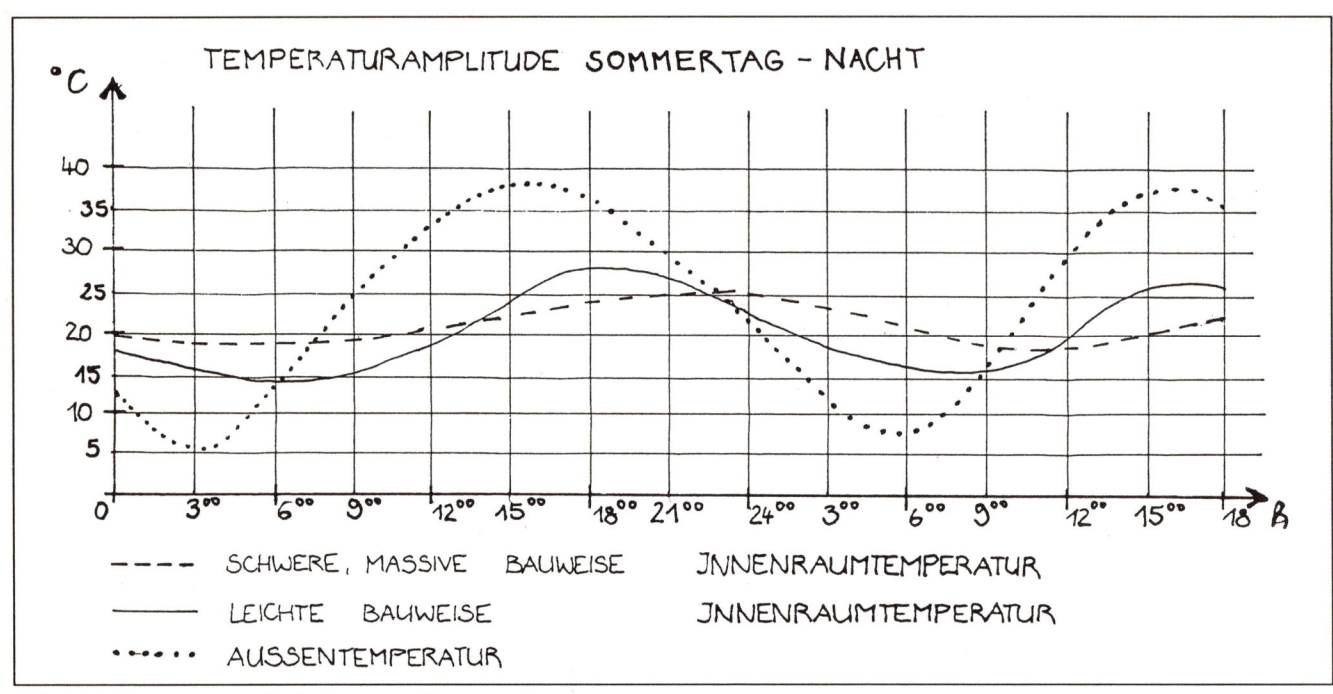

Abb. 3.4.3 Temperaturamplitude Sommertag/Sommernacht

um 25% (Abb. 3.4.4). Deshalb ist es wichtig, daß der Stoff seine Dämmfähigkeit auch unter wechselnden Feuchtigkeiten möglichst gut beibehält. Wird er doch einmal naß, (z.B. auch durch Kondensatfeuchte), sollte er möglichst schnell wieder trocknen. Unter diesem Aspekt sind viele naturnahe Dämmstoffe den synthetischen Dämmstoffen überlegen.

Je mehr Wärme ein Stoff speichern kann, um so träger reagiert er bei Aufheizung und Abkühlung (sog. Amplitudendämpfung). Kennwert dafür ist der spezifische (gewichtsbezogene) Wärmespeicherwert der Dämmstoffe, der multipliziert mit der Rohdichte die volumenbezogene Wärmespeicherzahl des Baustoffes ergibt. Mineralische Stoffe haben Speicherwerte von ca. 1,0 kJ/kgK. Werte um 2,0 kJ/kgK werden nur von pflanzlichen Baustoffen erreicht. Dies bedeutet aber, daß eine Mineralfaserdämmung von 12 cm Stärke und 35 kg/m³ Gewicht gerade 4,2 kJ/m² speichern kann, eine Dämmung mit Holzweichfaserdämmplatten (200 kg/m³) bei gleicher Stärke dagegen 48 kJ/m², d.h. 11 mal soviel, was für die thermische Stabilität des Raumklimas im Dachbereich von Vorteil ist.

Abb. 3.4.6 gibt einen Überblick über die energetischen Kriterien von Dämmstoffen. Sie zeigt, wie schnell der Energieaufwand bei der Herstellung der Dämmstoffe durch die Energieeinsparung in eingebautem Zustand wieder hereingeholt wird. Nicht berücksichtigt sind allerdings die höchst unterschiedlichen Umweltbelastungen, die bei der Herstellung aber auch bei der Entsorgung entstehen. Hier würde ein Vergleich deutlich zugunsten der naturnahen Dämmstoffe ausfallen, denn eine Hartschaumplatte, hergestellt mit ozonschichtzerstörendem Gas, muß viel schlechter beurteilt werden als z.B. eine Schilfrohrplatte aus einem nachwachsenden Rohstoff.

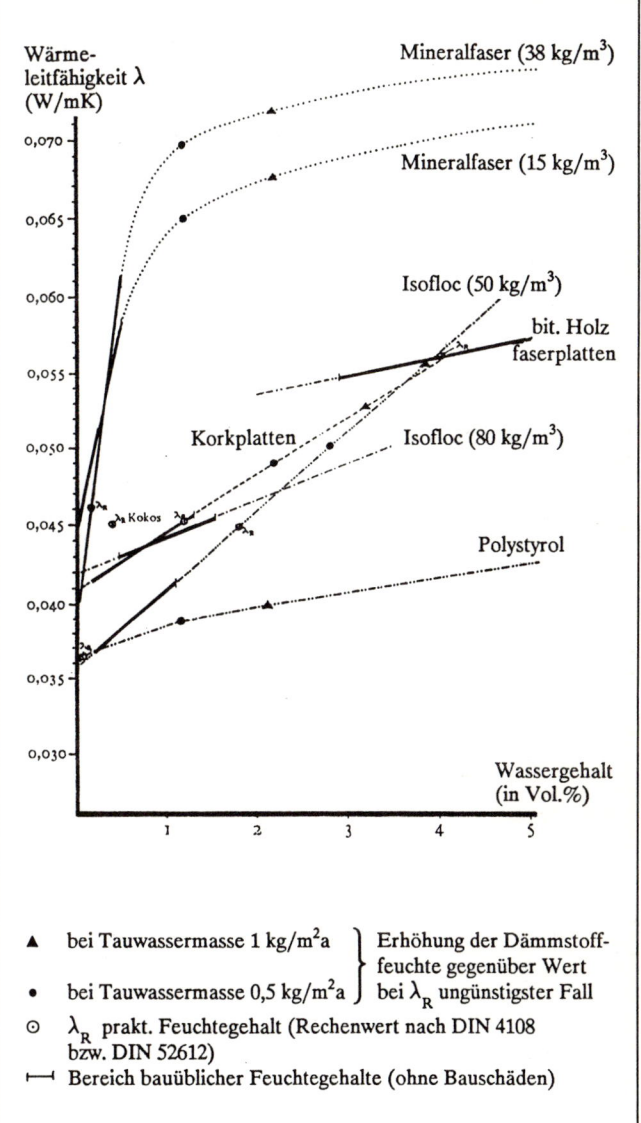

▲ bei Tauwassermasse 1 kg/m²a ⎫ Erhöhung der Dämmstoff-
                                 ⎬ feuchte gegenüber Wert
● bei Tauwassermasse 0,5 kg/m²a ⎭ bei λ_R ungünstigster Fall

⊙ λ_R prakt. Feuchtegehalt (Rechenwert nach DIN 4108 bzw. DIN 52612)

⊢⊣ Bereich bauüblicher Feuchtegehalte (ohne Bauschäden)

Abb. 3.4.4
Wärmeleitfähigkeit und Dämmstoff-Feuchtigkeit Quelle (16)

Dämmstoff-gruppe	Expand. Vulkan-gestein	Expand. Tonkugeln	Expand. Glimmer-schiefer	Geschäumtes Glas	Expand. Vulkangestein	Kokosfaser-matten/platten	Schafschur-wolle
Handelsnamen	HYPERLITE RD ISOSELF	LECA LIAPOR	AGROVERM VERMICULITE	FOAMGLAS	FESCO	EMFA u.a.	ISOWOLL ISOLAN
Herstellung seit	1956	1962	1950	-	1960	1920	1991
Herkunft	Deutschland Griechenland	Deutschland Österreich	Deutschland	Deutschland	Griechenland Deutschland	Indien Indonesien	Deutschland
Einsatzbereiche	Decken geneigtes Dach	Keller außen Kellerboden geneigtes Dach Flachdach	Decken geneigtes Dach Flachdach	Keller außen Flachdach	Decken Fußboden Flachdach	Innenwand Decken Fußboden Keller innen geneigtes Dach innen	Decken Fußboden geneigtes Dach
Liefereinheit	Säcke	Säcke lose	Säcke	Platten	Platten	Matten Platten	Mattenvlies
Maße/Gewicht	100 l 9 kg	20 - 25 kg	100 l (auch Platten)	50 x 250 cm 50 x 50 cm diverse Stärken	120 cm/60 cm diverse Stärken	1,0 x 1,0 m 10,0 x 0,5 m 1,25 x 0,6 m diverse Stärken	50 - 100 cm/10 m 2/5 cm
Spez. Gewicht kg/m^2	90	300 - 700 je nach Körnung	80	125	150	90/230	35
Dämmwert λ W/mK	0,055	0,10 - 0,16	0,070	0,050	0,055	0,045	0,040
Dampfdiffu-sionswider-standswert μ	3	1	4	∞	5	1	1
Eigenschaften	kapillarleitfähig	sorptionsfähig	sorptionsfähig	dampfdicht		sorptionsfähig	sorptionsfähig hygroskopisch kapillarleitfähig
Brandklasse	A1	A1	A1	A1	A1-B2	B2	B2
Zusatzstoffe	Staubbindemittel 0,2 %	-	-	Kohlenstoff		Ammoniumsulfat als Flammschutz	Borsalz
Verkaufspreis DM/m^3	ca. 250,-	ca. 120,- – 250,-	ca. 280,- – 300,-	ca. 700,-	ca. 280,- – 350,-	ca. 400,-	400,-

Abb. 3.4.5 Übersicht: Naturnahe Dämmstoffe

Zellulose-dämmstoff	Naturkork-schrot	Korkplatten expandierte	Strohplatten	Schilfrohr-platten	Holzfaser-Dämmplatten	Holzweich-faserplatten	Holzfaserplatten magnesit-/zementgeb.
ISOFLOC, ISO-DAN, ISOTOP	diverse	diverse	STRAMIT	SÜROFA	PAVATHERM STEICO	GUTEX PAVATEX u.a.	HERAKLITH
1980	1905	1905	1960	1950	1987	1934/1980	1925
Deutschland	Spanien Portugal Nordafrika	Spanien Portugal Nordafrika	Deutschland Holland	Ungarn Deutschland	Schweiz Österreich	Deutschland Schweiz	Deutschland
Decken geneigtes Dach innen	Decken Fußboden Keller innen geneigtes Dach innen	Decken Fußboden Keller innen geneigtes Dach innen und außen Flachdach	Decken Fußboden Keller innen geneigtes Dach Flachdach	Innenwand Decken Fußboden Keller innen geneigtes Dach Flachdach	Decken geneigtes Dach innen	Innenwand Decken Fußboden Keller innen geneigtes Dach innen	Innenwand Decken Keller innen und außen geneigtes Dach innen und außen
Säcke	Säcke	Platten	Platten	Platten	Platten	Platten	Platten
12,5 - 15 kg	20 - 40 kg	50 x 100 cm diverse Stärken	1,0 x 2,5 m diverse Längen 5 - 10 cm	1,0 x 2,0 m diverse Breiten 2,0/5,0 cm	0,6 x 1,2 m 4,0/6,0 cm	1,0 x 2,5 m 1,2 x 2,5 m 6 - 20/22 mm	2,0 x 0,5 m diverse Stärken
35 - 50	80 - 120	80	400	225	200	2150/280	400
0,045/0,040	0,050	0,045	0,12	0,055	0,045/ 0,050	0,05/0,06	0,09 - 0,12
1 – 1,5	20 – 30	20 – 30	2	2	10	5/13	2 – 5
sorptionsfähig hygroskopisch kapillarleitfähig	sorptionsfähig hygroskopisch	sorptionsfähig hygroskopisch	sorptionsfähig hygroskopisch	sorptionsfähig hygroskopisch	sorptionsfähig hygroskopisch kapillarleitfähig	sorptionsfähig hygroskopisch kapillarleitfähig	sorptionsfähig hygroskopisch kapillarleitfähig
B2	B2	B2	B2	B2	B2	B2	B1 (ab 25 mm Stärke)
Borsalz	-	-	-	-	Naturharz	Naturharz 0,7 % Bitumen-Emulsion	Magnesit/Chlorid-lauge, Zement
170,-	ca. 330,-	ca. 400,-	ca. 300,-	ca. 230,-	ca. 400,-	ca. 640,- bis 1000,--	ca. 300,-

Material	Spezifische Dichte kg/m³	Spezifische Wärmeleitfähigkeit W / mK	Herstellungs-energieaufwand kWh / m³	davon nicht erneuerbare Energie kWh / m³	Dämmstoffdicke [1] cm	Energetische Amortisations-zeit [2] Monate
Polystyrol	15-30	0,035-0,040	530-1050	530-1050	9-10	8-18
Polyurethan	30-35	0,020-0,035	1140-1330	1140-1330	5-9	10-20
Mineralfaser	20-140	0,035-0,045	100-700	100-700	9-12	2-14
Blähperlite	90-100	0,050	210-235	210-235	13	5
Kokosfaser	75-85	0,045	365-405	95	12	2
Kork - Dämmplatte - Natur-Schrot	90-110 65-85	0,045 0,042-0,046	360-440 270-380	35-65 10-40	12 11-12	1 < 1
Holzfaser-Dämmplatte	190-240	0,045-0,053	1510-1705	590-785	12-14	11-18
Zellulose-Dämmstoff	40-70	0,045	110-190	10-17	12	< 1

1) Erforderliche Dämmstoffdicke zur Verbesserung des k-Wertes von $k=1,4$ W/m²K auf $k=0,3$ W/m²K. Für die dadurch eingesparte Heizenergie wurde ein Wert von 73kWh/m²a angenommen.

2) Berücksichtigt wurde nur der nicht erneuerbare Anteil des Herstellungsenergieaufwandes.

Abb. 3.4.6 Dämmstoffe und Energieverbrauch bei der Herstellung   Quelle (17)

1. Naturnahe Dämmstoffe

Die einfachste und billigste Form der Wärmedämmung ist eine stehende Luftschicht. So entspricht z.B. eine 5 cm dicke, stehende Luftschicht zwischen 2 Pappen der Dämmwirkung einer 1 cm starken Holzweichfaserplatte.
Als Wärmedämmstoffe wurden bis in die 40er Jahre hauptsächlich leichte Naturstoffe eingesetzt: Stroh, Seegras, Ried, Holzwolle, Sägemehl, Rindenschrot, Kokosfaser und Kork.

Sie wurden durch verarbeitete Naturstoffe ergänzt: Holzweichfaserplatte, Holzwolleleichtbauplatte, geblähter Ton und in neuerer Zeit Zellulosedämmstoff aus gemahlenem Altpapier.
Die Wärmedämmfähigkeit dieser naturnahen Stoffe ist nach der Wärmeleitzahl meist nicht ganz so gut wie die der künstlichen Dämmstoffe ($\lambda = 0,045 - 0,055$ W/mK). Die Forderungen des Brandschutzes, daß keine Stoffe der Brandschutzklasse B 3 (leichtentflammbare Baustoffe) eingebaut werden dür-

fen, machte viele naturnahe Dämmstoffe ungeeignet für den offenen Einbau z.B. in Dachschrägen, da kein Hersteller sich um eine flammhemmende Ausrüstung dieser Stoffe bemühte. Erst in neuerer Zeit wird erkannt, daß sich durch eine Imprägnierung mit Wasserglas oder Borsalz die geforderten Bedingungen recht einfach erreichen lassen.

Im allgemeinen sind die naturnahen Dämmstoffe in Herstellung, Verarbeitung und Gebrauch gesundheitlich unbedenklich. Die Umweltbelastung ist wegen des geringen Energieaufwandes bei der Herstellung in der Regel vernachlässigbar, da der Substanzaufbau im wesentlichen von der Natur durch Photosynthese geleistet wird. Außerdem werden keine radioaktiven Strahlungen, keine schädlichen Gase und keine gefährlichen Feinstäube freigesetzt.

Andererseits sind die Preise für Material und Verarbeitung meist höher als bei den künstlichen Dämmstoffen. Die Ursache für die erheblichen Preisunterschiede (20 - 200% Aufschlag pro m² verlegte Dämmung) liegt zum einen Teil an den hohen Transportkosten, die für manche naturnahen Dämmstoffe sehr hoch sind: so werden Schaumkunststoffe dezentral in über 30 Werken in Deutschland produziert, während Kokos und Kork bereits in voluminösem Zustand nach Deutschland transportiert werden.

Geblähter Ton

Blähton, vielen als Substrat für Hydrokulturen bekannt, ist ein mineralischer Schüttdämmstoff, der nicht brennbar (Brandklasse A) und ungeziefersicher ist. Er besteht aus Tonkügelchen, die bei Temperaturen bis zu 1200 °C expandiert und gebrannt werden, an der Oberfläche versintern und damit wasserabweisende Eigenschaften erhalten. Durch die großen Poren hat der Stoff, obwohl es sich um ein hartes mineralisches Material handelt, eine recht günstige Wärmeleitfähigkeit (0,12 W/mK), vergleichbar mit der von Holz. Blähton kann eingeblasen und eingeschüttet werden. Beim Einsatz großer Blasgeräte ist die starke Staubentwicklung zu berücksichtigen.

Perlite

Unter großer Hitze wird vulkanisches Gestein aufgeschäumt und ein leichtes, körniges Dämmaterial (λ = 0.045 - 0,05 W/mK) hergestellt, das nicht brennbar (A 1) und ungeziefersicher ist. Durch eine Kunststoffbeschichtung kann es auch feuchtigkeitsunempfindlich gemacht werden (Hydrophobierung).

Das Schüttgut wird aus Säcken verschüttet oder mittels Silozug eingeblasen. Der dabei entstehende Staub kann die Atemwege reizen. Deshalb ist entstaubtes Material zu bevorzugen, das wegen seiner Feinkörnigkeit gut abgedichtet eingebaut werden sollte. Perlite ist auch als Platte (Handelsname Fesco) erhältlich.

Mineralfasergranulat (Vermiculite), Calciumsilicat-Dämmplatten (Silca), Aluminium-Eisen-Silikatdämmstoff (Agroverm)

Diese Produkte werden durch Wärmeeinwirkung aufgebläht und sind wegen ihres mineralischen Ausgangsmaterials nicht brennbar (A 1). Aufgrund der höheren Wärmeleitfähigkeit (0,06 - 0,08 W/mK) und des hohen Preises werden sie nur in Sonderfällen eingesetzt (Kamindämmung).

Schaumglas

Schaumglas besteht ebenfalls aus aufgeschäumten Silikaten. Allerdings sind die geschlossenen Glaszellen vollständig dampf- und wasserdicht. Der Wärmedämmwert beträgt λ = 0,045 - 0,050 W/mK. Das Material ist fäulnis- und druckfest (74 t/m²). Die Belastungsangabe gilt für völlig planes Auflager und weist auf die hohe Sprödigkeit des Materials hin, das bei Punktbelastung zu Sand zerbröselt. Durch Austreten von Schwefelwasserstoffgas beim Verarbeiten entsteht ein fauliger Geruch. Der hohe Preis (700 DM/m³) läßt einen Einsatz nur in Sonderfällen zu. Es ist *das* Ersatzmaterial für mit FCKW geschäumte Dämmplatten in feuchtigkeitsbeanspruchten Konstruktionen.

Holzwolleleichtbauplatten

Sie bestehen aus Holzspänen, die durch Magnesit oder Zement gebunden sind (Abb. 3.4.7). Die zementgebundene Platte ist durch das Bindemittel im bewitterten Bereich schlechter einsetzbar, da eine stärkere Tendenz zur Durchfeuchtung besteht. Die Platten sind recht bruchfest und elastisch, sie verrotten kaum und sind schwer entflammbar (B 1). Ihre Wärmedämmfähigkeit (λ = 0,09 W/mK) ist etwas besser als die von Massivholz. Holzwolleleichtbauplatten sind ein idealer Putzträger, durch ihr hohes Gewicht verbessern sie nicht

Abb. 3.4.7
Dämmung unter den Sparren mit Holzwolle-Leichtbauplatten
Foto: Heraklith AG, Simbach

nur die Schalldämmung, sondern weisen auch ein recht gutes Wärmespeichervermögen auf. Die beliebte Kombination mit Styropor- oder mit Steinwollekern degradiert die Platte zum Putzträger.

Holzweichfaserplatten
Die Weichfaserplatten aus Sägemehl und feinen Sägespänen sind mit dem holzeigenen Bindemittel Lignin gebunden. Zur Verbesserung der Feuchtigkeitsbeständigkeit kann den Platten in den äußeren Schichten beim Pressen noch 10 - 15% Bitumen oder Bitumenemulsion zugesetzt werden (sog. bituminierte Holzweichfaserplatten). Diese sollten aber nur im Außenbereich (Unterdach) zum Einsatz kommen. Schwere Holzweichfaserplatten mit einem Rohgewicht von 280 kg/m³ werden wegen des höheren Preises in Stärken von 12 - 20 mm nur als Konstruktionselement in Verbindung mit anderen Dämmstoffen eingesetzt, meist mit Schüttdämmstoffen. Durch angefräste Keilnuten oder Nut-Federverbindungen lassen sich mit diesen Platten winddichte Konstruktionen herstellen. Die etwas leichteren Holzweichfaserdämmplatten können in Stärken von 4 - 8 cm sehr gut als großformatige Plattendämmung eingesetzt werden. Durch das hohe Gewicht (200 kg/m³) bei

guter Dämmwirkung (λ = 0,045 W/mK) und Speicherzahl c = 2,0 KJ/kgK ist dieses Material vorzüglich für den Einsatz in Leichtbaukonstruktionen geeignet.

Kokosfaser
Die hochelastischen Fasern der Kokosnußhülle sind innen hohl und schließen dadurch ein Luftpolster ein. Durch Zusatz von Ammoniumsulfat erreichen Kokosfaserdämmstoffe die Brandschutzklasse B 2. Die ansonsten naturbelassenen Fasern werden ohne weitere Zusätze zu einem gleichmäßigen Vlies verdichtet. Da die Kokosfaser aus einem Verrottungsprozeß stammt, ist sie weitgehend feuchteresistent und obendrein gut feuchteausgleichend. Bei der Verarbeitung am Bau stört das Ammoniumsulfat ein wenig, das sonst als Kunstdünger Verwendung findet, da es in den Augen und Wunden brennt. Die Wolle eignet sich hervorragend zum Ausstopfen von Restflächen (λ = 0,045 W/mK).

Kork
Von der Rinde der Korkeiche, die alle 7 bis 9 Jahre geschält werden kann, stammt das Korkgranulat (Abb. 3.4.8). Naturbelassenes Korkschrot in Körnungen von 2 bis 6 mm kann sehr gut als Schüttdämmstoff eingesetzt werden. Die Dämmeigenschaften der geschroteten Rinden sind mit 0,050 W/mK etwas schlechter als bei expandierten Korkplatten. Mit Hilfe von Wasserdampf kann das Granulat bei 300 - 400 °C expandiert werden und verbäckt unter der Ausnutzung der natürlichen Harze ohne fremde Bindemittel zu "rein-expandierten" Korkblöcken, die dann in Platten zerschnitten werden. Kork ist alterungsbeständig, stoß- und schalldämmend, verrottungsfest und bedingt fäulnisresistent. Er ist gut wärmedämmend (λ = 0,045 W/mK) und normalentflammbar (B 2). Expandierter Kork hat - für empfindliche Nasen - einen starken Eigengeruch und sollte vor der Verarbeitung einige Zeit ablüften können. Platten mit fremden Bindemitteln und expandierter Korkschrot (dieser ist meist zu stark erhitzt, riecht sehr stark und kann mit Benzpyren belastet sein) sollen nicht eingesetzt werden.

Schilfrohr
Es wird zu 2 oder 5 cm starken Platten verpreßt und mit Drähten gebunden. Die Platten haben ein für naturnahes Material relativ gutes Dämmvermögen (λ = 0,055 W/mK), sie

Abb. 3.4.8 Korkrindenernte

3.4.9 Einblasgerät für Zellulose-Dämmstoff

sind formstabil und haben wegen des hohen Gewichts (Rohgewicht 225 kg/m³) und der spez. Wärmespeicherkapazität c = 1,2 kJ/kgK einen vorteilhaften Einfluß auf das Raumklima. Durch den hohen Kieselanteil in der organischen Substanz sind die Platten normalentflammbar (B 2).

Zellulosedämmstoff

Durch ein mechanisches Zerkleinerungsverfahren wird aus Altpapier eine watteartige Zellulosewolle hergestellt. Als Brand- und Fäulnisschutz werden mineralische Salze (u.a. Borsalz) zugegeben. Das einfache und billige Herstellungsverfahren, die guten Dämmeigenschaften (λ = 0,040 - 0,048 W/mK) und vorteilhaften Entfeuchtungseigenschaften ma-

chen diesen Stoff zur interessantesten Neuentwicklung beim Altpapierrecycling seit Erfindung des Umweltschutzpapiers. Zellulosedämmstoff kann aus Säcken locker aufgeschüttet werden, für eine normgerechte Dämmung in der Wand oder Dachschräge muß ein Lizenzbetrieb den Dämmstoff mit der richtigen Verdichtung einblasen (Abb. 3.4.9). Wegen der starken Staubentwicklung empfiehlt es sich, bei der Verarbeitung einen Atemschutz zu tragen. Das Material kann mit entsprechenden Vorrichtungen auch naß gesprüht werden. Jedes Recyclingprodukt kann nur so gut sein, wie das Ausgangsprodukt. Je nach verwendeten Papieren und Druckfarben sind Belastungen durch Schwermetalle, Kleber etc. möglich.

Schafwolle

Ganz neu auf dem Baustoffmarkt ist Schafwolle. Mit einem sehr guten Dämmwert von λ = 0,04 W/mK und Brandklasse B 2 bietet sich das animalische Material für Füllungen in Innenwänden, Fußböden und Dachschrägen an. Schafwolle gilt als nahezu fäulnisresistent, die Mottensicherheit bedarf noch einiger Untersuchungen. Die gewaschene Schafwolle wird vorsorglich mit Borsalz imprägniert. Schafwolle ist eine regenerierbare animalische Faser, die, als Dämmstoff verwendet, dazu beiträgt, daß der existenzbedrohten Schafhaltung ein neuer Markt erschlossen wird. Die einmalige Schur von ca. 30 Schafen ist ausreichend für die Dachdämmung eines Einfamilienhauses.

Das Material wird zu Matten in ca. 5 cm Stärke verarbeitet und ist in verschiedenen Breiten unter dem Markennamen Isowoll über den baubiologischen Fachhandel zu beziehen.

Trotz der Vorzüge dieses Materials ist allerdings zu bedenken, ob es sinnvoll ist, in einem kaum zu kontrollierenden Bauteil wie dem abgeschlossenen Sparrengefach ein animalisches Dämmaterial einzusetzen, das anfällig für tierische Schädlinge ist, wenn weniger gefährdete pflanzliche Dämmstoffe zur Verfügung stehen.

Bezug und Preise (Abb. 3.4.5): Naturnahe Dämmstoffe sind in der Regel in den "Biobaustoffläden" erhältlich, die es inzwischen in vielen Städten Deutschlands gibt. Bei größeren Abnahmemengen können diese frei Haus/Baustelle bezogen werden.

2. Künstliche Dämmstoffe

In den vergangenen Jahren wurden die naturnahen Dämmstoffe fast restlos durch künstliche Dämmstoffe verdrängt. Zwei große Gruppen sind hier zu nennen: die organischen Schaumdämmstoffe aus Polystyrol, Polyurethan und Harnstoff-Formaldehyd und die mineralischen Faserdämmstoffe aus Glas oder Stein. Die Ausgangsmaterialien dieser Stoffe sind selbstverständlich auch natürlichen Ursprungs, bei Mineralfasern sind es Silikate oder Naturgestein, bei Schaumkunststoffen Erdöl. Diese Stoffe werden in technisch aufwendigen Verfahren zu Dämmstoffen verarbeitet, wobei die Ausgangsstoffe zum Teil völlig verändert werden.

Die Wärmeleitzahlen dieser Materialien sind sehr gut (λ = 0,025 - 0,040 W/mK). Ihre Durchlässigkeit für Wasserdampf variiert von stark (Mineralfaser) bis wenig durchlässig (Polyurethan geschlossenzellig). Alle Herstellungsverfahren sind energieintensiv, ob nun Glas geschmolzen und versponnen wird, oder ob Kunststoffe als Polymerverbindung von Basischemikalien aus der Erdölverarbeitung eingesetzt werden. Kein Rohstoff dieser Dämmaterialien ist regenerierbar. Gesundheitsschädliche Gasabspaltungen von Styrol oder Formaldehyd sind möglich, außerdem laden sie sich unter ungünstigen Bedingungen elektrostatisch auf. Die Wasserdampfdiffusion ist bei Polyurethan und Polystyrolprodukten eingeschränkt (μ = 30 - 370). Die dampfbremsende Wirkung ist bei Dämmstoffen häufig unerwünscht, da die Platten, obwohl sie kaum Wasser aufnehmen, durch kondensierenden Wasserdampf durchfeuchtet werden können, was das Wärmedämmvermögen reduziert. Der starke Einfluß der Feuchtigkeit z.B. auf die Dämmeigenschaften von Mineralfaser wurde bereits erwähnt (siehe Abb. 3.4.4). Schaumkunststoffe trocknen wegen des hohen Wasserdampfdiffusionswiderstandes nur sehr schlecht aus.

Bei den mineralischen Faserdämmstoffen wird eine krebserregende Feinstaubabgabe nicht ausgeschlossen. Dies hat dazu geführt, daß in den USA seit Juli 1991 auf jeder Packung Mineralfaser der Zusatz stehen muß: möglicherweise krebserzeugend. Da die Platten, Bahnen und Filze mit Kunststoffklebern auf Phenol-, Melamin- oder Harnstoff-Formaldehydbasis stabilisiert werden, besteht die Möglichkeit der Formaldehydgasabspaltung. Im September 1993 hat die MAK-Werte-Kommission Steinwolle und Glasfasern neu eingestuft in eine Kategorie "als ob III.A2", was das kanzerogene Potential dieser Fasern noch bedenklicher erscheinen läßt. Der Vorteil einzelner Mineralfaserprodukte liegt in ihrer Nichtbrennbarkeit (Brandklasse A).

Eine Dämmung zwischen den Sparren ist mit starren Schaumstoffplatten nur unbefriedigend auszuführen, für Überdachdämmungen sind nur schwere Mineralfaserplatten ausreichend stabil.

Aus vorgenannten Gründen sollte der Einsatz von organischen Schaumdämmstoffen und mineralischen Faserdämmstoffen soweit wie möglich vermieden werden. All dies hindert die Branche nicht, ihre fragwürdigen Produkte unter dem Schlagwort "Wärmedämmung ist Umweltschutz" zu vermarkten.

Mineralfaser
Zur Herstellung von Mineralfasern werden Silikate oder Diabasgestein (bei Glaswolle auch bis zu 50% Altglas) unter hoher Hitze verflüssigt und durch Düsen gepreßt. Die entstehenden Gespinstwollen werden zu Matten oder Bahnen gelegt und mit Kunstharzen (Melaminformaldehydharzen, Markennamen Bakelit) verfestigt. Je nach Bindemittelanteil sind sie normal entflammbar (B 2) oder nicht brennbar (A 1). Die Ausrüstung mit Kunstharzen kann je nach Produkt 0,7 bis 12% des Rohgewichts erreichen (Glaswolle 8 - 12 Gew.%, Steinwolle 0,7 - 3,2 Gew.%), das bedeutet immerhin 2 bis 10 kg/m³.
Die Problematik des Materials liegt vor allem in der Faserstärke. Im Zusammenhang mit den Untersuchungen über die Entstehung von Lungen- und Bauchfellkrebsen durch lungengängigen Feinstaub aus Asbestfasern wurden auch die Glas- und Steinwollematten untersucht, da diese, wie Asbest, einen großen Anteil an feinen Fasern mit einem Durchmesser von 0,5 bis 3 µm enthalten. Dies ist natürlich auch bei dem zur Wärmedämmung eingesetzten Material der Fall, da gerade die abnehmende Faserstärke bei gleicher Rohdichte zu einer geringeren Wärmeleitzahl führt (Reduzierung der Luftkonvektion). Die Anzahl der Fasern in einem Durchmesserbereich unter 1,0 µm, also im kritischen lungengängigen Bereich, liegt bei Steinwolle bei 4,6% und bei Glaswolle bei 11,5% aller Fasern. Dies bedeutet ca. 20.000 Faserstäube bei Steinwolle und 100.000 Stäube bei Glaswolle pro m³ Dämmstoff. Aus diesem Grunde hat auch die Deutsche Forschungsgemeinschaft vorgeschlagen, zumindest einen Teil der Mineralfasern als "krebserzeugend" einzustufen (Abb. 3.4.10).
Wenn überhaupt Mineralfaserdämmstoff eingesetzt werden soll, dann sollte er ein möglichst hohes Raumgewicht (ρ = 150 kg/m³) aufweisen. Wärmebrücken bei Dämmungen zwischen den Sparren lassen sich mit Dämmkeilen (Fa. Rockwool) oder Klemmfilzen vermeiden, bei Überdachdämmungen mit hochverdichteten Platten (Isophen, G + H). Mineralfasern haben wie alle Faserdämmstoffe ein gutes Schallabsorptionsvermögen.

Fasertype		Glaswolle	Gesteins- wolle	Gesteins- wolle	JM 100
Codebezeichnung in [9]		B	E	F	-
Minimaler Faserdurch- messer nach [9]	µm	0,18	0,30	0,30	k.A.
Fasern mit Faserdurch- messer d<0,50 µm Anteil nach Anzahl	%	2,6	0,28	0,23	60...85
Massenanteil	%	0,01	0,0010	0,0015	43
Fasern mit Faserdurch- messer d<1,0 µm Anteil nach Anzahl		100 000		20 000	
Anzahl	%	11,5	4,0	4,6	>90
Massenanteil	%	0,15	0,05	0,11	85
k.A. = keine Angabe					

Abb. 3.4.10
Vergleich der Durchmesser-Verteilung bei Faserdämmstoffen und den im Tierversuch eingesetzten Experimentalfasern "JM 100". Die Daten nach [9] beziehen sich auf den Batelle-Bericht "UBA-Materialien 10/78". Zu beachten ist der starke Unterschied des Anteils feiner Fasern nach dem Massenanteil.   Quelle (18)

Schaumkunststoffe
Sie werden aus Kunststoffzwischenprodukten gefertigt, wobei jeder Stoff für sich genommen schon ökologisch problematisch ist: Monostyrol ist hochgiftig und wird erst durch die Polymerisation zu Polystyrol unbedenklich. Die Gesamtproduktion von Styrol für Schaumdämmstoffe liegt bei 18.000 Tonnen/Jahr. Die aus Polystyroldämmplatten austretenden Mengen an monomerem Styrol nach der Fertigung sind sehr gering. Bei Innendämmungen ohne Dampfbremse lag der Monostyrolgehalt nach der Anbringung unter einem Tau-

sendstel des gültigen MAK-Wertes, nach 99 Tagen unter der Nachweisgrenze. Andererseits wird von ernstzunehmenden Medizinern betont, daß bereits ein Molekül Monostyrol krebserregend wirken kann und 0,29 mg in 1 m³ Raumluft bedeuten 1700 Milliarden Moleküle Styrol. Geschlossenzellige, sogenannte extrudierte Polystyrolplatten (XPS, Farbe grün) und Polyurethan-Hartschaumplatten (PUR/PIR, Farbe blau) werden mit dem ozonschichtzerstörenden Fluorchlorkohlenwasserstoff (FCKW) geschäumt. Nicht nur bei der Herstellung, sondern auch danach entweicht dieses, für den Menschen völlig ungiftige Gas, so daß die ausgezeichneten Dämmeigenschaften dieser Platten im Laufe der Zeit schlechter werden. Zunehmend wird auf FCKW-freie Fertigung dieser Platten umgestellt, die Ersatzstoffe (FKW bei XPS, CO_2 bei PUR) leisten aber weiterhin einen Beitrag zum Treibhauseffekt und zum Sommersmog (bodennahe Ozonbelastung).

Organische Schaumkunststoffe sind unbehandelt leicht entflammbar (B 3). Erst die Ausrüstung mit flammhemmenden Mitteln macht sie normal entflammbar und für den Baubereich einsetzbar. Als Flammschutzmittel werden z.B. bromierte Kohlenwasserstoffe eingesetzt, die sich im Brandfall in eine Reihe von Dioxinen und Furane verwandeln, eine Abart jener Stoffe, die die Sevesokatastrophe auslösten. Aber auch schon beim Verschwelen der Produkte (Abbrand unter Sauerstoffmangel) zersetzt sich beispielsweise Polyurethan in Kohlenmonoxid, Blausäuregas und Cyanate. Zusammen eingeatmet wirken diese Stoffe schon in kleinen Mengen tödlich. Hartschaumplatten sind wegen der schwierigen Anpassung für die Dämmung zwischen den Sparren ungeeignet. Ihre Schallabsorption ist erheblich schlechter als die von Faserdämmstoffen.

3.5 Wärmedämmung: Konstruktionen

Früher wurde das Dachgeschoß nicht ausgebaut, war daher bauphysikalisch unproblematisch und zudem ein guter Klimapuffer für die darunterliegenden Wohnräume, besonders, wenn die obere Geschoßdecke dick gedämmt und der Dachraum frei durchlüftet war. Das im Winter trockene und im Sommer heiße Klima auf dem Dachboden sorgte zusätzlich für den Schutz der Holzbauteile im Dach, da sich holzzerstörende Pilze erst ab einer dauernden Holzfeuchte von 20% entwickeln können. Gegen tierische Schädlinge (z.B. Holzbocklarven) konnten bei regelmäßigen Inspektionen des Dachstuhlholzes schnell Maßnahmen ergriffen werden. Die steilen Dachneigungen ließen nur selten Rückstau von Schmelzwasser auftreten, und sollte dies doch ausnahmsweise einmal vorkommen, so trocknete das Holz schnell wieder ab, da alles frei durchlüftet war. So waren die Holzbauteile der Dachkonstruktion wenig feuchtebelastet und konnten jahrhundertelang ihre Funktion erfüllen (Abb. 3.5.1).

Jeder Ausbau eines Dachgeschosses verringert die Belüftung der Dachkonstruktion. Bauschäden durch einen Deckungs- *schaden werden spät erkannt, obendrein entfällt der Dachraum als Klimapuffer.*

Im "traditionellen" Dachausbau, dem Notausbau von Mansarden und Dachkammern, hat es nur geringe Bauschäden gegeben. Die Ursache lag in der Dürftigkeit der angewandten Konstruktionen:

- Meist wurde nur ein kleiner Dachanteil ausgebaut, und es blieb zumindest ein belüfteter Spitzboden über den Kehlbalken übrig, so daß die Holzbauteile weiterhin trocken blieben.
- Die Wärmedämmung, wenn man überhaupt davon reden konnte, bestand aus zwei bis fünf Zentimeter starken Holzwolleleichtbauplatten, die auf eine Sparschalung unter die Sparren genagelt und anschließend verputzt wurden. Der Sparren lag also weiterhin mit seinem vollen Querschnitt in der durchlüfteten Zone, die Materialien waren wasserdampfdurchlässig und alle Bauteilschichten konnten nach zeitweiliger Durchfeuchtung im Jahreslauf wieder austrocknen.

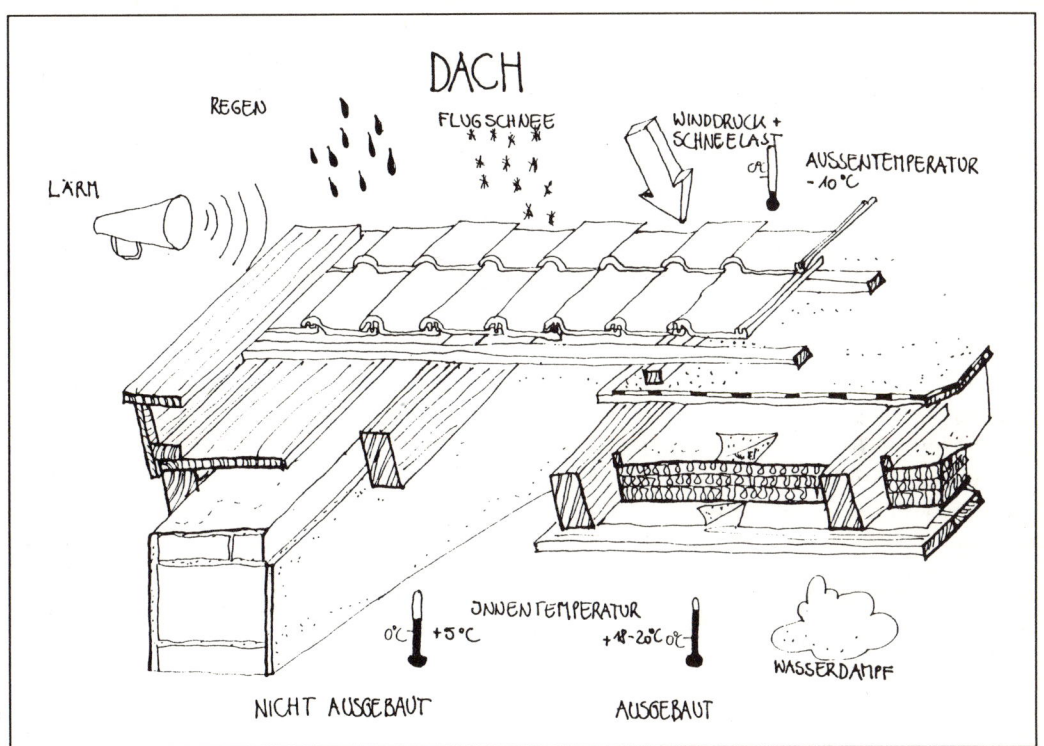

DACH

LÄRM · REGEN · FLUGSCHNEE · WINDDRUCK + SCHNEELAST · AUSSENTEMPERATUR -10°C

INNENTEMPERATUR · 0°C +5°C · +18-20°C · WASSERDAMPF

NICHT AUSGEBAUT · AUSGEBAUT

Abb. 3.5.1
Einwirkungen auf die
Dachkonstruktion

Der heutige Dachausbau wird von Konstruktionen und Materialien bestimmt, die in Kombination miteinander zu einer erheblichen Zunahme der Bauschäden an Dachkonstruktionen geführt haben. Die wichtigsten Schadensursachen seien kurz aufgeführt:

- Statt einer Dachschalung und darüberliegender wasserführender Schicht ist häufig nur eine sogenannte Dachunterspannbahn aus Polyethylenfolie vorhanden. Durchhängende Folien verringern die Hinterlüftung, Weichmacherverluste, Windbelastung und eindringende UV-Strahlung bei nicht dichtaufliegenden Ziegeln zerstören nach einigen Jahren die Folie punktförmig, so daß u.U. Wasser ungehindert in die Konstruktion eindringen kann.

- In 90% aller Dachausbauten wird die Dämmung zwischen die Sparren eingebaut. Als Hinterlüftung bleibt über der Dämmung selten mehr als 3 - 5 cm Luftraum übrig.

Bei einem Aufquellen des Faserdämmstoffs staut sich die Luft in dem betreffenden Gefach und Durchfeuchtungen sind die Folge.

- Der Dachraum wird bis zum Giebel zeltartig ausgebaut und gedämmt. Der Spitzboden entfällt als " Klimapuffer" und Durchlüftungszone.

- Die heute zumeist verwendeten Dämmstoffe, Polystyrol-Schaumplatten und Mineralfaser, haben einige sehr ungünstige Eigenschaften. So ist z.B. eine winddichte Konstruktion mit Schaumplatten vor allem bei alten Dachstühlen sehr schlecht herzustellen, und die Dämmfähigkeit von Mineralfaser ist schon bei geringem Feuchtigkeitsanfall wesentlich herabgesetzt. Bei großen Wasserschäden besteht zudem die Gefahr, daß das Material verklumpt, was zu dauerfeuchten Stellen und Fäulnis an der Holzkonstruktion führt.

- Die innenseitig angebrachten Dampfbremsen werden meist

schon beim Einbau beschädigt. Damit ist die Winddichtigkeit der gesamten Konstruktion nicht mehr gewährleistet. Die mangelnde Winddichtigkeit kann bei Leichtbaukonstruktionen zu folgenden Schäden führen:

- Zum einen ist der Raum kaum ausreichend zu beheizen, wenn eiskalte Winterluft an mehreren undichten Stellen durch den Winddruck in den Raum geblasen wird, zum anderen entweicht dadurch die warme Luft und durchfeuchtet dabei die Holzbauteile, so daß Pilzbefall möglich ist.

- Wasserdampf findet auf diesem Wege genügend kalte Flächen, an denen er sich als Tauwasser niederschlägt. Im ungünstigsten Fall, bei Frost, gefriert Kondensat zu Eis und bildet außenseitig eine Dampfsperre, so daß die Feuchtigkeit innerhalb der Dämmschicht weiter zunimmt. Bei einsetzendem Tauwetter tropft das aufgetaute Eis in sol-

chen Mengen zurück in die Dämmschichten, daß die Dachraumnutzer meinen, eine schadhafte Deckung oder ein Rohrbruch sei die Ursache.

Die Ursache für die vielen Fehler liegt darin, daß der Massivbau in Deutschland das Bauhandwerk bestimmte, seitdem die große Tradition des Fachwerkbaus im 19. Jahrhunderts beendet wurde, so daß heute die Maurer Mauern, die Zimmerer Dachstühle und die Schreiner Fenster und Türen herstellen können, aber keine der drei genannten Berufsgruppen wirklich ausreichende Erfahrungen mit sogenannten Leichtbauten hat. *Ausgebaute Dächer sind Leichtbaukonstruktionen* und damit Sandwichkonstruktionen, d.h. aus verschiedenen Materialien zusammengesetzt, die oft jeweils nur eine einzige Funktion sicherstellen, sei es die Tragfähigkeit, Wärmedämmung, Feuchtigkeitsschutz, Winddichtigkeit usw.

Bauteil		DIN 4108 1952-1969	Empfehlung RWE und andere EVU 1954	1. Wärme-schutz-verordnung 1977[2]	DIN 4108 1981	2. Wärme-schutz-verordnung 1984[2]	Niedrig-energiehaus 1988[3]
Außenwand	k_W	I 1,81[4] II 1,57 III 1,38	1,00	0,90[5]	1,39	0,57[6]	0,40-0,20
Fenster	k_F	I 5,2 II 5,2 III 2,6	3,5	3,5	3,5[7] 3,1	3,1	1,8-1,5
Dächer Dachdecken	k_D	1,38 (0,80)[8]	0,50	0,45	0,79	0,30	0,20-0,15
Decken unter nicht ausge- bautem Dach	k_D	1,48 (1,17)[8]	0,50	0,45	0,90	0,30	0,20-0,15
Kellerdecken	k_G	1,01	0,60	0,80	0,81	0,55	0,45-0,30

[1] Forderungen des RWE u.a. Energieversorgungsunternehmen aus den 50er Jahren
[2] Werte jeweils nach Verfahren 2 mit festen k-Werten
[3] Aus dem Merkblatt des Bundesbauministeriums
[4] Zu dieser Zeit drei Dämmgebiete in der Bundesrepublik

[5] Für $k_{m.E+F}$ 1,55 mit 25% Fensteranteil
[6] Für $k_{m.E+F}$ 1,20 mit 25% Fensteranteil
[7] Der k-Wert für Fenster ist in DIN 4108 nicht festgelegt, hier gilt die jeweilige Wärmeschutzverordnung
[8] Werte der DIN, Ausgabe 1969

Abb. 3.5.2 Anforderungen an den Wärmeschutz ab 1952, k-Werte in W/m²K

Quelle (19)

1. Vorschriften

Für Gebäude und ihre Dachgeschosse, die neu erstellt werden, gelten voraussichtlich bis 1995 die Bestimmungen der DIN 4108 (vom August 1981) und die erhöhten Dämmwertanforderungen der zweiten Wärmeschutzverordnung (gültig seit Januar 1984). Die entsprechenden Werte können der Abb. 3.5.2 entnommen werden.

Für bestehende Gebäude sind nach den bisher gültigen Bestimmungen höhere Wärmedurchgangskoeffizienten (k-Werte) zugelassen. Im 4. Abschnitt der Wärmeschutzverordnung wird festgesetzt, daß erstmalig eingebaute Wände und Decken, Fenster und Dachschrägen entweder die k-Werte oder die angegebenen Dämmstoffdicken einhalten müssen. Für das Dach wird ein k-Wert von 0,45 W/m²K gefordert. Dies bedeutet eine Verminderung gegenüber den üblichen k-Werten (0,3 W/m²K) von 50%. Da das Ziel eines jeden Bauherren aus ökologischer und finanzieller Sicht ein möglichst geringer Heizbedarf sein muß, ist es angeraten, auch hier den k-Wert von 0,3 W/m²K zu erreichen.

Die Novellierung der Wärmeschutzverordnung, die 1995 voraussichtlich in Kraft treten soll, bringt für das ausgebaute Dach einige Mehranforderungen. Wesentliche Neuerungen sind, daß statt Anforderungen an den mittleren k-Wert eines Gebäudes, nun Anforderungen an den jährlichen Heizwärmebedarf, bezogen auf die Gebäudenutzfläche oder das Gebäudevolumen gestellt, und passive Sonnenenergienutzung, temporäre Wärmeschutzmaßnahmen bei Fenstern usw. berücksichtigt werden.

Im Bauteilverfahren wird für die Dachfläche ein k-Wert von ≤ 0,3 W/m²K verlangt, was einer Dämmschichtstärke von ca. 13 - 20 cm entspricht (je nach Wärmeleitzahl des verwendeten Materials). Für bestehende Gebäude, die um mindestens einen beheizten Raum erweitert werden bzw. deren beheizte Nutzfläche um mehr als 10 m² zunimmt, werden die in den Abb. 3.5.3 aufgeführten maximalen k-Werte gelten. Ebenso wird die Winddichtigkeit in einem wesentlich höheren Maße gefordert und beschrieben, als dies bislang der Fall war. Ziel beider Maßnahmen ist es, den Energieverbrauch für die Beheizung der Häuser und hier speziell von ausgebauten Dachgeschossen entscheidend zu senken.

Bauteile	max. k-Wert [W/m²K]
Außenwände	$k_W \leq 0{,}50$
Fenster Fenstertüren Dachfenster	$k_F \leq 2{,}00$
Decken unter nicht ausgebauten dachräumen und Decken (einschl. Dachschrägen), welche die Räume nach oben und unten gegen Außenluft abgrenzen	$k_D \leq 0{,}30$

Abb. 3.5.3 Begrenzung des Wärmedurchgangs bei erstmaligem Einbau, Ersatz und Erneuerung von Bauteilen   Quelle (20)

2. Winddichtigkeit

Die Wirksamkeit einer Wärmedämmung wird stark beeinflußt durch die Winddichtigkeit des Außenbauteils. Es hat sich gezeigt, daß bei hohen Luftwechselraten infolge einer undichten Dachkonstruktion der Jahresheizwärmebedarf mehr als doppelt so hoch sein kann wie bei einer winddichten Dachkonstruktion und normaler Fensterlüftung (n ≤ 0,8/h). Durch undichte Fugen in der Dachhülle kann es zudem bei entsprechenden Wetterlagen zu erheblichem Tauwasseranfall kommen (Abb. 3.5.4). In der für 1995 zu erwartenden neuen Wärmeschutzverordnung werden diese Erfahrungen berücksichtigt, indem eine Begrenzung des Luftwechsels auf das 0,8-fache Raumvolumen pro Stunde vorgeschrieben wird. Zur Schaffung eines winddichten Baukörpers sind eine Reihe von konstruktiven Maßnahmen notwendig, die sehr sorgfältig ausgeführt werden müssen.

Bei einer praxisgerechten Konstruktion müssen folgende Forderungen erfüllt sein:

- Doppelte Winddichtung auf der Außen- und Innenseite der Dämmung: Hierfür eignen sich Holzweichfaserplat-

63

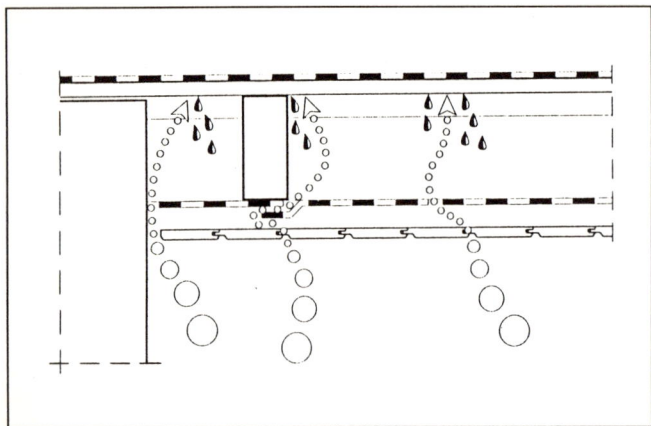

Abb. 3.5.4
Tauwasserschäden durch Wasserdampf-Konvektion aufgrund von
Undichtigkeiten in der raumseitigen Bekleidung, in der Dampfsperre und
an den Anschlüssen an angrenzende Bauteile   Quelle (21)

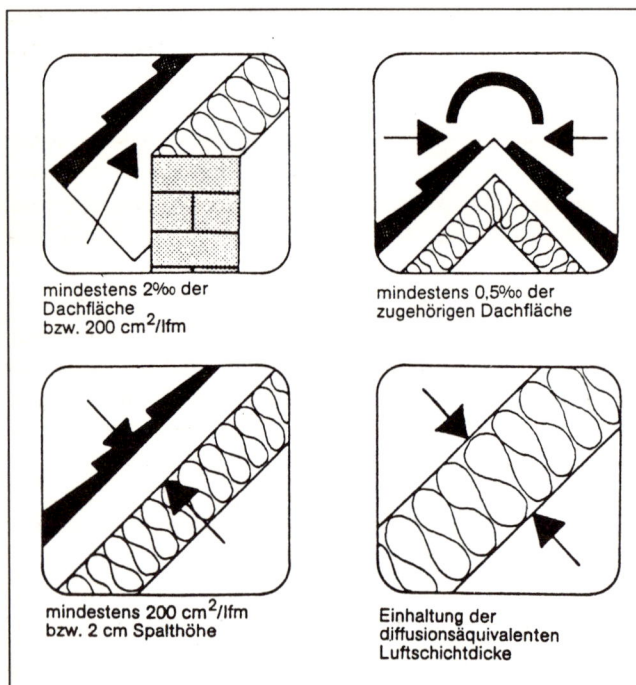

mindestens 2‰ der
Dachfläche
bzw. 200 cm²/lfm

mindestens 0,5‰ der
zugehörigen Dachfläche

mindestens 200 cm²/lfm
bzw. 2 cm Spalthöhe

Einhaltung der
diffusionsäquivalenten
Luftschichtdicke

Abb. 3.5.5   Erforderliche Dachbelüftung   Quelle (22)

ten und großformatige Bahnen aus Spezialpapier, die miteinander verklebt werden.

- Die Anschlüsse der Winddichtungsbahnen an die Seitenwände, Fußböden, Kniestöcke usw. sind mit Klebebänder
oder mit aufgenagelten Latten zu schließen.
- Die innenliegende Windsperre kann gleichzeitig die Funktion der Dampfbremse übernehmen. Diese Dampfbremse
sollte eine im Vergleich zur Summe der μ-Werte der nachfolgenden Schichten 5-fach höhere Dichtigkeit (μ-Wert)
aufweisen (vgl. Exkurs: Dampfbremse - ja oder nein?).
- Alle Einschnitte in der Dachhaut durch Dachflächenfenster, Lüftungsrohre usw. sind sorgfältig von innen und
außen abzudichten.
- Der durchlüftete Hohlraum über der Dämmung und unterhalb des dichten Unterdachs ist ohne Unterbrechung
von der Traufe bis zum First zu führen. Bei Unterbrechungen durch einen Balkenwechsel oder durch andere Dachein-
bauten muß der Luftstrom in seitlich angrenzende Felder
geführt werden, um einen Luftstau zu vermeiden. Die
Lufteintritts- und -austrittsöffnung sowie die Spalthöhe
sind in der DIN 4108 Teil 3 festgelegt (Abb. 3.5.5).
Ausnahme: Bei einer Überdachdämmung oder bei einer
Hohlraumdämmung kann auf die Unterlüftung des Unterdachs verzichtet werden, wenn die Hohlräume vollständig mit kapillar- und sorptionsfähigem Material verfüllt
und mit Holzweichfaserplatten abgedeckt sind.

3. Sommerlicher Wärmeschutz

Schlafräume, die im Hochsommer um 22 Uhr noch Temperaturen um 28°C aufweisen, sind im Dachgeschoß keine Seltenheit. Der schwitzende, halbnackt im Bett liegende Mensch
erzeugt auch im ruhenden Zustand noch 80 bis 100 Watt
Wärme, die wegen der hohen Umgebungstemperatur dann
nur noch durch Verdunstung abgegeben werden kann. Ursachen für hohe, sommerliche Raumtemperaturen im Dachgeschoß sind:

- ein zu geringer Wärmeschutz der Dachkonstruktion,
- eine fehlende oder zu geringe Wärmespeicherfähigkeit der
Umschließungsbauteile,

- fehlende oder zu kleine Wärmespeicherflächen im Raum,
- eine ungünstige Anordnung der Fenster,
- unzureichende oder fehlende Verschattungsmöglichkeit für die Fenster.

In der DIN 4108 Teil 2 wird die Sonneneinstrahlung im Dachbereich insofern berücksichtigt, als bei der Berechnung des mittleren Wärmedurchgangskoeffizienten k_m der k-Wert des Daches um den Faktor 0,8 verbessert werden darf. Gleichzeitig wird aber festgelegt, daß die Speichermasse im Dach bei einem k-Wert unter 0,51 W/m²K keine Rolle mehr spielt. Die Erfahrung von unerträglich warmen Räumen im Sommer bei nachgewiesenen k-Werten von 0,3 W/m²K widerspricht allerdings dieser Festsetzung.

Schwere Bauteile erhöhen die Wärmespeicherfähigkeit eines Raumes, so daß Schwankungen der Außentemperatur und die Sonneneinstrahlung zeitverzögert und nicht so stark auf das Raumklima einwirken. Bezogen auf ihr Gewicht können pflanzliche Baustoffe, wie z.B. Holz, doppelt so viel Wärme speichern wie mineralische, d.h. eine 2 cm starke Holzverkleidung ist ebenso gut wie eine 1 cm starke Gipsbauplatte. Beschrieben wird die Fähigkeit eines Bauteiles, die Einwirkungen des Außenklimas zu dämpfen durch das Temperatur-Amplitudenverhältnis v. Dieses ist definiert als das Verhältnis der Temperaturspitzen- und -tiefstwerte an der äußeren Bauteiloberfläche zu den entsprechenden Werten an der inneren Oberfläche. Ein Amplitudenverhältnis von v = 0,20 bedeutet, daß nur 20% der Temperaturschwankung des äußeren Bauteils auf das innere übertragen wird. Die Schwankung der inneren Oberflächentemperatur von Außenbauteilen sollte nicht mehr als 1/15 der Außentemperaturschwankung betragen. Dies ist im Dachgeschoß nur mit einem Amplitudenverhältnis von v = 0,1 zu erreichen.
Die Auskühlkennzeit z (h) charakterisiert das Aufwärmverhalten von Bauteilen im Sommer. Sie errechnet sich als Quotient des Wärmespeichervermögens Q und des k-Wertes. Auskühlzeiten von 50 bis 80 h wären für einen Aufenthaltsraum angemessen.
Die Belüftung hat auf die Innenraumtemperatur nur dann einen Einfluß, wenn erhebliche Wärmemengen abgeführt werden können. Dies ist aber im Sommer, wenn die Nachtabkühlung ab 21 Uhr oder später einsetzt, erst in den Morgenstunden möglich, also für eine erholsame Nachtruhe zu spät.
Die Erfahrungen des Autors haben gezeigt, daß Außenbauteile mit schweren (über 150 kg/m³) Dämmstoffen (mind. 15 cm stark) in Kombination mit schweren Innenschichten (Putz 1,5 cm oder doppelte Gipsfaserplatten) und schweren Innenwandbauteilen ein stabiles Raumklima im Sommer bei geringem Heizenergieverbrauch im Winter ermöglichen.

4. Schalldämmung

Aufgrund der ständig zunehmenden Immissionen durch Außenlärm hat die Bedeutung des Schallschutzes im ausgebauten Dach in den letzten Jahren stark an Bedeutung gewonnen. Abhängig vom tatsächlichen oder zu erwartenden Außenlärm - verursacht z.B. durch den Autoverkehr - wird ein bestimmtes, resultierendes Schalldämm-Maß R' gefordert. Resultierend bedeutet dabei, daß der Lärmschutz von dem gesamten Außenbauteil, d.h. der Dachkonstruktion einschließlich Fensteröffnungen etc. gemeinsam zu leisten ist.
Die Luft ist Träger für den Schall. Unterschieden werden Luft- und Körperschall. *Luftschall* breitet sich in der Luft aus, trifft auf feste Körper, z.B. eine Wand, erregt diese zur Eigenschwingung, so daß der Schall auf der anderen Seite neu entstehen kann und weitergetragen wird. Schwere Bauteile schwingen schlecht, sie dämpfen daher den Luftschall. *Körperschall* breitet sich in festen Körpern aus, wenn diese erregt werden. Der Körperschall wird weitergeleitet und an vielen Stellen des Bauteils als Luftschall abgestrahlt. Schwere, dichte Bauteile leiten den Körperschall besonders gut.
Schall wird in Dezibel (dB) gemessen. Die Hörschwelle liegt bei 0 dB, die Schmerzschwelle bei 130 dB. Eine Erhöhung des Schallpegels von 10 dB wird als Verdopplung des Lärms empfunden.
Vorschriften für den Schallschutz finden sich in der DIN 4109, Schallschutz im Hochbau, und in besonderen Lärmschutzverordnungen (z.B. Flughäfen oder Schnellstraßen betreffend).
In Tabelle 8 der DIN 4109 (Abb. 3.5.6) werden die Anforde-

Spalte	1	2	3	4	5
Zeile	Lärm-pegel-bereich	Maßgeb-licher Außenlärm-pegel	Raumarten		
			Bettenräume in Krankenanstalten und Sanatorien	Aufenthalts-räume in Woh-nungen, Über-nachtungsräume in Beherbergungs-stätten, Unterrichtsräume und ähnliches	Büroräume[1]) und ähnliches
		dB (A)	erf. $R'_{w,res}$ des Außenbauteils in dB		
1	I	bis 55	35	30	–
2	II	56 bis 60	35	30	30
3	III	61 bis 65	40	35	30
4	IV	66 bis 70	45	40	35
5	V	71 bis 75	50	45	40
6	VI	76 bis 80	[2])	50	45
7	VII	> 80	[2])	[2])	50

[1]) An Außenbauteile von Räumen, bei denen der eindringende Außenlärm der darin ausgeübten Tätigkeiten nur einen untergeordneten Beitrag zum Innenraumpegel leistet, werden keine Anforderungen gestellt.
[2]) Die Anforderungen sind hier aufgrund der örtlichen Gegebenheiten festzulegen.

Spalte	1	2	3	4	5	6	7
Zeile	erf. $R'_{w,res}$ in dB nach Tabelle 8	Schalldämm-Maße für Wand/Fenster in ... dB/... dB bei folgenden Fensterflächenanteilen in %					
		10%	20%	30%	40%	50%	60%
1	30	30/25	30/25	35/25	35/25	50/25	30/30
2	35	35/30 40/25	35/30	35/32 40/30	40/30	40/32 50/30	45/32
3	40	40/32 45/30	40/35	45/35	45/35	40/37 60/35	40/47
4	45	45/37 50/35	45/40 50/37	50/40	50/40	50/42 60/40	60/42
5	50	55/40	55/42	55/45	55/45	60/45	

Diese Tabelle gilt nur für Wohngebäude mit üblicher Raumhöhe von etwa 2,5 m und Raumtiefe von etwa 4,5 m oder mehr, unter Berücksichtigung der Anforderungen an das resultierende Schalldämm-Maß erf. $R'_{w,res}$ des Außenbauteiles.

Abb. 3.5.6
oben: Anforderungen an die Luftschalldämmung von Außenbauteilen
(Tab. 8 in DIN 4109)
unten: Erforderliche Schall-dämm-Maße erf. $R'_{w,res}$ von Kombinationen von Dachkonstruktionen und Fenstern

rungen an die Luftschalldämmung von Außenbauteilen in Abhängigkeit vom Außenlärmpegel für verschiedene Raumnutzungen aufgezeigt. Konstruktionen die 45 dB erreichen, genügen schon für einen Außenlärmpegel von 71 - 75 dB. Dies entspricht einem Gebäude in ca. 20 m Abstand zu einer städtischen Hauptverkehrsstraße.
Fünf Einflußfaktoren sind für die Schalldämmung des Daches wichtig:

- Das Gewicht der Konstruktion
- Schalldämpfende Materialien
- Fugendichtigkeit
- Trennung von Sparren und Verkleidung
- Biegeweiche Zwischenschichten

Gewicht: Ein Holzdach ist eine Leichtbaukonstruktion mit Flächengewichten von 30 - 50 kg/m², die leicht in Schwingung gerät. Zum Vergleich: das Gewicht einer 36,5 cm starken, verputzten Ziegelwand liegt bei 350 kg/m². Das Gewicht des Daches kann durch die Art der Deckung erhöht werden (z.B. mit einer Biberschwanzdoppeldeckung), durch eine schwere Zwischenschicht mit Ziegelsteinen oder Betonplatten, durch die Art der Innenverkleidung (z.B. doppelte Beplankung mit Gipsfaserplatten) oder durch schwere Dämmstoffe, z.B. Blähton oder Holzweichfaserdämmplatten. Eine Erhöhung des Schalldämmwertes um 5 bis 10 dB ist dadurch möglich.

Schalldämpfung: Dämpfende Wirkung für die Schallwellen zeigen alle faserförmigen Dämmstoffe wie z.B. Zellulosedämmstoff oder Holzweichfaserdämmplatten in Abhängigkeit von ihrer Faserdichte. Hartschaumplatten weisen dagegen kein gutes Schalldämpfungsvermögen auf.

Dichtigkeit: Die Dichtigkeit der Deckung spielt ebenso eine Rolle wie ein fugendichtes Unterdach. So ergaben Messungen, daß eine Schieferplattendeckung mit hoher Dichtigkeit um durchschnittlich 3 - 6 dB bessere Werte im Vergleich zu einer Falzziegeleindeckung mit hohem Fugenanteil erzielt. Ebenso lassen sich bessere Schalldämmwerte mit einem nicht unterlüfteten, fugendichten Holzweichfaserplatten-Unterdach erzielen (2 - 5 dB). Nach DIN 4109 darf bei hinterlüfteter Dachhaut nur das Flächengewicht der inneren Schale zur Ermittlung des Schalldämm-Maßes herangezogen werden.

Werden raumseitig Verkleidungen mit Werkstoffen wie z.B. Nut- und Federholz ausgeführt, die durch ihren hohen Fugenanteil wenig dicht sind, ist zur Erhöhung der Fugendichtigkeit eine innenliegende Zusatzverkleidung mit Holzweichfaserplatten einzubauen.

Bauteiltrennung: Um besonders gute Schalldämmwerte zu erreichen, sollte die innere Verkleidung vom Sparren getrennt, d.h. über Schwingbügel angebracht werden (Abb. 3.5.7). Diese Ausführung verbessert den Schalldämmwert der

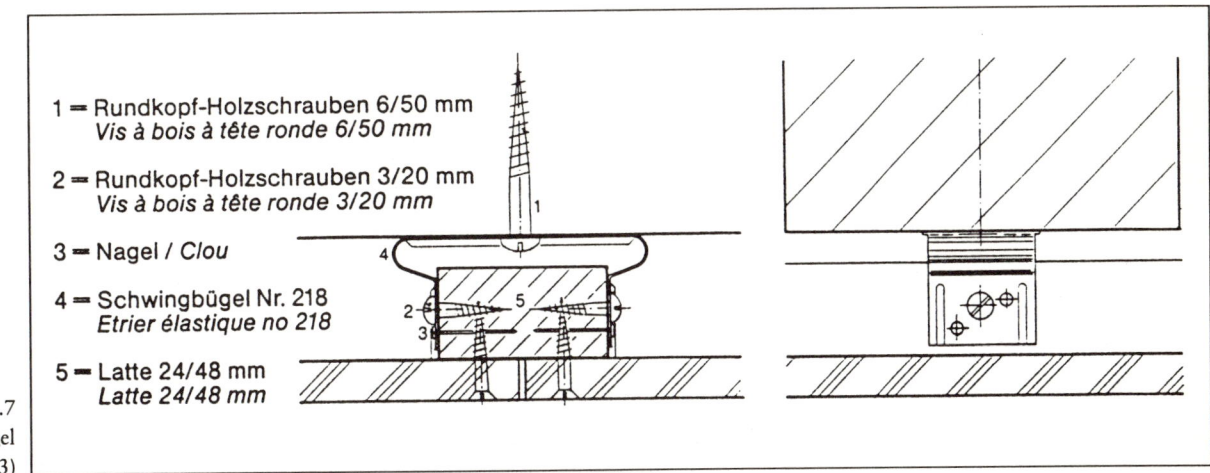

Abb. 3.5.7
Schwingbügel
Quelle (23)

1 = Rundkopf-Holzschrauben 6/50 mm
Vis à bois à tête ronde 6/50 mm

2 = Rundkopf-Holzschrauben 3/20 mm
Vis à bois à tête ronde 3/20 mm

3 = Nagel / *Clou*

4 = Schwingbügel Nr. 218
Etrier élastique no 218

5 = Latte 24/48 mm
Latte 24/48 mm

gesamten Dachkonstruktion um 5 - 10 dB im Vergleich zu fest am Sparren angebrachten Verkleidungen. Weitere Verbesserungen können mit speziellen schweren Holzfaser-Hartplatten erzielt werden.

Biegeweiche Schichten: Die eingesetzten Platten, z.B. extraschwere Holzhartfaserplatten, sollten biegeweich sein, über 10 kg/m² wiegen, und die Grenzfrequenzen möglichst über 2500 Hz liegen. Die Platten werden bei der Aufsparrendäm-

Dämmstärke	mm	60 +60	80 +60	80 +80	80 +100
Wärmedurchgangskoeffizient k_m k-Wert effektiv konstruktive Wärmebrücken einbezogen	W/m²K	0,29	0,26	0,23	0,21
Amplitudendämpfung v	(–)	38	45	51	58
Phasenverschiebung ηH	h	5,2	5,6	6,0	6,5
Bewertetes Bauschalldämm-Maß R´w Schall- und sommerlicher Wärmeschutz	dB ca.	50	52	54	56

1	ISOROOF	24 mm
2	Lattung/MF-Dämmung	60/60/80/ 80 mm
3	Lattung/MF-Dämmung	60/80/80/100 mm
4	Luftdichtigkeitsschicht	–
5	PAVAPLAN	10 mm
6	Schalung	22 mm

Abb. 3.5.8 Aufsparren-Dämmung. Konstruktion mit erhöhtem Schall- und sommerlichen Wärmeschutz

Quelle (23)

Dämmstärke	mm	140	160	180
Wärmedurchgangskoeffizient k_m k-Wert effektiv konstruktive Wärmebrücken einbezogen	W/m²K	0,28	0,25	0,23
Amplitudendämpfung v	(–)	45	51	59
Phasenverschiebung ηH	h	6,3	6,9	7,4
Bewertetes Bauschalldämm-Maß R´w Schall- und sommerlicher Wärmeschutz	dB ca.	55	57	59

1	ISOROOF	24 mm
2	MF-Dämmung	140/160/180 mm
3	Luftdichtigkeitsschicht	–
4	Lattung/Luft	35 mm
5	PAVAPLAN NK	10 mm
6	Lattung/Luft	24 mm
7	Täfer	13 mm

Abb. 3.5.9 Zwischensparren-Dämmung. Konstruktion mit erhöhtem Schall- und sommerlichen Wärmeschutz

Quelle (23)

mung auf der Sichtholzschalung (Abb. 3.5.8), bei der Zwischensparrendämmung unter die Sparren mit den erwähnten Schwingungsdämpfern verlegt (3.5.9). Erhöhung des Schalldämmwertes um 5 bis 10 dB.

Nebenwege: Schall kann auch über Nebenwege übertragen werden, die nicht über die Dachkonstruktion selbst, sondern über die sie begrenzenden oder durchdringenden Bauteile wie Kniestock, First, Kaminaustritt, Dachfenster, Lüftungsöffnungen usw. erfolgen. Solange diese ungewollten Nebenwege bestehen, ist es kaum möglich, eine wirksame Schalldämmung mit Dachkonstruktionen zu erreichen, die über 45 dB liegen. Das Schalldämm-Maß von Dachflächenfenster darf um höchstens 5 - 6 dB unter dem der Dachkonstruktion liegen (vgl. Abb. 7.7.2). Giebelwände müssen den Wert der Dachkonstruktion erreichen. Sämtliche Anschlußfugen zwischen der Dachschale und den flankierenden Bauteilen sind mit dauerelastischer Masse zu schließen.

Massive Dächer liegen wegen ihres hohen Eigengewichtes mit Werten von 55 - 60 dB wesentlich günstiger in der Schalldämpfung . (siehe Kap. 3.1.8).

Nachträgliche Schalldämmung
Übliche Dachausbauten mit 100 mm Mineralfasermatten, Hinterlüftung und innenseitiger Holzverkleidung erreichen Schalldämmwerte von 35 - 38 dB. Nachträgliche Schallschutzmaßnahmen, am besten gleich in Verbindung mit Wärmedämmaßnahmen, können von außen oder von innen vorgenommen werden. Die Wasserdampfdiffusion ist im einzelnen Fall genau zu prüfen. Zusätzliche Innendämmungen müssen eine Dampfbremse erhalten, deren Dichtigkeit nicht die der bereits vorhandenen Dampfbremse oder Dampfsperre unterschreitet.

Schalldämmung innenseitig:
- Vor der vorhandenen Verschalung werden Gipsfaserplatten (Stärke 12,5 mm) mit Federbügel auf eine Lattung geschraubt. Nutzen: eine Erhöhung des Schalldämmwertes um ca. 5 dB.
- Statt einer werden zwei Lagen Gipsfaserplatten, je 10 mm Stärke, angebracht, wobei die zweite Lage auf die erste Lage genagelt wird. Nutzen: eine Erhöhung des Schall-

dämmwertes um zusätzliche 3 - 5 dB.
- Auf die innere Verschalung wird zusätzlich eine Lage aus 40 mm starker Holzweichfaserdämmplatten geschraubt, darauf folgt eine Dampfbremse/sperre und dann wird eine neue Innenverkleidung (Gipsfaserplatten) mit Schwingbügel angebracht. Nutzen: eine Verbesserung des Schalldämmwertes um insgesamt ca. 8 - 10 dB, sowie eine zusätzliche Verbesserung der Wärmedämmung um ca. 30%.

Schalldämmung außenseitig (nach Entfernen der Dachdeckung, Dachlattung, Verschalung oder Unterspannbahn):
- Eine bituminierte Holzweichfaserplatte mit Nut und Feder, Stärke 19 - 22 mm, bildet die wasserführende Schicht über den Sparren und unter der Dachdeckung. Die Platte ist diffusionsoffen, die Hinterlüftungszone über dem Dämmstoff entfällt. Die stehende Luftschicht wirkt zusätzlich dämmend. Nutzen: eine Verbesserung des Schalldämmwertes um ca. 5 dB, Verbesserung des Wärmeschutzes um ca. 15%.
- Zusätzlich zur bituminierten Holzweichfaserplatte, wie oben, wird darunter eine weitere Lage Holzweichfaserplatten, 40 mm stark angebracht. Nutzen: eine Verbesserung des Schalldämmwertes um ca. 8 dB, Verbesserung der Wärmedämmung um ca. 35%.

5. Unterdach

Grundsätzlich sollte ein zum Ausbau vorgesehenes Dach mit einer vollständigen Dachschalung und darüberliegender wasserführenden Schicht versehen werden, welche die tragenden Holzteile bei schadhafter Dachhaut vor Flugschnee und Nässe schützt. Die wasserführende Schicht besteht üblicherweise aus bituminösen Pappen auf Holzschalung oder faserarmierten Kunststoffolien (sog. Unterspannbahn). Die Folien haben allerdings den Nachteil haben, den Durchgang des Wasserdampfes zu behindern und entstehendes Kondenswasser nicht puffern zu können (Abb. 3.5.10 - 3.5.13). Dadurch kann es bei ungünstigen Witterungsverhältnissen (Wechsel von Frost und Tauwetter) zu Eisbildung mit Durchfeuchtungs- und

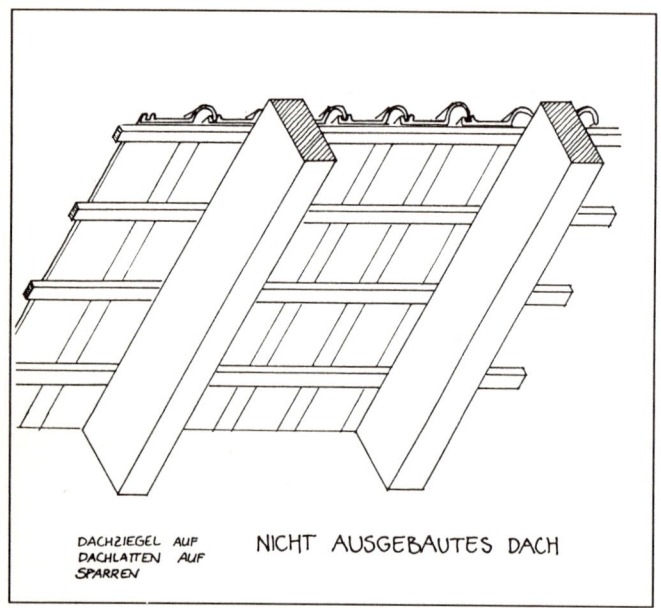

DACHZIEGEL AUF
DACHLATTEN AUF   NICHT AUSGEBAUTES DACH
SPARREN

Abb. 3.5.10 Sparren, Lattung, Dachziegel

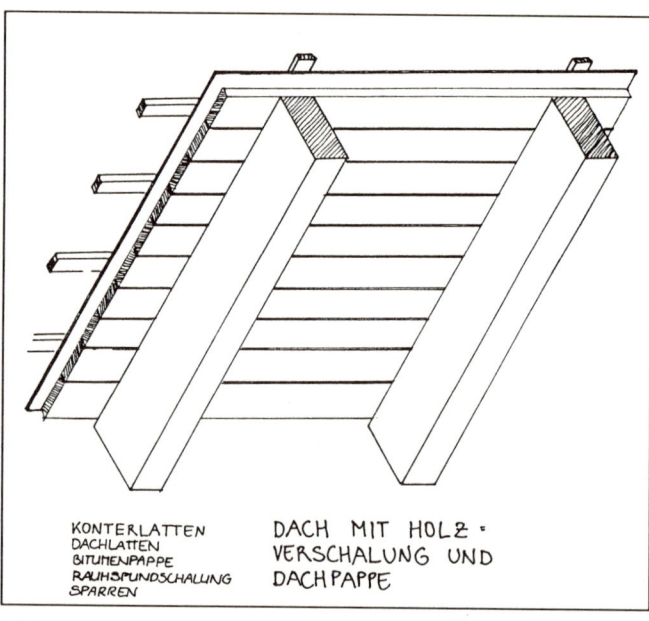

KONTERLATTEN
DACHLATTEN   DACH MIT HOLZ-
BITUMENPAPPE   VERSCHALUNG UND
RAUHSPUNDSCHALUNG DACHPAPPE
SPARREN

Abb. 3.5.12 Sparren, Rauhspundschalung, Bitumenpappe, Lattung

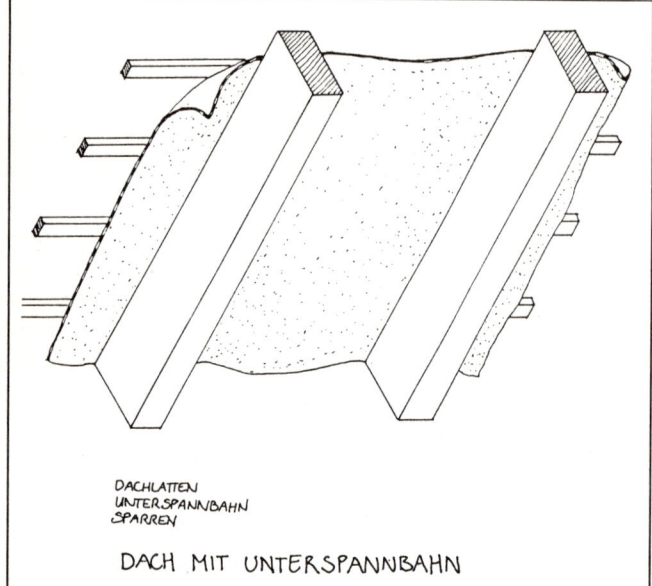

DACHLATTEN
UNTERSPANNBAHN
SPARREN

DACH MIT UNTERSPANNBAHN

Abb. 3.5.11 Sparren, Unterspannbahn, Lattung

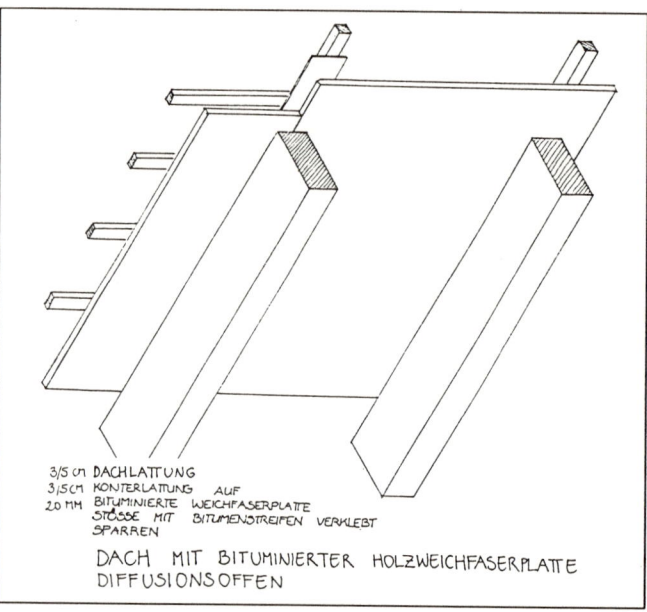

3/5 CM DACHLATTUNG
3/5 CM KONTERLATTUNG   AUF
20 MM BITUMINIERTE WEICHFASERPLATTE
STÖSSE MIT BITUMENSTREIFEN VERKLEBT
SPARREN

DACH MIT BITUMINIERTER HOLZWEICHFASERPLATTE
DIFFUSIONSOFFEN

Abb. 3.5.13 Sparren, bituminierte Weichfaserplatte
(Stöße mit Bitumenstreifen verklebt), Lattung

Materialien	diffusionsäquivalente Luftschichtdicke s_d in m
verstärkte PE-Folie	3[1]
kunststoffbeschichtetes Polyestergewebe	0,04-0,30[2]
Spezialpappen. teilweise verstärkt	0,01-0,10[3]
333er nackte Bitumendachpappe	3-15
500er nackte Bitumendachpappe	3-20
Bitumenpappe 333	50-180
Bitumenpappe 500	20-150
Dachbahn V11	80-160
Dachbahn V13	60-130
Holzweichfaserplatte bitumiert 20 mm	0,22[4]
Holzhartfaserplatte 6 mm	0,60[5]

[1] Dörken: Delta Folie SPF
   Kebulin: Stamisol DWF 4250
[2] Metzeler: Difutec
   Dörken: Delta Purafol
[3] Wika-GmbH: Perkalor-Diplex
   Röthel: Thermik-WD-komplex

[3] Biolog. Insel: BI-Natur-Pappe,
   - Dachunterspannbahn
   Fa. Ampack: Sisalkraft 545
[4] Fa. Pavatex: Isolair NK 19
[5] Fa. Pavatex: Pavaplan 6 mm

Abb. 3.5.14 Dampfdurchlässigkeit von Unterspann-/Schalungsbahnen
Quelle: nach (21), erweitert

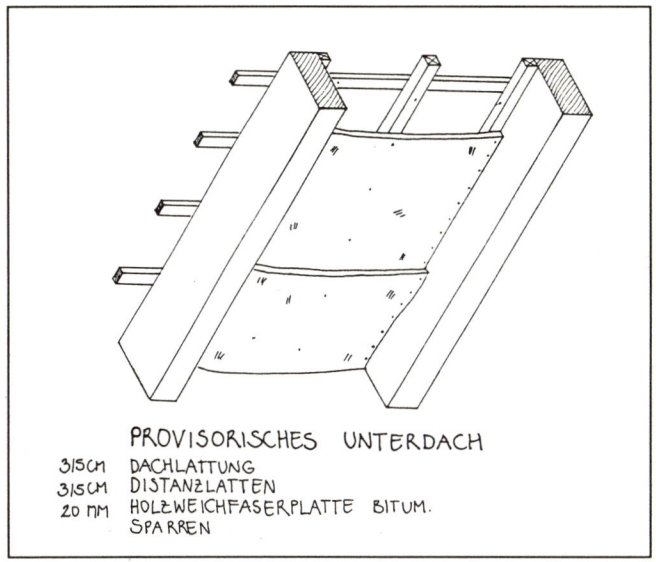

PROVISORISCHES UNTERDACH
3/5 cm DACHLATTUNG
3/5 cm DISTANZLATTEN
20 mm HOLZWEICHFASERPLATTE BITUM.
SPARREN

Abb. 3.5.15 Provisorisches Unterdach,
Sparren, Distanzlatte, Bitumierte Holzweichfaserplatte

Fäulnisfolgen kommen. Vorteilhafter in dieser Hinsicht sind wasserdampfdurchlässige, aber feuchtestabilisierte Pappen. Nachteilig bei den auf dem Markt angebotenen Pappen (sog. Bio-Bau-Papiere) ist ihre geringe Reißfestigkeit und ihre (im Vergleich zu bituminierten Pappen) geringe Stabilität bei stärkerer Durchfeuchtung. In neueren Konstruktionen werden anstelle von Pappe auf Holzschalung bituminierte Holzweichfaserplatten in Stärken ab 22 mm eingesetzt, die feuchtigkeitsabweisend und gleichzeitig wasserdampfdurchlässig sowie teilweise begehbar sind. Vor allem in der Schweiz werden 6 bis 8 mm starke Holzhartfaserplatten eingesetzt, die ebenfalls wasserdampfdurchlässig sind.

Ist bei einem bestehenden Dach keiner der beschriebenen Werkstoffe zum Einsatz gekommen, oder ist nur eine Un-terspannbahn vorhanden, so muß mit Abstand zur Sparrenoberkante eine neue wasserführende Schicht eingebaut werden. Hier haben sich ebenfalls bituminierte Holzweichfaserplatten in 12 - 18 mm Stärke bewährt, die auf Abstandsleisten zwischen den Sparren angebracht werden. Zusätzlich sollte eine Distanzlatte in der Mitte des Sparrenfeldes eingebaut sein, um ein Durchbiegen der Platte nach außen zu verhindern (Abb. 3.5.15). Der Abstand gewährleistet die Hinterlüftung der Dachdeckung, und die Platte verhindert weitgehend Durchfeuchtung und Durchlüftung der innenseitigen Dämmung, ohne den Feuchtigkeitsaustausch der Konstruktion zu behindern. Die wasserführende Schicht muß am Sparrenfuß über die Außenwand hinweggeführt werden, damit die Wand nicht durchfeuchtet wird. Diese Konstruktion ist allerdings nur als ein Provisorium zu betrachten, bei einer Neueindeckung sollte ein wasserführendes Unterdach *oberhalb* der Sparren eingebaut werden.

Preise: Schalungsbretter 10 DM/m²; Dachlatten 3/5 cm 1 DM/lfm; Dachpappe unbesandet 3 DM/m²; Olefin-Spinnvlies

Abb. 3.5.16
Bituminierte Holzweichfaserplatte, Stöße mit
Bitumenpappe verklebt, Vordachschalung

Abb. 3.5.17
Holzweichfaserplatte und Vordachanschluß

Abb. 3.5.18
Schließen der Fuge am First mit
Butylkautschukband

6 DM/m²; feuchtestabilisiertes Papier, faserarmiert 4,50 DM/m²; Holzweichfaserplatte, bituminiert, 19 - 22 mm, mit Nut und Feder, 11 bis 16 DM/m²; Holzweichfaserplatte, roh, 12 mm, 7 DM/m²; Federbügel 1 DM; Dampfbremse 3 DM/m²; Gipsfaserplatte, 10 mm, 8 DM/m².

6. Dämmung zwischen den Sparren

Als Dämmschicht zwischen den Sparren lassen sich plattenförmige Dämmstoffe nur schwer ohne Fugen, d.h. winddicht, einsetzen. Dies haben verschiedene veröffentlichte Untersuchungsberichte gezeigt (Stiftung Warentest, FH Hagen, Bauschadensliteratur). Aus diesem Grunde und wegen der leichteren Verarbeitbarkeit sind körnige oder flockige Dämmstoffe besser geeignet. Diese können in jedes Sparrenfeld eingeschüttet oder eingeblasen werden, passen sich jeder Form an

und füllen alle Hohlräume auf. Der Autor hat selbst mehrere Dachstühle mit Korkschrot, Zellulosedämmstoff, Blähton und Perlite mit sehr guten Ergebnissen gedämmt (Abb. 3.5.19). Die Dämmschichtdicke ist abhängig von der Wärmedämmfähigkeit des jeweiligen Materials. Nach den zur Zeit geltenden Vorschriften ($k \leq 0,3$ W/m²K), sind folgende Stärken notwendig (wobei die Holzweichfaserplatten mit zur Dämmung gerechnet werden können):

- Zellulosedämmstoff 12 cm
- Korkschrot 14 cm
- Perlite 15 cm
- Expand. Glimmerschiefer 16 cm
- Blähton 20 cm

Zellulosedämmstoff, Perlite und Blähton können geblasen, Korkschrot und Glimmerschiefer geschüttet werden. Perlite, Glimmerschiefer oder Blähton sind zu empfehlen, wenn hö-

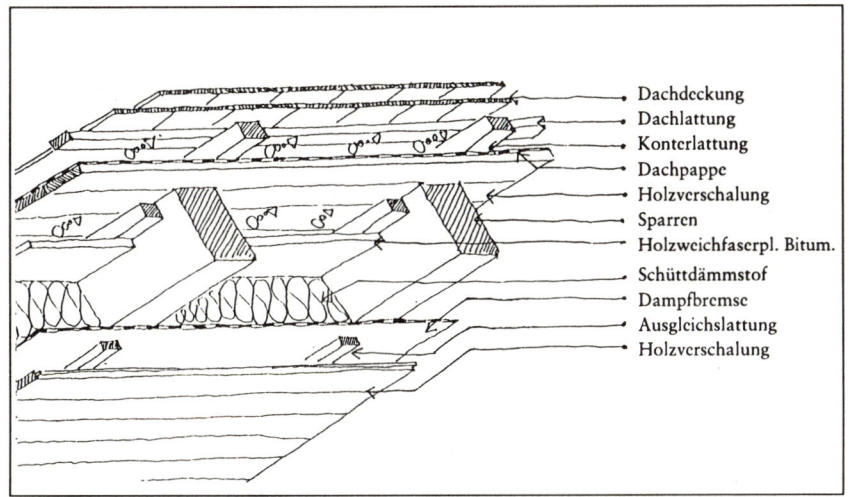

Dachdeckung	
Dachlattung	
Konterlattung	
Dachpappe	
Holzverschalung	
Sparren	
Holzweichfaserpl. Bitum.	
Schüttdämmstof	
Dampfbremse	
Ausgleichslattung	
Holzverschalung	

Konstruktionsdicke	30,9 cm
Wärmedurchgangskoeffizient k-Wert	0,30 W/m²K
Schalldämmass R_w	44 dB
Flächengewicht	96,6 kg/m²
Oberflächentemperatur innen t_{io}	18,8 C°
Luftschallschutzmass LSM	-8 dB
Wärmespeicherwert	112 kJ/m²K
Wärmeeindringkoeffizient der inneren Oberfläche b	81 kJ/m²hK
Trittschallschutz TSM	-
Auskühlzeit	10,2 h
Feuerwiderstandszeit	F 30
Gesamtpreis	290,-- DM

Abb. 3.5.20 Dämmung zwischen den Sparren, doppelte Hinterlüftung

here Anforderungen an den Brand- oder Schallschutz gestellt werden.

Vor dem Einbringen von Schüttdämmstoffen ist außen und innen eine dichte Schale herzustellen, da diese Materialien nur in einen Hohlraum eingefüllt werden können. Die nach außen liegenden Schale aus einer Holzweichfaser-Platte (bituminiert oder roh), wird auf oder zwischen den Sparren befestigt. Auf die Innenschale, ebenfalls aus Holzweichfaser-Platte (roh, 12 mm stark) wird raumseitig eine Dampf- bzw. Windbremse und eine beliebige Innenverkleidung (Holzverschalung, Trockenbauplatte) auf Dachlatten als Unterkonstruktion angebracht (Abb. 3.5.20). Bei einfachen Konstruktionen kann die innere Holzweichfaser-Platte entfallen, dies erschwert aber die dichte Verklebung der Dampfbremse. Der Dämmstoff wird üblicherweise vom Spitzboden aus in den Hohlraum eingebracht.

Wird bis zum First ausgebaut, muß oben eine Einschüttöffnung vorgesehen werden, die nachträglich mit Dämmstoffwolle (z.B. Kokoswolle) ausgestopft und dann verkleidet wird.

Abb. 3.5.19
Holzweichfaserplatten zur Hohlraumbildung zwischen den Sparren

73

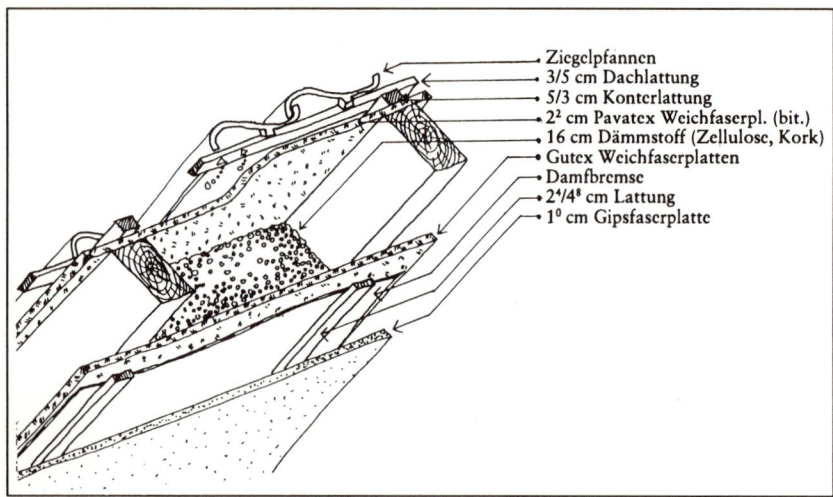

Konstruktionsdicke	29,5 cm
Wärmedurchgangskoeffizient k-Wert	0,24 W/m²K
Schalldämmass R_w	49 dB
Flächengewicht	67 kg/m²
Oberflächentemperatur innen t_{io}	19 C°
Luftschallschutzmass LSM	-3 dB
Wärmespeicherwert	60 kJ/m²K
Wärmeeindringkoeffizient der inneren Oberfläche b	23 kJ/m²hK
Trittschallschutz TSM	–
Auskühlzeit	10 h
Feuerwiderstandszeit	F 30
Gesamtpreis	272,-- DM

Ziegelpfannen
3/5 cm Dachlattung
5/3 cm Konterlattung
2² cm Pavatex Weichfaserpl. (bit.)
16 cm Dämmstoff (Zellulose, Kork)
Gutex Weichfaserplatten
Dampfbremse
2⁴/4⁸ cm Lattung
1⁰ cm Gipsfaserplatte

Abb. 3.5.21 Dämmung zwischen den Sparren, Konstruktion nicht hinterlüftet

Bei Sparrenwechseln oder anderen Unterbrechungen des Sparrengefachs, z.B. für Installationsleitungen, Dachflächenfenster oder Kamine, muß selbstverständlich auch eine Einschüttöffnung unterhalb des Wechsels vorgesehen werden.

Üblicherweise wird der Hohlraum zwischen den Sparren so stark gewählt, daß ein hinterlüfteter Raum von 2 - 4 cm bis zur Oberkante der Sparren entsteht (siehe Abb. 3.5.5). Bei einem offenporigen Unterdach aus Holzweichfaserplatten kann das Sparrenfeld auch vollständig verfüllt werden (Abb. 3.5.21). Allerdings entspricht diese Konstruktion noch nicht den anerkannten Regeln der Baukunst (einige Dachziegelhersteller reduzieren bei Ausführung dieser Konstruktion die Haltbarkeitsgarantie für ihre Produkte). Zum einen ist so eine bessere Wärmedämmung bei gleicher Sparrenstärke gegeben, zum anderen können die vielen Fehlermöglichkeiten bei der Ausführung der zweiten Unterlüftungszone im Bereich von Sparrenwechsel und an den Walmgraten vermieden werden. Nachteilig ist die fehlende Möglichkeit der Warmluftabfuhr durch die innere Lüftungszone und eine schlechtere Entfeuchtung des Dachstuhlholzes. Die Konterlattung für die Unterlüftung sollte deshalb mindestens 5 cm hoch sein, damit im Sommer die warme Luft und der Wasserdampf gut abgeführt werden können. Übrigens: eine Ausführung dieser Konstruktion mit

nur einer einzigen Kunststoffunterspannbahn in Verbindung mit feuchtempfindlichen Mineralfaserdämmstoffen ist nicht zu empfehlen.
Ist kein Unterdach vorhanden, muß eine bituminierte Holzweichfaserplatte zwischen die Sparren eingebracht werden. Ist der Sparrenquerschnitt gering, kann durch eine innenseitig aufgebrachte Distanzlatte ein ausreichender Hohlraum für die Wärmedämmung geschaffen werden (Abb. 3.5.22). Eine schwache Dampfbremse ($\mu \cdot s = 4 - 5$ m) aus Spezialpappe ist bei dieser Konstruktion wegen der großen Dampfdurchlässigkeit von Dämmstoff und Holzweichfaserplatte ausreichend.

7. Dämmung über den Sparren

Wird das Dach neu eingedeckt oder sogar der Dachstuhl vollständig erneuert, kann über den Sparren wärmegedämmt werden (Abb. 3.5.23). Für den Zimmermann ergeben sich in diesem Fall nur unwesentliche Änderungen. Das Holztragwerk wird allseitig gehobelt, die Dachschalung besteht z.B. aus gehobelten oder ungehobelten Nut- und Federbrettern (Stärke 20 mm, für eine Ausführung von F-30 mindestens 28 mm). Über der Schalung wird eine schwache Dampfbremse

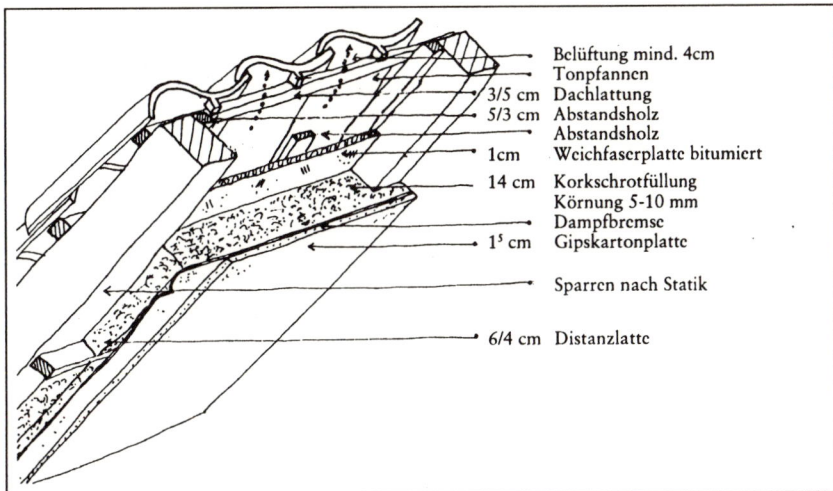

Belüftung mind. 4cm	
Tonpfannen	
3/5 cm	Dachlattung
5/3 cm	Abstandsholz
	Abstandsholz
1cm	Weichfaserplatte bitumiert
14 cm	Korkschrotfüllung Körnung 5-10 mm
	Dampfbremse
1⁵ cm	Gipskartonplatte
	Sparren nach Statik
6/4 cm	Distanzlatte

Konstruktionsdicke	23,5 cm
Wärmedurchgangskoeffizient k-Wert	0,30 W/m²K
Schalldämmass R_w	43 dB
Flächengewicht	41,6 kg/m²
Oberflächentemperatur innen t_{io}	18,9 C°
Luftschallschutzmass LSM	-9 dB
Wärmespeicherwert	54,6 kJ/m²K
Wärmeeindringkoeffizient der inneren Oberfläche b	23 kJ/m²hK
Trittschallschutz TSM	-
Auskühlzeit	16 h
Feuerwiderstandzeit	F 30
Gesamtpreis	310,-- DM

Abb. 3.5.22 Nachträgliche Dämmung zwischen den Sparren

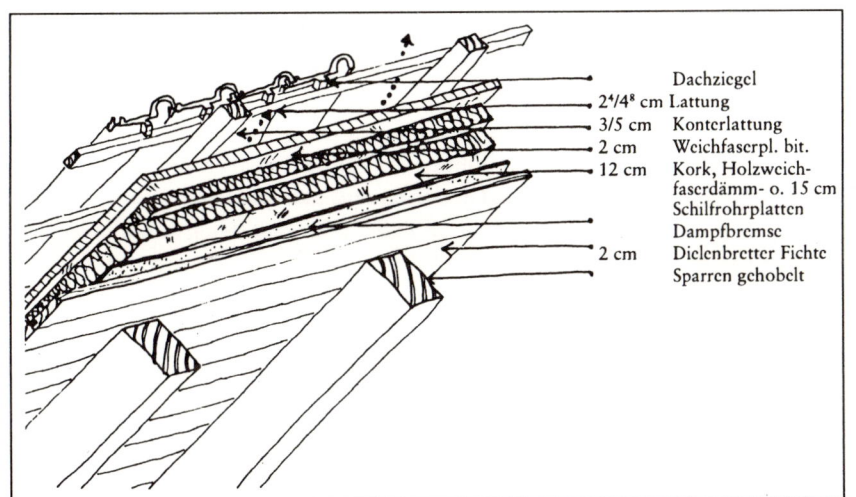

	Dachziegel
2⁴/4⁸ cm	Lattung
3/5 cm	Konterlattung
2 cm	Weichfaserpl. bit.
12 cm	Kork, Holzweichfaserdämm- o. 15 cm Schilfrohrplatten
	Dampfbremse
2 cm	Dielenbretter Fichte Sparren gehobelt

Konstruktionsdicke	30/45 cm
Wärmedurchgangskoeffizient k-Wert	0,27 W/m²K
Schalldämmass R_w	46 dB
Flächengewicht	72 kg/m²
Oberflächentemperatur innen t_{io}	19 C°
Luftschallschutzmass LSM	-6 dB
Wärmespeicherwert	93 kJ/m²K
Wärmeeindringkoeffizient der inneren Oberfläche b	19 kJ/m²hK
Trittschallschutz TSM	-
Auskühlzeit	8,52 h
Feuerwiderstandzeit	-
Gesamtpreis	288,-- DM

3.5.23 Dämmung über den Sparren

($\mu \cdot s = 5$ m) ausgerollt und an den Stößen und Überlappungen verklebt.

Auf diesem Untergrund wird das Dämmaterial zweilagig stoßüberlappt ausgelegt. Da kaum Zuschnitte notwendig sind, sondern großflächig und damit zeit- und materialsparend gearbeitet werden kann, sind hier plattenförmige Dämmstoffe wie Kork-, Holzweichfaserdämm- und Schilfrohrplatten gut geeignet. Diese Materialien sind dem Handwerk meist noch wenig vertraut, lassen sich aber professionell und rationell verarbeiten und können jederzeit mit Polystyrol-, Polyurethan- oder Mineralfasersystemen konkurrieren. Die Platten sind so stabil, daß keine Blindsparren eingebaut werden müssen.

Über der Dämmschicht muß die wasserführende Schicht angeordnet werden, die bei Schäden in der Dachhaut dafür sorgt, daß eindringende Feuchtigkeit schnell und sicher zur Traufe abgeleitet wird. Diese Schicht muß aber gleichzeitig in der Lage sein, den durch Dampfbremse und Dämmung hindurchdringenden Wasserdampf ohne Stau abführen zu können. Das einfachste und billigste Material hierfür ist feuchtestabilisiertes, reißfestes Papier, das auch einen kräftigen Regenguß und Sturmwind verträgt, sollten die Dachdecker nicht gleich zur Stelle sein. Sogenannte wasserdampfdurchlässige Kunststofffolien sind nach Erfahrung des Autors hierfür wenig geeignet, da sie Wasserdampfkondensat nicht aufnehmen können. Seit 1991 ist ein neuer Werkstoff auf dem deutschen Markt, eine faserarmierte, sehr wasserdampfdurchlässige, regendichte Dachbahn, die aus Olefin-Spinnvlies hergestellt wird. Über die Art der Herstellung und mögliche Probleme bei der Beseitigung (Abbaubarkeit) will der Hersteller (Dupont) sich noch nicht äußern. Unproblematisch aber etwas teurer ist die Abdeckung der Dämmschicht mit einer bituminierten Holzweichfaserplatte, die auch bei wochenlangem Nichterscheinen der Dachdecker guten Schutz vor Durchfeuchtung der Dämmschicht bietet (Abb. 3.5.24).
Befestigt wird die Dämmschicht durch eine Aufdoppelung des Sparrens im ungedämmten Vordachbereich und das Ein-

stellen einer Schubbohle. Die Konterlattung wird durch die Dämmung genagelt und über dem First mit Blechstreifen verbunden. Die 5 cm starke Konterlattung hilft, einen Wärmestau unter der Dachdeckung zu vermeiden und gewährleistet die Unterlüftung der Dachdeckung. Lattung und Dachdeckung erfolgen wie bei den anderen Systemen.

Die Vorteile der Überdachdämmung:
• Es wird eine durchgehende, gleichmäßig starke Dämmschicht geschaffen.
• Die gesamte Tragkonstruktion liegt im warmen Bereich, so daß an den Holzbauteilen keine Kondensatfeuchte auftreten kann.
• Das relativ große spezifische Gewicht der Dämmplatten von 90 - 220 kg/m³ in Verbindung mit einer spezifischen Wärmekapazität von c = 1,2-2,0 kJ/kgK (vegetabiles Material) schafft im Sommer ein angenehmes Raumklima.

In Deutschland sind in den letzten acht Jahren Hunderte von kleinen und großen Alt- und Neubauten mit sehr guten Ergebnissen in der beschriebenen Art gedämmt worden. In Kanada und den USA werden speziell mit Zellulosedämmstoff seit 40 Jahren gute Erfahrungen gemacht. Handwerker und Bauherren können also diese Konstruktion als neu anzuerkennende Regeln des Bauens akzeptieren.
Übrigens beweist eine Fülle dokumentierter Bauschäden mit modernen Baumaterialien und Konstruktionen, daß DIN-gemäße Bauteile nicht unbedingt eine Garantie für zehn- oder 20- jährige Bauschadensfreiheit sind.

8. Schwere Dämmungen

Schwere Bauteile, die Wärme speichern und dadurch zu einem ausgeglichenen Raumklima beitragen, sind im Dachgeschoß notwendig. Die meisten Wärmedämmstoffe tragen aufgrund ihres geringen Gewichtes nicht viel zur Temperaturdämpfung bei, z.B. kann mit Korkschrot als Schüttdämmstoff bei 12 cm Stärke maximal ein Flächengewicht von 12 kg/m² erreicht werden. Bei einer 20 cm starken Lage Blähton (80 kg/m²) kann allerdings nach Erfahrungen des Autors mit realisierten Objekten schon eine sehr gute Temperaturdämpfung

Abb. 3.5.24 Bituminierte Holzweichfaser-Dämmplatte
Foto: Fa Pavatex

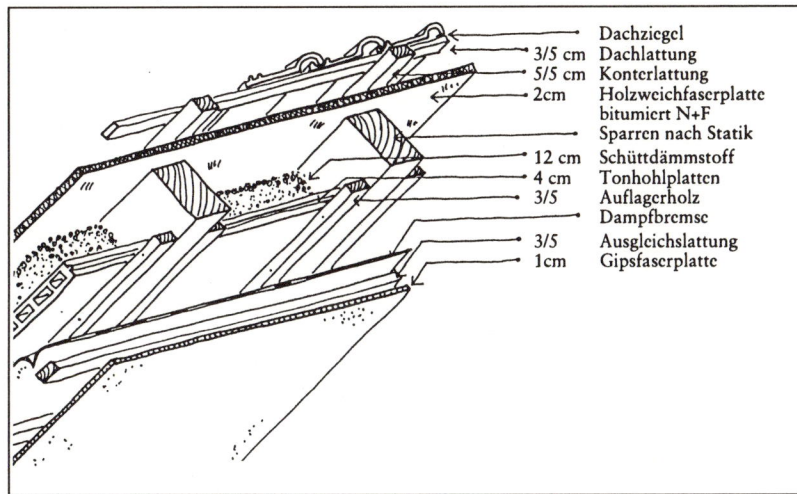

	Dachziegel
3/5 cm	Dachlattung
5/5 cm	Konterlattung
2cm	Holzweichfaserplatte bitumiert N+F
	Sparren nach Statik
12 cm	Schüttdämmstoff
4 cm	Tonhohlplatten
3/5	Auflagerholz
	Dampfbremse
3/5	Ausgleichslattung
1cm	Gipsfaserplatte

Konstruktionsdicke .... 35,7 cm
Wärmedurchgangskoeffizient
k-Wert .... 0,26 W/m²K
Schalldämmass R$_w$ .... 54 dB
Flächengewicht .... 74,3 kg/m²
Oberflächentemperatur innen t$_{io}$ .... 18 C°
Luftschallschutzmass LSM .... +2 dB
Wärmespeicherwert .... 104 kJ/m²K
Wärmeeindringkoeffizient der inneren Oberfläche b .... 23 kJ/m²hK
Trittschallschutz TSM .... -
Auskühlzeit .... 31,1 h
Feuerwiderstandszeit F30
Gesamtpreis .... 360,-- DM

Abb. 3.5.25 Tonhohlplatten zwischen den Sparren

im Dachraum geschaffen werden. Eine weitere Möglichkeit zur Gewichtserhöhung der Dachhaut besteht darin, einen Teil des zur Verfügung stehenden Hohlraumes zwischen den Sparren mit sehr schweren Materialien aufzufüllen. Als Schüttgut können z.B. Kalkschotter, Fliesenbruch oder Klinkersplitt eingesetzt werden. aber auch Platten, z.B. Ziegelhourdis, lassen sich zwischen die Sparren auf Latten einschieben. Die Höhe dieser Speicherschicht kann 5 cm betragen, darüber wird dann die Dämmung eingebracht. Die notwendige Dämmschichtdicke läßt sich bei den üblichen Sparrenhöhen von 16 bis 18 cm allerdings dann nur noch mit einer "Vollsparrendämmung" erreichen (Abb. 3.5.25).

Kann oberhalb der Sparrenlage wärmegedämmt werden, ist auch das Einbringen einer schweren, wärmedämpfenden Schicht meist einfacher. Plattenförmiges Material wie z.B. Ziegelhourdis, Ziegelsteine, Gips- oder Betonplatten (Stärke ebenfalls 5 cm) werden direkt auf der Schalung oberhalb des Sparrens auf der Dampfbremse ausgelegt. Darauf wird anschließend die Dämmung aufgebracht (Abb. 3.5.27).
Bei Rohgewichten des schweren Materials von 1200 - 1500 kg/m³ wird das Dach um ca. 60 - 75 kg/m² schwerer. Dieses zusätzliche Gewicht muß der Statiker bei der Bemessung der Konstruktionen berücksichtigen. Der Lohn für die Bemühun-

Abb. 3.5.26 Tonhohlplatten über den Sparren

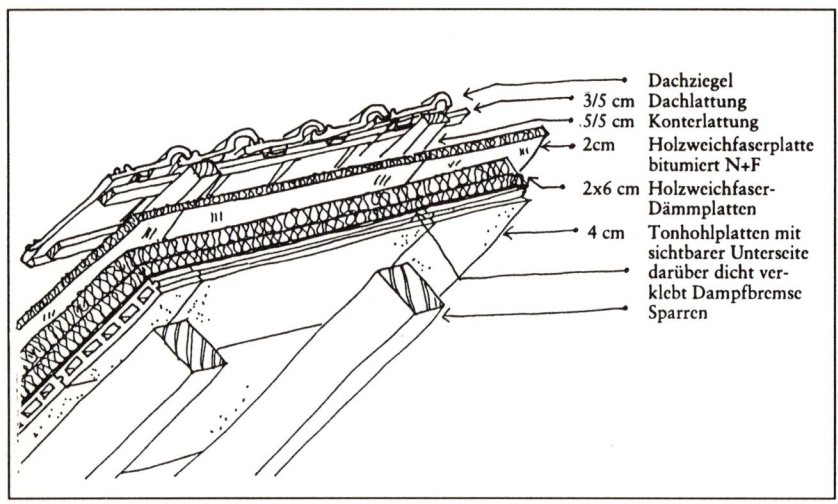

3/5 cm	Dachziegel
.5/5 cm	Dachlattung
2cm	Konterlattung
	Holzweichfaserplatte bitumiert N+F
2x6 cm	Holzweichfaser-Dämmplatten
4 cm	Tonhohlplatten mit sichtbarer Unterseite darüber dicht verklebt Dampfbremse Sparren

Konstruktionsdicke	34,5/50,5 cm
Wärmedurchgangskoeffizient k-Wert	0,29 W/m²K
Schalldämmass R_w	52 dB
Flächengewicht	130,4 kg/m²
Oberflächentemperatur innen t_{io}	–
Luftschallschutzmass LSM	±4 dB
Wärmespeicherwert	152 kJ/m²K
Wärmeeindringkoeffizient der inneren Oberfläche b	19 kJ/m²hK
Trittschallschutz TSM	–
Auskühlzeit	13,57 h
Feuerwiderstandszeit	F60
Gesamtpreis	380,-- DM

Abb. 3.5.27 Tonhohlplatten (Hourdis) über den Sparren

gen besteht in einem recht ausgeglichenen Raumklima mit einer Verschiebung der Erwärmung des Innenraums im Sommer um 6 - 10 Stunden. Eine vom Gewicht her leichtere Variante ist das Aufnageln von Holzwolleleichtbauplatten (Rohgewicht 500 kg/m³).

9. Dämmung beim massiven Dach

Auf dem massiven Dach (Abb. 3.5.28) werden Blindsparren befestigt und zwischen den Sparren wärmegedämmt. Bei einer Dämmung über den Dachsparren sind Blindsparren nicht nötig, die plattenförmigen Dämmstoffe werden ausgelegt und die Konterlattung durchgedübelt. Die Dämmung muß durch eine wasserführende Schicht abgedeckt werden.

10. Dämmung beim Niedrigenergiehaus

Stärkere Dämmschichten als die neue Wärmeschutzverordnung fordert, sind bereits heute beim sogenannten Niedrigenergiehaus üblich. 25 - 30 cm Dämmstärke im Dach sind hier keine Seltenheit, da ein k-Wert von 0,15 W/m²K erreicht

werden soll. Ziel ist es, mit diesen Maßnahmen den spezifischen Energieverbrauch für die Raumheizung auf 5 l Heizöl/m² Wohnfläche und Jahr zu senken. Diese Dämmstärke wird z.B. erreicht, indem nicht nur zwischen den Sparren, sondern auch raumseitig darunter gedämmt wird (Abb. 3.5.29). Ausserdem muß auf eine sehr gute Winddichtigkeit der Konstruktion geachtet werden. Da die Vollholzsparren im Vergleich zum Dämmstoff (zwischen den Sparren) eine Wärmebrücke darstellen, kommen hier zunehmend die schon erwähnten Masonite-Träger zum Einsatz (siehe Abb. 3.1.19). Bei solch starken Dämmschichten ist auch ohne zusätzliche schwere Schicht die thermische Stabilität der Leichtbau-Dachkonstruktion gut.

11. Sanierung ausgebauter Dächer

Bei der Sanierung ausgebauter Dächer sind die Bedingungen schwierig, da eine Dämmung meist nicht vorhanden ist und die raumseitige Schicht aus einer Putzkonstruktion besteht (Abb. 3.5.30). Bei einer nachträglichen Dämmung werden diese sehr winddichten, schweren, und damit thermisch vorteilhaften Innenschalen zerstört. Deshalb sollte geprüft werden, ob der Sparrenhohlraum vom Spitzboden aus zugänglich ist, oder ob im Zuge einer Sanierung der Dachdeckung der Dämmstoff von außen eingebracht werden kann.

Vom Spitzboden aus können steife Platten (Schilfrohr, Holzweichfaserdämmplatten) eingeschoben werden. Wegen der oft unregelmäßigen Sparrenabstände sind Wärmebrücken allerdings schwer zu vermeiden. Besser ist es, nach Entfernung der Dachziegel zwischen den Sparren einen Hohlraum herzustellen und in diesen Dämmstoff einzublasen. Eine nicht gedämmte Kehlbalkenlage wird nach dem Entfernen der Holzabdeckung bis zur Oberkante mit Blähton, Korkschrot oder Zellulosedämmstoff aufgefüllt und wieder verschlossen. Die fehlende Dampfbremse führt aufgrund der offenporigen Gesamtkonstruktion und der schweren Innenschale nicht zu Bauschäden, vorausgesetzt, die Abdeckung an der Oberseite ist ebenfalls durchlässig (kein fugenloser Holzboden, keine Spanplatten).

Besteht die Verkleidung innen nur aus einer undichten Nut- und Federschalung, so wird diese entfernt und eine Windbremse eingebracht, bevor weitere Dämmaßnahmen vorgenommen werden.

Exkurs: Dampfbremse - ja oder nein?

Gemäß DIN 4108 Teil 3 ist eine Tauwasserbildung in Bauteilen unschädlich, wenn die Standsicherheit der Bauteile und der Wärmeschutz durch die Erhöhung des Feuchtegehaltes der Bau- und Dämmstoffe nicht gefährdet werden.

Um eine solche Gefährdung auszuschließen, ist es eine notwendige Bedingung, daß das während der Tauperiode im Innern des Bauteiles anfallende Wasser während der Verdunstungsperiode wieder an die Umgebung abgegeben wird. Hier geht die DIN-Norm von einer "normalen" Abfolge von Durchfeuchtung und Austrocknung aus, und schließt Phänomene wie die vorher beschriebene Eisbildung in der Dämmschicht nicht mit ein, die aufgrund ihrer dampfsperrenden Wirkung weitere verstärkte Durchfeuchtung nach sich zieht. Sie legt lediglich die maximal auftretende Tauwassermenge

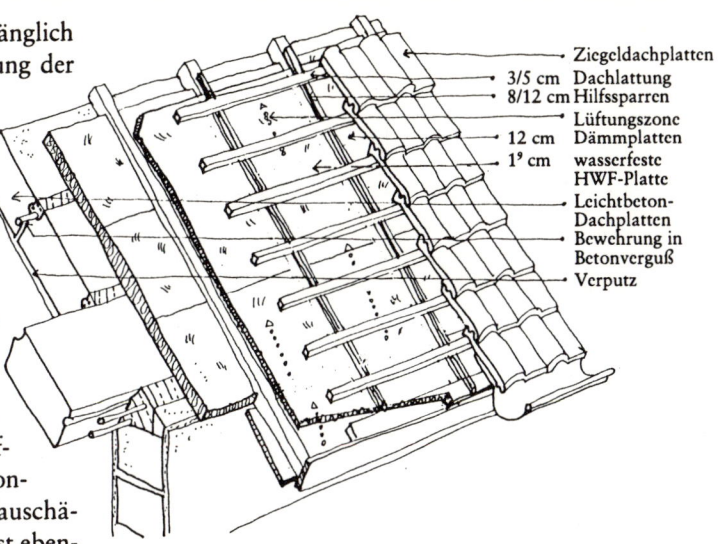

Ziegeldachplatten
3/5 cm Dachlattung
8/12 cm Hilfssparren
Lüftungszone
12 cm Dämmplatten
1⁹ cm wasserfeste HWF-Platte
Leichtbeton-Dachplatten
Bewehrung in Betonverguß
Verputz

Abb. 3.5.28 Traufe mit Ringanker in Dach- und Deckenebene

während der Durchfeuchtungsperiode fest, die für Dach- und Wandkonstruktion 1,0 kg/m² nicht überschreiten darf.

Massive Bauteile sind in bezug auf Diffusionsfeuchtigkeit unter normalen Umständen weniger problematisch, besonders dann, wenn das Material kapillar aufnahmefähig ist, wie z.B. Tonziegel.

Kommt es zu starker Kondensatbildung an der Innenseite von Außenecken und in der Folge zu Schimmelpilzbefall, so ist dies häufig auf ein Zusammenwirken von schlecht entfeuchtendem Baumaterial (z.B. Zementhohlblockstein), von Kühlrippen (z.B. nicht gedämmten Betondecken), von mangelnder Belüftung, schlechter Beheizung und falscher Möbelstellung (z.B. Schränke ohne Luftzwischenraum direkt an der Außenwand) zurückzuführen.

Bei Leichtbauteilen wie dem ausgebauten Dach können durch Wasserdampfdiffusion bzw. Undichtigkeiten der Innenschale wesentlich höhere Baustoffeuchten durch Kondenswasser auftreten, was ernste Bauschäden nach sich zieht, da Holz bei dauernder Durchfeuchtung von Pilzen befallen wird und dies langfristig die Standfestigkeit der Konstruktion gefährdet. Weiterhin wird die Dämmfähigkeit der meisten Dämmstoffe schon bei geringen Feuchtigkeitsmengen stark herabgesetzt.

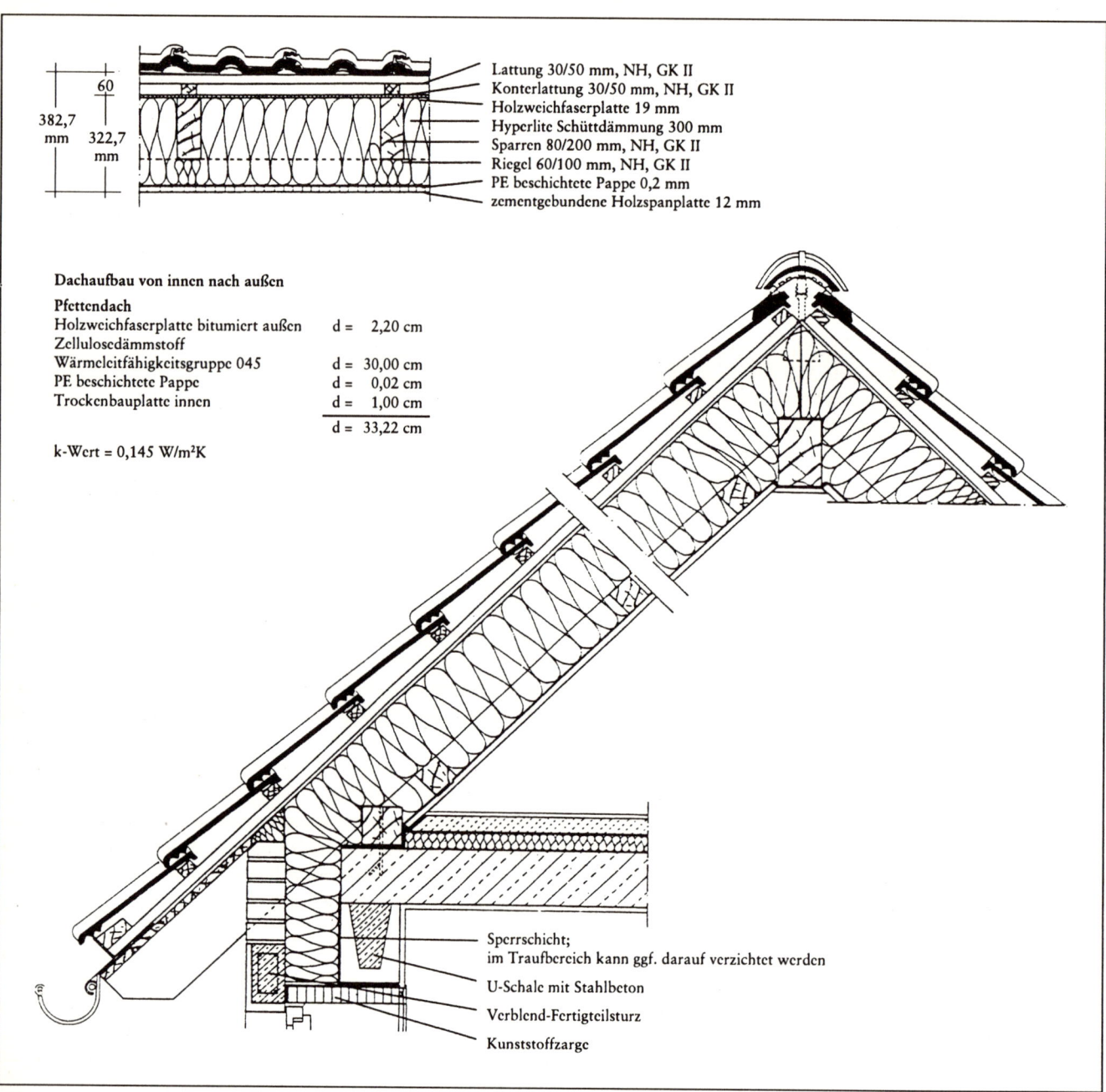

Lattung 30/50 mm, NH, GK II
Konterlattung 30/50 mm, NH, GK II
Holzweichfaserplatte 19 mm
Hyperlite Schüttdämmung 300 mm
Sparren 80/200 mm, NH, GK II
Riegel 60/100 mm, NH, GK II
PE beschichtete Pappe 0,2 mm
zementgebundene Holzspanplatte 12 mm

382,7 mm
322,7 mm
60

Dachaufbau von innen nach außen

Pfettendach

Holzweichfaserplatte bitumiert außen	d =	2,20 cm
Zellulosedämmstoff		
Wärmeleitfähigkeitsgruppe 045	d =	30,00 cm
PE beschichtete Pappe	d =	0,02 cm
Trockenbauplatte innen	d =	1,00 cm
	d =	33,22 cm

k-Wert = 0,145 W/m²K

Sperrschicht;
im Traufbereich kann ggf. darauf verzichtet werden

U-Schale mit Stahlbeton

Verblend-Fertigteilsturz

Kunststoffzarge

Abb. 3.5.29 Dachdämmung bei einem Niedrigenergiehaus

Quelle (14)

80

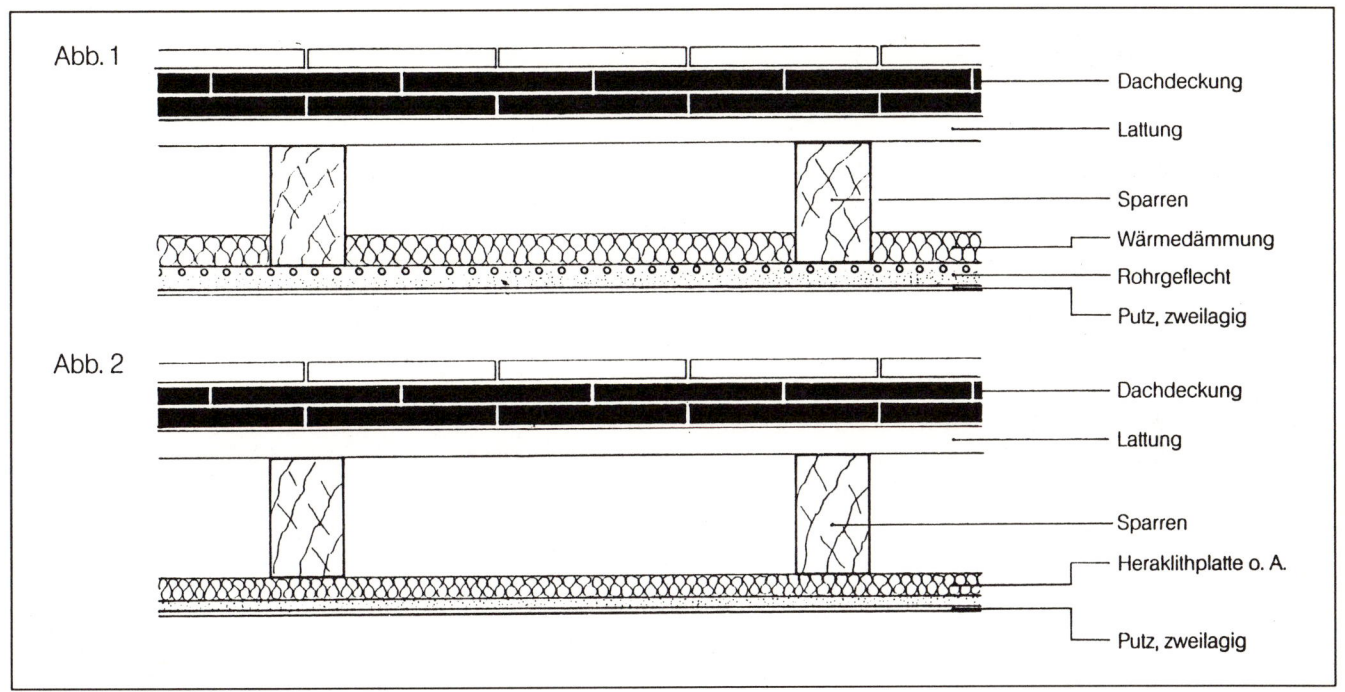

Abb. 1

- Dachdeckung
- Lattung
- Sparren
- Wärmedämmung
- Rohrgeflecht
- Putz, zweilagig

Abb. 2

- Dachdeckung
- Lattung
- Sparren
- Heraklithplatte o. A.
- Putz, zweilagig

Abb. 3.5.30   Dachkonstruktionen bei alten, ausgebauten Dachgeschossen   Quelle (24)

Durch innenseitig (an der warmen Seite) angebrachte Dampfbremsen kann der Wasserdampfeintrag in die Konstruktion weitgehend verhindert werden. Es hängt von der gewählten Konstruktion und von der Art des Dämmstoffes ab, wie stark dampfbremsend diese Schicht auf der Innenseite sein muß.

In der DIN 4108 wird für Satteldächer über 10° Neigung auf einen rechnerischen Nachweis des Tauwasseranfalls nur dann verzichtet, wenn die Konstruktion unter der Unterspannbahn bzw. Schalung belüftet wird. Um Tauwasser vollständig zu vermeiden, müßte der Wasserdampfdiffusionswiderstandswert (s_d-Wert $= \mu \cdot s$) der inneren Bauteilschichten um das 8 - 16 fache größer sein als derjenige der äußeren Schichten.

Kapillar leitfähige Dämmstoffe und Unterdächer sind dagegen zu jeder Jahreszeit in der Lage, die Entfeuchtung der Gesamtkonstruktion mit der großen Oberfläche zu gewährleisten. Im Klartext: Wird außen mit einem diffusionsoffenen Material (z.B. Holzweichfaserplatten) gearbeitet, und ein na-

turnaher Dämmstoff eingesetzt, ist innenseitig eine sehr schwache Dampfbremse ($\mu \cdot s = 4,0$ m) ausreichend.

Interessant ist in diesem Zusammenhang, daß Untersuchungen des Fraunhofer-Instituts für Bauphysik (s. Deutsches DachdeckerHandwerk 4/90) ergaben, daß durch die Unterlüftung unter bestimmten klimatischen Voraussetzungen erhebliche Mengen an Feuchtigkeit in den Dämmstoff und in das Sparrenholz gelangen können.

Von den beteiligten Fachleuten wird nun empfohlen (im Gegensatz zu den derzeit gültigen anerkannten Regeln der Baukunst) auf die Unterlüftung zu verzichten und auf einen luftdichten, raumseitigen Abschluß der Sparren zu achten. Die Dampfbremse innenseitig soll mit ihrem Diffusionswiderstand auf den Wert des äußeren Abschlußes abgestimmt sein. Für feuchtempfindliche Dämmstoffe wie Mineralfaser und für kondensatempfindliche Polystyrolplatten ist diese Konstruktion abzulehnen.

81

4. Treppe

» *Die Treppe als ein wesentlicher Bestandteil des Hauses bietet dem Architekten eine breite Skala von Gestaltungsmöglichkeiten und prägt durch ihre Formgebung den Charakter des Raumes mit. Sie ist nicht nur funktionelles, sondern zugleich ästhetisches Element, wie kaum ein anderes Bauteil. So dienen Treppen nicht nur ihrem ureigenen "praktischen" Zweck, dem Überwinden zweier ungleich hoher Ebenen, sie sollen auch mit der übrigen Raumgestaltung, dem "Gesicht" des Hauses, harmonieren. Die Wahl der Treppenform, bis hin zu Details wie Geländer, Staketen, Kniebretter hat Einfluß auf die Gesamtwirkung des Raumes ebenso wie die Entscheidung des Architekten für die Kombination verschiedener Werkstoffe. «*
Aus: Willibald Mannes, Treppen und Geländer, Stuttgart 1971, DVA

4.1 Grundregeln des Treppenbaus

Beim Bau von Treppen und Treppenhäusern sind besonders viele Bestimmungen der Länderbauordnungen (LBO) zu berücksichtigen, da sie im Brandfall als Rettungswege dienen. Für Ein- und Zweifamilienhäuser oder Gebäude mit nur einem oder zwei Vollgeschossen sind die baurechtlichen Vorschriften weniger umfassend, da hier der Rettungsweg meist einfacher und kürzer ist.

Im Zweifelsfall sollten Gespräche mit der zuständigen Behörde (Brandschutzkommission, Feuerversicherung) geführt werden. Dies hilft, kostenintensive Irrtümer schon in der Planungsphase zu vermeiden.

Nachfolgend sind die wichtigsten Bestimmungen für den Treppenbau zusammengestellt, wie sie in der Bayerischen Bauordnung (BayBo) vorgeschrieben werden und wie sie mit Abwandlungen auch für die anderen Bundesländer gelten.

1. Notwendige Treppen

• Jedes nicht zu ebener Erde liegende Geschoß eines Gebäudes muß über mindestens eine Treppe zugänglich sein. Diese wird als die notwendige Treppe bezeichnet. Jede notwendige Treppe muß in einem eigenen, durchgehenden und an einer Außenwand angeordneten Treppenraum liegen. In Gebäuden bis zu drei Vollgeschossen oder zur Verbindung zweier Geschosse in einer Wohnung kann auf den eigenen Treppenraum verzichtet werden, wenn die Rettung von Personen im Brandfalle noch auf andere Weise gesichert ist. In Treppenräumen müssen Öffnungen zum Kellergeschoß und zu nicht ausgebauten Dachräumen, Werkstätten, Läden und Lagerräumen selbstschliessende und mindestens feuerhemmende Türen erhalten. Die Wände dieser Treppenräume sind feuerbeständig auszuführen.

• Von der Mitte eines jeden Aufenthaltsraumes muß der Treppenraum einer notwendigen Treppe in höchstens 30 m Entfernung erreichbar sein.

• Im Brandfall müssen Aufenthaltsräume zwei voneinander unabhängige Rettungswege aufweisen; d.h. zum normalen Zugang der Aufenthaltsräume über die notwendige Treppe muß ein gesicherter zweiter, von der notwendigen Treppe unabhängiger Rettungsweg vorhanden sein. Dieser kann bestehen aus:
- der sicheren Erreichbarkeit mindestens eines Aufenthaltsraumes je Wohnung oder Nutzungseinheit durch Feuerwehrleitern, oder
- einer weiteren, von der notwendigen Treppe unabhängigen Treppe.

• Für gewerblich genutzte Räume in Wohngebäuden und für Wohnräume in gewerblich genutzten Gebäuden können eigene Treppen gefordert werden.

• In Gebäuden mit mehr als zwei Vollgeschossen sind die notwendigen Treppen in einem Zuge zu allen angeschlossenen Geschossen zu führen. Sie müssen auch mit den

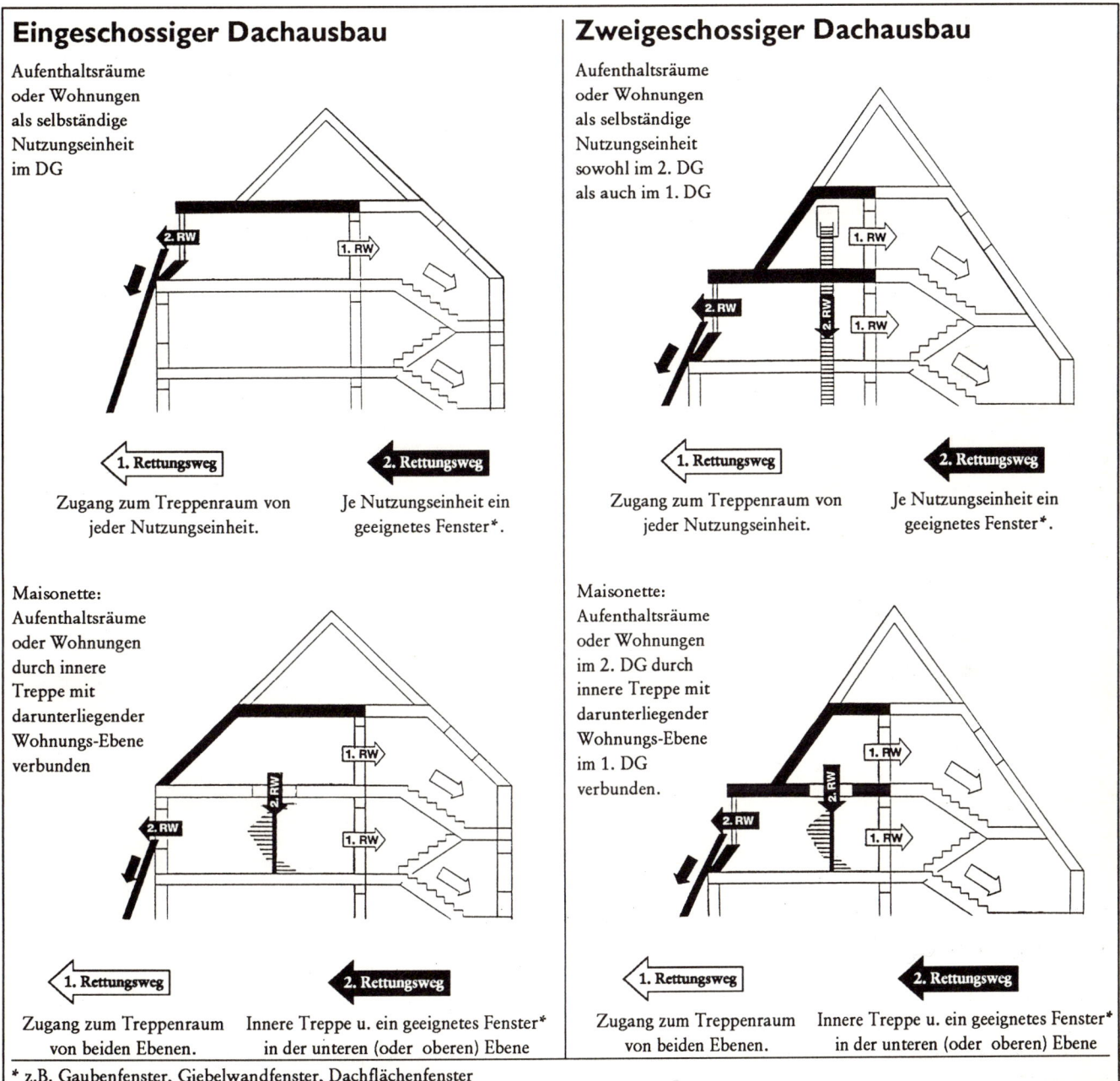

* z.B. Gaubenfenster, Giebelwandfenster, Dachflächenfenster

Abb. 4.1.0 Rettungswege (RW) im ausgebauten Dachgeschoß   Quelle (2)

Treppen zum Dachraum in unmittelbarer Verbindung stehen und sind in feuerhemmender Bauart herzustellen.

- Der Dachraum muß bei Zwei- und Mehrfamilienhäusern von der Treppe aus zugänglich sein. Einschiebbare Treppen und Leitern sind nur in Einfamilienhäusern als Zugang zum nicht ausgebauten Dachraum zulässig.
- Bis 5 Vollgeschosse darf die Treppe der Feuerwiderstandsklasse F 30 angehören, darüber ist F 90 AB vorgeschrieben, d.h. Beton als Werkstoff.

2. Geländer

- Jede Treppe muß einen festen Handlauf haben. Dieser Handlauf sollte an der freien Seite der Treppe, im Treppenauge, ohne Unterbrechung herumgeführt werden
- Die freien Seite der Treppenläufe, Treppenabsätze und Treppenöffnungen (Treppenauge) müssen durch Umwehrungen wie Geländer oder Brüstungen, gesichert werden. Das Geländer muß in Gebäuden mit mehr als zwei Vollgeschossen mit Ausnahme des Handlaufes aus mindestens schwerentflammbaren Baustoffen bestehen.
- Das Geländer muß mindestens 90 cm hoch sein, gemessen über der Stufenvorderkante. Beträgt die Absturzhöhe mehr als 12 m, ist eine Geländerhöhe von mindestens 1,10 m einzuhalten.
- Öffnungen im Geländer dürfen nicht größer als 12 cm sein (z.B. der Abstand einzelner Stäbe). Dies soll verhindern, daß Kinder ihren Kopf hindurchstecken können. Querverstrebungen dürfen keinen größeren Abstand als 2 cm haben, damit Kinder nicht hochklettern können.
- Auf Handlauf und Geländer kann bei Treppen bis zu fünf Stufen verzichtet werden.

3. Treppenausführung

- Das Steigungsverhältnis, d.h. die Stufenhöhe und Stufenbreite einer Treppe soll sich in der Lauflinie, d.h. in der Treppenmitte nicht ändern. Nach einer Faustregel soll 2 x Stufenhöhe + Stufenbreite ca. 63 cm ergeben, z.B. 2 x 17 cm + 29 cm = 63 cm. Das Steigungsverhältnis 17/29 cm ist

ein ideales Treppenmaß. Die Stufenhöhe darf nicht mehr als 19 cm, die Auftrittstiefe nicht weniger als 26 cm betragen. Gewendelte Stufen müssen an der schmalsten Stelle eine Auftrittstiefe von mindestens 10 cm haben.
- Der lichte Abstand zwischen zwei Stufen darf bei Treppen ohne Setzstufen nicht größer als 12 cm sein. Wird dies nicht erreicht, müssen zusätzliche Leisten, sog. Baurechtsleisten angebracht werden.
- Nach höchstens 18 Stufen soll ein Treppenabsatz angeordnet werden. Die Tiefe des Treppenabsatzes muß so groß sein wie die Treppenbreite, mindestens jedoch 1,0 m. Schlägt eine Tür direkt zum Treppenhaus auf, so darf die Treppe nicht gleich hinter der Tür beginnen, sondern es ist ein Treppenabsatz in der Breite der Türe anzuordnen.
- Die nutzbare Laufbreite notwendiger Treppen muß in Einfamilienhäusern mindestens 0,80 m betragen, in Wohngebäuden bis zu zwei Vollgeschossen 0,90 cm, in Wohngebäuden mit mehr als zwei Vollgeschossen und für alle anderen Gebäude 1 m.
- Die lichte Durchgangshöhe von Treppen muß, senkrecht gemessen, mindestens 2 m betragen.

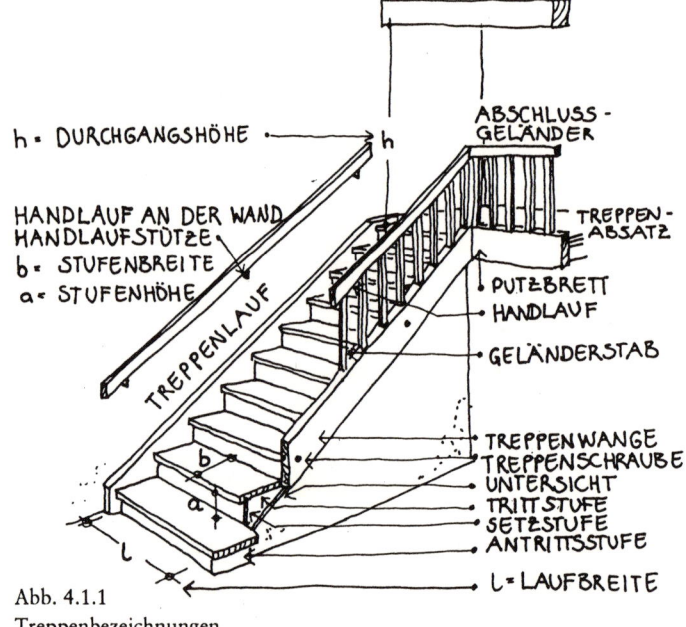

h · DURCHGANGSHÖHE
ABSCHLUSS-GELÄNDER
HANDLAUF AN DER WAND
HANDLAUFSTÜTZE
b · STUFENBREITE
a · STUFENHÖHE
TREPPENLAUF
TREPPENABSATZ
PUTZBRETT
HANDLAUF
GELÄNDERSTAB
TREPPENWANGE
TREPPENSCHRAUBE
UNTERSICHT
TRITTSTUFE
SETZSTUFE
ANTRITTSSTUFE
l · LAUFBREITE

Abb. 4.1.1
Treppenbezeichnungen

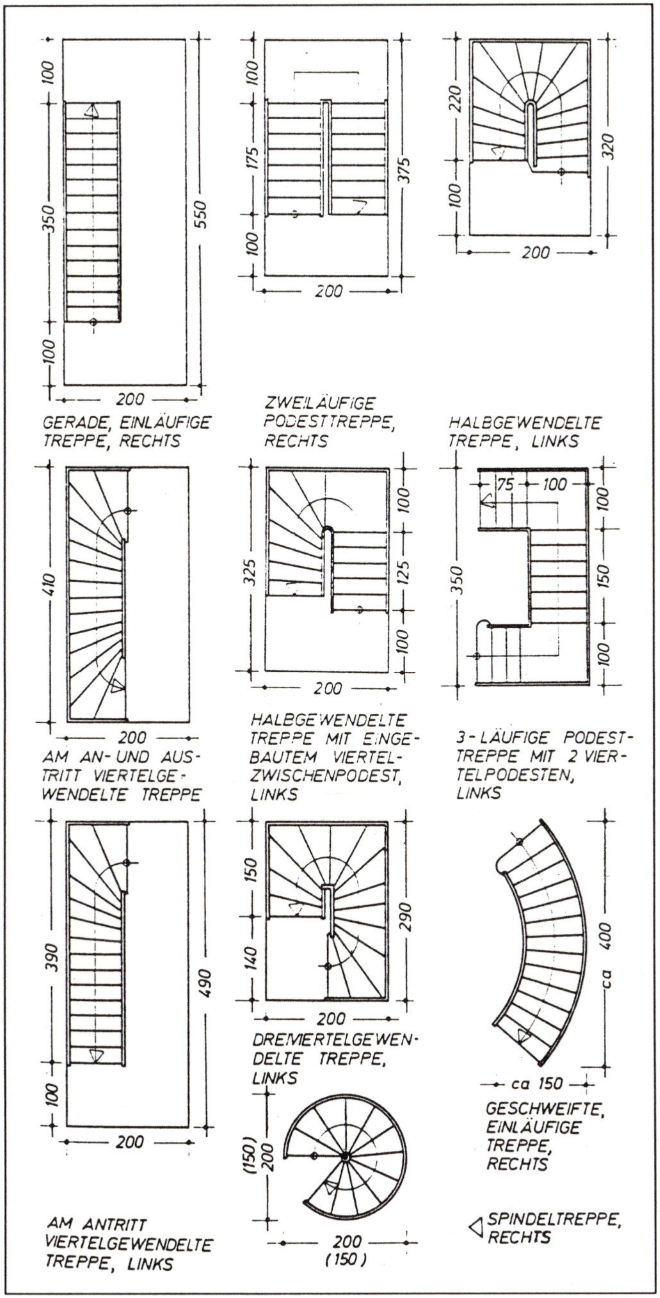

Abb. 4.2.2
Einläufige, gerade
Holztreppe

Figure labels (Abb. 4.2.1):

- GERADE, EINLÄUFIGE TREPPE, RECHTS
- ZWEILÄUFIGE PODESTTREPPE, RECHTS
- HALBGEWENDELTE TREPPE, LINKS
- AM AN- UND AUSTRITT VIERTELGEWENDELTE TREPPE
- HALBGEWENDELTE TREPPE MIT EINGEBAUTEM VIERTELZWISCHENPODEST, LINKS
- 3-LÄUFIGE PODESTTREPPE MIT 2 VIERTELPODESTEN, LINKS
- AM ANTRITT VIERTELGEWENDELTE TREPPE, LINKS
- DREIVIERTELGEWENDELTE TREPPE, LINKS
- GESCHWEIFTE, EINLÄUFIGE TREPPE, RECHTS
- SPINDELTREPPE, RECHTS

Abb. 4.2.1   Treppenformen   Quelle (25)

4.2 Treppenformen

Je nach verfügbarem Raum für die Treppe gibt es sehr viele Möglichkeiten, eine Treppe zu gestalten (Abb. 4.2.1).

1. Gerade Treppe - Podesttreppe

Bei der geraden Treppe ist die Laufrichtung geradeaus. Bei einer einläufigen Treppe verläuft der Treppenlauf in einem Stück ohne Unterbrechung, bei zwei- oder dreiläufigen Treppen sind die Treppenläufe durch ein Zwischenpodest getrennt, meist mit einer Änderung der Laufrichtung. Wird eine Treppe stark frequentiert, sollte sie nach Möglichkeit als gerade Treppe ausgebildet sein. In jedem Fall müssen gerade Treppen mit mehr als 15 Stufen mit einem Zwischenpodest versehen werden.

Podesttreppen gehören der Konstruktion nach zu den geraden Treppen. Sie sind besonders bequem zu begehen, die Podeste dienen zum Ausruhen und gegebenenfalls auch zum Ausweichen.

Abb. 4.2.3 Einfache Stahltreppe mit Holzstufen

Abb. 4.2.4 Halbgewendelte Holztreppe

2. Wendeltreppe

Eine Änderung der Laufrichtung ohne Zwischenpodest ist nur mit gewendelten Treppen möglich. Hier werden viertel- oder halbgewendelte Treppen unterschieden. Gewendelte Treppen erfordern, rechnet man die An- und Austrittsfläche hinzu, weniger Platz als gerade oder Podesttreppen. Sie sind allerdings nicht so bequem. Eine Breite von 1,10 m sollten sie nicht unterschreiten.

3. Spindeltreppe

Spindeltreppen sind sehr flächensparend unterzubringen. Ihr äußerer Durchmesser sollte jedoch 1,5 m nicht unterschreiten. Je größer der Durchmesser gewählt werden kann, desto länger wird die Lauflinie, desto breiter das Auftrittsmaß der Stufen und desto bequemer die Treppe. Dennoch wird eine Spindeltreppe nie sehr bequem zu begehen sein, da die Durchgangshöhe (mindestens 1,95 m) eine recht große Laufneigung erfordert.

4.3 Treppe im Neubau

Wird bei der Planung eines Neubaues eine spätere Dachgeschoßnutzung zu Wohnzwecken vorgesehen, dann wird der Grundriß des darunterliegenden Geschosses, die Decke dazwischen und auch die Treppe schon auf die zukünftige Nutzung abgestimmt. Bei flach geneigten Dächern ist die Anordnung der Treppe an der Außenwand möglich, wenn die erforderliche Durchgangshöhe durch einen kleinen Kniestock geschaffen wird (Abb. 4.3.1). Üblicherweise wird die Treppe während des Rohbaus in Stahlbeton miterrichtet, sie kann aber auch nach Beendigung der Putzarbeiten als Stahl- oder Holzkonstruktion eingebaut werden. Welches Material zum Einsatz kommt, ist weitgehend eine Gestaltungsfrage.

1. Betontreppe

Die Vorteile der Betontreppe bestehen darin, daß sie schon in der Rohbauphase fertiggestellt ist und die einzelnen Geschosse bequem, d.h. ohne Leitern zu erreichen sind (Abb. 4.3.2). Am Ende der Bauzeit werden die Betontreppen dann üblicherweise mit einer zusätzlichen Nutzschicht aus Keramik, Holz oder Teppich belegt.

Keramikbelag: Die Ausführung mit keramischem Material übernimmt der Fliesenleger. Das Plattenmaterial sollte sehr abriebfest sein (Abriebklasse 3 und höher), auch sollten spezielle Formen für die Treppenbelegung wie z.B. Kantenprofile, Seitenprofilierungen und Sockelleisten erhältlich sein (Abb. 4.3.3). Außerdem muß entschieden werden, ob außer Trittstufen auch Setzstufen mitverlegt werden. Die Verlegung der Platten erfolgt im Mörtelbett ("Dickbett") mit reinem Zementmörtel oder mit kunstharzvergütetem Zementkleber ("Dünnbett"). Ist eine Feuerwiderstandsdauer von 90 Minuten gefordert (F 90), dürfen nur keramische Platten eingesetzt werden, die bei Hitze nicht explosionsartig bersten.

Holzbelag: Der Schreiner oder Treppenbauer kann die Treppe mit Holzstufen belegen. Für die Trittstufen sollte ein Hartholz gewählt werden. Massivholzstufen sind den furnierten Spanplattenstufen auf jeden Fall vorzuziehen, allerdings ist

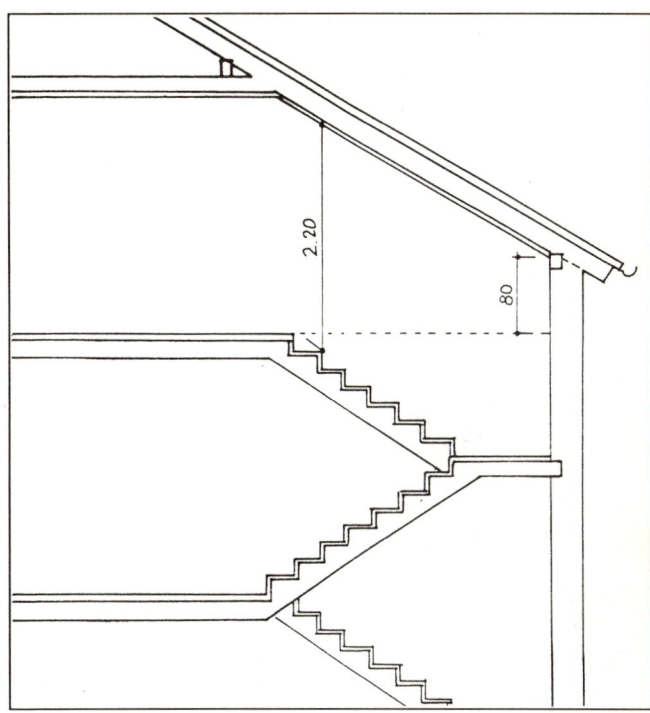

Abb. 4.3.1 Dachgeschoß mit Kniestock. Treppe an der Außenwand

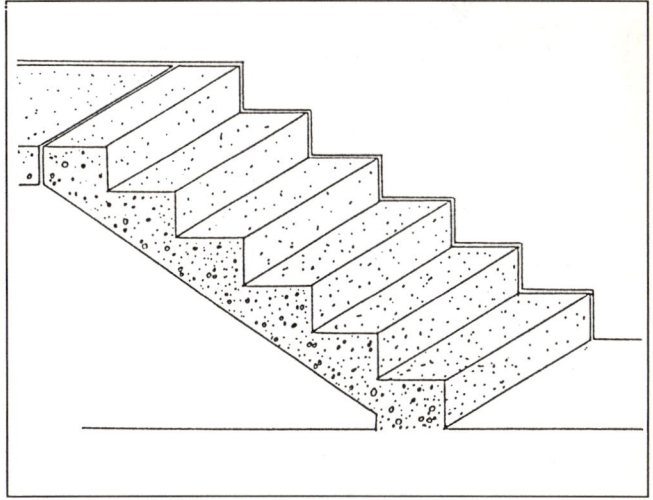

Abb. 4.3.2 Betontreppe

Abb. 4.3.3 Betontreppe mit Keramikbelag

das Schwindverhalten des Holzes bei breiten, gewendelten Stufen zu berücksichtigen. Die Stufen werden nach Originalschablonen gefertigt und mit nicht sichtbaren Dübeln auf den Betonstufen befestigt. Zwischen Holz und Beton wird eine Trennschicht aus Folie eingelegt, und der Hohlraum dazwischen mit Kokoswolle oder ähnlichem satt verstopft.

Teppichbelag: Vor dem Verlegen eines Teppichbodens werden die Treppenstufen mit einer Zementspachtelung vorbehandelt. Gewendelte Treppenläufe sind nur unter hohem Aufwand zu belegen. Diese Arbeit führt ein Fußbodenleger aus.

2. Stahltreppe

Einige Stahltreppen können mit den Stahlwangen auch in den Rohbau eingebaut werden, die Stufen aus rohen Holzbrettern werden erst nach Beendigung aller Arbeiten gegen die richtigen Stufen ausgetauscht. Stahltreppen sind kostengünstige Industrieprodukte, die nach Katalog ausgesucht und bestellt werden. Je nach Konstruktion sind einfach verzinkte Industrietreppen mit Eisengitterstufen, lackierte Stahlblechtreppen und Vierkantrohrtreppen mit aufgesattelten Stufen aus Naturstein, Zementstein oder Holz erhältlich. Diese Treppen sind nur mit Trittstufen ausgeführt.

3. Holztreppe

Holztreppen werden erst am Ende der Ausbauphase eingebaut, da sie während der Bauarbeiten beschädigt werden können und sich außerdem durch die hohe Baufeuchte leicht verziehen. Zwischenzeitlich muß mit einer Bautreppe oder mit Leitern die Begehbarkeit der Geschosse sichergestellt werden.

Bei Holztreppen werden zwei Konstruktionsarten unterschieden (Abb. 4.3.4):

• die eingestemmte Treppe und
• die aufgesattelte Treppe.

Bei der eingestemmten Treppe werden die Treppenstufen zwischen seitliche Wangen gespannt, d.h. entweder in Holz eingestemmt oder in Eisenträger verschraubt. Einmal eingebaut, können sich Holzstufen nicht mehr verziehen. Holztreppenwangen werden durch sogenannte Treppenschrauben zusammengehalten.

Bei der aufgesattelten Treppe ruhen die Stufen auf der stufenförmig ausgeschnittenen Wange oder auf entsprechend geschweißten Stahlträgern. In Holz gefertigt soll die Wange an der am stärksten ausgeschnittenen Stelle immer noch 10 - 15 cm breit sein. Das Reizvolle an solchen Treppen ist, daß jede Stufe auch von der Seite gesehen werden kann. Allerdings hat sie seitlich an der Wand keinen Abschluß, was für ängstliche Naturen oft wenig einladend wirkt. Eingestemmte Treppen

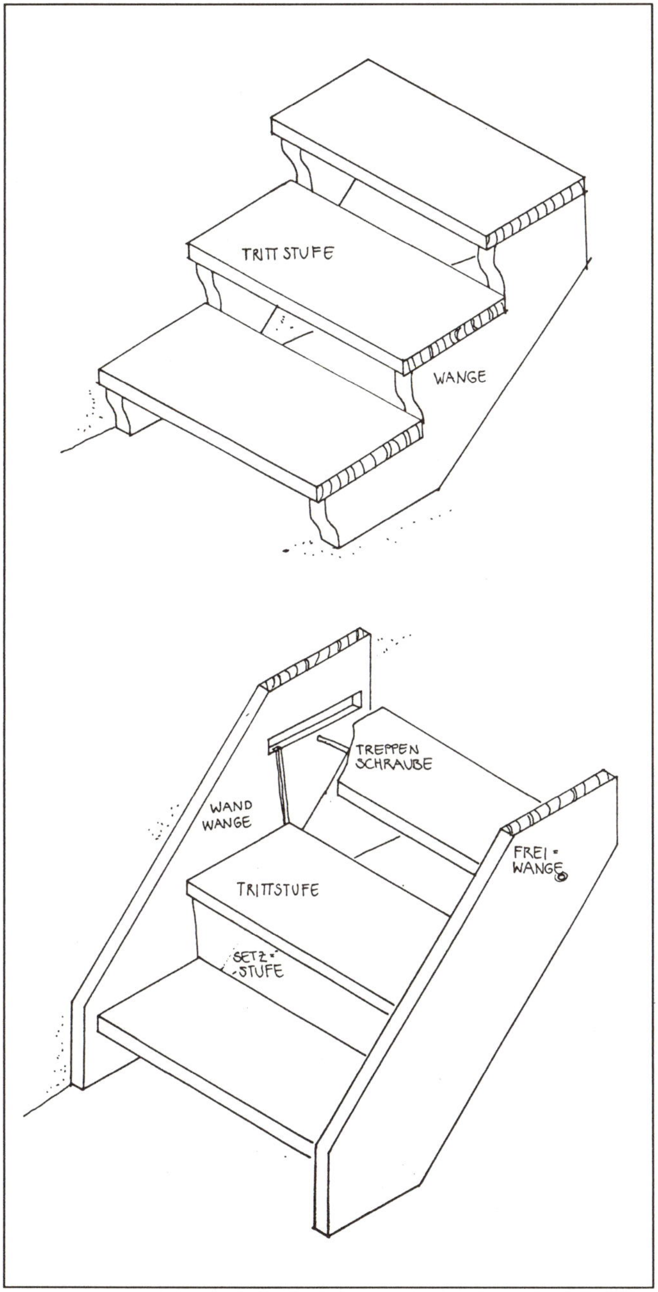

TRITTSTUFE

WANGE

TREPPEN SCHRAUBE

WAND WANGE

FREI-WANGE

TRITTSTUFE

SETZ-STUFE

Abb. 4.3.4   Holztreppe

Abb. 4.3.5
Aufgesattelte Holztreppe, dreiläufig mit Zwischenpodesten

werden nur in Holz hergestellt, Stahl/Holztreppen sind immer aufgesattelte Treppen.

Bei einer anderen Treppenkonstruktion wird jede Stufe einzeln in die Wand gedübelt, auf der Treppenaugenseite werden die Stufen mit den Geländerstäben verschraubt und ein kräftiger Handlauf übernimmt die Funktion der Wange, damit keine Schwingungen auftreten.

Holztreppen gibt es als computergefertigte Industrietreppen oder sie werden nach individuellen Wünschen vom Handwerker hergestellt. Meist wird als Material dickschichtfurnierte Preßspanplatte angeboten, aber gerade für den Treppenbau ist Massivholz sehr gut geeignet, wobei Wange und

Stufen nicht aus dem gleichen Material bestehen müssen. Für die Trittstufen ist Hartholz wie Esche, Eiche, Buche und Rüster sehr zu empfehlen, für Wange, Geländerstäbe und Handlauf reicht z.B. auch Fichtenholz aus. Optisch von Bedeutung ist auch hier die Entscheidung, ob die Tritte mit Setzstufen ergänzt werden sollen. Holztreppen ohne Setzstufen wirken leicht und transparent, mit Setzstufen gewichtiger und mehr Sicherheit vermittelnd. Soll das Dachgeschoß vom darunterliegenden Geschoß wärmetechnisch getrennt werden, sind Setzstufen mit Unterschalung und Wärmedämmung einzubauen.

Holztreppen gelten bei einer Wangen- und Stufenstärke von mindestens 30 mm als feuerhemmend (F 30). Ist diese Stärke nicht vorhanden, kann die Zulassung durch eine verputzte Unterseite erreicht werden.

4.4 Treppe im Altbau

In vielen Altbauten dient der Dachraum als Abstellplatz und ist deshalb, meist vom Flur aus, nur über eine Ausziehtreppe aus Holz oder Metall zu begehen. Diese Treppen sind wegen der steilen Stufen eher mit Leitern zu vergleichen und für eine häufige Benutzung zu gefährlich. Am Anfang jeder Dachgeschoßnutzung als Aufenthaltsraum steht deshalb die Erschließung über eine sichere Treppe.

1. Raumspartreppe

Die einfachste Lösung, z.B. wenn die Wohnung um einen weiteren Raum im Dachgeschoß erweitert werden soll, be-

SAMBASTUFE   SCHMETTERLINGS-STUFE   HALBSTUFE

Abb. 4.4.1   Verschiedene Sambatreppen

90

steht im Ersatz der Ausziehleiter durch eine sogenannte Raumspartreppe, die in vielen Varianten aus Holz oder Stahl angeboten wird. Bei dieser Konstruktion wird durch eine geschickte Anordnung der Stufen versucht, möglichst platzsparend die Geschoßhöhe von 2,50 m bis 3 m zu überwinden. Halb- und Schmetterlingsstufen sind nur mit kräftigem Hüftschwung zu begehen, so daß der Name "Sambatreppe" verständlich wird und auch, daß gebrechliche Menschen diese Treppe besser meiden (Abb. 4.4.1). Im Gegensatz zur Ausziehtreppe, die nur bei Bedarf heruntergeklappt wird, ist die Raumspartreppe fest montiert und muß eine ausreichende Auf- und Austrittsfläche haben. Die Deckenöffnung ist allseitig mit einem Geländer zu sichern. Vorteilhaft bei dieser Lösung ist, daß die vorhandene Deckenöffnung nach geringer Vergrößerung benutzt werden kann. Als Nachteil kann sich erweisen, daß die Gestaltung des Dachgeschoßgrundrisses an die vorhandene Öffnung gebunden ist. Eine ausreichende Ausstiegshöhe ist auch bei einer Raumspartreppe zu beachten. Ein Dachgeschoß, das nur mit schiefgelegtem Kopf, gekrümmtem Oberkörper oder mit Beulen zu erreichen ist, wird kaum als vollwertiger Aufenthaltsraum akzeptiert und geschätzt. Mit geschickt plazierten Dachgauben können zu geringe Ausstiegshöhen ausgeglichen werden (Abb. 4.4.2).

2. Treppenloch

Für jede andere Treppenlösung muß gewöhnlich eine sehr viel größere Öffnung in der Decke zum Dachraum erstellt werden.
Bei Holzbalkendecken kann dies durch eine sogenannte Auswechselung der Deckenbalken geschehen. Dabei werden ein oder mehrere Balken durch einen Wechselbalken abgefangen. Die Randbalken haben dafür aber eine zusätzliche Last zu übernehmen. Der Statiker oder Zimmermann muß durch Berechnung feststellen, ob diese dazu in der Lage sind oder ob sie verstärkt werden müssen (Abb. 4.4.3, siehe Kap. 5.2.5).
Bei Elementdecken können einzelne Betonträgerteile mit den Füllkörpern durch das Einziehen von Unterzügen entfernt werden. Die Bemessung der Unterzüge und deren Bewehrung hat ein Statiker vorzunehmen.

Spezialfirmen können mit Diamantsägen Öffnungen in Betondecken herstellen. Da dabei auch die eiserne Bewehrung der Decke mit durchgesägt wird, muß auch hier der Statiker Angaben über die notwendigen Zusatzmaßnahmen (Unterzug, Stütze o.ä.) treffen.
Alle diese Baumaßnahmen sind genehmigungspflichtig, da statisch tragende Teile verändert werden.

3. Treppensanierung

Alte, ausgetretene *Holztreppen*, die keine statischen Mängel aufweisen, können ausgebessert werden. Dabei verschwindet das Massivholz allerdings oft unter einem Spanplattenbelag oder einem Kunstfaserteppichboden, was besonders bei handwerklich gearbeiteten Treppen eine optisch sehr unbefriedigende Lösung ist.

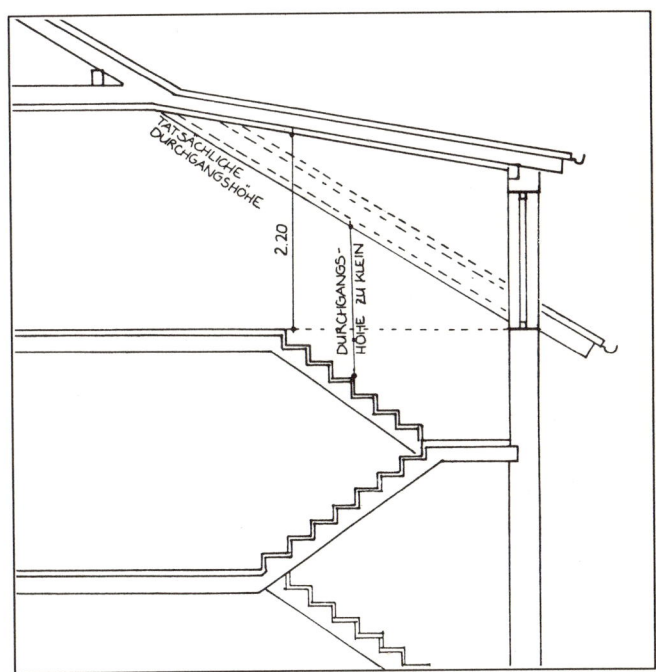

Abb. 4.4.2 Dachgeschoß ohne Kniestock. Durchgangshöhe im Treppenbereich durch Dachgaube sichergestellt

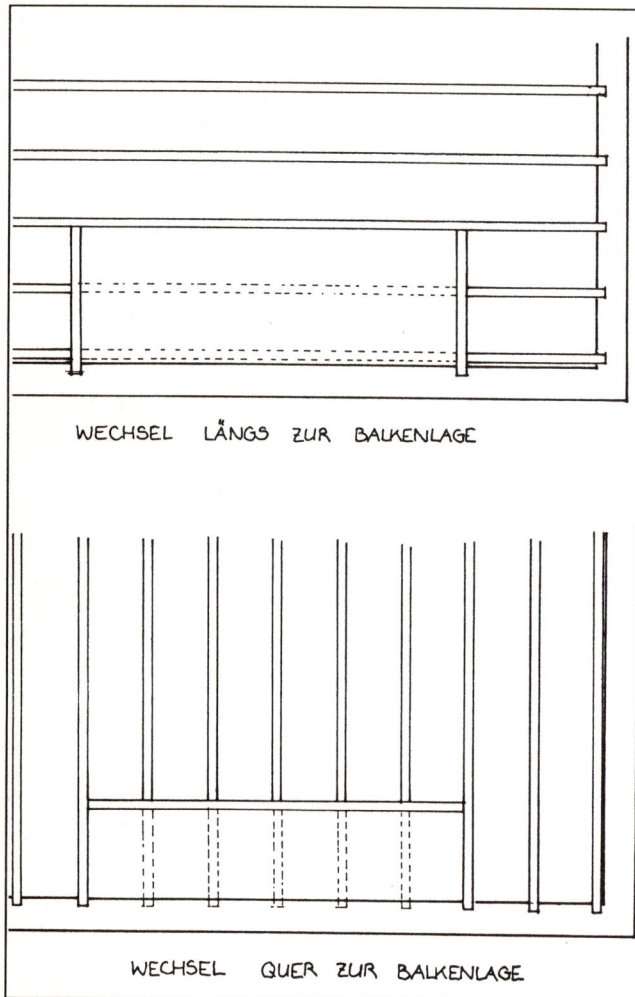

WECHSEL LÄNGS ZUR BALKENLAGE

WECHSEL QUER ZUR BALKENLAGE

Abb. 4.4.3 Balkenwechsel

Bessere Möglichkeiten der Sanierung:
- Ausgetretene Trittstufen aus Hartholz werden abgeschliffen und mit Naturharzöl und Fußbodenwachs behandelt. Die Pflege der Treppe erfolgt durch feuchtes Wischen mit einem Zusatz von Wachsemulsion. Je nach Benutzungshäufigkeit wird ein- bis zweimal jährlich nachgewachst.
- Bei geringer Beanspruchung können Weichholztrittstufen

(Fichte, Kiefer) ebenfalls abgeschliffen und mit Wachs eingelassen werden. Bei größerer Beanspruchung sollten sie zusätzlich durch einen mit Treppenstangen befestigten Sisalläufer geschützt werden.
- Es ist auch möglich, stark beschädigte Stufen oder Weichholzstufen mit Hartholz von 20 bis 40 mm Stärke zu belegen. Dabei gilt es zu bedenken, daß die angrenzenden Böden den Höhen der Ein- und Austrittsstufen angepaßt werden müssen. Eine Reduzierung der auszugleichenden Höhe kann erreicht werden, indem statt des Hartholzbelages 12 mm starkes Massivfertigparkett mit Kantenschutzleisten aufgebracht wird. In beiden Fällen werden die Beläge auf die Stufen verdeckt gedübelt oder geschraubt. Die Anschlüsse an die seitlichen Treppenwangen sind allerdings kaum befriedigend zu lösen.

Nachdem der alte Belag entfernt ist, können *Betontreppen* im Wohnbereich mit Holz oder Teppich belegt werden. Linoleum- und Korkbeläge müssen wegen der ungeschützten Kanten mit (häßlichen) Winkelleisten versehen werden.
Hartholzbeläge werden auf Betonstufen zum Höhenausgleich mit Lagerhölzern verdeckt gedübelt, der Hohlraum dazwischen wird mit schalldämpfendem Material wie Jutefilz ausgestopft. Seitlich und an der Vorderseite zur Betonwange wird der Höhenunterschied mit Mörtel und Putz ausgeglichen. An der Vorderseite kann auch eine Setzstufe aus Holz angebracht werden.
Sisal- oder Wollteppiche werden üblicherweise aufgeklebt, nachdem die Stufen mit einem Ausgleichsestrich und einer Feinspachtelung versehen wurden. Optische Schwierigkeiten kann es dabei mit den seitlichen Randanschlüssen geben.

4. Galerietreppe

Für Galerietreppen gibt es keine Sonderregelungen. Sie unterliegen denselben Bestimmungen wie alle anderen Treppen, auch wenn sie keinen Aufenthaltsraum erschließen. Ihre Gestaltung sollte ebenso wie die gesamte Galeriekonstruktion möglichst leicht wirken, sonst kann das Gefühl entstehen, durch den mächtigen Aufbau erdrückt zu werden.

Abb. 4.4.4
Sanierte Beton-
treppe mit Tritt-
und Setzstufen
aus Holz

Abb. 4.4.5
Sanierte Beton-
treppe mit
Keramikstufen

4.5 Außentreppe

Für die Erschließung von Obergeschossen bieten Außentreppen (Abb. 4.5.1, 4.5.2) mehrere Vorteile:

- Keine Störung der unteren Wohnungen,
- Technisch einfache Ausführung,
- Einfache Einhaltung der Brandschutzauflagen.

Üblicherweise wird eine Außentreppe nur dann zum Einsatz kommen, wenn das Dachgeschoß direkt über dem Erdgeschoß liegt. Dann ist z.B. eine einfache, einläufige Treppenkonstruktion möglich, die durch eine ausreichende Laufbreite eine gute Benutzbarkeit bietet.

4.6 Treppenlösungen

Wird der Zugang zum Dachgeschoß neu errichtet, wird man versuchen, die Lage der Treppe so zu wählen, wie sie für den Grundriß der oberen und unteren Wohnebene am günstigsten

ist. Bei genauer Betrachtung der Gegebenheiten lassen sich allerdings meist nicht alle Wünsche miteinander verbinden, so daß Kompromisse unvermeidlich sind. Je nach geplanter Nutzung des Dachgeschosses reicht die Bandbreite der Lösungen von der kleinen Wendeltreppe im wenig genutzten Nebenraum über die großzügige Galerietreppe im Wohnraum bis hin zum komplett neuen Treppenhaus für das gesamte Gebäude oder einer Außentreppe zur separaten Erschließung des Dachgeschosses.

Dunkle Treppenhäuser sind ein Widerspruch zu unseren Erfahrungen, z.B. beim Klettern im Baum oder beim Aufstieg im Gebirge, daß es beim Hinaufsteigen immer lichter und der Blick weiter wird. Auch deshalb ist es wichtig, den Weg in das Dachgeschoß ausreichend zu belichten, z.B. durch ein Fenster in der Außenwand, eine zusätzliche Dachgaube oder ein Dachflächenfenster (Abb. 4.5.3), am besten verbunden mit einem sich nach oben aufhellenden Anstrich des Treppenhauses.

Abb. 4.5.1 Außentreppe aus Stahl, einläufig

Preise: Industrieholztreppe, massiv, mit Holzgeländer 7.000 bis 9.000 DM; Schreinertreppe mit Krümmling 8.000 bis 12.000 DM; Betontreppe, gewendelt mit aufgesattelten, massiven Holzstufen und Holzgeländer innen 6.000 bis 9.000 DM; Stahltreppe mit Holzstufen, aufgesattelt mit Stahlgeländer 5.000 bis 8.000 DM; Sambatreppe aus Weichholz 4.000 bis 6.000 DM; Spindeltreppe aus Stahl, weiß lackiert, mit gegossenen Stahlstufen und Stahlhandlauf (ohne Deckenring und oberes Ringgeländer) 5.000 bis 7.000 DM.

Exkurs: Treppe als Erlebnisraum

Das hatte das bürgerliche Haus dem Bausparkassen-Eigenheim voraus: Die Treppe als wohlgestalteter Gemeinschaftsraum. Alle Treppenbaukunst ergibt sich aus der Wertschätzung dieses kommunikativen Funktionsraumes und seiner entsprechenden Raumzuweisung. Heute haben die Wohnzimmer und Bäder allen Anspruch auf die raren Quadratmeter, Gang und Treppe sind auf Fluchtwege und Verbindungsfunktion reduziert und entsprechend von Vorschriften durchdrungen. Bauherren sollten sich über die wohnkulturelle Bedeutung des Treppenhauses als zentralem Ort häuslicher Bewegung bewußt werden. Die Vorschriften und Normen sind beim Treppenhaus zu beachten, aber sie sollten nicht der einzige Maßstab der Gestaltung sein.

Abb. 4.5.2 Gewendelte Außentreppe in einem Glashaus

Wer erinnert sich nicht an Kinderspiele auf sitzwarmen Holztreppenstufen, Springübungen und Wettbewerbe, Seilbahnen und Korblifte, Begegnungen mit bekannten und fremden Menschen, Gespräche über mehrere Geschosse, all dies war und ist nur möglich, wenn Raum dafür gegeben wird.
Alle Treppenbaukunst muß dort enden, wo kein Platz mehr zum Gestalten übrigbleibt.

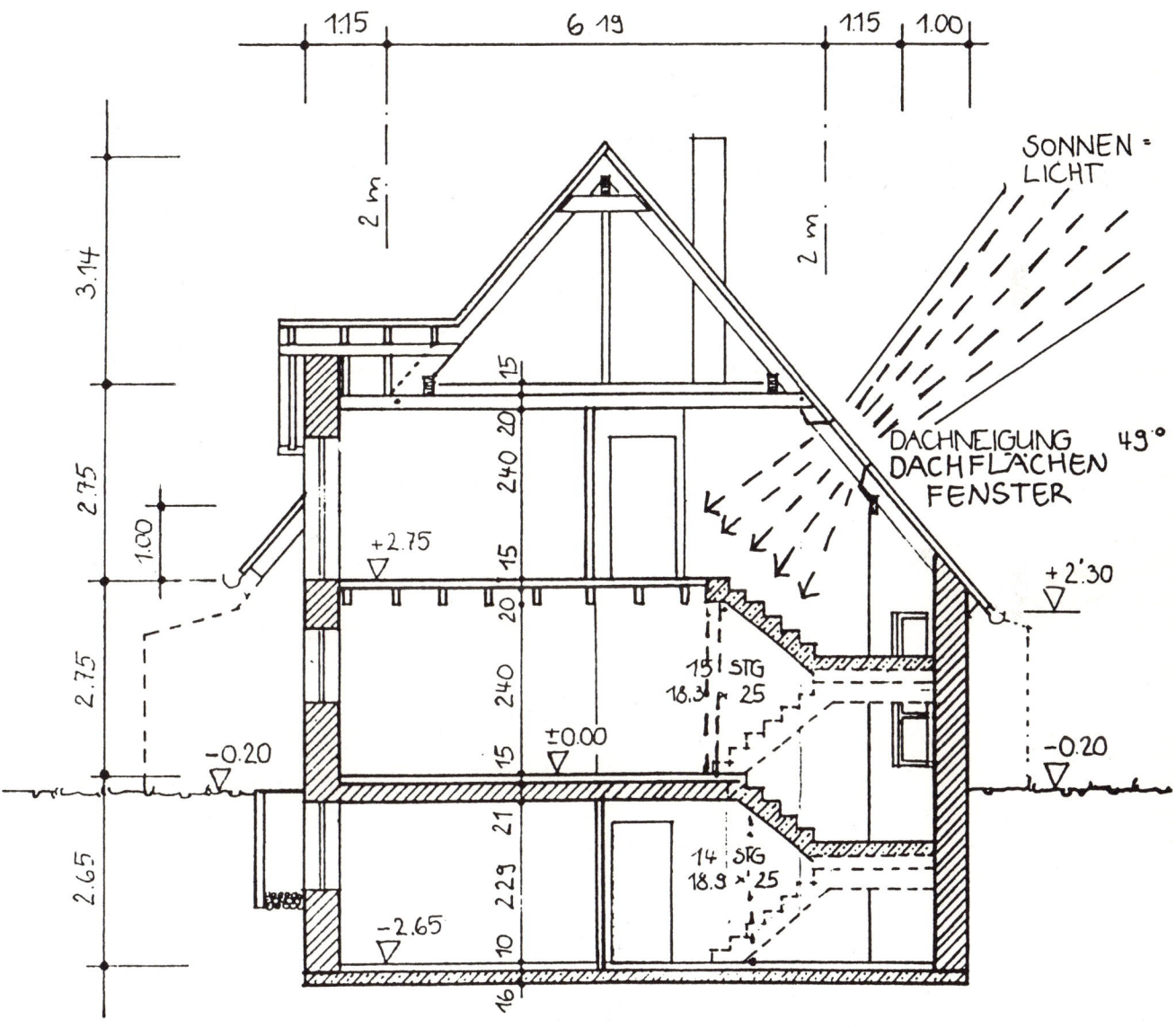

Abb. 4.5.3
Belichtung des Treppenaufgangs durch ein Dachflächenfenster

5. Die Decke

Nicht nur bei der Planung der Treppe muß die Deckenkonstruktion berücksichtigt werden. Auch Lage und Konstruktion der neuen Zwischenwände im Dachgeschoß werden maßgeblich durch die Tragfähigkeit der vorhandenen Deckenkonstruktion bestimmt, ebenso der Fußbodenaufbau aus Gründen des Schall- und Brandschutzes.

5.1 Tragfähigkeit und Statik

Die Verkehrslast (Nutzlast in kN/m²) und das Eigengewicht der Decke bestimmen die Deckenkonstruktion. Der Statiker berechnet und bemißt die Einzelteile für den Neubau, beim Altbau muß er in der Regel nachträglich die Tragfähigkeit der vorhandenen Decke festlegen. Dazu benötigt er genaue Angaben über die Dimension der eingebauten Holzbalken, der Ziegelträger bzw. über die eingebaute Bewehrung bei Betondecken. Um dies feststellen zu können, muß die vorhandene Decke ggf. an einigen Stellen geöffnet und untersucht werden.

Bei Änderungen am Tragwerk oder bei einer Erhöhung der Verkehrslast ist eine Baugenehmigung erforderlich und der statische Nachweis für die Standsicherheit zu erbringen. Ein Dachgeschoßausbau bringt zwangsläufig mehrere Änderungen mit sich:

* Herstellen eines Treppenlochs in der Decke,
* Erhöhung der Verkehrslast,
* Abbruch bzw. Einbau von tragenden Teilen,
* Einbau von nichttragenden Zwischenwänden.

Die Decke muß nicht nur die senkrechten Lasten abtragen, sie sichert auch auf jeder Geschoßebene die Aussteifung des Gebäudes in der waagrechten Ebene. Dazu muß die Decke in sich steif und verwindungsfrei sein. Monolithische Decken, wie Beton- oder Ziegelelementdecken sind durch den Betonverguß steif. Holzbalkendecken werden über eine diagonale Verschalung, durch die Verschraubung von Plattenwerkstoffen mit den einzelnen Balken, durch diagonale Stahlbänder und Maueranker oder durch einen zusätzlich betonierten Ringanker ausgesteift. Die Decke muß darüberhinaus mit

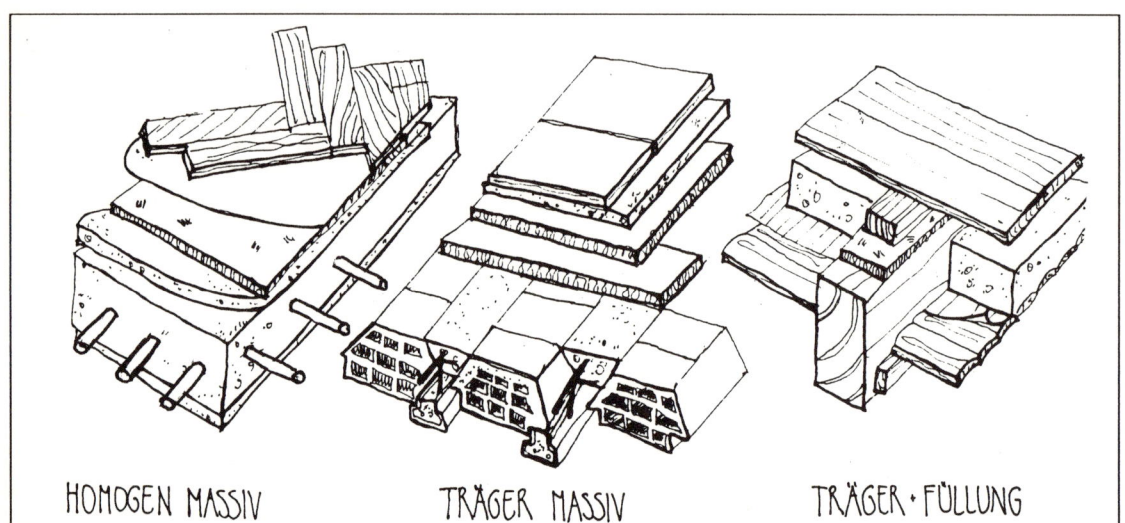

HOMOGEN MASSIV   TRÄGER MASSIV   TRÄGER · FÜLLUNG

Abb. 5.1.1
Deckenkonstruktionen

den Wänden verbunden sein, um als statische Einheit wirken zu können.

Bei der Aufsattelung eines Flachdachgebäudes ergeben sich einige Sonderprobleme, da die Decke bisher gleichzeitig das Dach bildete. Sie mußte Schnee- und Windlasten tragen, aber keine Verkehrslasten. Flachdächer können als Holzbalken- oder Betondach gebaut sein. In jedem Fall ist zu prüfen, ob die Konstruktion für eine Nutzlast von 200 kp/m² ausreicht. Bezüglich des Deckendurchbruchs für das Treppenhaus und für die Fußbodenaufbauten ergeben sich dann dieselben Bedingungen wie bei anderen Geschoßdecken.

5.2 Holzbalkendecke

Die Holzbalkendecke war bis in die 50er Jahre hinein im Wohnhausbau die gebräuchlichste Deckenkonstruktion. Der überall reichlich vorhandene Baustoff Holz und die daraus einfach herzustellenden Holzbalken waren ausschlaggebend für diese Baustoffwahl. Die Nachteile von Holzbalkendecken:

- eingeschränkt feuerbeständig,
- möglicher Schädlingsbefall,
- geringe Schalldämmung und
- begrenzte Spannweiten

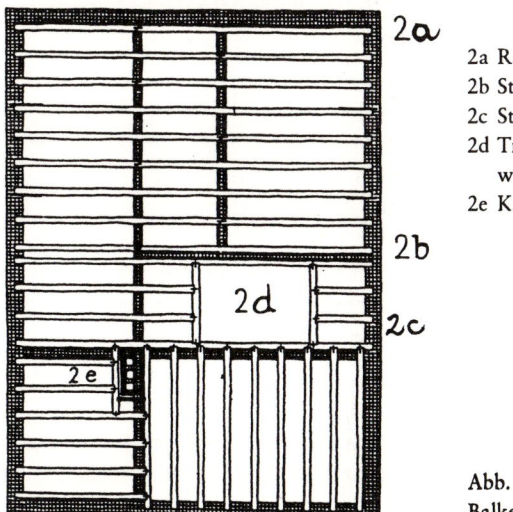

2a Randbalken
2b Streichbalken
2c Stichbalken
2d Treppenauswechselung
2e Kaminwechsel

Abb. 5.2.1
Balkenlage

wurden mangels wirtschaftlicher und materieller Alternativen in Kauf genommen oder bei Sonderbauten (Kirchen, Markthallen, Versammlungssälen) durch hohen Materialeinsatz und ausgetüftelte Konstruktionen ausgeglichen.

Nur über Kellerräumen wurde wegen der für Holz schädlichen Dauerfeuchtigkeit die wesentlich aufwendigeren gemauerten Gewölbe bevorzugt.

In den letzten 40 Jahren fast vollständig von der Betondecke verdrängt, gewinnt die mit geringem Energieaufwand herzustellende Holzbalkendecke beim Wohnhausbau wieder zunehmend an Bedeutung. Eine Ursache dafür kann der Wunsch nach der optisch wohnlichen Atmosphäre sein, die eine sichtbare Holzbalkendecke verbreitet, es gibt aber auch weniger offensichtliche Gründe, wie die "weiche" Akustik und das kaum merkliche, aber angenehme Federn beim Begehen der Decke. Sie schafft im Gegensatz zur harten Beton- oder Ziegelelementdecke ohne Aufwand Behaglichkeit und Wohnlichkeit - ein Zuhausegefühl.

Die Art, wie die einzelnen Holzbalken eine Decke bilden, hat sich bis heute nicht geändert. Der sogenannte Balkenplan zeigt die Position, Länge und Verbindung aller tragenden Hölzer der Decke an. Bei der Verteilung der Balken gilt es, sowohl die Lage der tragenden Wände im Untergeschoß, das Treppenloch und den Kamin, als auch die tragenden und nichttragenden Wände im darüberliegenden Geschoß zu berücksichtigen (Abb. 5.2.1). Hohe Punktlasten und große Spannweiten sind zu vermeiden, anderenfalls werden Holzbalken mit unwirtschaftlich großen Querschnitten erforderlich. Wirtschaftliche Spannweiten liegen bei 3,5 bis 4,5 m. Die statische Berechnung der Holzquerschnitte geht von der Annahme aus, daß die Durchbiegung eines Balkens bei voller Belastung je nach Art der Nutzung 1/200 bis 1/300 der Spannweite nicht überschreiten darf. Alte Holzbalkendecken hängen aufgrund anderer oder fehlender Bemessungsvorschriften u.U. stärker durch und schwingen stärker beim Gehen. Der einfache Massivholzbalken wird heute zunehmend durch sogenanntes Brettschichtholz (BSH) ersetzt. Die aus vielen Brettern verleimten Hölzer sind wegen der genormten Kennzahlen für den Statiker vorteilhafter zu rechnen, erlauben größere Spannweiten und sind für den Handwerker, da er kein Holz mehr aussuchen muß, problemloser einzusetzen. Jeder BSH-Balken belastet aber nicht unwesentlich die Raumluft durch die Ausdünstung des Kunstharzleims. Sichtbare Deckenbalken sind beim Bauablauf durch die Witterung (Regen und Schnee), durch den nassen Ausbau (Mörtel und Putz) und durch mechanische Beschädigungen der Oberfläche gefährdet und müssen deshalb während der Bauzeit geschützt werden.

1. Auflager

Die Auflager an den Balkenköpfen müssen die gesamte Dekkenlast aufnehmen und auf das Mauer- oder Fachwerk übertragen. Um der Gefahr einer Durchfeuchtung der Balkenköpfe (Kondensat infolge Kältebrücke) an diesen hochbelasteten Stellen zu begegnen, wird das Hirnholz beim Neubau durch eingestellte Korkdämmplatten geschützt, und das aufliegende Holz seitlich durch einen Luftraum bzw. unten und seitlich durch eingelegte Dachpappe vom mineralischem Material getrennt (Abb. 5.2.2).

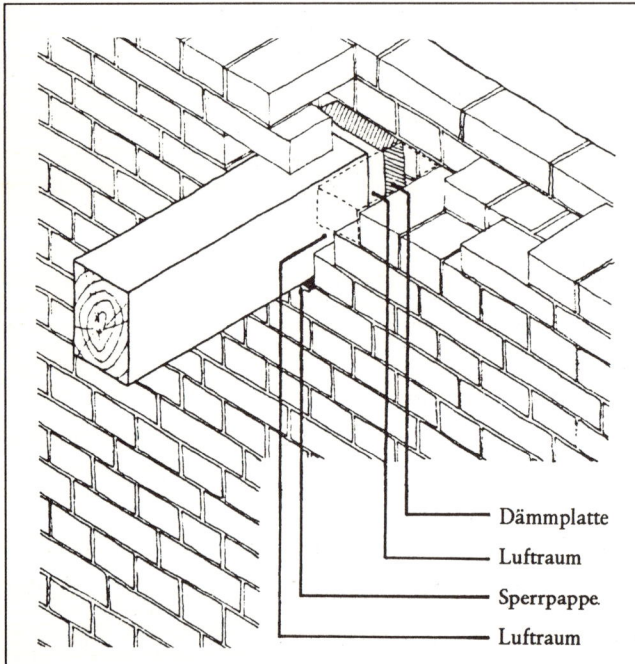

Dämmplatte
Luftraum
Sperrpappe
Luftraum

Abb. 5.2.2 Vermauern des Balkenkopfes   Quelle (26)

Im Altbau sind die Balkenköpfe auf Fäulnis zu untersuchen. Bei schadhaftem Befund sind die Ursachen zu ermitteln und zu beseitigen. Häufig treten Schäden auf bei:

- schadhaftem Mauerwerk mit tiefen Rissen,
- schadhaften oder fehlenden Regenfallrohren,
- schadhaften Dachrinnen oder Scharblechen,
- ungeschütztem Hirnholz im Fachwerkbau,
- bei Dachüberständen mit Kastengesimsen.

2. Spannweite, Spannrichtung und Balkenabstand

Die Spannweite der Holzbalken sollte auf maximal 5,0 m begrenzt werden. Bei modernen Holzbalken (im Kern getrennt mit Seitenverhältnissen von 5 [Breite] zu 7 [Höhe]) ergeben sich mit den heute üblichen Balkenabständen von 60 - 80 cm und Verkehrslasten von 2 kN/m² im Wohnhausbau Querschnitte von 12/20 bis 14/22 cm. Größere Spannweiten sollten durch tragende Zwischenwände oder mit Unterzügen und Stützen überbrückt werden.

Die Spannrichtung wird üblicherweise durch die Lage der tragenden Wände bestimmt. Falls möglich, wird aus ökonomischen Gründen die kürzere Spannweite gewählt.

In alten Holzbalkendecken finden sich, je nach Herstellungsalter, behauene oder gesägte Vollholzbalken mit eher quadratischen Querschnitten, Balkenabständen von 0,80 bis 1,20 m und Spannweiten bis zu 6 m. Die starke Durchbiegung und das Schwingen der Decken ist nur mit großem Aufwand zu sanieren. Folgendermaßen wird dabei vorgegangen:

- Die Decke wird durch Schraubböcke an der stärksten Durchbiegung angehoben und in die ursprüngliche Lage gedrückt.
- Die Decke wird geöffnet und jeder Balken mit Holz oder Stahl verstärkt, bzw. es werden zusätzliche Balken eingezogen.
- Die Balkenspannweite wird durch einen quergespannten, nachträglich verkleideten Eisenträger halbiert.

Beschädigte oder abgefaulte Balkenköpfe müssen entfernt werden. Entweder werden die Balken vollständig ausgetauscht oder nur der Balkenkopf (Abb. 5.2.3).

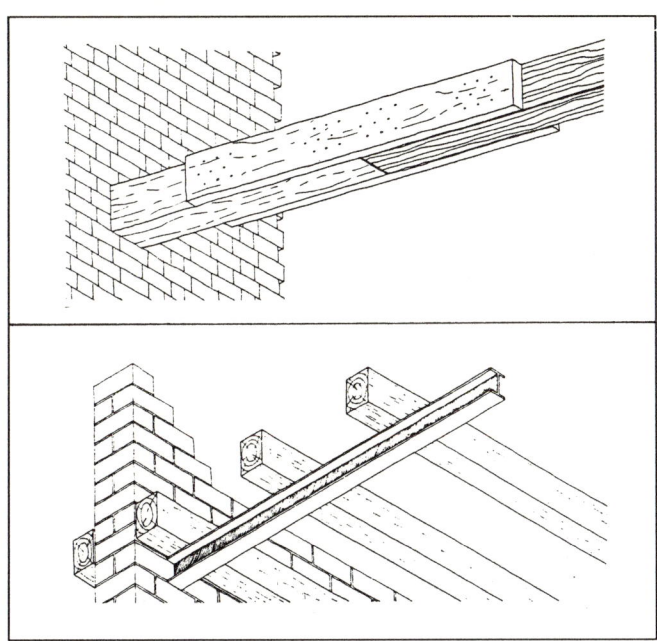

Abb. 5.2.3
oben: Seitliches Verschienen eines neuen und alten Balkenabschnitts
unten: Unterstützung einer vorhandenen Balkenlage durch einen
quergespannten Eisenträger   Quelle (26)

3. Aussteifung

Zur Verbindung der Holzbalkendecke mit dem übrigen Gebäude sind mehrere Maßnahmen gebräuchlich. Sind die Außenwände gemauert, werden im Neubau die Balken an einen
betonierten Ringanker mit Stahlwinkeln befestigt (Abb. 5.2.4)
und auf den Mittelwänden mit Stoßklammern verbunden. In
alten Gebäuden finden sich Eisenschlösser mit Widerlager,
die vermauert wurden oder durch die Wand gesteckt an der
Außenseite sichtbar sind (Abb. 5.2.5).

Im Fachwerkbau werden die Deckenbalken mit dem umlaufenden Rähmbalken durch Holzdübel oder Verzahnungen
verbunden. Im Ingenieurholzbau wird die zimmermannsge-

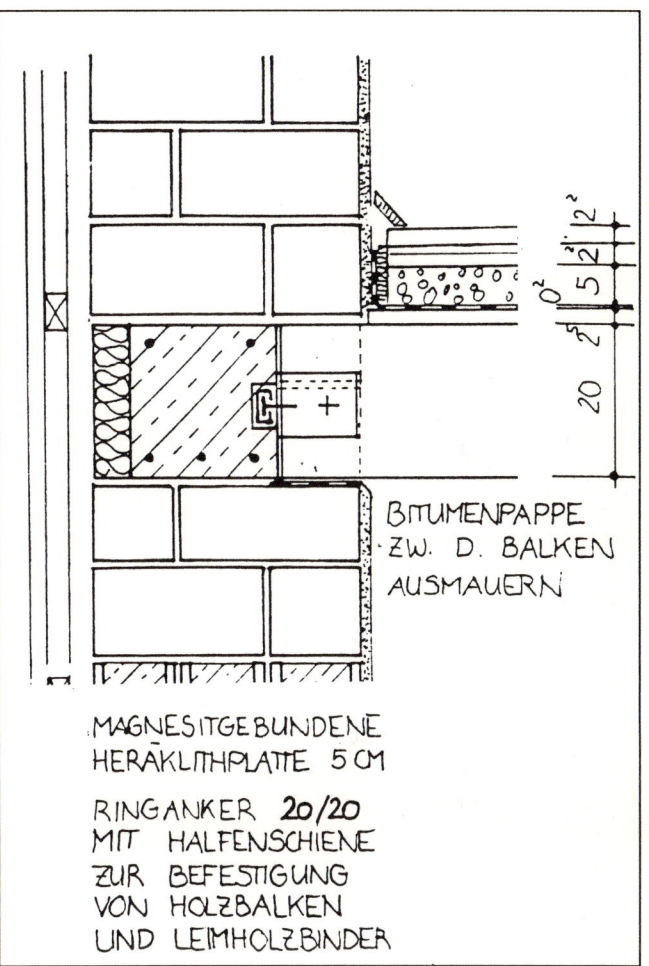

BITUMENPAPPE
ZW. D. BALKEN
AUSMAUERN

MAGNESITGEBUNDENE
HERAKLITHPLATTE 5 CM

RINGANKER 20/20
MIT HALFENSCHIENE
ZUR BEFESTIGUNG
VON HOLZBALKEN
UND LEIMHOLZBINDER

Abb. 5.2.4
Holzbalkendecke, Ringanker und Auflager

mäße Holzverbindung durch Beschlagteile wie Nagelbleche
und Schrauben ersetzt. Zusätzliche Versteifung erhält die
Konstruktion durch eine diagonal verlegte und verschraubte
Holzverschalung über den Balken, bzw. kostengünstiger durch
eine Versteifung aus Sperrholz- oder Spanplatten.

Abb. 5.2.5 Widerlager aus Stahl, an der Fassade sichtbar, als Verbindungsmittel zwischen Wand und Decke (Aussteifung der Außenwände)

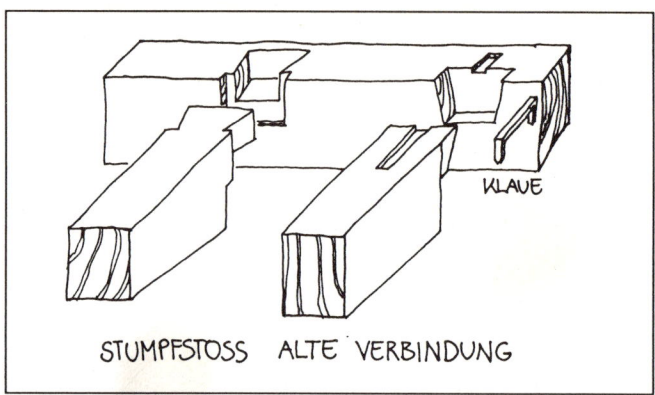

Abb. 5.2.6 Alte Verbindungstechnik: Stumpfstoß der Balken

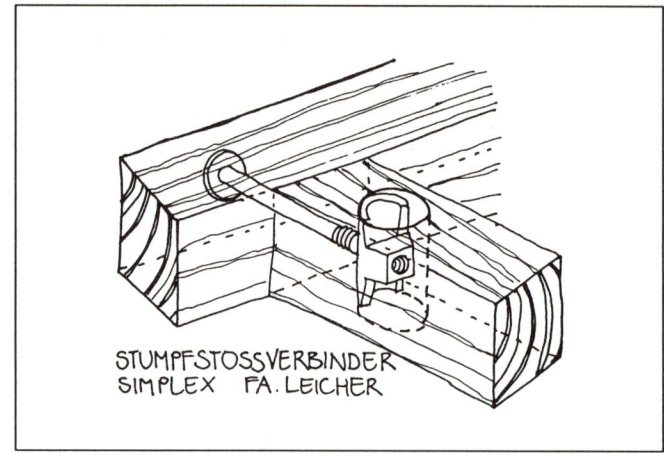

Abb. 5.2.7 Stumpfstoß der Balken mit Stahlverbinder

4. Unterzüge

Zur Verkürzung der Spannweite werden die Balken auf Zwischenwände, Unterzüge oder Stützen aufgelegt. Unterzüge erlauben eine freiere Grundrißgestaltung und können, je nach statischer Belastung, in Beton, Stahl oder Holz ausgeführt werden. Ist das Material nicht festgelegt, wird die optische Einfügung entscheiden. So ist in einer Altbaugeschoßwohnung mit Putzdecken eher ein verputzter Betonträger oder ein

weiß verkleideter Stahlträger passend und in einem Fachwerkhaus ein Holzbalkenunterzug.

Der Anschluß des Balkens an den Unterzug kann stumpf in der gleichen Konstruktionsebene (Abb. 5.2.6) mit Hilfe von Brustzapfen erfolgen (starke Schwächung der Tragfähigkeit) oder mit modernen Stahlverbindern (Abb. 5.2.7, 5.2.8). Anders als bei einem unterhalb der Deckenbalken angebrachten Unterzug wird hier nicht die vorhandene Durchgangshöhe vermindert.

Abb. 5.2.8 Stumpfer Balkenanstoß mit T-Winkel und Eisendübel

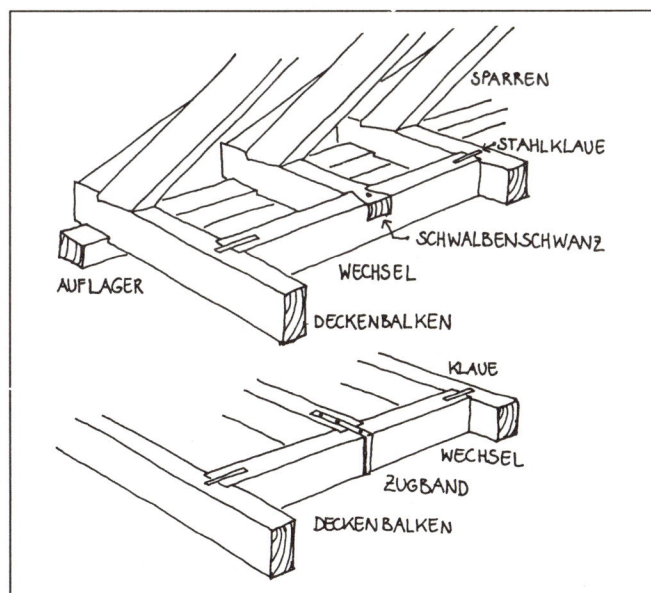

Abb. 5.2.9 Balkenwechsel

Abb. 5.2.10 Wechseln der Balkenlage im Kaminbereich

5. Wechsel

Für größere Öffnungen in der Decke (Kamin, Treppe, Installationsschächte), die den Abstand zwischen den Balken überschreiten, müssen einzelne Holzbalken entfernt oder verkürzt werden. Die nicht mehr aufliegenden Balken werden von einem sogenannten Wechselbalken aufgenommen, der in die seitlich angrenzenden Balken eingezapft wird und die Last auf diese überträgt (Abb. 5.2.9). Es muß rechnerisch geprüft werden, ob die Randbalken die zusätzliche Belastung aufnehmen können. Ein Deckenloch in Längsrichtung der Balken ist wegen der geringeren Anzahl der auszuwechselnden Balken einfacher einzubauen als quer zur Spannrichtung.

Bauteile	Mindestan-forderungen		verbesserter Schallschutz	
	RW dB	TSM dB	RW dB	TSM dB
Decken unter begeh-baren Dachräumen (Trockenböden, Abstell-räume und Zugänge	52	10	≥ 55	≥ 17
Wohnungstrenndecken und Decken zwischen fremden Arbeiträumen	52	10	≥ 55	≥ 17
Decken über Kellern, Hausfluren unter Aufenthaltsräumen	52	10	≥ 55	≥ 17
Decken und Treppen innerhalb von Woh-nungen, die sich über 2 Geschosse erstrecken	–	10	–	≥ 17
Decken unter Bad und WC	52	10	≥ 55	–

Abb. 5.2.11
Schallschutzanforderungen an Decken nach DIN 4109, Teil 2

Abb. 5.2.12 Einschub aus Ziegelhourdis

6. Wärme-, Schall- und Brandschutz

Wärmeschutz: Die oberste Geschoßdecke muß zum kalten Dachraum hin gedämmt sein, um eine übermäßige Auskühlung der Räume im Winter und um Kondenswasserbildung an der Decke zu vermeiden. Die Wärmedämmung, ob sie aus Flachsschaben, Stroh, Kokos- oder Mineralfasermatten oder aus Polystyrolplatten besteht, sollte beim Ausbau des darüberliegenden Dachgeschosses entfernt werden, da eine Wärmedämmung zwischen gleichmäßig beheizten Räumen unsinnig ist und sie für den Schallschutz wenig bringt.

Schallschutz: Nach DIN 4109 ist die Einhaltung der Schallschutzrichtlinien im Eigenheimbau freigestellt. Die Anforderungen an Geschoßdecken in Mehrfamilienhäusern zeigt Abb. 5.2.11. Für den Luftschallschutz ist das Gewicht der Holzbalkendecke entscheidend, da eine leichte Decke schneller in Schwingung kommt. Mit schweren Schichten in oder auf der Decke wird der Luftschallschutz verbessert:

- Ein sogenannter Fehlboden aus Holzbrettern oder Ziegelhourdis (Abb. 5.2.12) wird zwischen die Balken eingezogen (arbeitsaufwendig), mit Rieselschutzpapier, z.B. reißfestem Kreppapier, belegt und der Hohlraum mit schwerem, trockenem Material aufgefüllt, z.B. mit Ziegelsplitt, Kalkschotter oder Kies. Die Deckenbalken sind von unten entweder zum Teil sichtbar oder werden von einer abgehängten Decke (Holz, Putz, Trockenbau) verdeckt (Abb. 5.2.13).
- Eine Holzschalung wird oben auf die Balken genagelt, so daß die gehobelten Balken von unten vollständig sichtbar sind. Auf die Schalung wird eine Lage Kreppapier ausgelegt und als Beschwerung eine Kies-, Kalkschotter- oder Ziegelsplittschicht aufgebracht, bzw. eine Lage Betonplatten, Kalksandsteine oder Gipsplatten ausgelegt. Sehr gute Schallschutzwerte werden mit einem geschnittenen Zementestrich erzielt. Hierbei wird ein nasser Estrich aufgebracht, der in halbsteifem Zustand in Platten mit ca. 40 cm Kantenlänge geschnitten wird, so daß eine, der Holzbalkendecke angepaßte, bewegliche Platte entsteht.

Im Altbau muß durch eine statische Berechnung die Aufnahmefähigkeit der Deckenbalken für die schwere Füllung nachgewiesen werden. Ist eine Beschwerung der Decke nicht vertretbar, so sind lediglich noch Maßnahmen zur Erhöhung des Trittschallschutzes möglich (siehe Kap. 10).
Aus Kostengründen wird der Schallschutz bei der privaten Altbaumodernisierung oft vernachlässigt. Bei mehreren Wohnungen bzw. untervermieteten Räumen mindern die Störungen den Wohnwert erheblich.

Brandschutz: Die Brandschutzauflagen für Geschoßdecken im Dachbereich, aufgeführt in den einzelnen Länderbauordnungen, sind sehr unterschiedlich. Ziel ist es, das Übergreifen des Feuers in ein anderes Geschoß zu verzögern bzw. zu verhindern. Die Bayerische Bauordnung schreibt z.B. vor:

- Wohngebäude mit bis zu zwei Wohnungen und maximal zwei Geschossen haben keine Auflagen.
- Wohngebäude mit drei Geschossen benötigen Decken in feuerhemmender Bauweise (F 30), brennbare Baustoffe sind zugelassen.
- Wohngebäude mit 4 und mehr Geschossen müssen feuerbeständige Decken (F 90) erhalten.

In Baden-Württemberg gelten für Geschoßdecken:

- Freistehende Wohngebäude mit einer Wohnung sind ohne Auflagen.
- Zweifamilienhäuser mit maximal 8,0 m Rettungshöhe (Leiterlänge) müssen feuerhemmende Decken (F 30) erhalten.
- Für alle sonstigen Gebäude sind feuerbeständige Decken (F 90) erforderlich.

In der DIN 4102 Teil 4 Abs. 5.1 und 5.2 werden feuerhemmende Deckenkonstruktionen beschrieben. Für eine feuerhemmende Holzbalkendecke gelten folgende Anforderungen:

- Balkenquerschnitte müssen den neuesten statischen Berechnungen entsprechen.
- Die Deckenbalken sind durch eine obere Beplankung mit Holzwerkstoffplatten oder Bohlen gegen Durchbrand von oben nach unten zu sichern.

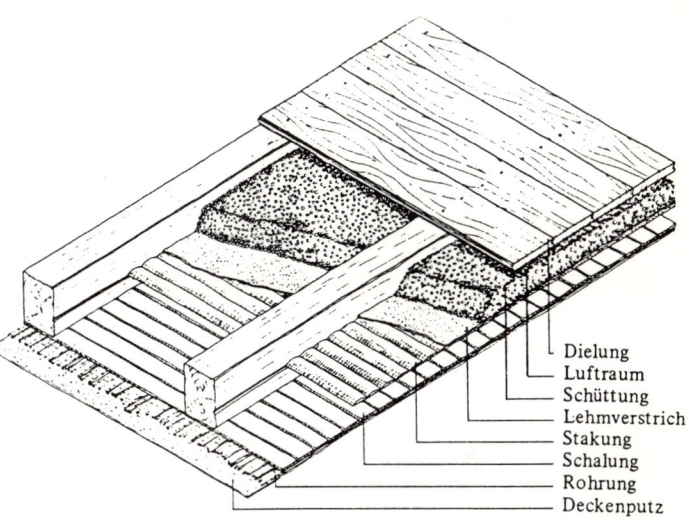

Dielung
Luftraum
Schüttung
Lehmverstrich
Stakung
Schalung
Rohrung
Deckenputz

Abb. 5.2.13
Traditionelle Holzbalkendecke mit Dielung   Quelle (27)

- Die Deckenbalken müssen durch eine untere Beplankung mit Holzwerkstoffen, Trockenbauplatten oder Putzträgerdecken gegen Durchbrand von unten nach oben geschützt werden.
- Sichtbare Balken sind durch einen entsprechend vergrößerten Balkenquerschnitt feuerhemmend auszubilden.

7. Kehlbalkendecke

Bildet die Kehlbalkenlage den oberen Abschluß der Dachwohnung (Abb. 5.2.14), ist sie im wesentlichen wie die Dachschräge (Kap. 3.5) wärmezudämmen, d.h. die Konstruktion wird zwischen oder auf den Hölzern ca. 15 bis 20 cm hoch mit Dämmstoff gefüllt. Die Unterdecke wird an den Kehlzangen oder -balken befestigt.

Die Kehlbalkenlage kann aber auch die tragende Decke eines darüber liegenden Galeriegeschosses sein. Sie hat dann Ver-

Abb. 5.2.14   Kehlbalkenlage

kehrslasten (2 kN/m²) aufzunehmen. Die Statik der Binder, Zangen und Balken sowie deren Verbindung ist zu überprüfen. Brandschutzmaßnahmen sind wie bei dem übrigen Dachgeschoß auszuführen, d.h. in Gebäuden mit zwei und mehr Vollgeschossen unterhalb des Dachraumes sind Wände, Decken und Dachschrägen von Aufenthaltsräumen feuerhemmend (F 30-B) auszubilden. Auf die Tragkonstruktion wird eine Brettlage aus Nut- und Federbrettern genagelt. Diese bildet die Tragschicht für den Fußbodenaufbau (siehe Kap. 9.2.1). Eine gut schallschützende Konstruktion ist empfeh-

lenswert, aber schwierig auszuführen, da die Erhöhung des Deckengewichtes aus statischen Gründen ihre Grenzen hat. So bleibt meist nur der Ausweg, möglichst schalldämpfende Beläge zu verwenden.

Bildet die Kehlbalkenlage die untere Wohnungstrenndecke einer zweiten Wohneinheit, muß sie die statischen Anforderungen, sowie die Schall- und Brandschutzauflagen erfüllen. Wände, Decken und Dachschrägen sind feuerbeständig auszubilden (F 90-A). Im Neubau können die strengen Auflagen nur durch massive Dachkonstruktionen erreicht werden (siehe Kap. 3.1.8). Ausnahmen werden nach der Bayerischen Bauordnung gestattet (siehe Exkurs Brandschutz, Kap. 1.2.2).

5.3 Massivbalkendecke

Die Massivbalkendecke wird aus rein mineralischen Materialien hergestellt. Statisch der Holzbalkendecke nicht unähnlich, sind Träger und Füllkörper getrennt. Zu berücksichtigen sind das Auflager, die Spannweite, die Spannrichtung und der Trägerabstand (üblicherweise 62,5 cm). Träger und Füllung werden durch den Betonverguß nach dessen Erhärtung monolithisch miteinander verbunden.

Der Luftschallschutz ist bei Ziegeldecken etwas geringer als bei Stahlbetondecken, da das Deckengewicht im wesentlichen von den Trägerbalken bestimmt wird. Um das vorgeschriebene Gewicht für Wohnungstrenndecken zu erreichen (300 kg/m²), müssen die Träger enger gelegt werden (in ca. 50 cm Abständen). Je nach Ausführung wird die Feuerwiderstandsklasse F 90 bis F 180 erreicht. Ziegeldecken können, falls statisch notwendig, auch mit Überbeton verstärkt werden.

I. Ziegelelementdecke

Die heute übliche Füllkörperdecke ist die Ziegelelementdecke (Abb. 5.3.1). Durch die Trennung der tragenden Balken vom Füllkörper wird der Beton- und Stahlanteil in der Decke reduziert. Die vorgefertigten Träger bestehen aus Tonschu-

Abb. 5.3.1 Ziegelelementdecke

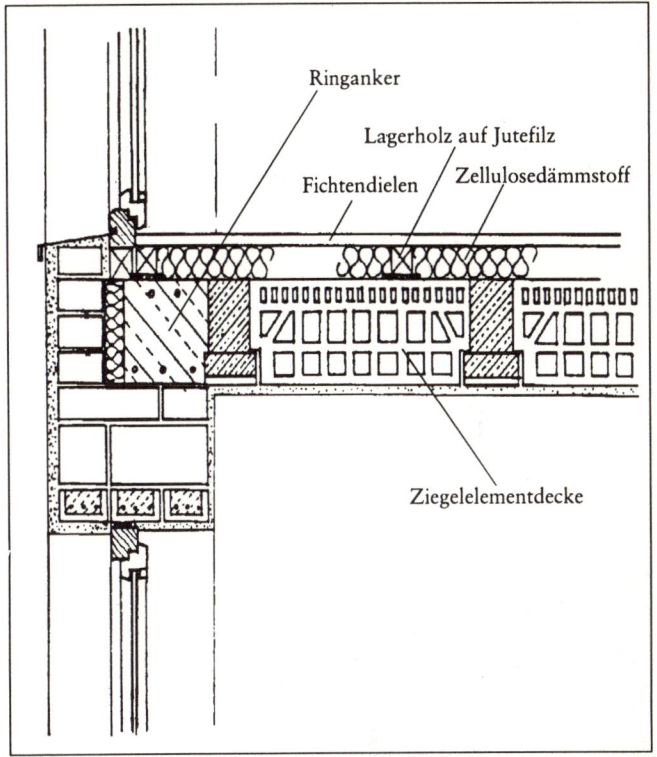

Abb. 5.3.2 Ziegelelementdecke mit Ringanker

hen, in die eine Stahlarmierung eingelegt und mit Beton vergossen wird. Die Träger sollten in Nord-Südrichtung verlegt werden, damit die ferromagnetische Armierung das natürliche Magnetfeld nicht stört. Vom Arbeitsablauf her werden die Träger mit Baustützen abgebockt und in die Zwischenräume speziell geformte Ziegelfüllkörper eingehängt, die durch Betonverguß mit den armierten Trägern verbunden werden. Beim Verguß der Decke wird gleichzeitig der Ringanker hergestellt, indem in der Außenflucht des Gebäudes auf Deckenhöhe eine Reihe Ziegel vorgemauert und zur Wärmedämmung eine Korkplatte eingestellt wird. In dem verbleibenden Raum bis zu den Ziegelelementen wird die Bewehrung eingelegt. Der Ringanker verbindet die Ziegelelementdecke schubfest mit den Außen- und Innenwänden und stellt die waagrechte Aussteifung des Gebäudes sicher. Diese Decken sind recht unempfindlich gegen Witterungseinflüsse, was die Bauarbeit erleichtert. Bei starkem Regen kann allerdings Wasser durch die Fugen in die unteren Geschosse tropfen. Wegen der Gefahr des Auffrierens sollten Ziegelelementdecken vor Frost und Schnee geschützt werden (s. Abb. 5.3.2)
Die Ziegelindustrie liefert verschiedene Füllkörperziegel, je nach statischer Belastung und gewünschtem Schallschutz. Üblich sind Trägerabstände von 50 cm oder 62,5 cm und Deckenhöhen von 19 cm, 21 cm und 24 cm. Dies ist für Verkehrsgewichte bis 5,0 kN/m² (entsprechend 500 kp/m²)

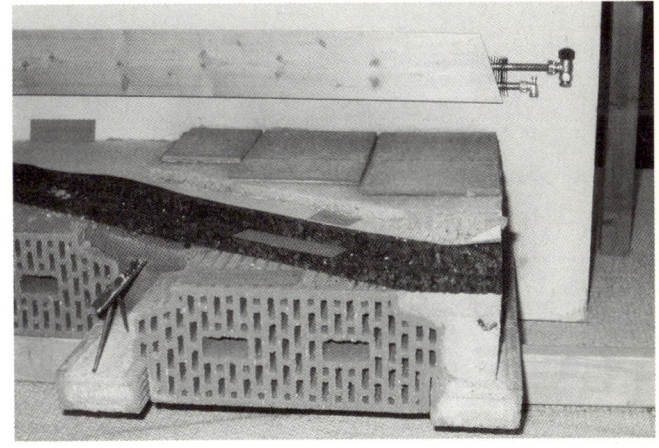

Abb. 5.3.3 Ziegeldecke mit Fußbodenaufbau

und Spannweiten bis zu 5,5 m ausreichend. Größere Spannweiten können durch mit der Decke ebenengleiche Unterzüge mit eingelegter Bewehrung erreicht werden, die mit sogenannten Hohlplatten schalungslos hergestellt werden. Höhere Punktlasten und Flächenlasten werden durch zwei oder drei nebeneinanderliegende Träger aufgenommen. Ein Treppenloch wird durch Entfernen von Trägern oder durch Auswechselung hergestellt, d.h. die Träger enden in einem deckengleichen Unterzug, der die Last auf die Randträger oder seitliche Mauern überträgt.

2. Ziegelfertigdecke

Die Ziegelindustrie bietet außer der Ziegelmontagedecke vorgefertigte Elemente an, die nach Plan individuell im Werk hergestellt und als fertige Platten auf dem Bau mit dem Kran abgesetzt werden. Bei dieser Fertigungstechnik werden die Ziegelkörper ohne Träger mit wenig Beton und kreuzweise eingelegter Armierung zu einem monolithischen Element vergossen. Der bauseits hergestellte Ringanker verbindet die Deckenelemente schubfest mit der Mauer.

5.4 Massivplattendecke

Die homogene, massive Decke aus Stahl und Beton ist heute im Wohnungsbau allgemein üblich, da sie bereits ab einer Stärke von 10 cm die statischen Anforderungen erfüllt, feuerbeständig (F 90) ist und ab einer Dicke von 14 cm auch eine ausreichende Luftschalldämmung aufweist. Beton kann hohe Druckkräfte aufnehmen und härtet bei Durchfeuchtung zusätzlich aus, ist aber spröde und bricht bei Zugbelastung. Stahl kann sehr große Zugkräfte aufnehmen und übernimmt als Bewehrung die in der Decke auftretenden Zugkräfte. Dazu werden in einem Unterzug oder Ringanker Rundstähle bzw. in die Deckenplatte Stahldrahtmatten eingelegt, deren Anzahl und Dimension der Statiker festlegt. Eine Stahlbetondecke kann in eine Richtung oder kreuzweise gespannt werden.

Problematisch ist die lange Austrocknungzeit und schlechte Diffusionsfähigkeit des Betons. Der Quarzanteil des Betons kann durch Erdstrahlungsfelder zur verstärkten Eigenschwingung angeregt werden, die großflächige Bewehrung verzerrt das Erdmagnetfeld und kann wie eine Antenne ebenfalls elektrische und elektromagnetische Schwingungen lokal verstärken. Das harte Material ist der Grund für die unwohnliche Akustik.

Die Stahlbetondecke ermöglicht eine freiere Grundrißkonzeption, da nichttragende Zwischenwände frei positioniert werden können. In vielen Fällen kann anstelle der Stahlbetondecke eine Ziegelelementdecke bzw. Holzbalkendecke mit ihren vorteilhaften Eigenschaften wie kürzere Trocknungszeit, bessere Diffusionsfähigkeit und günstige Schalldämpfung eingesetzt werden.
Beim Umbau, bei Änderungen in der Belastung oder beim Einbau einer Deckenöffnung ist die Art und Lage der alten Bewehrung zu ermitteln. Eine Verkürzung der Deckenspannweite ist durch den Einbau von Unterzügen möglich. Öffnungen in Stahlbetondecken (z.B. für die Treppe) werden beim Neubau ausgespart oder können nachträglich mittels Preßlufthammer oder mit wassergekühlten Diamantschneidwerkzeugen hergestellt werden. Der Abbruch ist arbeitsaufwendig und teuer, da zeitweilig Hilfskonstruktionen eingebaut werden müssen. Die Stahlbetondecke ist gegen jede Art von Witterungseinfluß oder mechanische Beschädigung unempfindlich.

Preise: (komplette Herstellung durch Handwerksbetrieb) Stahlbetondecke 18 cm stark unterseitig verputzt 140 DM bis 180 DM/m², Ziegelelementdecke 21 cm stark ohne Überbeton unterseitig verputzt mit Ringanker 150 bis 180 DM/m², Holzbalkendecke sichtbar, mit Ringanker Holzschalung und Kalkschotterschüttung 130 bis 170 DM/m².

6. Außenwand

Die Anzahl der senkrechten Außenwände im Dachgeschoß ist abhängig von der Bauart des Daches. Ein Walmdach z.B. besteht ausschließlich aus geneigten Außenflächen, so daß senkrechte Fenster nur in Form von Dachgauben eingebaut werden können (siehe Kap. 7.6). Ein freistehendes Haus mit Satteldach hat im Dachbereich zwei senkrechte Außenwände, an denen leicht Fenster, Fenstertüren und eventuell Balkone angeordnet werden können. Ist das Haus an- oder eingebaut, wie bei Reihenhäusern oder einer Blockbebauung in den Städten, so kann die Belichtung mit stehenden Fenstern nur über Dachgauben erfolgen.

Sind die Fußpfetten, die Auflager für die Sparren, über das Deckenniveau angehoben, entstehen zusätzliche Außenwände, die sogenannten Kniestock- oder Drempelwände. Schon ab einer Höhe von 1,2 m ist es optisch oftmals verträglicher, stattdessen gleich ein Vollgeschoß zu bauen, wenn die baurechtlichen Festsetzungen dies zulassen.
Giebel- und Kniestockwände werden üblicherweise aus dem gleichen Material hergestellt wie die darunterliegenden Außenwände des Hauses. Abweichungen sind aus Gründen der Materialeinsparung, bzw. der Gewichtsreduzierung bei Altbauten zu finden und bei nachträglichen Dachausbauten durchaus üblich. Folgende Materialwechsel sind vorstellbar:

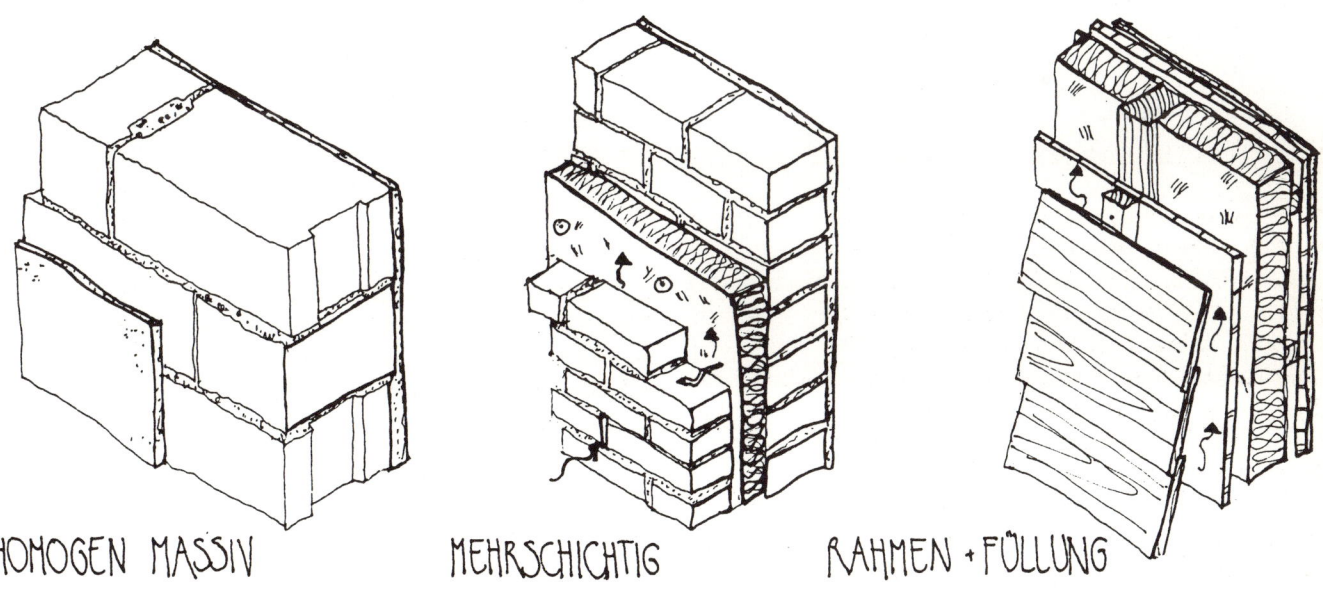

HOMOGEN MASSIV   MEHRSCHICHTIG   RAHMEN + FÜLLUNG

Abb. 6.1.1 Außenwandkonstruktionen

Abb. 6.1.2 Verputzter Massivbau

Abb. 6.1.3 Holzblockbau

- Untergeschoß aus dicken Naturstein- oder Ziegelmauern, Giebelwand aus Ziegelsteinen (Stärke 11,5 und 17,5 cm);
- Untergeschoß aus Natur- oder Ziegelstein, Giebelwände in Holzblockbauweise, evtl. verputzt;
- Untergeschoß wie oben, Giebelwände als Holzfachwerk mit Lehm oder Ziegel ausgefacht;

- Untergeschoß wie oben, Giebelwände als Holzfachwerk, ein- oder beidseitig verkleidet, ohne Dämmung;
- Untergeschoß in Holzblockbauweise, Giebelwände aus Holzfachwerk, entweder verschalt oder als Sichtfachwerk mit Lehm oder Ziegel ausgefacht;
- Giebelwand gemauert, Kniestock in ausgemauertem Holzfachwerk, verputzt oder verschalt.

6.1 Wandtypen

Außenwände können grob nach folgendem Schema unterteilt werden (Abb. 6.1.1):

- homogen massiv
- mehrschichtig
- Rahmen und Füllung.

Bei einer *homogen massiven* Außenwand übernimmt im Prinzip ein einziges Material nicht nur die Tragfähigkeit, sondern erfüllt zugleich die Anforderungen an Wärmedämmung, Wärmespeicherung, Feuchtigkeitsausgleich und Schallschutz (Abb. 6.1.2, 6.1.3). Nur wenige Baustoffe, z.B. Holz und Ziegel, sind hierfür geeignet. Bauphysikalisch sind homogene Wände bei richtiger Dimensionierung unproblematisch und daher dauerhaft und schadensfrei. Die Ausführung ist einfach und nur sehr grobe Fehler können sich schädigend auf das Gefüge der Wand auswirken.

Die *mehrschichtige* Konstruktion kommt dann zur Anwendung, wenn ein Nachteil des Wandbaumaterials ausgeglichen werden soll. Hat der Baustoff bei sonst guten Eigenschaften z.B. eine schlechte Wärmedämmfähigkeit, so kann eine außenliegende Wärmedämmschicht dies verbessern. Die Wärmedämmung muß dann mit einer zusätzlichen Wetterschalung vor Durchfeuchtung geschützt werden.

Bei einer *Rahmenkonstruktion mit Füllung* übernimmt jede Bauteilschicht eine spezielle Funktion, z.B. das Holzständerwerk die statische Lastabtragung, die Hartfaserplatte die Aussteifung, die Holzweichfaserplatte die Wärmedämmung, die Außenverschalung den Wetterschutz usw. Die einzelnen

Abb. 6.1.4 Fachwerk, mit Klinkersteinen ausgemauert

Abb. 6.1.5 Holzständerbau mit Holzverschalung

Materialien müssen in ihren Eigenschaften sorgfältig aufeinander abgestimmt sein, um ein ungünstiges bauphysikalisches Verhalten der Wand zu vermeiden. Die Planung und Ausführung für alle Schichten und deren Anschlüsse muß sehr sorgfältig erfolgen, da bereits kleine Schwachstellen das Bauteil großflächig schädigen können.

Anders als bei älteren Gebäuden, wurde bei Neubauten ab den 60er Jahren bei den Giebelwänden nicht mehr mit Baumaterial gespart, so daß sie den damals geltenden Normen entsprechen.

6.2 Wärmedämmung - Wärmespeicherung

Gut wärmedämmende Außenwände sind u.a. Voraussetzung für eine dem Menschen behagliche innere Wandoberflächentemperatur und einen geringen Wärmebedarf der Räume. Ebenso wichtig in diesem Zusammenhang ist bei schweren Außenwänden die Wärmespeicherfähigkeit der Bauteile. In der Wärmeschutzverordnung (siehe Kap. 3.5.1) sind auch für Außenwände einzuhaltende k-Werte festgelegt. Diese sind

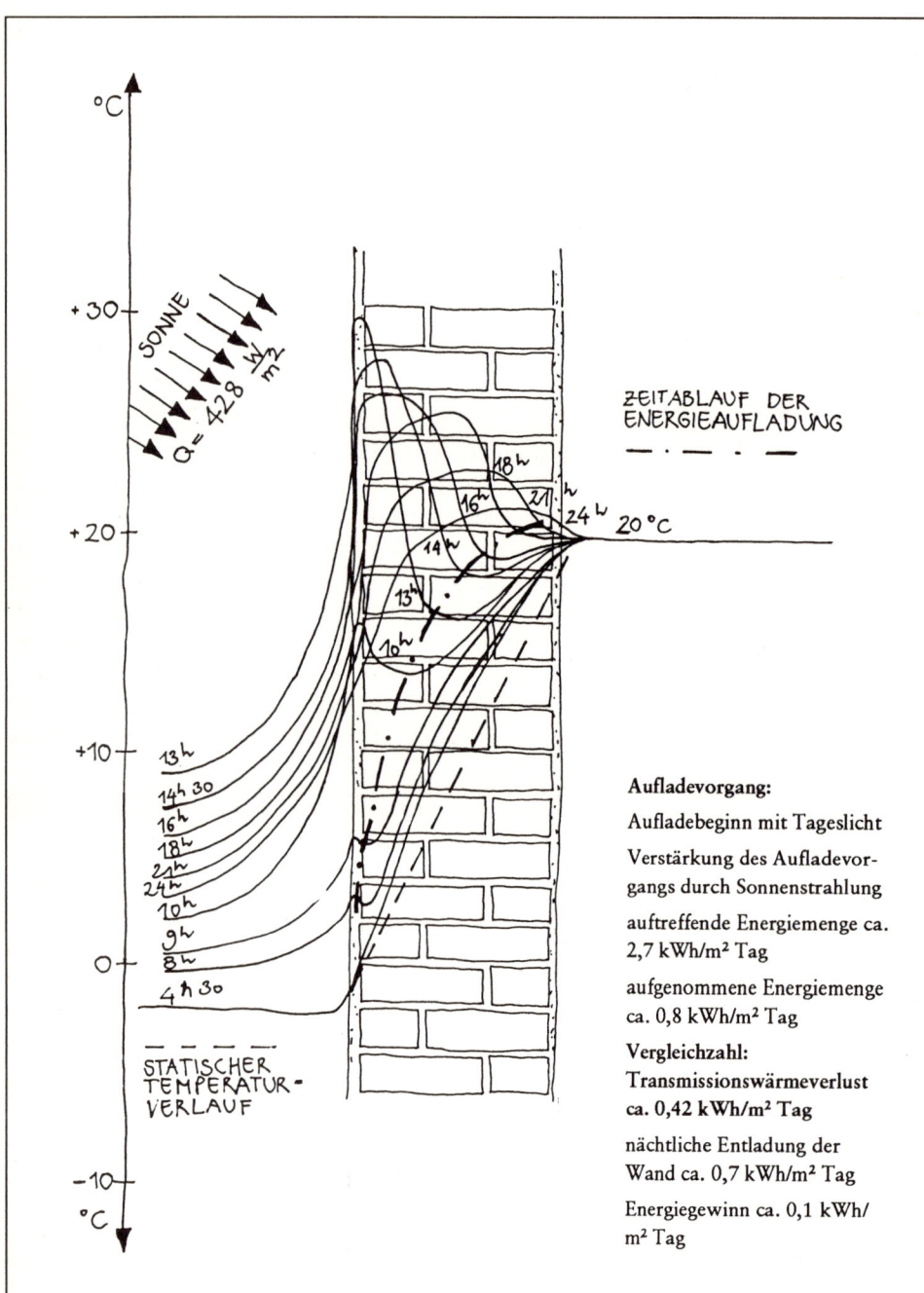

Aufladevorgang:

Aufladebeginn mit Tageslicht

Verstärkung des Aufladevorgangs durch Sonnenstrahlung

auftreffende Energiemenge ca. 2,7 kWh/m² Tag

aufgenommene Energiemenge ca. 0,8 kWh/m² Tag

Vergleichzahl:
Transmissionswärmeverlust ca. 0,42 kWh/m² Tag

nächtliche Entladung der Wand ca. 0,7 kWh/m² Tag

Energiegewinn ca. 0,1 kWh/ m² Tag

Abb. 6.2.1
Energieaufnahme einer Südsüdwestwand an einem sonnigen Wintertag, Wandgewicht 483 kg/m²
Quelle (27)

jedoch nur bei Neu- und Umbauten zwingend vorgeschrieben (siehe Abb. 3.5.2). Wie oben beschrieben, sind die Giebelwände zumeist als schwere, homogene Mauern oder als Rahmenkonstruktionen mit Füllung ausgeführt. Nach der k-Wert Berechnung schneiden die alten Vollziegel-, Blockbau- oder Fachwerkwände schlecht ab, da die Berechnungsmethode nur das Wärmedämmverhalten der Wand bewertet, aber nicht die Folgen der Wärmespeicherung. So haben Wiechmann und Varsek 1986 durch Messungen festgestellt, daß schwere Außenwände nicht nur maximal 6% der winterlichen Wärmeverluste durch Solarstrahlung wieder hereinholen (wie das die DIN 4108 unterstellt), sondern im Extremfall bis zu 40% (Abb. 6.2.1). Mit abnehmendem Gewicht der Wandkonstruktion schwindet mangels Masse dieser Speichereffekt, so daß z.B. bei Leichtbauwänden mit Dämmstoffüllung der tatsächliche Energieverbrauch direkt mit dem k-Wert korreliert ist. Wird eine massive Wand von außen gedämmt, so wird die Aufheizung der Wand durch Sonneneinstrahlung ebenfalls verhindert und der Wärmegewinn geht verloren.

Je schwerer ein Körper ist, um so größer ist bei gleichem Volumen sein Vermögen, Wärme zu speichern. Die Wärmespeicherfähigkeit von Bauteilen ist wichtig, um im Winter eine zu schnelle Auskühlung der Räume und im Sommer eine übermäßige Erwärmung infolge Sonneneinstrahlung durch die Fenster zu vermeiden. Für die Speichermasse des Dachgeschosses sind die Giebelwände von großer Bedeutung. Sind diese in leichter Bauweise ausgeführt, bleiben nur die schweren Innenbauteile (Innenwände, Kamine, Fußboden) zur Wärmespeicherung.

Bei all diesen Überlegungen ist aber auch zu bedenken, daß der Anteil der Außenwände an der Gesamthüllfläche des Dachgeschosses nur einen Anteil von 10 bis 25% hat.

Bei der Auswahl des Baumaterials für eine Giebelwand, bzw. der Beurteilung einer vorhandenen Wand sind mehrere Aspekte zu beachten:

- Das Außenwandmaterial soll gut kapillar leitfähig sein, damit eine niedrige Gleichgewichtsfeuchte gewährleistet ist und die Wärmedämmschicht trocken bleibt.
- Holzblockwände erfüllen bei einer Stärke von 20 cm (k = 0,59 W/m²K) und exakter Verarbeitung (Längsverbindung mit Nut und Feder) ohne zusätzliche Dämmschichten gerade noch die z.Z. gültigen Wärmeschutzanforderungen. Bestehende Wände sind auf Winddichtigkeit zu überprüfen und gegebenenfalls abzudichten. Mit der neuen Wärmeschutzverordnung ist diese Konstruktion

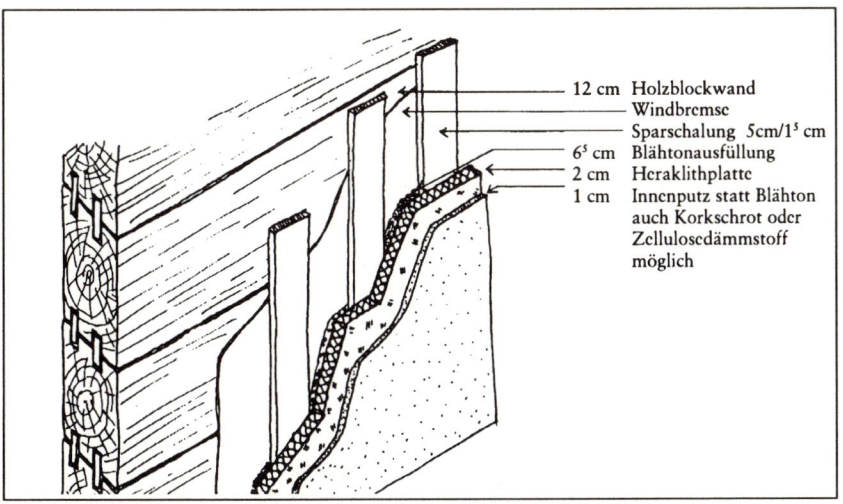

12 cm Holzblockwand
Windbremse
Sparschalung 5cm/1⁵ cm
6⁵ cm Blähtonausfüllung
2 cm Heraklithplatte
1 cm Innenputz statt Blähton auch Korkschrot oder Zellulosedämmstoff möglich

Konstruktionsdicke (cm)	22 cm
Wärmedurchgangskoeffizient k-Wert	0,52 W/m²K
Schalldämmass R_w	47 dB
Flächengewicht	141,5 kg/m²
Oberflächentemperatur innen t_{io}	18,0 °C
Luftschallschutzmass LSM	0 dB
Wärmespeicherwert	237 kJ/m²K
Wärmeeindringkoeffizient der innerern Oberfläche b	84 kJ/m²hK
Trittschallschutz TSM (dB)	–
Auskühlzeit	69 h
Feuerwiderstandszeit	–
Gesamtpreis	380,-- DM

Abb. 6.2.2 Holzblockwand mit Innendämmung

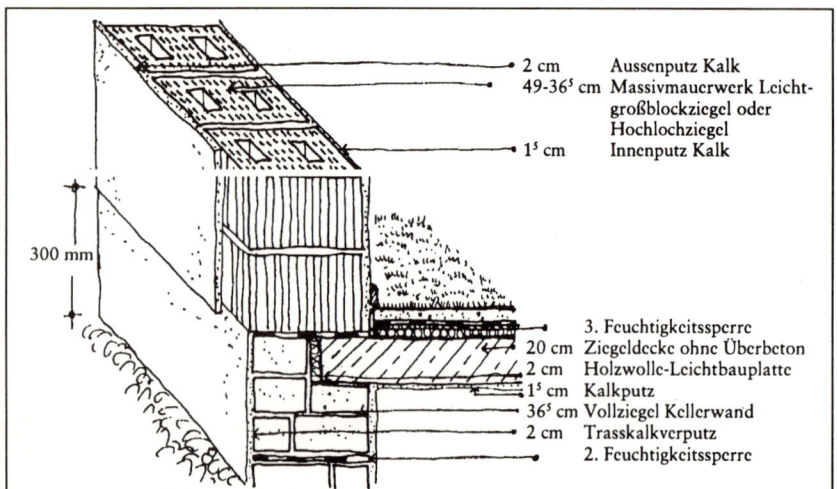

2 cm	Aussenputz Kalk
49-36^5 cm	Massivmauerwerk Leicht-großblockziegel oder Hochlochziegel
1^5 cm	Innenputz Kalk

300 mm

	3. Feuchtigkeitssperre
20 cm	Ziegeldecke ohne Überbeton
2 cm	Holzwolle-Leichtbauplatte
1^5 cm	Kalkputz
36^5 cm	Vollziegel Kellerwand
2 cm	Trasskalkverputz
	2. Feuchtigkeitssperre

Abb.6.2.3 Einschalige, massive Außenwand

Konstruktionsdicke (cm)	52,5 cm
Wärmedurchgangskoeffizient k-Wert	0,45 W/m²K
Schalldämmass R$_w$	55 dB
Flächengewicht	455 kg/m²
Oberflächentemperatur innen t$_{io}$	16,4 °C
Luftschallschutzmass LSM	+3 dB
Wärmespeicherwert	420 kJ/m²K
Wärmeeindringkoeffizient der innerern Oberfläche b	35 kJ/m²hK
Trittschallschutz TSM (dB)	–
Auskühlzeit	146 h
Feuerwiderstandszeit	–
Gesamtpreis	308,-- DM

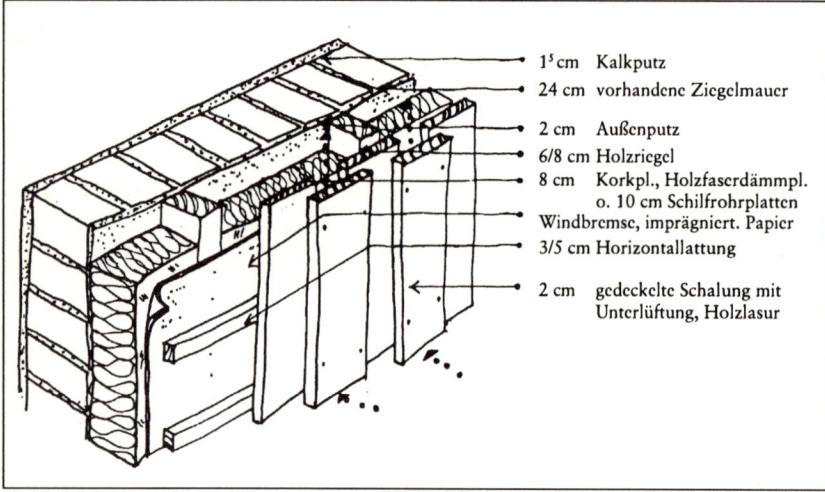

1^5 cm	Kalkputz
24 cm	vorhandene Ziegelmauer
2 cm	Außenputz
6/8 cm	Holzriegel
8 cm	Korkpl., Holzfaserdämmpl. o. 10 cm Schilfrohrplatten Windbremse, imprägniert. Papier
3/5 cm	Horizontallattung
2 cm	gedeckelte Schalung mit Unterlüftung, Holzlasur

Abb. 6.2.4 Massive Wand mit Außendämmung

Konstruktionsdicke (cm)	39,5 cm
Wärmedurchgangskoeffizient k-Wert	0,41 W/m²K
Schalldämmass R$_w$	54 dB
Flächengewicht	344 kg/m²
Oberflächentemperatur innen t$_{io}$	18,4 °C
Luftschallschutzmass LSM	+2 dB
Wärmespeicherwert	317 kJ/m²K
Wärmeeindringkoeffizient der innerern Oberfläche b	81 kJ/m²hK
Trittschallschutz TSM (dB)	–
Auskühlzeit	45 h
Feuerwiderstandszeit	F180
Gesamtpreis	280,-- DM

allerdings nicht mehr vereinbar und muß z.B. durch eine Innendämmung verbessert werden.

• Ziegelwände mit einer Rohdichte von 0,8 oder 1,0 (ρ = 800 bis 1000 kg/m³) und einer Stärke von 36,5 cm, beidseitig verputzt, sind nach der geltenden DIN 4108 ausreichend wärmedämmend und haben ein gutes Wärmespeichervermögen. Die neue Wärmeschutzverordnung wird erfüllt, wenn 36,5 cm starke Wände aus einem Material mit λ < 0,21 W/mK errichtet wird.

• Dünne Wände sollten von innen zur Verstärkung knirsch hintermauert werden. Wände im wettergeschützten Kniestockbereich ohne Sonneneinstrahlung können mit zwischenliegender Dämmschicht hintermauert werden.

• Dünne Wände können auch durch eine außen angebrach-

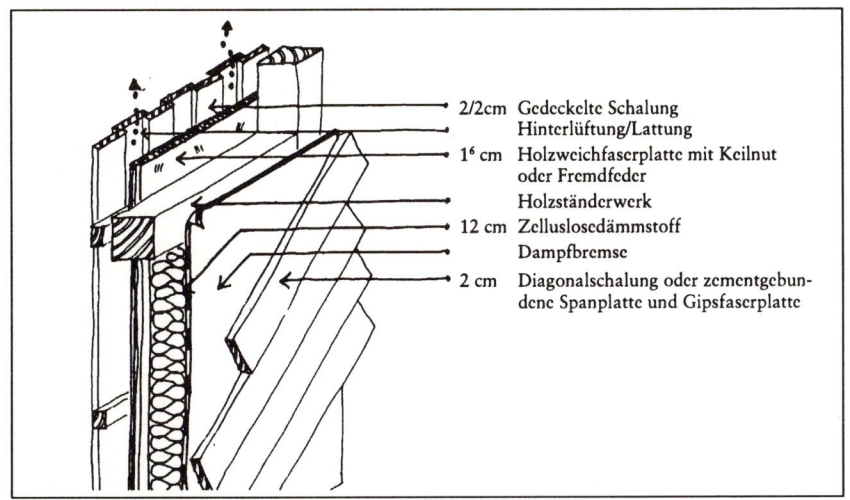

2/2cm	Gedeckelte Schalung
	Hinterlüftung/Lattung
1⁶ cm	Holzweichfaserplatte mit Keilnut
	oder Fremdfeder
	Holzständerwerk
12 cm	Zelluslosedämmstoff
	Dampfbremse
2 cm	Diagonalschalung oder zementgebundene Spanplatte und Gipsfaserplatte

Konstruktionsdicke (cm) .... 21 cm
Wärmedurchgangskoeffizient
k-Wert .... 0,32 W/m²K
Schalldämmass R$_w$ .... 46 dB
Flächengewicht .... 50 kg/m²
Oberflächentemperatur innen t$_{io}$ .... 19 °C
Luftschallschutzmass LSM .... -6 dB
Wärmespeicherwert .... 56 kJ/m²K
Wärmeeindringkoeffizient der innern
Oberfläche b .... 24 kJ/m²hK
Trittschallschutz TSM (dB) .... –
Auskühlzeit .... 15 h
Feuerwiderstandszeit F30
Gesamtpreis .... 285,-- DM

Abb. 6.2.5 Holzständerwand mit Zellulosedämmstoff und winddichter Innenverkleidung

te Wärmedämmung verbessert werden. Dazu eignen sich Holzweichfaserdämmplatten mit einer hinterlüfteten Wetterschicht, z.B. einer Holzverschalung.

• Holzständerbauten mit äußerer Holzverschalung (Abb. 6.2.5) werden mit leichten Dämmstoffen ausgefacht.

• Bestehende Fachwerkkonstruktionen mit Lehmausfachung können wiederhergestellt werden. Bei schwach dimensionierten Wänden kann innenseitig mit Leichtlehmelementen eine zusätzliche Innenschale hergestellt werden, was statisch und bauphysikalisch unproblematisch ist.

eingesetzt werden, um einen besseren Schallschutzwert zu erreichen. Die Werte liegen bei üblichen Konstruktionen mit Ständerstärken von 12 cm bei 35 - 48 dB (vgl. Kap. 3.5.4 Schalldämmung).

Die Schalldämmung von Außenwänden wird durch Öffnungen und Verminderung der Wandstärke wesentlich beeinflußt, z.B. durch Fenster und Türen, Rolladenkästen, Heizkörpernischen usw. Diese sogenannten Schallnebenwege lassen sich nur durch gut ausgeführte Detailkonstruktionen vermeiden oder verbessern.

6.3 Schallschutz

Die Zunahme des Umgebungslärms führt verstärkt zu dem Bedürfnis nach Stille im Wohnbereich. Die Geräuschdämpfung durch die Außenwände ist bei massiven Wänden im allgemeinen leicht zu erfüllen. Ein Schalldämmaß von R = 52 dB wird bei 350 kg/m² Wandgewicht erreicht. Dies entspricht einer Ziegelwand mit einer Rohdichte von 800 kg/m³, 36,5 cm stark und beidseitig verputzt. Bei Leichtbauwänden dagegen läßt sich diese Forderung wesentlich schwerer erfüllen. Hier müssen dämpfende Materialien und biegeweiche Platten

6.4 Brandschutz

Tragende Wände und Wohnungstrennwände haben hinsichtlich ihres Brandverhaltens der Feuerwiderstandsklasse F 90 zu entsprechen, d.h. eine Feuerwiderstandsfähigkeit von 90 Minuten aufzuweisen. Während massiv gemauerte Wände diese Forderung ab einer Stärke von 17,5 cm erfüllen, können Wände aus Holz (Kernquerschnitt diagonal 12 x 12 cm) maximal die Brandklasse F 60 erreichen. Das heißt, daß je nach Vorschrift, brandgefährdete Bauteile aus Holz mit nichtbrennbaren Stoffen ummantelt oder verputzt werden, bzw.

daß größere Abstände zum Nachbargrundstück (z.B. 5 m statt 3 m) eingehalten werden müssen.

Doppel-, Reihen- oder Stadthäuser stoßen an der sogenannten Kommunwand zusammen. Diese Kommunwand darf, als Brandwand ausgebildet, in der Regel keine Öffnungen aufweisen, außerdem muß ein Brandüberschlag über Dach sicher verhindert werden (vgl. Kap. 6.8).

6.5 Tragfähigkeit

Die Außenwände müssen einen großen Teil der Dachlasten insbesondere auch die nicht unerheblichen Windkräfte, aus den Pfettenauflagern sicher aufnehmen und ableiten.

Hohe Giebelwände aus Mauerwerk werden mit einem über die Schrägen geführten Ringanker gesichert. Große Öffnungen im Mauerwerk für Fenster und Türen mindern die Standfestigkeit des Mauerverbandes derart, daß betonierte Säulen, mit Unterzügen verbunden, die Stabilität sichern müssen. Hohe Giebelwände wurden früher aus Materialersparnis nur 1 - 1 1/2 Stein stark (entspricht einer Steinstärke von 11,5 bzw. 17,5 cm) hergestellt und durch gemauerte Säulen verstärkt. Diese Giebelwände sollten in der Fläche auf Säulenstärke hintermauert werden. Altes Mauerwerk ist auf Risse zu überprüfen und deren Ursache festzustellen. Putzrisse können bei einer Fassadenrenovierung leicht beseitigt werden. Größere Risse im Mauerwerk lassen auf eine ungünstige Kraftübertragung der Dachlast schließen oder auf eine ungenügende Aussteifung des gesamten Gebäudes. Sanierungen können nur nach Konsultation eines Statikers angegangen werden.

Holzblockgiebel, die aus Rundhölzern mit großem Zwischenraumanteil bestehen, sind satt mit Holzbohlen auszufüttern oder aus kantig geschnittenen Blockbalken neu aufzubauen. Blockwände sind auf ihre Winddichtigkeit zu prüfen und müssen ggf. innen- oder außenseitig mit einer Windsperre aus wasser- und reißfestem Papier oder mit an den Stößen abgeklebten Holzweichfaserplatten abgedichtet und anschließend verkleidet werden.

Mit Lehm oder Ziegel ausgemauertes Holzfachwerk kann starke Setzungen oder Verschiebungen meist ohne Gefähr-

dung der Stabilität aufnehmen. Ansonsten ist ein Ausrichten des Fachwerks zusammen mit dem gesamten Dachgefüge möglich, was aus Kostengründen allerdings nur in Ausnahmefällen sinnvoll ist (Denkmalschutz). Problematischer ist Holzfäule, die durch offene Fugen, undichte Dacheindeckungen oder durch eine schadhafte Dachentwässerung verursacht ist. Die befallenen Holzteile sind auszutauschen. Schadhafte Giebelverschalungen können im Zuge einer Fassadenrenovierung instandgesetzt bzw. erneuert werden.

Preise: (für die komplette Herstellung durch einen Handwerksbetrieb) Holzblockwand (18 cm), massiv, 320 DM bis 350 DM/m²; Ziegelmauerwerk (36,5 cm) Rohgewicht 800 kg/m³, beidseitig verputzt, 250 bis 290 DM/m²; zusätzliche Außendämmung Korkplatten, 8 cm, verputzt, gestrichen, 190 bis 220 DM/m²; Holzständerwand gedämmt, Zellulosedämmstoff, Holzweichfaserplatten, Holzverschalung außen, Gipsfaserplatten innen, gestrichen, 270 bis 310 DM/m².

6.6 Wetterschicht

Die hohen Giebelfassaden sind stark der Witterung ausgesetzt. Die äußerste Schicht der Gebäudehülle muß daher besonders gut den vielfältigen Wettereinflüssen widerstehen wie

- aufheizender Sonnenstrahlung,
- auskühlendem Wind,
- nässendem Schlagregen,
- tauendem Schnee und
- klirrendem Frost.

Für Ziegelmauerwerk ist als Wetterschicht ein *dreilagiger Kalkputz* geeignet, der bei hoher Elastizität sehr gute Entfeuchtungseigenschaften aufweist. Als Anstriche sind nur reine Kalkfarben oder rein mineralische Silikatfarben empfehlenswert, welche die Entfeuchtung nicht behindern. Dasselbe gilt für die Ausfachung von Lehmfachwerk, wobei hier noch weichere Lehmputze (von Könnern aufgetragen) eingesetzt werden sollten.

Eine *verputzte Dämmung* ("Thermohaut") fehlerfrei aufzubringen, so daß sie lange Jahre schadensfrei bleibt, ist schwierig und sollte nicht Malermeistern überlassen werden, sondern speziell ausgebildeten Putzern und Stukkateuren. Als Dämmstoffe kommen nur diffusionsoffene Materialien mit Rohgewichten über 120 kg/m³ in Frage (Steinwolle, Korkplatten, Holzwolleleichtbauplatten), die mit Dübeln fest auf der Wand befestigt werden. Das Bewehrungsgitter muß in die erste Putzlage eingearbeitet werden, der Deckputz muß ein mineralischer Putz sein.

Verblendziegelmauerwerk, wie es im Schlagregengebiet Norddeutschlands mit oder ohne Hinterlüftung üblich ist, bildet eine dauerhafte, pflegeleichte Wetterschicht. Früher wurde hierfür ein weicher, poröser, sogenannter Sichtbackstein verwendet, der in der Lage war, Feuchtigkeit aufzunehmen, ohne aufzufrieren. Heute wird dieser Stein nicht mehr hergestellt, stattdessen wird mit hochgebrannten, vollständig gesinterten Klinkersteinen gearbeitet, die kaum noch Wasser aufnehmen. Die Hohlräume der Hinterlüftung dürfen auf keinen Fall mit Wärmedämmaterial gefüllt werden, da die Ablüftung eingedrungenen Regenwassers verhindert wird, und das Dämmaterial bei Durchfeuchtung das Wärmedämmvermögen teilweise einbüßt.

Muß eine gemauerte Wand zusätzlich gegen Schlagregen geschützt werden, so kann eine vorgehängte, hinterlüftete *Ziegelplattenschicht* diese Aufgabe übernehmen.

Holz ist als Wetterschicht ebenfalls gut geeignet, z.B. als Schindelverkleidung oder auch als Brettschalung in vielen Variationen (Deckleistenschalung, Stülpschalung, Boden-Dekkel-Schalung). Wegen der besseren Wasserableitung ist eine senkrechte Verbretterung der waagrecht verlaufenden vorzuziehen. Wird, z.B. aus architektonischen Gründen, dennoch eine waagerechte Verbretterung gewählt, muß darauf geachtet werden, daß die Bildung von "Wassernestern" vermieden wird (Abb. 6.6.2). Eine Nut- und Federschalung ist wegen der Gefahr des Auffrierens in unseren Breiten wenig geeignet. Alle Holzkonstruktionen müssen hinterlüftet sein, damit zwischen Holz und Dämmstoff bzw. Mauerwerk eingedrungene Feuchtigkeit wieder entweichen kann. Gegen Dauerfeuchtigkeit ist das Holz zu schützen (Dachvorsprung). Holzverschalungen erfordern bei farblicher Gestaltung eine regelmäßige Pflege (Anstrich mit offenporigen Lasuren, alle 2 - 5 Jahre), was vor allem bei hohen Giebeln kostenaufwendig ist.

Beliebt sind die mittlerweile ohne Asbestfasern in vielen Formen und Fasern erhältlichen *Zementfaser-Fassadenplatten*. Ob die beigemischten Kunststoffasern nicht dasselbe Risikopotential bergen wie die Asbestfasern, kann zur Zeit nicht beantwortet werden. Bezüglich der Gebäudegestaltung wirkt das mit hoher Präzision gefertigte, gleichförmig durchgefärbte Material in großen Flächen langweilig und unbelebt.

Abb. 6.6.1 Holzverschalung über Wärmedämmung

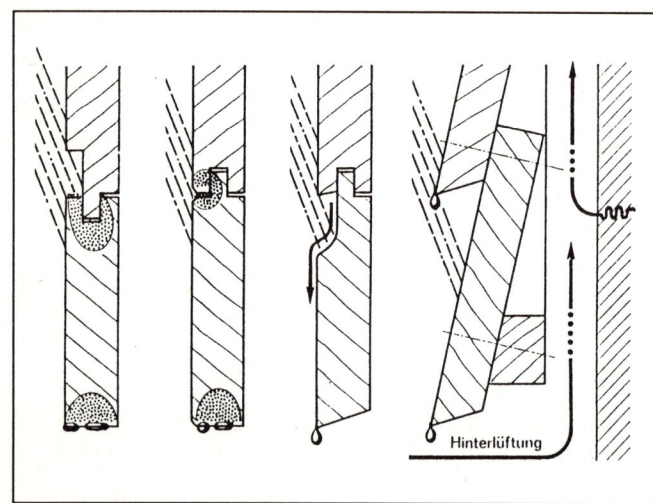

Abb. 6.6.2
Schlechte und gute waagerechte Außenverbretterung   Quelle (28)

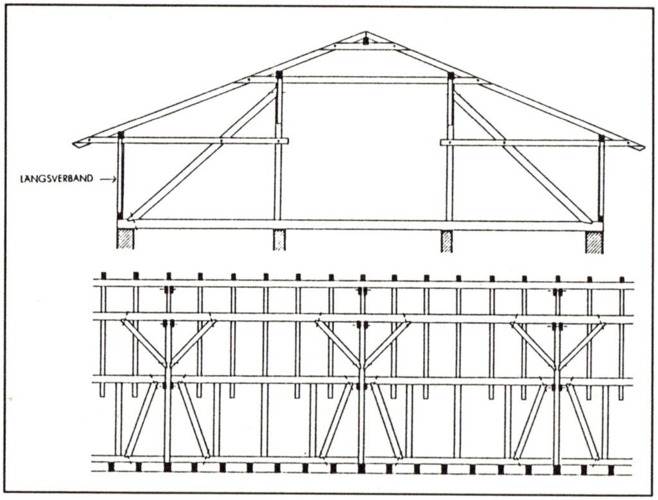

Abb. 6.7.1 Zweifach liegender Pfettendachstuhl mit Kniestock-
oder Drempelwand   Quelle (7)

Preise (Materialkosten): dreilagiger Kalkputz mit Silikatfarbe 25 DM/m²; Lehmputz auf Schilfrohrgewebe mit Silikatfarbe 28 DM/m²; Dämmung mit Korkplatten, 80 mm stark, mit mineralischem Oberputz 90 DM/m²; Verblendziegelmauerwerk 50 DM/m²; Holzverschalung hinterlüftet, gestrichen mit Naturharzöllasur, 50 DM/m²; Ziegelplattenfassade hinterlüftet, 80 DM/m².

6.7 Kniestock

Der Kniestock (siehe auch Kap. 3.1.5) muß bezüglich Wärme-, Schall- und Brandschutz dieselben Anforderungen wie die übrige Außenwand erfüllen. Die statischen Probleme des Horizontalschubes sind besonders zu berücksichtigen. Diese Kräfte sind beim liegenden Dachstuhl des Pfettendaches gering, beim Sparrendach sehr groß. Bei dem in Abb. 6.7.1 gezeigten Binderdach werden alle Schubkräfte durch Zangen zurück in die Abbockung und dann in die Holzbalkendecke geführt. Die raumgreifende Konstruktion kann durch Beton- oder Stahlkonstruktionen einfacher ausgeführt werden. Da-

bei werden in der Kniestockwand die Schubkräfte (vgl. Abb. 13.1.3). über Säulen in die tieferliegende Decke abgeleitet. Bei Holzständerbauten muß bei geringer Dachneigung der Pfettenring rund um das Haus die Schubkräfte aufnehmen. Bei steileren Dächern kann der Schub über Pfettenanker in die Holzbalkendecke geleitet werden, wobei die Deckenbalken gegen Zugkräfte zu sichern sind.

6.8 Kommunwand

Bei Doppel- bzw. Reihenhäusern grenzen eine oder beide Giebelseiten an Nachbarwohnungen. Dies wäre nicht weiter schlimm, wenn die Schallübertragung nicht der ärgste Feind der Intimsphäre wäre. Deshalb muß die Ausführung dieser Giebelwand vor allem unter dem Gesichtspunkt der Schalltrennung erfolgen. Am besten ist eine Schalltrennung zu erreichen, indem zwei völlig getrennte Wände errichtet werden, entweder mit dazwischenliegender Luftschicht, oder 5 cm starken Holzweichfaserplatten. Statt dieser Dämmplatten wird durch baurechtliche Bestimmungen zunehmend der Einsatz spezieller, schwerer Mineralfasermatten gefordert (Abb. 6.8.1). Je schwerer die Wand, desto geringer ist ihre Neigung zu schwingen und Schall zu übertragen. Das Gewicht der Wände ist abhängig von der Stärke und Rohdichte der Steine: Bei einer Stärke von 2 x 17,5 cm muß der Stein 1400 kg/m³, bei einer Stärke von 2 x 24 cm 1000 kg/m³ wiegen.

Die Schallnebenwege (z.B. durch die Dachdeckung und Wärmedämmung) können allerdings alle Bemühungen zunichte machen (Abb. 6.8.2). Beim Neubau sollte die Kommunwand deshalb bis unter die Dachlattung hochgemauert werden, egal ob zwischen oder über den Sparren wärmegedämmt wird. Der restliche Hohlraum muß ausgestopft werden, die innere Verkleidung ist möglichst dicht an die Putzschicht zu führen und dauerelastisch anzuschließen.

Bereits bestehende, einschalige Kommunwände mit ungenügendem Gewicht oder schlechter Zwischendämmung, können durch biegesteife Vorsatzschalen verbessert werden (siehe Kap. 9.2.2, Trockenputz).

Ist oberhalb der Wand ein Hohlraum vorhanden, so muß dieser im Zuge der Dämmaßnahmen gut verfüllt werden. Hier dürfen nur Dämmstoffe der Brandklasse A eingesetzt werden (z.B. Mineralfasermatten).

Damit ist die wichtigste Funktion der Kommunwand angesprochen, nämlich die Ausbreitung eines Brandes auf ein benachbartes Gebäude zu verhindern. Die Feuerwiderstandsdauer muß mindestens 90 Minuten (F 90) betragen. Bei Gebäuden bis zu drei Geschossen sind Brandwände bis unmittelbar unter die Dachdeckung zu führen. Auch hölzerne Dachlatten dürfen nicht über die Brandwände hinwegführen, sie sind auf Brandwanddicke durch Blechwinkel zu ersetzen. Die Dacheindeckung ist satt aufzumörteln. Zum Ausgleich von Setzungen ist zwischen Wand und Blechwinkeln ein 5 cm starker elastischer Streifen aus nicht brennbarem Dämmstoff einzulegen. Für Wohngebäude mit höchstens zwei Wohnungen und bis zu zwei Vollgeschossen sind die Bestimmungen etwas weniger streng.

Abb. 6.8.1
Zweischalige Kommunwand mit einer Trennschicht aus Mineralfasern

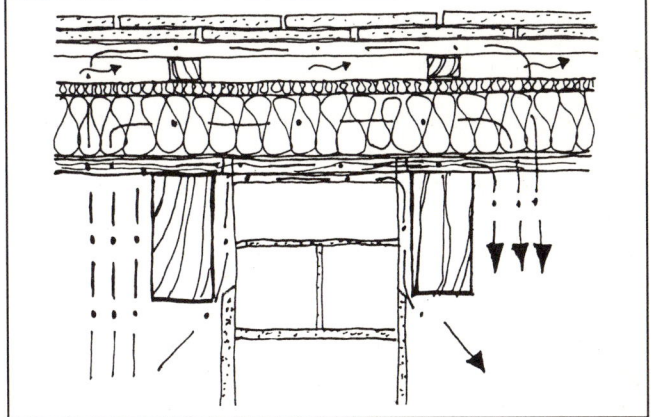

Abb. 6.8.2
Schlechter Luftschallschutz
durch Schallnebenwege

117

7. Fenster

Der Mensch benötigt für sein physisches und psychisches Wohlbefinden ausreichend Tageslicht. Die unterschiedliche Länge und die Intensität der Helligkeitsphasen der Jahreszeiten steuern auch die menschliche Aktivität. Die Verminderung der Tageshelligkeitsdauer führt zu einer Art Winterschlafsyndrom und kann Depressionen auslösen. Fenster sind zudem wichtig, weil sie den Kontakt zur Umgebung gewährleisten.

Der Dachraum ist der Teil des Hauses, der dem Licht am nächsten ist, also sollte er auch besonders hell sein. Dies steht allerdings in Konflikt mit anderen Vorgaben, die beim Dachausbau zu berücksichtigen sind:

- Die Dachhaut, d.h. die Dacheindeckung, sollte möglichst wenig durch Einbauten unterbrochen werden.
- Licht bedeutet in den meisten Fällen auch Wärme. Das Leichtbauteil Dach muß jedoch gegen zu starke Aufheizung geschützt werden.
- Dachgauben, Dachflächenfenster und Oberlichte sollen in Größe und Form untergeordnete Bauteile bleiben.

Zur Belichtung und Belüftung (siehe auch Kap. 12.2) des Dachraumes sind senkrechte Fenster in der Giebelwand und mittels Dachgauben auch in der Dachfläche möglich, außerdem geneigte Verglasungen wie Dachflächenfenster und Oberlichte.

Dachaufbauten sind grundsätzlich genehmigungspflichtige Anlagen im Sinne der Bauordnungen, eine Ausnahme stellen nur Dachflächenfenster dar.

7.1 Baurecht und Brandschutz

Um ein Mindestmaß an Wohnqualität sicherzustellen, enthalten die Länderbauordnungen im Hinblick auf die Belichtung und Belüftung von Aufenthaltsräumen sowie zur Personenrettung im Brandfall eine Reihe von Forderungen:

- Jede Wohnung muß eine für ihre Bestimmung ausreichende Größe und eine entsprechende Anzahl besonnter Aufenthaltsräume haben.
- Die Aufenthaltsräume sind zu belüften.
- Aufenthaltsräume müssen durch Tageslicht belichtet werden.

Belichtung - Fensteröffnung - Notwendige Fenster von Aufenthaltsräumen im Dachgeschoß (nach Landesbauordnung)			
Bundesland	Lichtes Maß der Fensteröffnung		
	mindestens ... Ant. der Raum-Grund-fläche (Anteil)	mindestens ... % der Raum-Grund-fläche %	Fenster-maß als
Bayern	1/8	12,5	Rohbaumaß
Baden-Württemb.	1/10	10,0	Rohbaumaß
Berlin	ausreichend	ausreichend	–
Bremen	1/10	10,0	–
Hamburg	1/8	12,5	Rohbaumaß
Hessen	1/8	12,5	–
Niedersachsen	1/8	12,5	–
Nordrhein-Westf.	1/8	12,5	Rohbaumaß
Rheinland-Pfalz	1/10	10,0	Rohbaumaß
Saarland	1/10	10,0	Rohbaumaß
Schleswig-Holstein	1/8	12,5	Rohbaumaß
Brandenburg*	1/8	12,5	Rohbaumaß
Mecklenburg-Vorp.*	1/8	12,5	Rohbaumaß
Sachsen*	1/8	12,5	Rohbaumaß
Sachsen-Anhalt*	1/8	12,5	Rohbaumaß
Thüringen	1/8	12,5	Rohbaumaß

Abb. 7.1.1

Belichtung, Belüftung und notwendige Fenster von Aufenthaltsräumen im Dachgeschoß (nach Landesbauordnung)　　　　Quelle (3)

- Das lichte Maß der Fensteröffnung muß 1/8 bis 1/10 der Grundfläche des Raumes (Höhe über 2,30 m) betragen (Abb. 7.1.1).
- Aufenthaltsräume müssen unmittelbar ins Freie führende, senkrecht stehende Fenster haben. Geneigte Fenster und Oberlichte können anstelle von senkrechten Fenstern gestattet werden, wenn keine Bedenken wegen des Brandschutzes, der Verkehrssicherheit und der Gesundheit bestehen.
- Fenster, die zur Rettung von Personen dienen, müssen sich ohne Hilfsmittel in einer lichten Öffnung von 0,60 x 0,90 m (teils auch 0,90 x 1,20 m) öffnen lassen. Die Unterkante der Öffnung darf nicht mehr als 1,1 m (teils auch 1,2 m) über der Oberkante Fertigfußboden liegen und nicht weiter als 1 m von der Traufkante entfernt sein (Anleiterbarkeit).
- Die Brüstungshöhe von Fenstern in einer Höhe über 12 m muß 1,1 m hoch sein, sonst genügen 0,90 m.
- Fenster- und Fenstertüren müssen gefahrlos gereinigt werden können.
- Unter Glasflächen in Dächern ist ein Schutz gegen herabfallende Glasstücke anzuordnen, wenn die Sicherheit nicht durch spezielle Gläser gewährleistet wird.
- Dachaufbauten (Gauben), Oberlichte und lichtdurchlässige Dachflächen sind so anzuordnen und herzustellen, daß Feuer auf andere Gebäudeteile nicht übertragen werden kann.
- Oberlichte und Öffnungen in der Dachhaut müssen von Brandwänden oder von feuerbeständigen Gebäudetrennwänden mindestens 1,25 m entfernt sein, sofern diese Wände nicht mindestens 30 cm über Dach geführt sind (Abb. 7.1.2).
- Dachgauben und ähnliche Dachaufbauten aus brennbaren Baustoffen müssen ebenfalls von Brandwänden oder feuerbeständigen Gebäudetrennwänden mindestens 1,25 m entfernt sein, wenn sie nicht durch diese Wände gegen Brandübertragung geschützt sind.
- Oberlichte aus mindestens normal entflammbaren Baustoffen sind innerhalb einer harten Bedachung zulässig, wenn sie höchstens 6 m² Grundfläche aufweisen, höchstens 20 % der Dachfläche einnehmen und untereinander und vom Dachrand einen Abstand von 2 m einhalten.
- Für Wohngebäude mit bis zu 5 Vollgeschossen genügt als zweiter Rettungsweg im allgemeinen die Möglichkeit, daß die Feuerwehr die noch im Gebäude befindlichen Menschen von der Außenseite des Gebäudes z.B. mit Drehlei-

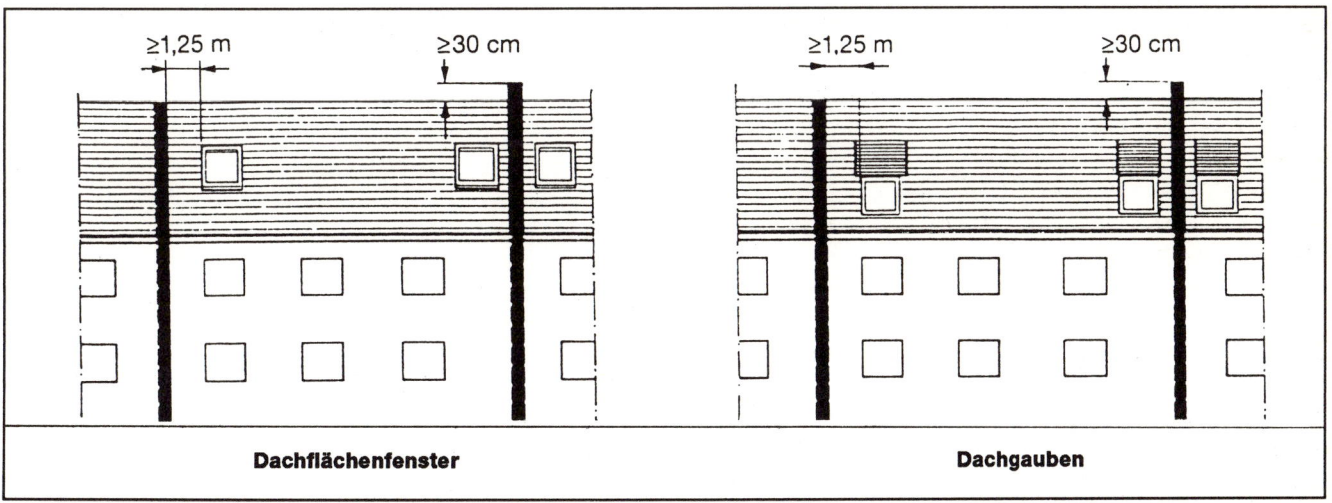

Abb. 7.1.2 Abstände von Fenstern zu Brandwänden

Quelle (2)

tern retten kann. Hierzu müssen die Aufenthaltsräume und Wohnungen im Dachraum zumindest über ein geeignetes Fenster je Wohneinheit durch Feuerwehrleitern sicher erreichbar sein, was eine für die Feuerwehr geeignete Zufahrt bedingt. Das Ausfahren der Drehleitern darf nicht behindert werden. Die geeigneten Fenster müssen nach Anordnung, Größe und Ausführung gewährleisten, daß auch im Panikfall die Rettung von Menschen (auch von Kindern, älteren und kranken Menschen) durch die Feuerwehr sichergestellt ist. In der Dachschräge liegende Fenster sind als Rettungsweg nur geeignet, wenn sie von unten ausreichend einsehbar und anleiterbar sind (Abb. 7.1.3).

7.2 Fenstermaterialien

Jahrhundertelang wurden Fensterrahmen aus Holz gefertigt. Erst das industrialisierte Bauen brachte neue Anforderungen, zu deren Erfüllung neue Materialien benötigt wurden. So wurden z.B. die Fenster der großen Industriehallen aus verglasten Eisenrahmen hergestellt, was allerdings zu großen Wärmeverlusten, Kondenswasserproblemen und Korrosion führte. Heute werden Fensterrahmen aus Holz, Stahl, Aluminium und Kunststoff oder aus Materialkombinationen gefertigt. Dabei ist Holz für die Fensterfertigung immer noch das preiswerteste, anpassungsfähigste und umweltfreundlichste Baumaterial. Ob die Fensterrahmen mit deutschen Sicherheitspro-

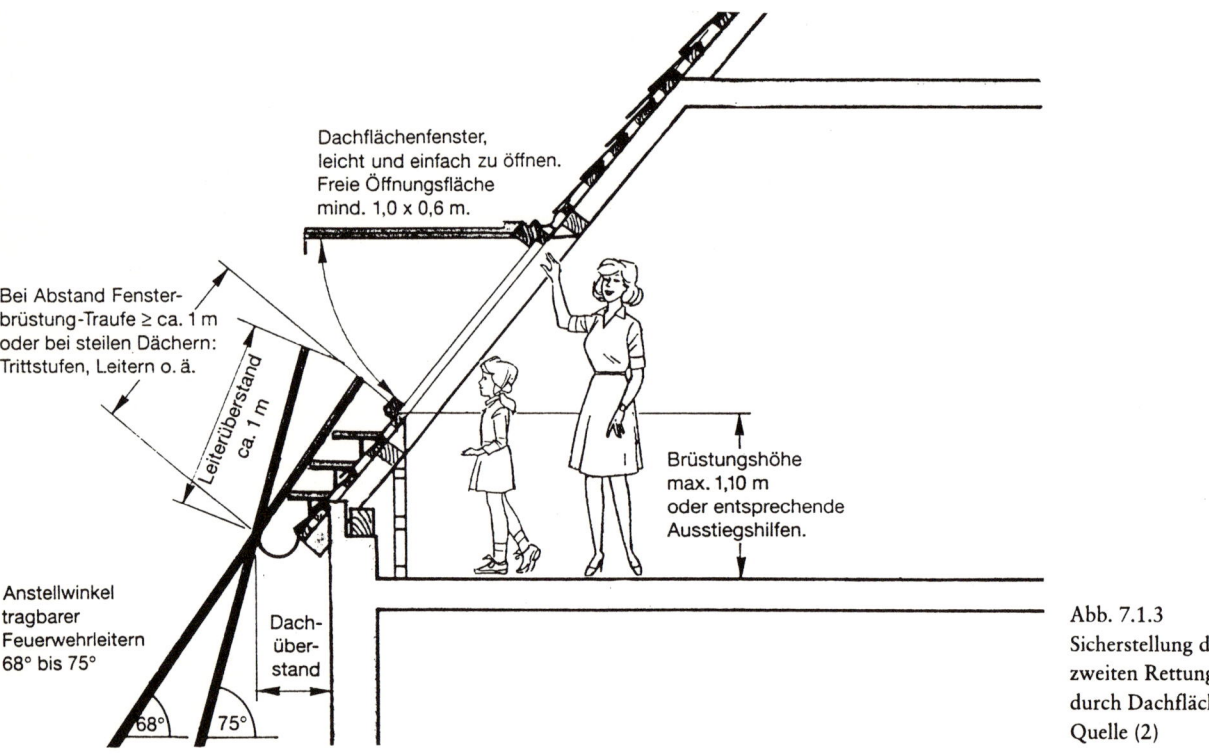

Dachflächenfenster, leicht und einfach zu öffnen. Freie Öffnungsfläche mind. 1,0 x 0,6 m.

Bei Abstand Fensterbrüstung-Traufe ≥ ca. 1 m oder bei steilen Dächern: Trittstufen, Leitern o. ä.

Leiterüberstand ca. 1 m

Brüstungshöhe max. 1,10 m oder entsprechende Ausstiegshilfen.

Anstellwinkel tragbarer Feuerwehrleitern 68° bis 75°

Dachüberstand

68°   75°

Abb. 7.1.3
Sicherstellung des zweiten Rettungsweges durch Dachflächenfenster
Quelle (2)

filen von 70 mm Querschnitt oder mit reduzierten dänischen Profilstärken gebaut sind, bei geeigneter Holzauswahl und fachgerechter Konstruktion bilden sie ein langlebiges Bauteil. Nur der offenporige Lasuranstrich mit Naturharzen muß in regelmäßigen Abständen erneuert werden. Das Fensterholz sollte nicht mit fungizid- oder pestizidhaltigen Lasuren gestrichen werden, da die ausdampfenden Gifte den Innenraum verseuchen.

Die Fenster werden in der Wandöffnung des Mauerwerks mit Keilen und Eisenschlaudern, bei Holzständerkonstruktionen oder Blockwänden mit Stockschrauben befestigt. Die Fuge zwischen Fensterstock und Wand wird mit Fensterweißstrick (Jute), Kokoswolle oder Schafwolle ausgestopft oder bei Holzständerkonstruktionen mit feuchtem Zellulosedämmstoff gefüllt. Das Ausschäumen mit UF- oder PU-Schäumen (sog. Ortschaum) ist wegen der Formaldehyd- oder Isocyanatbelastung bzw. wegen der enthaltenen ozonzerstörenden Treibgase zu unterlassen.

7.3 Fensterkonstruktion

In alten Häusern findet man oft noch Fenster mit dünnen Holzflügeln und Einfachverglasung. Da Glas Wärme gut leitet, ist die Scheibe die kälteste Fläche des Raumes. An der Scheibeninnenseite kondensiert der Wasserdampf im Winter und sammelt sich in einer Rinne im Fensterbrett (Abb. 7.3.1). Eine bessere Wärmedämmung ergibt sich, wenn ein weiterer Fensterflügel in einem Abstand von 10 - 20 cm (Optimum 15 cm) im Winter davorgehängt wird. Dies ist das sogenannte Kastenfenster, bei dem nur die äußere Scheibe beschlägt, da

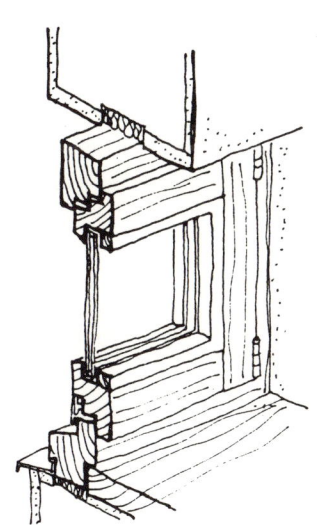 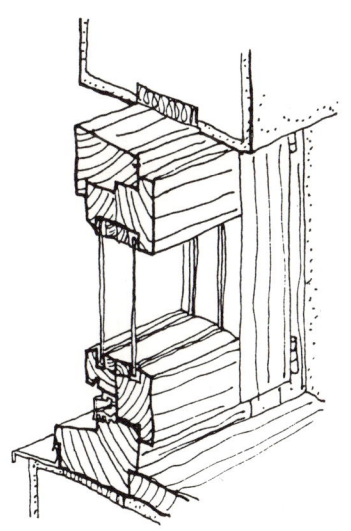 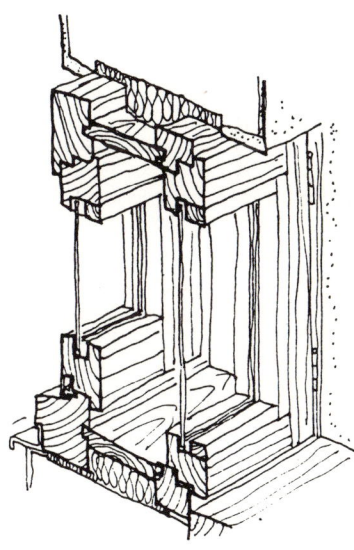

Einfachfenster mit Isolierverglasung
k=3,0 R´= 28 dB

Verbundfenster mit Einfachverglasung
k=2,2 R´= 34 dB

Kastenfenster mit Einfachverglasung
k=2,0 R´= 44 dB

Abb. 7.3.1 Fensterkonstruktionen

die Luft im Zwischenraum wärmedämmend wirkt. Da diese Fensterkonstruktion viel Raum einnimmt und aufwendig herzustellen ist, wurden in den 50er Jahren beide Flügel miteinander verbunden (sogenanntes Verbund- oder Wagner-Fenster). Die Erfindung des Isolierglases, bei dem zwei Glasscheiben in 12 - 16 mm Abstand miteinander verklebt sind, wobei der Zwischenraum mit Luft oder einem anderen Gas gefüllt ist, ermöglichte wieder einfachere Rahmenkonstruktionen. Der Fensterflügel kann aus einem Stück Holz gefertigt werden, das etwas kräftiger dimensioniert ist, um das höhere Scheibengewicht zu tragen. Mittlerweile sind bei normaler Isolierverglasung k-Werte von 2,5 W/m²K die Regel. Durch einen Mehreinsatz von ca. 100 DM/m² für eine Wärmeschutzverglasung läßt sich der k-Wert der Fensters auf 1,3 W/m²K verbessern. Wärmeschutzgläser unterscheiden sich äußerlich kaum von der einfachen Isolierverglasung, der verbesserte Wärmeschutz wird zum einen durch eine Metalloxidschicht auf der inneren Scheibe und eine Edelgasfüllung im Glaszwischenraum erreicht.

Mit einer Wärmeschutzverglasung oder mit einer dreifachen Verglasung weisen Südfenster auch im Winterhalbjahr eine

	k_F-Wert W/m²K	g-Wert %	keq = K_F - Sr x g [W/m²K]		
Strahlungs-gewinnfaktor Sr			Nord 1,2	Süd 2,4	Ost/West 1,8
Verglasungsart im Fenster					
Einfachglas	4,3	87	3,26	2,21	2,73
Isoglas 2-fach SZR 12 mm	2,6	75	1,70	0,80	1,25
Isoglas 3-fach mit Gasfüllung	1,8	66	1,00	0,22	0,61
iplus neutral R Wärmeschutzglas	1,5	62	0,76	0,01	0,38

Abb. 7.3.2
Der äquivalente k-Wert von Fenstern ist von der Himmelsrichtung und der Art der Verglasung abhängig.

Quelle (29)

positive Energiebilanz auf, d.h. die Strahlungsgewinne sind im Mittel größer als die Wärmeverluste. In der Wärmebedarfsberechnung wird dieser Effekt durch einen geänderten äquivalenten k-Wert (sog. k_{eq}) berücksichtigt, der von der Orientierung der Fenster abhängig ist (Abb. 7.3.2).

Gestalterischer Nachteil der Isolierglasfenster sind die größeren Holzquerschnitte, die wegen der vorgegebenen Glasfalztiefe von 18 mm notwendig werden. Dies wirkt sich besonders auf die Gestaltung der Fenster mit Sprossen, bei Fenstern mit Oberlicht und bei sehr kleinen Fenstern nachteilig aus. Filigranere Sprossen sind auch bei Isolierverglasung möglich, wenn sie der Glasfläche vorgesetzt, und auf der Fensterinnenseite mit einem sog. Glasleistenrahmen wiederholt werden. Vor allem in alten Häusern wirken moderne, nicht unterteilte Isolierglasfenster grob und maßstabsverletzend. Hier ist die vorgenannte Ausführung angebracht.

7.4 Sommerlicher Wärmeschutz

Das Fenster (genauer: das Glas) wirkt als Wärmefalle, da die kurzwellige Sonnenstrahlung in den Raum eindringt und beim Auftreffen auf Bauteile weitgehend in Wärme umgewandelt wird, die nicht wieder entweichen kann, weil das Fensterglas für die langwellige Wärmestrahlung wenig durchlässig ist. Diese passive Nutzung der Sonnenenergie kann im massiven Wohngeschoß den Einsatz von Fremdenergie zur Raumheizung merklich reduzieren.

Im Dachgeschoß muß allerdings darauf geachtet werden, daß im Sommerhalbjahr eine Überhitzung der Räume vermieden wird. Nach Osten und Westen dürfen nicht zu große senkrechte Fenster angeordnet werden, nach Süden möglichst keine Dachflächenfenster. Eine übermäßige Sonneneinstrahlung durch Südfenster kann durch eine richtige Anordnung in der Wand, durch entsprechende Bemessung von Dachüberständen und mit Verschattungselementen verhindert werden. Sehr wirkungsvoll sind Sonnenschutzvorrichtungen bei südlich und westlich orientierten stehenden Fenstern und insbesondere bei nach Süden angeordneten Dachflächenfenstern, die im Sommer nahezu den ganzen Tag Sonneneinstrahlung empfangen. Sie werden besonders dann notwendig, wenn raumintern zu wenig Speichermasse zur Verfügung steht.

Die DIN 4108 gibt in Teil 2, Abschnitt 7, Empfehlungen für den sommerlichen Wärmeschutz und zwar ausschließlich für Gebäude ohne raumlufttechnische Anlagen. Je nachdem, ob im Gebäude eine "leichte" oder "schwere" Bauart vorliegt, werden entsprechende Höchstwerte für die Gesamtdurchlässigkeit des Fensters einschließlich eines eventuell vorhandenen Sonnenschutzes empfohlen.

Abgeleitet aus der Empfehlung der DIN 4108 für die "schwere" Bauart, kann der wünschenswerte Höchstwert für den Gesamtenergiedurchlaßgrad g des Fensters in Beziehung zu der im Raum vorhandenen Wärmespeichermasse dargestellt werden (Abb. 7.4.1). Die Empfehlung der DIN 4108 für die "leichte" Bauart führt erfahrungsgemäß zu keinem befriedigenden sommerlichen Wärmeschutz.

Die durch die Fensterfläche in den Raum gelangende Sonnenenergie kann durch entsprechende Auswahl der Verglasung bereits erheblich reduziert werden. Die hierfür maßgebende Kenngröße des Glases ist der Gesamtenergiedurchlaßgrad g. Diese dimensionslose Größe gibt an, wie groß der prozentuale Anteil der durch die Verglasung in den Raum gelangenden Sonnenenergie ist (Abb. 7.4.2).

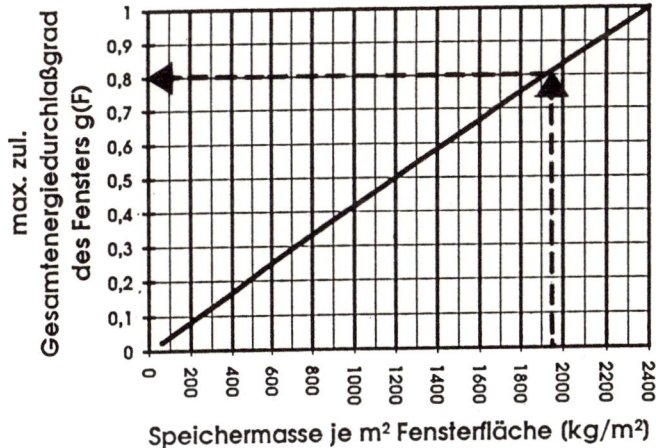

Abb. 7.4.1
Orientierungswerte für Speichermasse, Fenstergröße und Gesamtenergiedurchlaßgrad, z.B. vorhandene Speichermasse 1900 kg/m², zul. Gesamtenergiedurchlaßgrad des Fensters 0,8   Quelle (30)

Der Orientierungswert g (F) in Abb. 7.4.1 kann halbiert werden bei Fensterflächen mit Nordorientierung, die bis zu 22,5° von Nord abweichen und bei ganztägig verschatteten Fensterflächen. Die Flächen von geneigten Fenstern sind mit einem Faktor von 1,2 (bei 55° Dachneigung) bis 1,8 (bei 20° Dachneigung) zu multiplizieren.

Zusätzliche Sonnenschutzmaßnahmen werden mit der bauphysikalischen Kenngröße *Abminderungsfaktor z* beschrieben. Dieser Wert gibt an, um welchen prozentualen Anteil der Strahlungsdurchgang durch das Fenster zusätzlich gemindert wird (Abb. 7.4.3).

Bei der Ermittlung der Speichermassen der Innenbauteile ist zu berücksichtigen:

Verglasungsart	g-Wert
Doppelverglasung aus Klarglas	0,8
Dreifachverglasung aus Klarglas	0,7
Glasbausteine	0,6
"neutrale" Sonnenschutzverglasung	0,5-0,6
"beschichtete" Sonnenschutzverglasung	0,2-0,6

Abb. 7.4.2 Beispiele für den den Gesamtenergiedurchlaßgrad g von Verglasungen   Quelle (30)

Sonnenschutzmaßnahme	z-Wert
fehlende Sonnenschutzvorrichtung	1,0
innenliegende Jalousien, Gewebe, Folien usw.	0,4-0,7
Außenliegende Jalousien, Folien, Rolläden, Fensterläden usw.	0,2-0,3
Vordächer, Loggien, Markisen	0,3-0,5

Abb. 7.4.3 Abminderungsfaktor z von zusätzlichen Sonnenschutzmaßnahmen   Quelle (30)

- Bei Bauteilen ohne Wärmedämmschichten wird die Masse zur Hälfte angerechnet, z.B. bei raumumschließenden massiven Innenwänden.

- Bei Bauteilen mit innenliegender Wärmedämmung darf nur die Masse zwischen der Dämmung und der raumseitigen Schicht angerechnet werden, z.B. die Trockenbauplatte.

- Bei Bauteilen mit Holz oder Holzwerkstoffen dürfen die entsprechenden Schichten mit der doppelten Masse angerechnet werden (c = 2,0 kJ/kgK).

Beispiel (Abb. 7.4.4):
Fenster (Wand) 1,4 m², Fenster (Dach) 1,0 m² x 1,4 = 1,4 m²
A: *g F* Isolierverglasung ohne Außenjalousie = 0,8
notwendige Speichermasse: 2,8 m² x 1900 kg/m² = 5.320 kg (nach Abb. 7.4.1)
B: *g F* mit Außenjalousie an beiden Fenstern = 0,24
notwendige Speichermasse: 2,8 m² x 600 kg/m² = 1680 kg

20 m² Bodenfläche mit Holzboden = 240 kg
11,5 m² Innenwand, massiv gemauert, verputzt = 966 kg
22 m² Decke und Dachschräge mit Trockenbauplatten = 440 kg
Summe: 1646 kg

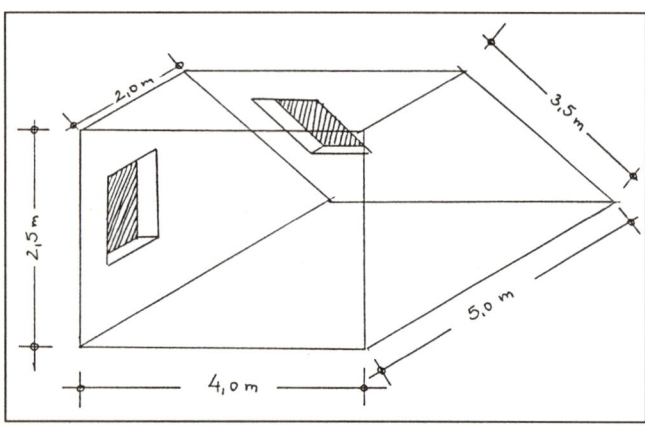

Abb. 7.4.4 Raumbeispiel

Im Falle A ist das Wärmespeichervermögen der eingesetzten Baustoffe unzureichend. Entweder ist der Einbau eines schweren Estrichs notwendig, oder es sollte auf das Dachflächenfenster verzichtet werden und das Giebelfenster eine Außenjalousie erhalten.

Im Falle B ist das Wärmespeichervermögen der umgebenden Bauteile ausreichend, da die Außenjalousien an beiden Fenstern die Sonneneinstrahlung abhalten.

Verschattung, Verdunkelung und Schutz vor Auskühlung sind mit einer Reihe von Baumaßnahmen zu erreichen.
Fensterläden lassen sich zweckmäßig nur an Giebelfenstern anordnen, da hier seitlich ausreichend Wandfläche zur Verfügung steht. Zusätzlichen Wärmeschutz im Winter bieten geschlossene Brettläden, die dicht am Fensterstock anliegen. Jalousieläden sind vorteilhaft, wenn nur Verschattung für die Sommerzeit gesucht wird, da sie noch ausreichend Licht gefiltert einlassen und bei geöffnetem Fenster gleichzeitig eine Durchlüftung ermöglichen.
Wo Fensterläden optisch stören, können *Holzrolläden* eingebaut werden, sofern Rolladenkästen (am besten als Ziegelfertigteil) in das Mauerwerk integriert worden sind. Aus energetischer Sicht ist der Rolladenkasten ein Schwachpunkt, da die kalte Luft bis an die Innenschale gelangt, auch wenn diese 30 mm stark gedämmt ist. Besonderes Augenmerk ist aus diesem Grunde auch auf den Kastendeckel zu richten: Dieser sollte aus stabilem Sperrholz bestehen, mit einer Korkplatte belegt sein und mit Gummidichtungen am Kasten anliegen. Wegen des günstigen Preises werden heute üblicherweise PVC-Rolladenprofile anstelle von Holz benutzt (40% des Preises eines vergleichbaren Holzrolladens). Die Hohlprofile sind meist zusätzlich mit Polyurethanschaum ausgefüllt.
Außenrolläden können auch nachträglich montiert werden. Wegen des geringen Raumbedarfs werden Aluminiumprofile eingesetzt, die außer der Verdunkelung des Raumes und dem Schutz vor Sonneneinstrahlung noch einen gewissen Windschutz bieten können.
Die einfachste Form des temporären Sonnenschutzes stellen *Außenjalousien* dar, im Neigungswinkel verstellbare Stahl-, Aluminium- oder Kunststofflamellen, die an Bändern geführt vor der Scheibe befestigt werden. Infolge ihrer exponierten Lage können sie je nach Ausführung z.B. durch starken Wind etc. recht reparaturanfällig sein.

Innenjalousien sind weniger schadensanfällig, dienen jedoch in erster Linie als Sichtschutz und zur Verdunkelung des Raumes. Sie können, selbst wenn sie mit einer reflektierenden Lamellenaußenseite versehen sind, nur bedingt vor Erwärmung schützen, da die Sonneneinstrahlung schon im Rauminnern angelangt ist.

Auf der Innenseite angebrachte *Dämmläden* waren früher in Herrenhäusern und Schlössern durchaus üblich, sie können z.B. in besonderen Fällen des Denkmalschutzes wieder zur Anwendung kommen.

Zur Verschattung sind auch festmontierte Elemente wie Vordächer, Gitter oder Roste geeignet, die aus Holz oder Metall fest an die Außenwand oberhalb des zu schützenden Fensters montiert werden. Die Größe der Konstruktion muß nach dem Sonneneinfallswinkel im Hochsommer berechnet werden. (Abb. 7.4.5, 7.4.6). Mit gutem Erfolg und geringen Kosten auch nachträglich herzustellen sind Rankhilfen (Stahlschnüre oder Spaliere) für Kletterpflanzen, die vor der Sommersonne schützen und im Herbst ihr Laub abwerfen.

7.5 Giebelfenster

Ein stehendes Fenster in die Giebelwand einzubauen ist wenig problematisch. Viel schwieriger ist es, die neue Öffnung optisch befriedigend in die Fassade einzupassen (Abb. 7.5.1). Am einfachsten ist es, wenn die vorhandene Fensterteilung und -konstruktion in der Profilbemessung des neuen Fensters

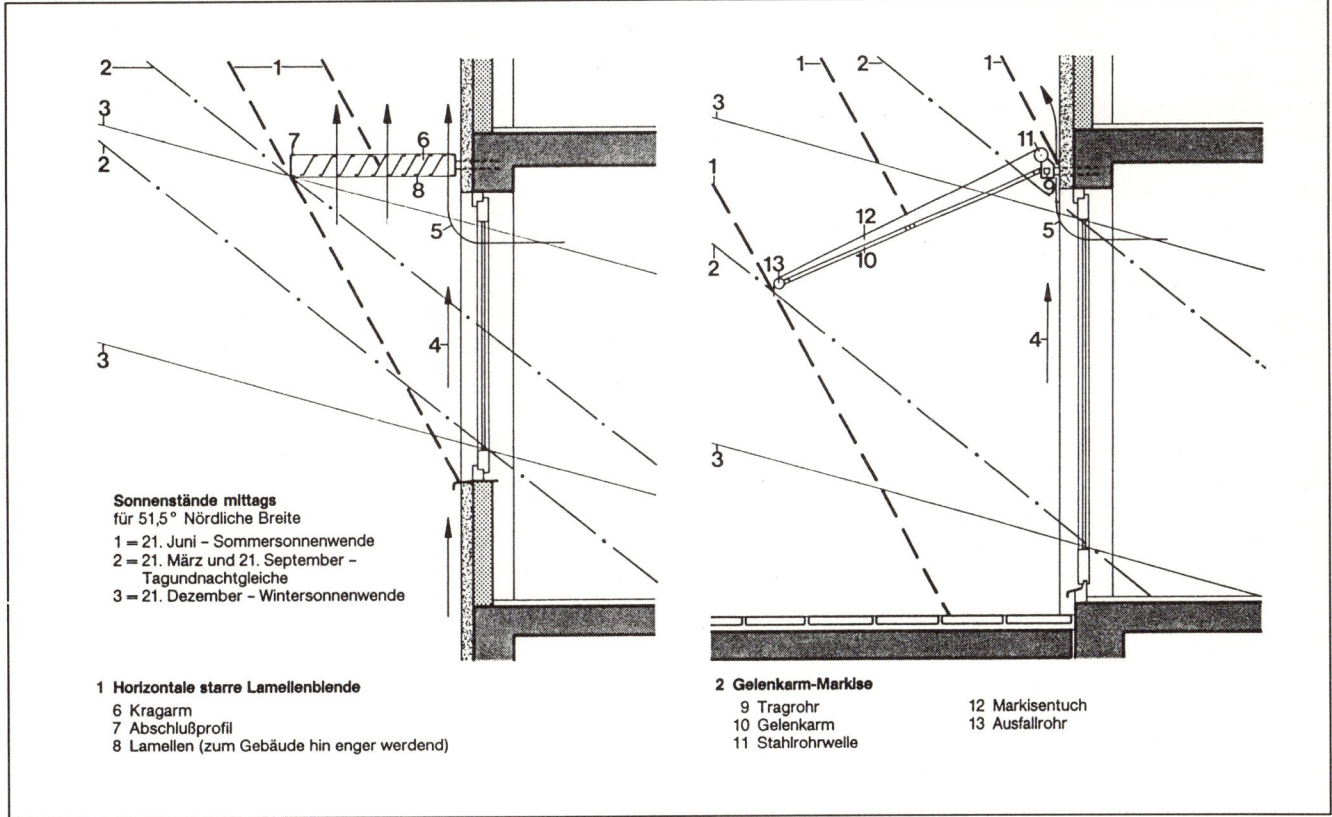

Sonnenstände mittags
für 51,5° Nördliche Breite

1 = 21. Juni – Sommersonnenwende
2 = 21. März und 21. September – Tagundnachtgleiche
3 = 21. Dezember – Wintersonnenwende

1 Horizontale starre Lamellenblende
6 Kragarm
7 Abschlußprofil
8 Lamellen (zum Gebäude hin enger werdend)

2 Gelenkarm-Markise
9 Tragrohr
10 Gelenkarm
11 Stahlrohrwelle
12 Markisentuch
13 Ausfallrohr

Abb. 7.4.5 Anordnung eines starren Sonnenschutzes

Quelle (31)

Abb. 7.4.6 Sonnenschutz, fest montiert. Allerdings ist gerade das Giebelfenster ungeschützt

Abb. 7.5.1 Schön gestaltetes Giebelfenster

wieder aufgenommen wird. Aber auch pfiffige Lösungen, die vom vorgegebenen Bauprinzip abweichen, können reizvoll sein, erfordern jedoch ein hohes Maß an Einfühlungsvermögen. So könnte das Giebelfenster z.B. durch Seitenfenster zu einer üppigen Giebelverglasung erweitert werden (sog. Atelierfenster). Bei Nordorientierung des Giebels und tiefen Räumen kann dies zu guten Ergebnissen in der Raumbelichtung führen. Eine optisch transparente Wirkung wird durch eine Fenstertüre mit Außengeländer (sog. französisches Fenster) erreicht, da die Geschlossenheit der massiven Giebelwand reduziert wird. Der Lichtgewinn sollte allerdings nicht überschätzt werden, da die Verglasung im Brüstungsbereich keinen Einfluß auf die Ausleuchtung des Raumes in der Tiefe hat.

Wird die Giebelwand durch eine Holzständerkonstruktion gebildet, ist eine freie Anordnung der Fenster nur innerhalb des Stützenrasters möglich.

Die aufwendigste Lösung besteht in der Ausführung eines Giebelbalkons, der in 6 bis 8 m Höhe schon leicht Ähnlichkeit mit einem Adlerhorst bekommt. Bei Betondeckenkonstruktionen ragt die Decke - thermisch getrennt - nach außen und wird mit einem Geländer aus Holz oder Stahl versehen (Abb. 7.5.2 - 7.5.4). Holzbalkone können von den Pfetten abgehängt und mit einem Holzgeländer ausgestattet werden.

Abb. 7.5.2
Balkon auf auskragenden Holzbalken gesetzt

Abb. 7.5.3
Großzügige
Giebelverglasung,
Balkon auf
Holzstützen

7.6 Gaubenfenster und Dachgaube

In Räumen ohne Giebelwandanteil sind senkrecht stehende Fenster nur durch Dachgauben möglich (Abb. 7.6.1). Da die Gaube als plastisches Element innerhalb der ruhigen Dachfläche stark in Erscheinung tritt, sind an die Gestaltung hohe Anforderungen zu stellen. In Form und Größe sollte sie sich in das Dach, aber auch in die bauliche Umgebung einpassen. In Dächern mit Neigungen unter 30 Grad können Gauben aus gestalterischen Gründen nicht mehr eingebaut werden. Kleine Gauben in Reihung (Abb. 7.6.2) sind besser als eine große, langgestreckte Gaube, zu deren Einbau mehrere Sparren ausgewechselt werden müssen (7.6.3). Die Gaube sollte immer noch ausreichend Dachfläche um sich haben und darf nicht zu nah an den Giebel oder die Traufe rutschen. Unterbricht die Gaube die Traufe, entsteht ein kleines Querhaus (7.6.5). Dies ist auch ein Ausweg bei geringen Dachneigungen, da das lange Gaubendach eine Entsprechung in der optisch betonten zusätzlichen Quergiebelwand findet. Der First des Querhauses muß sich aber dem Hauptfirst eindeutig unterordnen.

Abb. 7.5.4
Balkon in
Stahl abgehängt

Abb. 7.6.1 Alte Dachgaube

Abb. 7.6.2 Mehrere kleine Dachgauben, Ziegeldeckung

Abb. 7.6.3 Große Dachgaube, in Blech eingefaßt

Abb. 7.6.4 Kleine Gaube, mit Zinkblech verkleidet

1. Fensterform

So wie beim Giebelfenster sind auch bei der Gaube viele Fensterformen möglich. Die Größe des Fensters hat sich der Größe der Dachfläche anzupassen. Einfamilienhausdächer mit 60 bis 100 m² Dachfläche vertragen höchstens Fensterformate von 1 bis 1,20 m Breite. Das Gaubenfenster sollte etwas kleiner als die Fenster in der Außenwand gewählt werden.

2. Dachform

Das Gaubendach paßt sich in Neigung, Material und Form dem Hauptdach an. Die Fledermausgaube, auch "Ochsenauge" genannt, schmiegt sich z.B. in die Dachhaut ein, die Dachfläche wird nirgends unterbrochen, sondern weich über die Gaube geführt (Abb. 7.6.6). Ähnlich lassen sich halbrunde Gauben mit einer Verkleidung aus Kupfer- oder Zinkblech in die Dachhaut integrieren. Für die Schleppgaube wird ein

Abb. 7.6.6 Fledermausgaube   Foto: Fa. Ott/M. Wesely

Abb. 7.6.5
Querhaus mit Fenstertüre und Balkongitter, sog. französischer Balkon

Abb. 7.6.7 Sonderform einer Dachgaube

kleiner Teil der Dachfläche angehoben, so daß Platz für ein Fenster entsteht. Bei geringeren Dachneigungen und größeren Fenstern ist es vorteilhafter, für die Gaube ein eigenes Dach oder ein eigenes Querhaus auszubilden, z.B. mit einem einfachen Sattel-, Walm- oder Pultdach, wenn möglich in demselben Material gedeckt wie das Hauptdach.

Es ist auch möglich, unorthodoxe Formen in die Dachfläche zu integrieren, allerdings erfordert dies sehr viel Erfahrung. Abb. 7.6.7 zeigt eine ungewöhnliche Dreiecksgaube, bei der

zusätzlich ein Ausblick über Eck nach Süden möglich ist, ohne daß das Dachzimmer durch Sonneneinstrahlung zu stark aufgeheizt wird.

3. Außenverkleidung

Die schmalen Randflächen neben dem Gaubenfenster, und die seitlichen Bauteile, die in die Dachhaut münden, sollten mit einer Außenverkleidung versehen werden, die möglichst

129

Abb. 7.6.8 Dachgaube und Dacheindeckung in Blei

Abb. 7.6.10 Walmdachgaube mit Holzschindeln verkleidet

Abb. 7.6.9 Rundbogengaube in Kupferblech

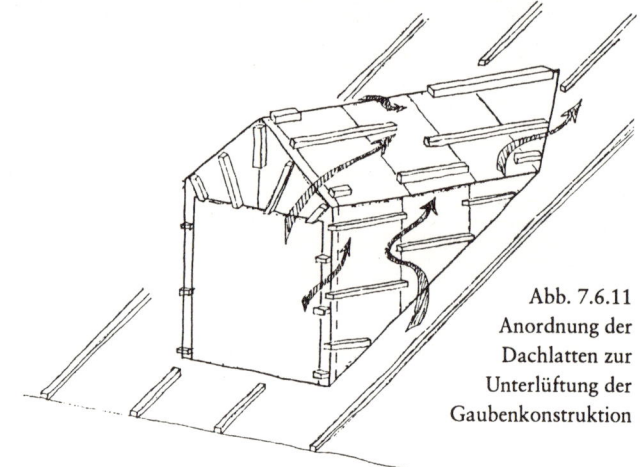

Abb. 7.6.11
Anordnung der
Dachlatten zur
Unterlüftung der
Gaubenkonstruktion

wenig Wartung erfordert. Als Material ist hier vorrangig Metall geeignet (siehe auch Kap. 3.3). Andere gebräuchliche Verkleidungen sind Holzschindeln, Ziegelplatten und Schiefer. Sämtliche Materialien sollten an der Gaube ebenso hinterlüftet werden, wie dies bei einer hinterlüfteten Außenverkleidung Vorschrift ist. Die Hinterlüftung der Dachschräge kann von der Stirnseite der Gaube her erfolgen, die stehenden Seiten werden mit der Unterlüftungszone unter der Dachdeckung verbunden (Abb. 7.6.11).

4. Gaubenkonstruktion

Die Gaubenkonstruktion muß dem übrigen Dachaufbau entsprechen, d.h. sie muß ebenso winddicht sein, ein wasserführendes Unterdach aufweisen usw. Unabhängig davon, welche Form der Gaube gewählt wurde, wird die tragende Konstruktion aus Holz hergestellt. Sie besteht aus Brusthölzern für das Fenster, aus Seitenstützen, falls notwendig aus Pfetten und aus Sparren (Abb. 7.6.12, 7.6.13). Die Brust- und Seitenhölzer sollten mindestens 10 cm stark sein, um die Wärmedämmung aufnehmen zu können. Als Dämmaterial für die seitlichen Bauteile empfiehlt sich plattenförmiges Material (Kork, Holzweichfaserdämmplatten), das paßgenau zugeschnitten ist. Liegt die Decke der Gaube waagerecht in gleicher Ebene wie die des dahinterliegenden Raumes, so wird die Dämmung auf diese abgehängte Decke gelegt. Ist dies nicht der Fall, wird die Dämmung zwischen den Sparren eingebaut (Abb. 7.6.15). Die Innenverkleidung der Gaube wird der Verkleidung des übrigen ausgebauten Dachgeschosses angepaßt.

5. Pultdächer und aufgesetzte Dächer

Eine Belichtung des Dachraumes mit senkrecht stehenden Fenstern ist bei einem Pultdach (Abb. 7.6.16) auch längs des Firstes möglich, bei einem aufgeständerten Dach auf allen Seiten (Abb. 7.6.17).

Abb. 7.6.12 Tragkonstruktion

Abb. 7.6.13 Tragkonstruktion einer großen Gaube (Querhaus)

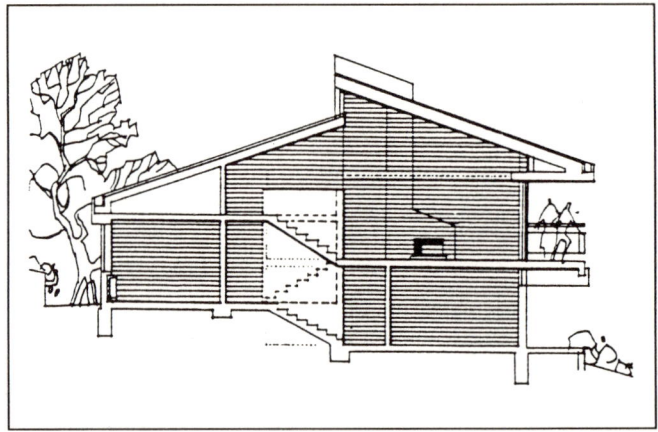

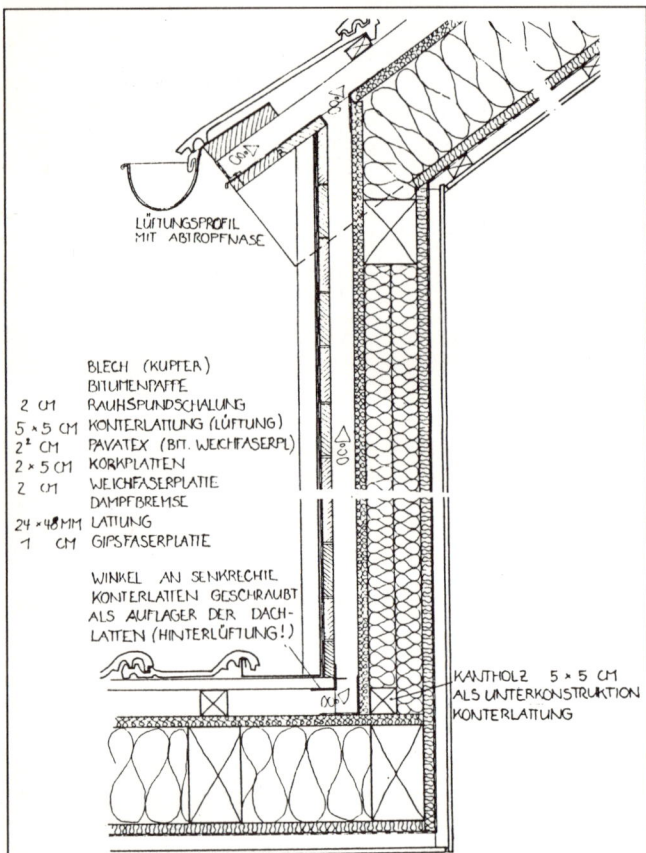

LÜFTUNGSPROFIL
MIT ABTROPFNASE

BLECH (KUPFER)
BITUMENPAPPE
2 CM RAUHSPUNDSCHALUNG
5×5 CM KONTERLATTUNG (LÜFTUNG)
2² CM PAVATEX (BIT. WEICHFASERPL)
2×5 CM KORKPLATTEN
2 CM WEICHFASERPLATTE
DAMPFBREMSE
24×48MM LATTUNG
1 CM GIPSFASERPLATTE

WINKEL AN SENKRECHTE
KONTERLATTEN GESCHRAUBT
ALS AUFLAGER DER DACH-
LATTEN (HINTERLÜFTUNG!)

KANTHOLZ 5×5 CM
ALS UNTERKONSTRUKTION
KONTERLATTUNG

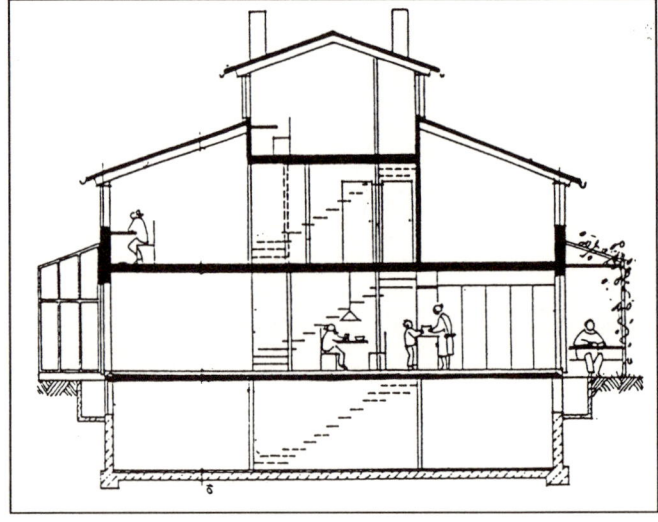

Abb. 7.6.14 (links oben)
Rundbogengaube von innen

Abb. 7.6.15 (links unten)
Gaubenwand mit dazwischenliegender Wärmedämmschicht,
Außenverschalung aus Kupferblech

Abb. 7.6.16 (rechts oben)
Wohnhaus mit Pultdach (Architekt F. Hierl)   Quelle (32)

Abb. 7.6.17 (rechts unten)
Dachgeschoß, in der Mitte aufgeständert
(Architekt Sampo Widmann)   Quelle (33)

7.7 Dachflächenfenster

Ist die Belichtung des Raumes über ein Giebelfenster bzw. ein Gaubenfenster nicht möglich, bleibt der Einbau eines Dachflächenfensters (Abb. 7.7.1). Früher wurden Dachluken meist nur als Notausstieg für die Dachreparatur und den Kaminkehrer eingebaut, sie waren, 50 x 50 cm groß, und bestanden aus verzinktem Stahlblech mit Drahtverglasung und einfachem Ausstellmechanismus.

Heute sind Dachflächenfenster aus Holz und Kunststoff mit Verbund- bzw. Isolierverglasungen und verschiedenen Öffnungsmechanismen erhältlich. Nach den Erfahrungen des Autors haben sich vor allem Holzfensterkonstruktionen mit Isolierverglasung, hinterlüfteter Blechverkleidung und einfachem Schwenkmechanismus (Schwenkpunkt mittig oder oben) bewährt.

Abb. 7.7.1 Dachlandschaft

1. Baurecht

Dachflächenfenster sind nur im Bereich des Denkmalschutzes genehmigungspflichtig. Dies bedeutet aber nicht gleichzeitig, daß die Nutzung des Dachraumes als Aufenthaltsraum zulässig oder genehmigungsfrei ist. Es ist daher sinnvoll, die Baugenehmigungsbehörde vor Durchführung des Vorhabens zu befragen.

2. Funktion

Vor dem Einbau eines Dachflächenfensters müssen im Vergleich zum senkrechten Fenster einige zusätzliche Überlegungen angestellt werden:

Optik
Auch beim Dachflächenfenster gilt das Gestaltungsprinzip: Je kleinteiliger, desto verträglicher. Aus diesem Grunde sollten die Fenster möglichst zwischen die Sparren eingebaut werden, ohne daß zusätzliche Wechsel erforderlich sind. Bei den üblichen lichten Sparrenabständen von 70 - 90 cm beschränkt dies die nutzbare Glasbreite auf 55 - 80 cm. Größere Breiten

lassen sich nur durch das Auswechseln eines oder mehrerer Sparren erreichen, was technisch einfach durchführbar ist, aber bei Dachflächenfenstern von außen meist optisch unbefriedigend wirkt. Besser ist es, zwei Fenster nebeneinander mit Unterbrechung durch den Sparren oder im Abstand von zwei Sparrenfeldern anzuordnen. Zwei Fenster übereinander bringen für die Belichtung selten sehr viel mehr, durch die große Einbauhöhe sind sie im allgemeinen schlecht zu öffnen und zu putzen.

Helligkeit
Der Gewinn an Helligkeit ist bei Dachflächenfenstern wesentlich höher als bei stehender Verglasung gleicher Größe. Je nach Dachneigung beträgt die Lichtausbeute das 1,2 fache (bei 55° Dachneigung) bis 1,8 fache (bei 20° Dachneigung)

Verglasungsart	Standard-fenster	Fenster mit 1-Funktions-Scheiben						2-Funktions-Scheiben	Multi-Funktions-scheiben
	2-Scheiben-Isolierglas	Energiespar-scheibe Thermoplus neutral	Hitzeschutz-scheibe Infrastop neutral 51/39	Schallschutz-scheibe Phonstop 24/38	Fenster mit Vorsatz-flügel	gehärtetes Glas außen Verbund-sicherheits-glas innen*	Ornament-Verglasung	Thermoplus Phonstop* 24/38	spezielle Scheiben kombi-nationen
Lichtdurchlässigkeit TL (%) nach DIN 67 507	80	79	51	80	72	80	80	79	70
Wärmedurchgangskoeffizient k(W/mZK) nach DIN 4108	2,6	1,7	2,1	2,6	1,9	2,6	2,6	2,0	1,8
Bewertetes Schalldämm-Maß Rw(dB) nach DIN 4109	30	30	30	33-38*	42	30	30	33-38*	34
Gesamtenergiedurchlässigkeit g (%) nach DIN 67 507	77	65	39	77	68	77	77	65	49
erhöhter Hagelschutz durch gehärtetes Glas außen	-	-	-	-	-	ja	-	-	ja
erhöhter Einbruchschutz durch Verbundsicherheitsglas innen	-	-	-	-	-	ja	-	-	ja

Abb. 7.7.2 Technische Werte für Verglasungsarten (* je nach Fensterart)

Quelle (34)

der gleichgroßen senkrechten Fensterflächen, da das Licht in einem günstigeren Winkel einfällt. Damit steigt aber auch die Sonneneinstrahlung, was in der Folge zur schnelleren Aufheizung der Räume führt. Vor allem Dachflächenfenster mit Süd- oder Westorientierung bringen vielfach schwer zu beherrschende thermische Probleme (siehe Kap. 7.4). Lediglich Nordfenster sind unproblematisch und geben ein farbneutrales Licht (Künstleratelier- oder Museumslicht).

Von den Herstellern wird ein ganzer Gemischtwarenladen für den Sonnen- und Sichtschutz angeboten: Vom Außenrolladen über Sonnenschutzmarkisen und Innenrollos bis zur Multifunktionsscheibe mit Hitzeschutz (Abb. 7.7.2).

Ausblick

Bei einem Dachflächenfenster sollte der Ausblick sowohl im Sitzen wie auch im Stehen möglich sein. Grundsätzlich kann dies mit jedem Dachflächenfenster erreicht werden, wenn es lang genug ist.

Die DIN 5034 "Tageslicht in Innenräumen", Teil 1, empfiehlt für den Ausblick und die Sichtverbindung von Innen- und Außenraum, daß die Oberkante des Fensters mindestens 2,20 m über dem Fußboden liegt, und die Oberkante der Fensterbrüstung nicht höher als 0,90 m über dem Fußboden ist, um sowohl im Sitzen wie auch im Stehen einen Ausblick zu haben. Allerdings wird auch gefordert, daß die Summe der Breiten aller vorhandenen Fenster im Raum mindestens 55% der Breite des Wohnraumes betragen sollte. Diese Forderung ist wohl der Fensterherstellerlobby zuzuschreiben.

Je steiler das Dach ist, desto leichter läßt sich die erste Forderung erfüllen. Bei Häusern mit einer ins Dachgeschoß reichenden Außenmauer (Drempel, Kniestock), sowie bei

Abb. 7.7.3 Dachflächenfenster   Foto: Fa. Velux

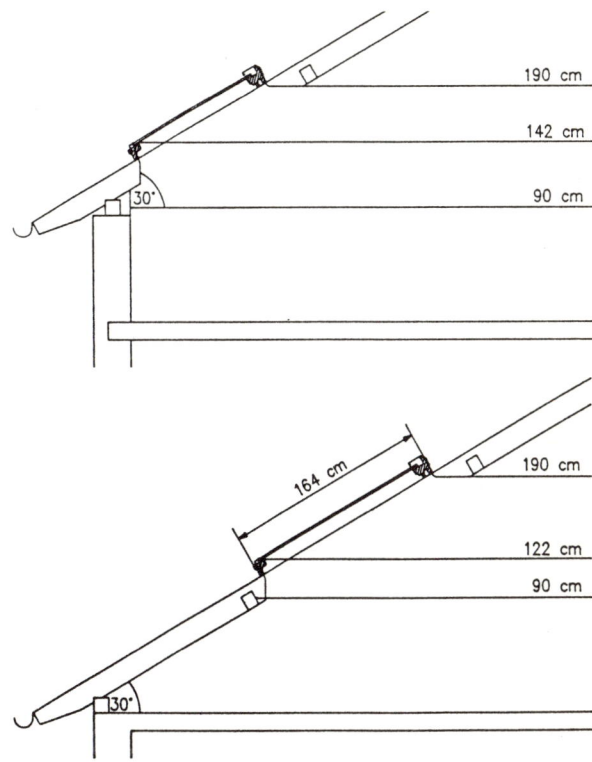

Abb. 7.7.4 Einbaumöglichkeit für Dachflächenfenster bei gering geneigten Dächern bzw. bei Dächern mit Kniestock   Quelle (24)

Dächern unter 45° Neigung läßt sich die für den optimalen Ausblick empfohlene Fensterbrüstungshöhe von ca. 90 cm normalerweise nicht erreichen (Abb. 7.7.4). Wenn der eingeschränkte Ausblick nicht akzeptabel ist, bieten sich folgende Lösungen an:

- Durch Kombi-Eindeckrahmen können mehrere Fenster übereinander eingebaut, und der Ausblick sehr weit nach unten gezogen werden (Abb. 7.7.5).
- Es können auch Fenster eingebaut werden, die nach unten durch ein fest verglastes Teil verlängert sind (Abb. 7.7.6).
- Bei Häusern mit Drempel oder Kniestock kann die Verglasung durch Zusatzelemente für die senkrechte Wand nach unten verlängert werden. Da der Kniestock mit

seinem Ringanker durch das Fenster unterbrochen wird, können bei dieser Lösung aufwendige Maßnahmen zur Sicherung des statischen Gefüges notwendig sein (Abb. 7.7.7).

Lüftung und Reinigung
Moderne Dachflächenfenster haben verschiedene Mechanismen, um Frischluft einzulassen:

- Eine Klappe am oberen Rand für zugfreie Dauerlüftung (mit Fliegengitter).
- Eine Lüftungsstellung des gesamten Fensters mittels Handhebel, wobei kein Niederschlag in den Raum eindringen kann.

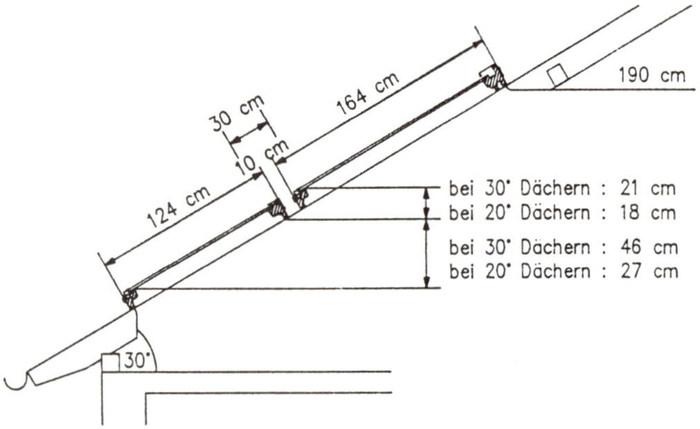

30 cm
10 cm
164 cm
190 cm
124 cm

bei 30° Dächern : 21 cm
bei 20° Dächern : 18 cm

bei 30° Dächern : 46 cm
bei 20° Dächern : 27 cm

30°

Abb. 7.7.5   Kombi-Eindeckrahmen   Quelle (24)

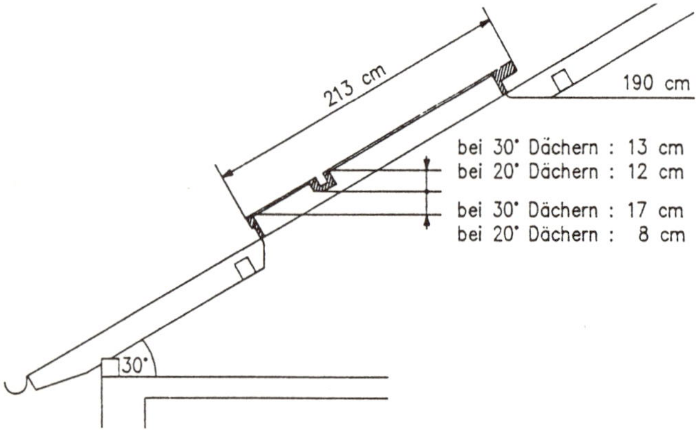

213 cm
190 cm

bei 30° Dächern : 13 cm
bei 20° Dächern : 12 cm

bei 30° Dächern : 17 cm
bei 20° Dächern : 8 cm

30°

Abb. 7.7.6   Verlängerung des Dachflächenfensters durch
ein fest verglastes Zusatzelement   Quelle (24)

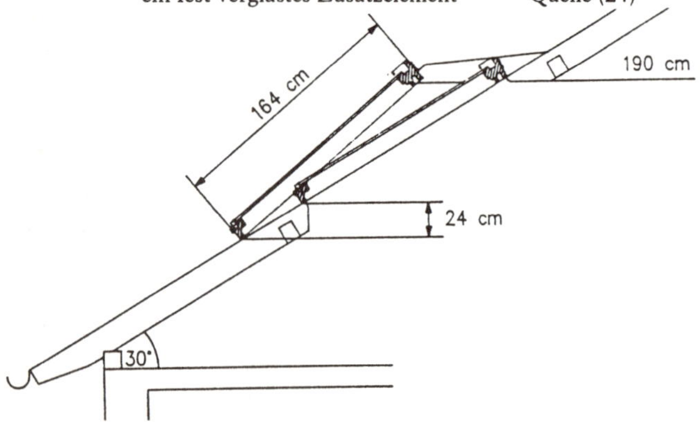

164 cm
190 cm

24 cm

30°

Abb. 7.7.7   Verglasungszusatzelement für senkrechte Wände bei
hohem Kniestock   Quelle (24)

Abb. 7.7.8
Übereinander angeordnete Dachflächenfenster   Foto: Fa Velux

Abb. 7.7.9   Ohne Sonnenschutzmaßnahmen dürfte dieses
Dachgeschoß im Sommer zur Sauna werden!

136

- Stufenloses Öffnen des Fensters mit Hilfe eines Scharniers am oberen Rand und einer Druckfeder. Bei geöffnetem Fenster kann Niederschlag in den Raum eindringen.
- Öffnen und Schwenken des Fensters um einen mittig angeordneten Drehpunkt. Da das Fenster dabei in den Raum hineinragt und eine Verletzungsgefahr darstellt, eignen sich Fenster, die sich ausschließlich auf diese Art öffnen lassen, nur für untergeordnete Nebenräume. Die Außenscheibe ist in geöffneter Stellung sehr gut von innen zu reinigen. Bei Regen läuft das Wasser direkt in den Raum.
- Das Fenster wird seitlich auf die Dachfläche geschoben. Bei ausreichender Fenstergröße bietet dies eine sehr gute Ausstiegsmöglichkeit für den Kaminkehrer bzw. als zweiter Fluchtweg. Die Mechanik wird sehr stark beansprucht, eine Reinigung ist nur durch seitliches Herausbeugen möglich. Das geöffnete Fenster bietet keinen Schutz vor Regen.
- Das Fenster wird seitlich auf die Dachfläche geklappt. Auch hier ist eine gute Ausstiegsmöglichkeit auf das Dach gegeben. Die Reinigung kann nur in zugeklapptem Zustand erfolgen, d.h. zum Fensterputzen muß man/frau auf das Dach steigen (Absturzgefahr).

3. Einbautechnik

Ein Dachflächenfenster wird gewöhnlich vom Zimmermann oder Dachdecker eingebaut.

Auflager
Dachflächenfenster benötigen ein allseitiges Auflager, an denen die Befestigungselemente, meist Metallwinkel, angebracht werden können. Als Auflager bieten sich Sparren und waagrechte Füllhölzer an. Ist das Fenster breiter als der lichte Abstand der Sparren, müssen ein oder mehrere Sparrenteile im Fensterbereich entfernt und Wechselbalken eingesetzt werden. Ist der Abstand zwischen den Sparren zu groß, wird ein Hilfssparren zwischen die Wechsel eingebaut. Das Auswechseln eines einzelnen Sparren gefährdet die Stabilität der Dachkonstruktion gewöhnlich nicht, bei mehreren ausgewechselten Sparren muß sichergestellt werden, daß die Randsparren die zusätzliche Last aufnehmen können.

Anschluß
Die Holzkonstruktion des Fensters wird mit hinterlüfteten Blechen üblicherweise aus eloxiertem Aluminium wetterfest verkleidet. Auftreffendes Regenwasser muß in Rinnen um das Fenster herumgeführt werden. Die Ausbildung des Anschlüsses an die Dachhaut ist vom Deckungsmaterial abhängig, im einfachsten Fall wird das Abdeckblech eingefalzt. Die elektrochemische Spannungsreihe ist zu beachten. Bei Schuppenmaterial gleich welcher Art, müssen die Bleche weit genug oberhalb und seitlich unter die Dachdeckung geführt und aufgekantet werden, um auch bei Wasserrückstau durch Wind und Eis Schäden zu vermeiden. Die Bleche sind je nach Deckungsmaterial geformt. Der untere Anschluß wird über die Dachhaut geführt und mit einer biegsamen Bleischürze angeformt.

Das Dachflächenfenster muß sehr sorgfältig in den Schichtaufbau des Daches eingebunden werden: das wasserführende Unterdach (Dachpappe, Folie, Holzweichfaserplatte) wird bis an die Oberkante der Fensterkonstruktion hochgezogen und dort dicht befestigt, oder oberhalb des Fensterausschnitts ein winkelförmiger Blechkeil dicht aufgeklebt, der auftreffendes Wasser um das Fenster herum leitet. Die Wärmedämmschicht kann im Fensterbereich nicht dicht herangeführt werden. Der Zwischenraum zwischen Dämmung und Fensterleibung muß dicht ausgestopft werden. Kokoswolle und Jutestrick sind hierfür gut geeignet, aber auch feuchter Zellulosedämmstoff, der in die Fugen geblasen wird, hat sich bewährt. Bei erhöhten Brandschutzanforderungen, müssen die Fugen mit Mineralwolle ausgestopft werden. Eine zu geringe Dämmung in diesem Bereich macht sich durch Feuchteschäden infolge von Tauwasser bemerkbar.

Die Dampfbremse muß ebenfalls dicht mit dem Fensterrahmen verbunden werden, wenn spätere Schäden an der Fensterkonstruktionen vermieden werden sollen. Außerdem gewährleistet diese Maßnahme die Winddichtigkeit der gesamten Konstruktion (Abb. 7.7.10).

Unzureichende Winddichtigkeit und Wärmebrücken im Bereich des Dachflächenfensters zählen zu den häufigsten Ausführungsfehlern beim Dachgeschoßausbau und schaffen ein hohes Bauschadenspotential.

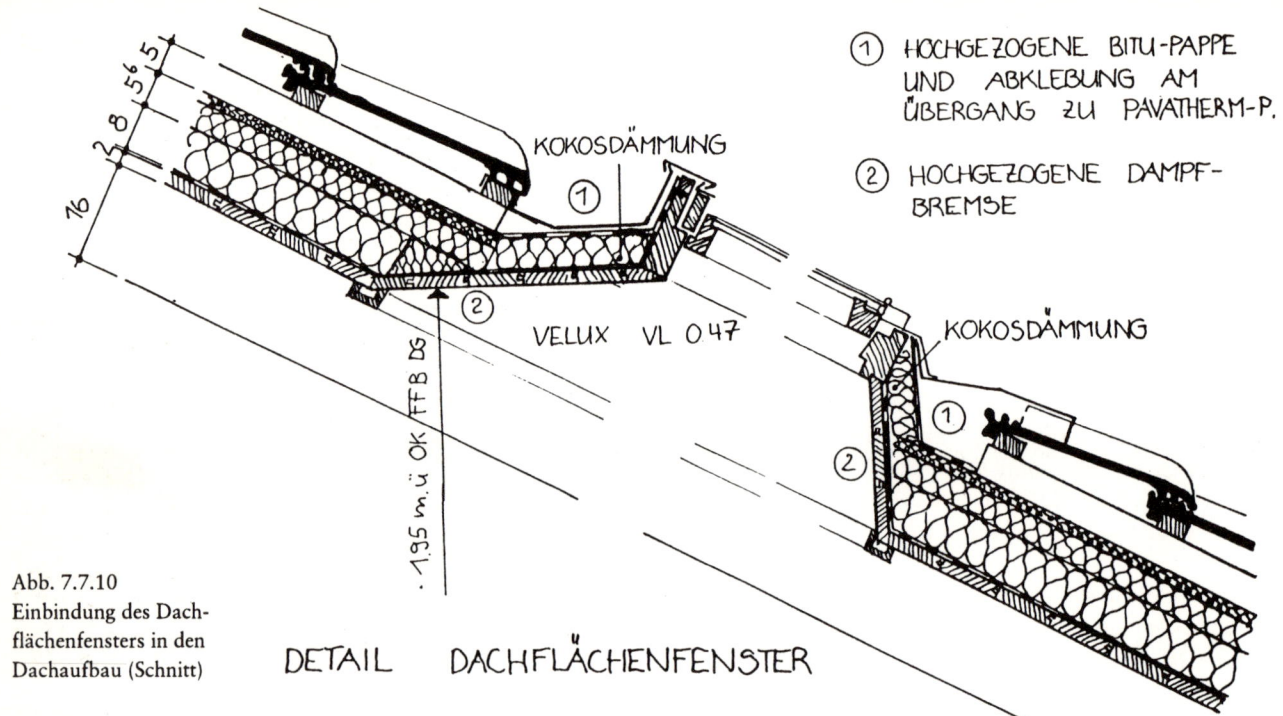

① HOCHGEZOGENE BITU-PAPPE UND ABKLEBUNG AM ÜBERGANG ZU PAVATHERM-P.

② HOCHGEZOGENE DAMPF-BREMSE

KOKOSDÄMMUNG

KOKOSDÄMMUNG

VELUX VL 047

1,95 m.ü. OK FFB DG

DETAIL DACHFLÄCHENFENSTER

Abb. 7.7.10
Einbindung des Dach-
flächenfensters in den
Dachaufbau (Schnitt)

Fensterkasten

Innenseitig muß der Rahmen des Dachflächenfensters an die Ausbauschicht der Dachkonstruktion angeschlossen werden. Für diesen Zweck bieten die Fensterhersteller Fertigprodukte aus kunststoffbeschichteten Hartschaumplatten und furnierten Spanplatten an. Besser ist es, den Kasten aus Holz-Drei-schichtplatten zu bauen bzw. anfertigen zu lassen oder die Verkleidung mit Trockenbauplatten herzustellen.

4. Sonderlösung Dachgleitfenster

Eine ausgefallene Bauart als Dachflächenfenster stellt das Dachgleitfenster dar. Bei dieser Konstruktion gleiten die Fen-sterelemente vollautomatisch zwischen oder auf den Sparren in die Höhe. Ein doppeltes Dichtungssystem verhindert das Eindringen von Nässe. Auf diese Art sind große Atelierfenster möglich, die auch zu öffnen sind, was allerdings recht kost-spielig ist.

7.8 Dachverglasung

Statt des industriell gefertigten Dachflächenfensters, das der Gestaltung durch ein beschränktes Modulsystem Grenzen setzt, kann auch eine Dachverglasung eingebaut werden. Vor Jahren noch schwer zu konstruieren und wartungsanfällig, sind durch die Wintergartenmode eine Fülle kittloser Vergla-sungssysteme auf den Markt gekommen, die dauerhafte, war-tungsfreie Konstruktionen mit Glaseindeckung ermöglichen (Abb. 7.7.11). Im Prinzip wird die Scheibe auf einen Streifen elastischen Materials aufgelegt, mit einem Dichtungsprofil und einer Klemmschiene abgedeckt und auf die Tragkon-struktion (Eisen, Holz) gedrückt. An die Verglasung werden in Bezug auf Bruchsicherheit höhere Anforderungen als an ein Dachflächenfenster gestellt. Isoliergläser werden heute aus Verbundsicherheitsglas (VSG) und Einscheibensicherheits-glas (ESG) hergestellt. Die Reinigung der Außenseite ist - mangels Öffnung - aber nur von der Dachfläche aus möglich.

Öffnungen in diesen verglasten Flächen zu Lüftungszwecken sind als Sonderkonstruktion herstellbar und entsprechend teuer.

7.9 Oberlicht

Oberlichte wurden zuerst bei Industriebauten zur Belichtung großer Hallen eingesetzt. Beim Sheddach ist eine Belichtung von oben mit stehender Verglasung möglich, bei Flachdächern sind neue Lösungen erforderlich, wie z.B. kittlose Verglasungen mit Glaspyramiden oder Kunststofflichtkuppeln. Oberlichte ermöglichen eine größere Lichtausbeute als Dachflächenfenster, da die Sonne ganztags hereinscheinen kann. Sie belichten innenliegende Flure und Treppenhäuser, WCs und Bäder (Abb. 7.7.12). Ein Ausblick ist nicht möglich und die Reinigung nur von der Dachfläche aus durchzuführen.

7.10 Dacheinschnitt - Dachterrasse

Der Wunsch nach einem Freisitz, wie er sonst bei Geschoßwohnungen durch eine Loggia oder einen Balkon leicht erfüllt werden kann, ist beim Dachgeschoß ohne Giebelwandanteil nur durch eine Dachterrasse zu erreichen. Deren Nutzung ist in unseren Klimabreiten allerdings sehr eingeschränkt, da windstille, laue, nicht zu heiße Tage doch sehr selten sind. Meist ist das "Krähennest" wegen zu großer Hitze, Kälte oder Nässe unbenutzbar. Auch angesichts der Anfälligkeit dieser sogenannten "Negativ-Dachgaube" für Bauschäden, ist von einer solchen Ausführung abzuraten, selbst wenn sie z.Z. sehr beliebt zu sein scheint.

Preise: Holzfenster Größe 1,11 m x 124 m, zweiflügelig ohne Sprossen, mit Isolierverglasung (k = 2,6 W/m²K), 530 DM, Aufpreis für Wärmeschutzverglasung (k = 1,3 W/m²K) 130 DM, Aufpreis für aufgesetzte Sprossen 140 DM; Aufpreis für Fensterläden als Brettläden 300 DM; Dachflächenfenster 75 x 130 cm, Holz, mit äußerer Abdeckung aus Aluminium, 650 DM; Dachverglasung VSG/ESG mit Befestigungssystem 400 DM/m².

Abb. 7.7.11
Kittloses
Verglasungssystem

Abb. 7.7.12
Firstverglasung

8. Nasser Ausbau

Im Massivbau werden die Innenwände zusammen mit dem Rohbau hochgezogen und nach Einbau der technischen Installation verputzt. Die mineralischen Decken erhalten einen Naßestrich auf Trittschalldämmschichten, der als harte Platte für jeden Fußbodenbelag geeignet ist.

Vorteilhaft bei dieser Ausbauart ist das hohe Gewicht der Bauteile, das wesentlich zur Stabilität des Innenraumklimas während der Sommermonate beiträgt und auch für die Schalldämmung innerhalb des Gebäudes vorteilhaft ist. Die Anforderungen an Decken und Wänden bezüglich der Luft- und Trittschalldämmung zeigt Abb. 8.0.1.

Nachteile des massiven Ausbaus:

- Das hohe Gewicht schafft beim nachträglichen Ausbau Probleme bei der Grundrißgestaltung, da die Wände im Dachgeschoß wegen der direkten Lastabtragung möglichst über den Wänden des darunterliegenden Geschosses stehen müssen. Bei Stahlbetondecken mit zusätzlicher Armierung für nichttragende Wände kann von dieser Regel abgewichen werden (Abb. 8.0.2).
- Die großen Mengen Anmachwasser für Mörtel und Putz bedingen entsprechend lange Austrocknungszeiten. Frisch verputzte Oberflächen benötigen mindestens vier Wochen, um ihre Alkalität zu verlieren (pH-Wert 7 oder weniger). Bei Naßestrichen sind 8 Wochen Trockenzeit einzuplanen, bevor die Fußbodenbeläge verlegt werden können (Gleichgewichtsfeuchte bei Zementestrichen 2,5 Gew. %).

Die Austrocknungszeit aller Bauteile, d.h. die Zeit bis die sogenannte Gleichgewichtsfeuchte erreicht ist, beträgt etwa zwei Jahre.

8.1 Zwischenwände

Innenwände werden in statischer Hinsicht in tragende und nichttragende Wände unterschieden. Die tragenden Wände haben die Aufgabe, Lasten im Inneren des Gebäudes abzuleiten und den Außenwänden die notwendige Aussteifung zu geben. Im Dachgeschoß ist die Giebelwand wegen ihrer Höhe statisch zu sichern und die Spannweite der Pfetten auf ein ökonomisches Maß von 4 bis 5 m zu begrenzen und in diesen Abständen tragende Wände vorzusehen. Wände mit Steinstärken ab 17,5 cm können zusätzliche Lasten aufnehmen (Abb. 8.1.1). Lastabtragungen können auch durch Holz- oder Stahlstützen erfolgen, die frei im Raum stehen oder in eine Wand gesetzt werden.

An die Innenwände werden besondere Anforderungen hinsichtlich des Schallschutzes gestellt. Das Schalldämmaß der Wände sollte 42 dB nicht unterschreiten, Wohnungstrennwände müssen 55 dB erreichen.

Eine Wärmedämmung der Innenwände ist nur dann sinnvoll, wenn diese beheizte Räume von nicht beheizten (z.B. Speicher oder Treppenhaus) trennen.

Massive Zwischenwände werden auf die Rohdecke gestellt. Bei einer Ziegelelementdecke ist unter der Wand ein Doppelträger einzuziehen (Abb. 8.1.2). Bei einer Holzbalkendecke muß die Wand direkt auf die aus dem darunterliegenden Geschoß ragende Zwischenwand gestellt werden, da über die Holzbalken keine Lastverteilung für eine mineralische Wand möglich ist.

Ist bereits ein schwimmender Estrich vorhanden, so ist dieser aufzutrennen und die Dämmschicht zu entfernen. Der Schlitz muß so breit sein, daß seitlich zwischen Mauer und Estrich eine Trennlage, z.B. Wellpappe, eingestellt werden kann (Schalltrennung).

Als Material eignen sich Ziegel und Kalksandstein mit Rohdichten zwischen 800 - 1400 kg/m³ (Abb. 8.1.3). Üblich sind Hochlochziegel mit einer Rohdichte von 1200 kg/m³, da sie bei ausreichendem Gewicht noch gut zu schneiden sind. Nach dem Aufmauern der Wand und Einbringen der elektro- und sanitärtechnischen Installationen, wird ein mineralischer Putz aufgebracht, aus Kostengründen üblicherweise ein einlagiger Kalk-Gipsputz, da hierbei auf einen Spritzbewurf, wie er bei

Bauteile		Mindest-anforderungen		Vorschläge für einen erhöhten Schallschutz	
		R'$_w$ (LSM) dB	TSM dB	R'$_w$ (LSM) dB	TSM dB
Geschoßhäuser mit Wohnungen und Arbeitsräumen					
Decken	Decken unter nutzbaren Dachräumen, z. B. unter Trockenböden, Bodenkammern und ihren Zugängen	55 (3)	10	≧57 (≧5)	≧17
	Wohnungstrenndecken (auch -treppen) und Decken zwischen fremden Arbeitsräumen	55 (3)	10	≧57 (≧5)	≧17
	Decken über Kellern, Hausfluren, Treppen-räumen unter Aufenthaltsräumen	55 (3)	10	≧57 (≧5)	≧17
	Decken über Durchfahrten, Einfahrten von Sammelgaragen u. ä. unter Aufenthaltsräumen	55 (3)	10	≧57 (≧5)	≧17
	Decken unter Terrassen, Loggien und Laubengängen	– (–)	10	– (–)	≧17
	Decken innerhalb zweigeschossiger Wohneinheiten	– (–)	10	– (–)	≧17
Treppen	Treppen, Treppenpodeste und Fußböden von Hausfluren	– (–)	10	– (–)	≧17
Wände	Wohnungstrennwände und Wände zwischen fremden Arbeitsräumen	55 (3)	–	≧57 (≧5)	–
	Treppenraumwände und Wände neben Hausfluren	55 (3)	–	≧57 (≧5)	–
	Wände neben Durchfahrten, Einfahrten von Sammelgaragen u. ä.	55 (3)	–	≧57 (≧5)	–
Türen	Türen, die von Hausfluren oder Treppen-räumen unmittelbar in Aufenthaltsräume – außer Flure und Dielen – von Wohnungen und Wohnheimen oder in Arbeitsräume führen	42 (–10)	–	≧52 (≧0)	–
	Türen, die von Hausfluren oder Treppen-räumen in Flure und Dielen von Wohnungen und Wohnheimen oder von Arbeitsräumen führen	27 (–25)	–	≧37 (≧–15)	–
Einfamilien-Doppelhäuser und Einfamilien-Reihenhäuser					
Decken		– (–)	15	– (–)	≧25
Treppen, Treppenpodeste und Fußböden von Fluren		– (–)	10	– (–)	≧20
Haustrennwände (Wohnungstrennwände)		57 (5)	–	≧67 (≧15)	–

Abb. 8.0.1
Luft- und Trittschalldämmung von
Bauteilen zum Schutz gegen
Schallübertragung aus einem fremden
Wohn- und Arbeitsbereich
(DIN 4109, 1982)

Bei der Anwendung der Tabelle sind noch einige Besonderheiten zu beachten:
So gilt für Türen statt R'$_w$ (bewertetes Bauschalldämm-Maß) der Wert R$_w$ (bewertetes Schalldämm-Maß). Wegen der waagerechten und schrägen Trittschallübertragung in fremde Aufenthaltsräume sind die Anforderungen und Vor-schläge an das Trittschallschutzmaß auch für Decken über Kellern, Hausfluren, Durchfahrten sowie innerhalb zwei-geschossiger Wohneinheiten einzuhalten.

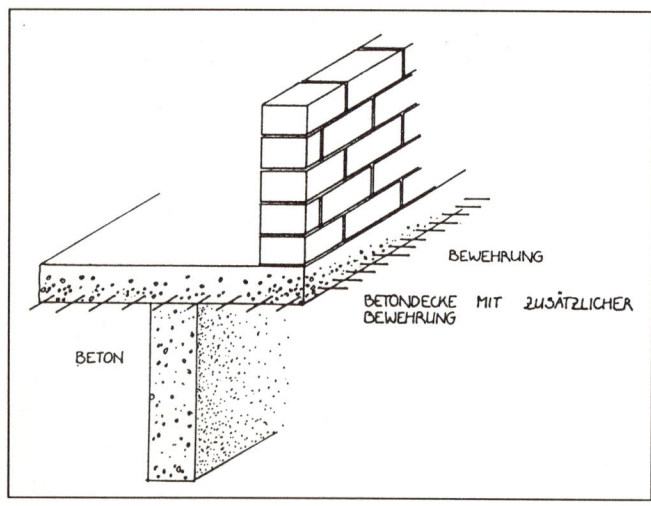

Abb. 8.0.2 Massivwand auf Betondecke

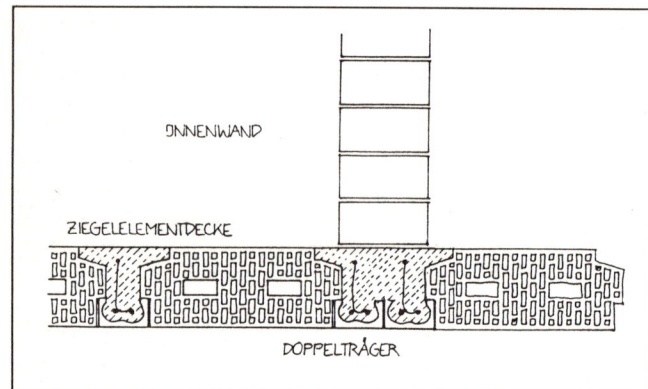

Abb. 8.1.1
Massive Wand auf einer Ziegelelementdecke (Schnitt)

Abb. 8.1.2
Dachgeschoß-Rohbau: Massivwand mit Holzbalkendecke

reinem Kalkputz notwendig wäre, verzichtet werden kann. Der Gipsgehalt des Putzes sollte 15 % nicht übersteigen.

Für leichtere Zwischenwände sind Gasbetonsteine (Rohdichte 400 - 800 kg/m³) geeignet, die mit einem kunstharzvergüteten Zementkleber vermauert werden. Da sie sehr exakt und planeben gearbeitet sind, benötigen sie nur einen dünnen Deckputz, der wegen der geringen Wassermengen sehr schnell

trocknet. Wegen ihres großen Porenvolumens sollten Gasbetonsteine nicht für Trennwände in Feuchträumen, z.B. Bäder, eingesetzt werden.

Eine Zwitterstellung nehmen Wand- und Deckenverkleidungsplatten ein, die nach dem Einbau verputzt werden müssen, z.B. Schilfrohr- oder Holzwolleleichtbauplatten (Abb. 8.1.4). Sie tragen zur Wärmedämmung bei, müssen aber im Rohbau

	Gipsdielen-wände 10cm	Gasbetonwände 10 cm	Massive Ziegel-/ Bims-/oder KS- Wände 11,5 cm
Einbauzeiten	1,5 Std./m² einschl. Spachtelung	1,5 Std./m² einschl. Spachtelung	2 Std./m² einschl. Putz
Trocknungs-/ Wartezeiten	3 Tage	3 Tage	9 Tage
Schall-dämmung a) bewertetes Schalldämmaß b) Schallschutz-maß LSM	38 dB -14 dB	43 dB - 9 dB	47 dB - 5 dB
Gewicht	105 kg/m²	85 kg/m²	200 kg/m²
Anmerkungen	Einschlitzen von Installations-leitungen, Spachtelung erforderlich Hohes Gewicht	Einschlitzen von Installations-leitungen, Spachtelung erforderlich Hohes Gewicht	Einschlitzen von Installations-leitungen, Spachtelung erforderlich Sehr hohes Gewicht

Abb. 8.1.3
Massive Innenwände im Vergleich   Quelle (35)

Abb. 8.1.4   Innenwand mit Schilfrohr beplankt

montiert werden. Die 1 cm bis 1,5 cm starke Putzschicht braucht ebenfalls längere Zeit zum Austrocknen.
Hat sich der Alkaligehalt des Putzes vermindert, so kann gestrichen werden. Kalkfarbenanstriche sind preiswert, halten aber nur auf rein mineralischem Untergrund (nicht auf Gips!). Einkomponentige Silikatfarben sind teurer, allerdings waschfest und können auch bei gipshaltigem Putz eingesetzt werden.
Vorhandene Wände im Altbau sind als Wohnungstrennwände meist nicht geeignet, da sie die geforderte Schalldämmung von 55 dB nicht erreichen. Diese Wände können durch nach

träglich aufgebrachte schalldämpfende Vorsatzschalen verbessert werden. Die Vorsatzschale, z.B. aus Holzwolleleichtbauplatten, ist dabei durch sogenannte Schwinghölzer von der Wand zu trennen (Abb. 8.1.5). Die Anschlüsse an die Seitenwände sind dauerelastisch zu verfugen. Der Hohlraum zwischen der Unterkonstruktion muß mit schalldämpfendem Material (Zellulosedämmstoff, Kokosmatten) verfüllt werden.

143

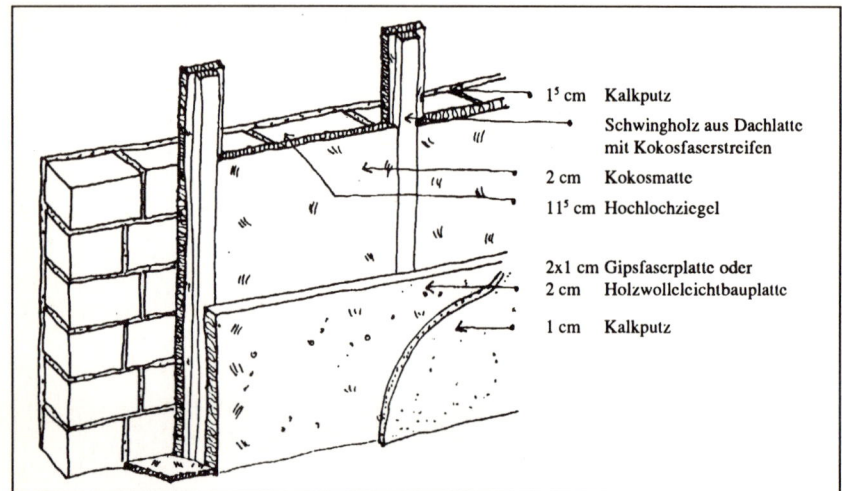

Konstruktionsdicke (cm)	19,0 cm
Wärmedurchgangskoeffizient k-Wert	0,70 W/m²K
Schalldämmass R_w	55 dB
Flächengewicht	226 kg/m²
Oberflächentemperatur innen t_{io} (°C)	–
Luftschallschutzmass LSM (dB)	–
Wärmespeicherwert	218 kJ/m²K
Wärmeeindringkoeffizient der innerren Oberfläche b	91 kJ/m²hK
Trittschallschutz TSM (dB)	–
Auskühlzeit	10,0 h
Feuerwiderstandszeit	F120
Gesamtpreis	205,-- DM

Links am Bild:
1⁵ cm Kalkputz
Schwingholz aus Dachlatte mit Kokosfaserstreifen
2 cm Kokosmatte
11⁵ cm Hochlochziegel
2x1 cm Gipsfaserplatte oder
2 cm Holzwolleleichtbauplatte
1 cm Kalkputz

Abb. 8.1.5   Innenwand mit guter Schalldämmung

8.2 Estriche

Der Estrich dient zur gleichmäßigen Verteilung der punktförmigen Nutzlasten und bildet eine glatte, horizontale Schicht zur Aufnahme des Fußbodenbelags.
Als Materialien können eingesetzt werden
• Zement und Sand (Zementestrich),
• wasserfreier Gips und Quarzsand (Anhydritestrich),
• Kalk, Traß und Sand (Trasskalkestrich),
• Magnesit mit Magnesiumchloridlauge und Füllstoffen z.B. Holzspäne (Magnesitestrich, sog. Steinholzestrich) sowie
• Gußasphalt (Gußasphaltestrich).

rüttler verkürzt die Trocknungszeit. Es werden eine Fülle an Estrichzusatzstoffen auf Kunstharzbasis angeboten, welche die Pumpeigenschaften, Oberflächengüte, Abbindezeit und Trocknungsdauer beeinflussen. Auf sie kann grundsätzlich verzichtet werden. Estrichstärken unter 4 cm sollten wegen Bruchgefahr vermieden werden. Die Plattengröße sollte 4 x 4 m nicht überschreiten, da sonst die Gefahr der Schwindrißbildung besteht, bei größeren Flächen sind entsprechende Trennfugen vorzusehen. Diese Fugen müssen bei starren, keramischen Belägen dauerelastisch verschlossen werden. Außerdem ist der Estrich bei starren Bodenbelägen mit einem Gitter zu bewehren.

1. Zementestrich

Zementestrich ist im Baugewerbe wegen seines günstigen Preises und des unproblematischen Verhaltens der meistverlegte Naßestrich. Bei sachgemäßer Verarbeitung und ausreichender Trocknungszeit unter geeigneten Bedingungen ist er allen Beanspruchungen gewachsen. Ein möglichst trockenes Einbringen und Verdichten der Oberfläche mittels Flächen-

2. Anhydritestrich

Anhydritestriche werden wegen ihrer schnellen Trocknung und der geringen Neigung zur Rißbildung gern eingesetzt. Sie sind teurer als Zementestriche. Ihre Zusammensetzung erfordert gleichbleibend gute Grundstoffe und große Erfahrung bei der Verarbeitung. Da dies oftmals nicht in ausreichendem Maß vorhanden ist, treten bei Anhydritestrichen wesentlich häufiger Bauschäden auf als bei anderen Estrichen. Für nachfolgende Schichten, die mit Dispersionskleber befestigt werden, ist dieser Estrich wegen seiner Sinterschicht, die abgefräst werden muß und wegen seiner saugfähigen Oberfläche ungünstig. In Naßräumen darf Anhydritestrich nicht eingesetzt werden, da er bei Feuchtigkeitsaufnahme zu quellen beginnt. Der Estrich wird in 4 cm Stärke eingebracht.

3. Trasskalkestrich

Trasskalkestrich ist nicht genormt und kann nur auf der Baustelle durch Mischen der Rohstoffe hergestellt werden. Dabei wird statt des Bindemittels Zement hydraulischer Trasskalk eingesetzt. Seine Austrocknungszeit ist länger als die von Zementestrich. Ab 5 cm Stärke ist er ausreichend bruchfest.

4. Magnesitestrich

Der sogenannte Steinholzestrich wird seit Ende des vorigen Jahrhunderts aus einem Gemisch von Magnesia und Füllstoffen, zumeist Sägemehl, Korkschrot und Magnesiumchlorid hergestellt. Er hat sich als elastischer, fugenloser Belag bewährt, besonders über Holzbalkendecken direkt auf einer Sparschalung. Abriebfest, feuerhemmend, mäßig bis gut fußwarm und mit einer Oberfläche, die für Gestaltung freien Raum läßt, ist der Steinholzestrich zu unrecht vom Markt verschwunden. Für Naßräume ist er allerdings ungeeignet, da Magnesit Wasser aufnimmt. Der Estrich wird schwimmend in Stärken ab 4 cm eingebracht, wobei zwischen Unterschicht (35 mm) und Nutzschicht (7 mm) unterschieden wird.

5. Gußasphalt

Asphalt ist ein Gemisch aus Bitumen, das bei der Aufbereitung von Erdöl gewonnen wird und mineralischen Zuschlagstoffen. Jahrelang als völlig unbedenklicher Arbeitsstoff ge-schätzt und vom Verarbeiter ohne Schutzmaßnahmen eingebracht, wurde Bitumen neuerdings in die MAK-Liste III.b (krebserzeugende Wirkung vermutet) aufgenommen (MAK = maximale Arbeitsplatzkonzentration). Vor allem in der Altbausanierung ist dieser Estrich sehr beliebt.

Gußasphalt wird heiß eingebracht und ist nach dem Erkalten sofort benutzbar. Er bleibt rissefrei und bringt keine zusätzliche Feuchtigkeit in den Bau, im Gegenteil, er trocknet ihn aus. Gußasphaltestriche sind plastisch-elastisch und deshalb gegen mechanische Beschädigungen sehr widerstandsfähig. Gußasphalt nimmt kein Wasser auf und wirkt auch als Sperrschicht gegen aufsteigende Feuchtigkeit. Stärken von 3 - 4 cm sind üblich.

8.3 Trittschalldämmung

Zur Schalltrennung des Estrichs von der Tragkonstruktion muß dieser als sogenannter "schwimmender Estrich" hergestellt werden, d.h. es wird eine federnde Zwischenschicht eingebaut. Die dazu eingesetzten Trittschalldämmaterialien dürfen nicht zu weich und nicht zu hart sein, d.h. sie haben eine sehr genau einzuhaltende dynamische Steifigkeit s'[MN/m³] und müssen für den Einsatzzweck bauaufsichtlich zugelassen sein (Abb. 8.3.1). Je kleiner die dynamische Steifigkeit, desto größer ist das Schall-Verbesserungsmaß. Der Normentwurf der DIN 4109 von Oktober 1984 sieht Mindestanforderungen von 10 dB und erhöhte Anforderungen von 17 dB vor und unterteilt die Anforderungen in "zum Schutz gegen Schallübertragung aus dem eigenen und dem fremden Wohn- oder Arbeitsbereich".

Zum Einsatz kommen:

- unverrottbare Kokosmatten, die stark verdichtet und mit Latex oberflächenbeschichtet sind; unter Gußasphalt eignen sich diese Platten besonders gut (Abb. 8.3.2);
- spezielle Korkdämmplatten, die bei hoher Verdichtung sogar für Maschinenfundamente geeignet sind;
- Holzweichfaserplatten ohne zusätzliche Kunstharzbindemittel;

Dämmstoff	Dicke im eingebauten Zustand mm	dynamische Steifigkeit kp/cm³
Steinwolle-Rollfilz	12	1,9
Steinwolleplatten	10	2,0
Glasfaser-Rollfilz	7,9	2,3
Glasfaserplatten	6	3,2
Glasfaserplatten	11	1,9
Schlackenwolleplatten	19,2	5,0
Kokosfasermatten	7	3,6
Kokosfaser-Rollfilz	11,9	2,9
Korkschrotmatten	7,4	15
Korkschrotmatten	4,4	15
Gummischrotmatten	6,5	9,6
Polystyrol-Hartschaumplatten je nach Hersteller	9-10	6-17
Polystyrol-Hartschaumplatten durch Walzen o.ä. vorbehandelt	12,9	1,3
Torfplatten	21	10
Torfplatten, unterseitig profiliert	15,9	6,7
Weichfaserdämmplatten	13	15
Holzwolle-Leichtbauplatten, lose verlegt	25	21
Korkplatten, lose verlegt	12	55
Wellpappe aus Wollfilz	2,5	18
Sandschüttung	26	30
Korkschrotschüttung	20	8,1
Blähglimmer-Schüttung	15	17,5
Hanfschäben-Schüttung	16	8,2

Abb. 8.3.1
Dynamische Steifigkeit verschiedener Dämmschichten für
schwimmende Estriche (aus DIN 4109 Blatt 4)   Quelle (7)

Abb. 8.3.2
Kokosdämmplatten vor der Estrichverlegung

- Mineralwolleplatten, bei denen allerdings der Kunstharzgehalt und eine mögliche Feinstaubabspaltung zu bedenken ist;
- Polystyrolplatten, die bei der Herstellung durch die Ausgangsstoffe (Styrol) und durch die Abgabe schädlicher Gase im Brandfall problematisch sind.

Ein Naßestrich darf nicht durch Fugen in der Dämmschicht mit der Rohdecke in Verbindung kommen. Um dies zu vermeiden, wird die Dämmschicht mit Ölpapier abgedeckt. Entlang der Wand muß ein Randstreifen aus Rippenpappe aufgestellt werden, um den direkten Kontakt des Estrichs mit der Wand und damit eine Schallübertragung zu vermeiden.

Gewöhnlich sind 20 bis 30 mm hohe Dämmschichten ausreichend. Da aber heute die technischen Installationen über der Rohdecke verzogen werden, muß zweilagig gearbeitet werden. Die erste Lage wird zwischen die Leitungen verlegt, die zweite Lage muß diese vollständig überdecken. Soll die Trittschalldämmung auch Wärmeschutzfunktion übernehmen, ist sie entsprechend stärker zu dimensionieren. Damit dann die Dämmung durch die Belastung der Fußbodenschichten nicht zu stark gestaucht wird, ist es sinnvoll, eine harte Dämmplatte (z.B. Perlitedämmplatte "Fesco-Board") mit einer weichen Schicht zu kombinieren (Abb. 8.3.3).

Bei der Verlegung schwimmender Estriche ist zu bedenken, daß sie im Laufe eines Jahres die Trittschalldämmschicht, je nach deren Dicke, um 2 bis 5 mm zusammenrücken und sich senken.

Preise pro m² Fläche: Ziegelmauerwerk (Hlz 1,4), 11,5 cm stark, 70 DM; Kalkputz zweilagig, 6,50 DM; Gipsputz 5 DM; Zementestrich, 5 cm stark, 13 DM; Anhydritestrich, 5 cm stark, 17 DM; Magnesitestrich, 3 cm stark, 20 DM; Gußasphalt, 3 cm, 28 DM; Kokosplatten, 25 mm, 18 DM; Perliteplatten ,B2, 25 mm, 9 DM; Holzweichfaserplatten, 20 mm, 9 DM.

Abb. 8.3.3
Schalldämmwerte von Estrichen mit Dämmschichten nach Quelle (7)

Schwimmende Estriche

Zementestriche auf folgenden Dämmschichten

Wellpappe, gewalzt 0,3 cm	18 dB
Weichfaserdämmplatten 1,2 cm	15 dB
Holzwolle-Leichtbauplatten 2,5 cm	16 dB
Polystyrol-Hartschaumplatten, Normalausführung, 1cm,	18 dB
Polystyrol-Hartschaumplatten, Spezialausführung, 1cm	26 dB
Korkschrotmatten 0,6-0,8 cm	16 dB
Gummischrotmatten	18 dB
Kokosfasermatten 0,8 cm	23 dB
Kokosfaser-Rollfilz 1,3 cm	28 dB
Mineralfaserplatten 1cm	27 dB
Mineralfaserplatten 1,5 cm	31 dB
Mineralfaser-Rollfilz 1,5 cm	31 dB
Holzwolle-Leichtbauplatten 2,5 cm darunter 0,9 cm Mineralfaser-Rollfilz	34 dB

Asphalt-Estriche auf folgenden Dämmschichten

Weichfaserdämmplatten 2cm	20 dB
Schilfrohrplatten 2 cm	25 dB
Korkschrotmatten 0,7 cm	19 dB
Gummischrotmatten 0,8 cm	20 dB
Holzwolle-Leichtbauplatten 2,5 cm darunter 0,5 cm Mineralfaserplatten	31 dB

Die Dicken der angegebenen Dämmstoffe beziehen sich auf den eingebauten Zustand

9. Trockener Ausbau

Anders als beim Innenausbau mit Mörtel, Putz und Estrich, wie er noch in den 50er Jahren üblich war, bringt der trockene Ausbau keine zusätzliche Feuchtigkeit in das Gebäude. Dies ist raumklimatisch ein großer Vorteil, wenn man bedenkt, daß z.B. für 1 m² verputztes Mauerwerk ca. 75 l Anmachwasser nötig sind, die bis zum Erreichen der Gleichgewichtsfeuchte an die Raumluft abgegeben werden.

Im Wohnungsbau kann der trockene Ausbau vom geschickten Heimwerker in Eigenleistung erbracht werden. Ob nun massive Gipsdielen verklebt und verspachtelt oder dünne Platten auf Fußböden verlegt bzw. auf Ständerkonstruktionen verschraubt werden, die schnelle und trockene Montage kennzeichnet den Wandel in der Ausbautechnik auch und vor allem beim Dachausbau.

9.1 Entwicklung des Trockenbaus

Der Mauerwerksbau und alle mit dieser Handwerkstechnik verbundenen Ausbauarten sind "nasse" Bauverfahren, die je nach eingesetztem Material Trocknungszeiten von 150 bis 450 Tagen benötigen. Als "trockene" Bauweisen gelten traditionell der Holzblockbau und Holzständerwerke, die nur mit Holzbrettern oder Holzplatten verschalt werden. Als bedingt trockene Bauweise kann das Fachwerkhaus bezeichnet werden, das nach dem Errichten der Holzkonstruktion zwar mit feuchtem Lehm ausgefacht wurde, der wegen der geringen Wandstärke jedoch rasch trocknete.

In Nordamerika war der trockene Ausbau aufgrund der dort üblichen einfachen Holzrahmenbauweise bei kleineren Gebäuden und der Stahlskelettbauweise bei Hochhäusern schon zu Beginn des 20. Jahrhunderts weit verbreitet. In Deutschland wurde dieser erst in den 50er Jahren in größerem Maße eingeführt, vor allem im industriellen Bauen, wo leichte, flexible Trennwände gewünscht waren. Zwar wurden schon vorher Baustoffe und Bauteile industriell gefertigt, ihr Einsatz am Bau erfolgte aber weitgehend noch nach handwerklichen Methoden. Mit der Entwicklung typisierter Elemente und Bausysteme versuchte man, Teile eines Gebäudes in transportfähige Einheiten zu zerlegen, die in der Fabrik so weit vorgefertigt werden, daß sie auf der Baustelle schnell montiert sind.

9.2 Boden und Wand

Zwei Materialien werden hauptsächlich für die industrielle Bauteilherstellung verwendet: Holz und Gips, aus denen Bauteile für Boden, Wand und Decke gefertigt werden.

1. Trockenestrich für Böden

Statt des nassen Zementestrichs, der nach dem Einbringen etwa 6 - 8 Wochen Trockenzeit bis zur Weiterbearbeitung benötigt, kann nach dem Auslegen des Trockenestrichs sofort der Fußbodenbelag aufgebracht werden. Damit ist nur der Gußasphaltestrich konkurrenzfähig, der eine Auskühlzeit von 3 - 5 Stunden hat.

Durch den Estrich wird ein ebener, staubfreier und ausreichend fester Untergrund für den nachfolgenden Fußbodenbelag geschaffen. Da die Verlegebedingungen von Keramik-, Holz-, Kork-, Linoleum- oder Teppichböden sehr unterschiedlich sind, und die Wahl des Estrichs darauf abgestimmt sein muß, sollte der gewünschte Fußbodenbelag bei Handwerksarbeiten schriftlich im Auftrag fixiert sein, um späteren Reklamationen vorzubeugen.

Im Vergleich zum Naßestrich ist der Trockenestrich wesentlich dünner (5 - 20 mm Höhe ohne Dämmschichten), hat aber wegen des geringeren Flächengewichtes ein schlechteres Schallschutzvermögen. Das leichte Federn beim Gehen ist orthopä-

Baustoff	Baustoff-klasse	Nachweis	Bemerkungen
Gipsbauplatten			
– Gipskarton-platten DIN 18 180	A 2	DIN 4102 Teil 4	mit geschlossener Oberfläche
– Gipskarton-verbundplatten mit Hartschaum DIN 18 184	B 2 B 1	DIN 4102 Teil 4 Prüfbescheid	
– Gipskarton-verbund-platten mit Mineralfaser-dämmstoff	A 2	Prüfbescheid	
– Gipsfaser-platten	A 2	Prüfbescheid	
Holz, Holzwerkstoffe	B 2 B 1	DIN 4102 Teil 4 Prüfbescheid	B 1 ist auch erreichbar durch Behandlung mit einem Flamm-schutzmittel (prüfzeichen-pflichtig)
	A 2	Prüfbescheid	
Mineralfaser-dämmstoffe	A 1	Prüfbescheid	ohne organische Zusätze
	A 2 B 1	Prüfbescheid Prüfbescheid	
Schaumkunst-stoffe (Hartschaum-dämmstoffe)	B 2 B 1	Prüfbescheid Prüfbescheid	
Gußasphalt-estrich	B 1	DIN 4102 Teil 4	

Abb. 9.1.1
Trockenbaustoffe mit Angabe der Baustoffklassen und Nachweise

disch vorteilhaft, bei keramischen Belägen aber wegen der Bruchgefahr problematisch. Deshalb sollte entweder auf un-elastisches, keramisches Material verzichtet werden, oder es sollten kleinformatige Platten (max. 15 x 15 cm) zum Einsatz kommen, die mit einem dauerelastischen Kleber verlegt und

dauerelastisch verfugt werden müssen. Zur Erhöhung der Biegesteifigkeit sollten die Trockenunterböden zusätzlich mit einer 2. Lage aufgeklebter Gipsbauplatten verstärkt werden.

Materialien
Trockenestrichplatten werden in mehreren Ausführungen angeboten:
Die *kunstharzgebundene Spanplatte* ist wegen ihrer, im Vergleich zu anderen Trockenestrichen relativ hohen Biegestei-figkeit und wegen ihres günstigen Preises die gebräuchlichste Trockenestrichplatte. Sie wird durchgängig aus groben Spä-nen hergestellt und an den Kanten mit Nut und Feder verse-hen. Als Bindemittel wird Harnstoff- oder Phenol-Formalde-hydharz eingesetzt. Vor allem die mit Harnstoff-Formalde-hydharz gebundenen Platten (auch die sogenannten E 1-Span-platten) können unter Wasserdampfbelastung nicht unerheb-liche Mengen schädlicher Dämpfe abgeben, was ihren groß-flächigen Einsatz als Trockenestrich vor allem unter Berück-sichtigung der neuesten Produkthaftungsrichtlinie der EG bedenklich erscheinen läßt. Auch formaldehydfreie, jedoch isocyanatgebundene Platten bieten hier keinen Ausweg.
Unterschieden wird zusätzlich nach der Art der Verleimung:

- V 20 bedeutet einfache Verleimung (meist Harnstoff-For-maldehydharz), die für Wohn- und Schlafräume geeignet ist;
- V 100 steht für Platten mit wasserfester Verleimung (meist Phenol-Formaldehydharz), die aufgenommene Feuchtig-keit wieder abgeben können;
- V 100 G bedeutet, daß die Verleimung für Naßräume ge-eignet ist, die Platten sind zusätzlich mit giftigen, pilzwid-rigen Stoffen ausgerüstet.

Da es grundsätzlich nicht sinnvoll ist, Holzwerkstoffe in feuchtebelasteten Konstruktionen einzusetzen, sollte auf feuch-testabilisierte Platten verzichtet werden.
Die Spanplatten werden entweder auf trockene Ausgleichs-schüttungen verlegt und an den Stößen verleimt oder auf Lagerhölzer (Achsabstand der Lager ca. 40 - 50 cm bei 22 mm Plattenstärke) geschraubt.

Die *zementgebundene Spanplatte* ist sehr schwer, schwerent-flammbar (Baustoffklasse B 1) oder nicht brennbar (A 2) und

Abb. 9.2.1
Verlegen von Holzweichfaser-Sandwichplatten auf einer
Ausgleichsschüttung

Abb. 9.2.2
Verlegen von Holzweichfaser-Dämmplatten auf einem Blindboden

wegen ihrer großen Alkalität auch ohne fungizide Ausrüstung pilzbeständig. Sie läßt sich wie eine kunstharzgebundene Spanplatte verarbeiten, ist für feuchte Räume allerdings ebenfalls nicht geeignet. Wegen des stark reizenden Staubes ist während des Zuschneidens der Platten eine Schutzausrüstung (Atemschutz und eine Absaugung) notwendig. Da zementgebundene Spanplatten etwa dreimal so teuer sind wie

kunstharzgebundene, werden sie nur in Spezialfällen eingesetzt, z.B. wenn außer Brandschutz auch Schallschutz verlangt wird.

Holzfasern können auch mit dem holzeigenen Harz verklebt werden. So entstehen leichte *Holzweichfaserplatten* (HWF-Platte) mit allerdings geringer Biegesteifigkeit und Oberflä-

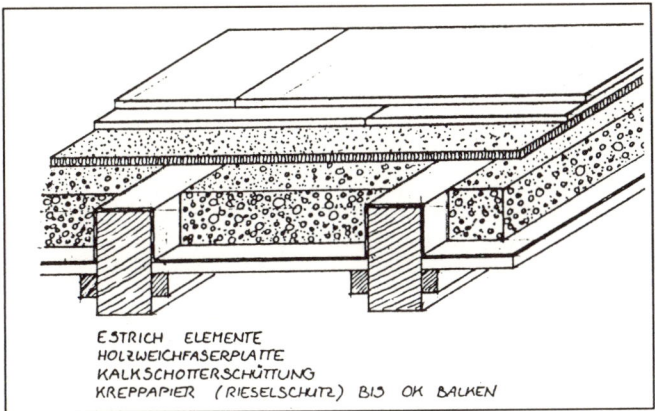

ESTRICH ELEMENTE
HOLZWEICHFASERPLATTE
KALKSCHOTTERSCHÜTTUNG
KREPPAPIER (RIESELSCHUTZ) BIS OK BALKEN

Abb. 9.2.3   Trockenestrichplatten auf einer Holzbalkendecke mit
Kalkschotterschüttung

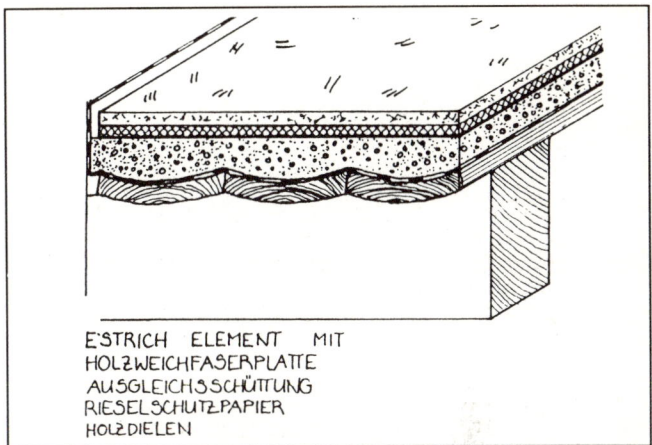

ESTRICH ELEMENT MIT
HOLZWEICHFASERPLATTE
AUSGLEICHSSCHÜTTUNG
RIESELSCHUTZPAPIER
HOLZDIELEN

Abb. 9.2.4   Trockenestrichplatte auf altem Holzdielenboden

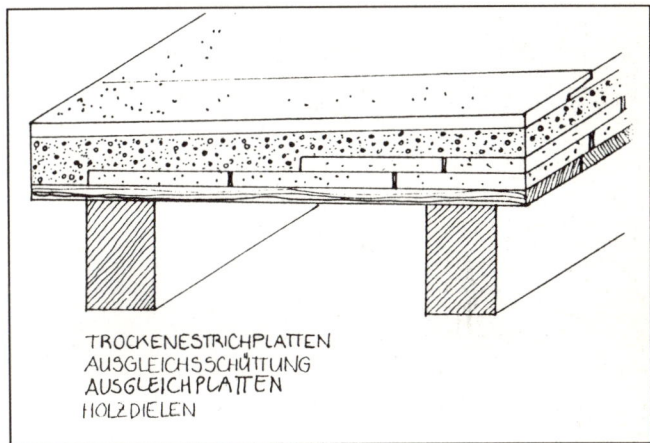

TROCKENESTRICHPLATTEN
AUSGLEICHSSCHÜTTUNG
AUSGLEICHPLATTEN
HOLZDIELEN

Abb. 9.2.5
Trockenestrichplatte auf Ausgleichsschüttung und -platten

chenfestigkeit. Sie sind preiswert und werden wegen ihrer guten Schall-Dämpfungseigenschaften als Abdeckplatte (Stärke 8 - 15 mm) auf Trockenschüttungen eingesetzt. Sie eignen sich als Untergrund für selbsttragende schwimmende Beläge wie z.B. Holzfertigparkett.

Durch Verdichtung der Holzfasern entsteht eine schwere, stabile *Hartfaserplatte* (Rohdichte 1000 kg/m³), die ab 22 mm Stärke auch die notwendige Biegesteifigkeit besitzt, um sie auf Lagerhölzern verlegen zu können. Sie ist wie die Weichfaserplatte mit dem holzeigenen Harz gebunden und damit eine gute, aber auch teure Alternative zu den kunstharzgebundenen Spanplatten.

Durch die Kombination einer Holzweichfaserplatte mit einer Hartfaserplatte entsteht eine empfehlenswerte *Sandwichplatte* (Höhe 25 bis 30 mm), die wegen der integrierten Trittschalldämmung direkt auf eine ebene Rohdecke, auf die Beschwerungsschüttung einer Holzbalkendecke oder auf die Holzverschalung einer Kehlbalkendecke gelegt werden kann. In Naßräumen kann sie nicht eingesetzt werden. Ihre glatte, harte und saugfähige Oberfläche erlaubt sowohl schwimmende als auch aufgeklebte Fußbodenbeläge. Nur für stark schiebende Beläge wie einige verklebte Massivparkettsorten ist sie als Unterkonstruktion nicht geeignet. Die Platten werden mit einfachem Weißleim in der Nut verleimt.

Gipsgebundene Trockenestrichplatten sind in verschiedenen Ausführungen erhältlich:

- als Gips-Zellulosefaserplatte (z.B. "Fermacell"),
- als Gips-Holzspäneplatte (z.B. "Gyproc"),
- als reine Gipsplatte (z.B. "Knauf").

Die Aufbauhöhe der Platten liegt zwischen 19 und 22 mm. Sie werden vollflächig auf Trockenschüttungen verlegt und sind auch für Naßräume geeignet (unter Berücksichtigung der

151

Abb. 9.2.6
Gasbetonplatten zur Trittschalldämmung unter Trockenestrichen

Preise: Spanverlegeplatte, 19 mm stark, 16 DM/m² (V 20), 18 DM/m² (V 100), 19 DM/m² (V 100 G); zementgebundene Spanplatte, 19 mm stark, 35 DM/m²; Holzweichfaserplatte, 20 mm stark, 9 DM/m²; Holzweich-Hartfasersandwichplatte, 30 mm stark, 32 DM/m²; Gipsfaserplatte, 20 mm stark, 21 DM/m²; Gips-Holzspäneplatte, 20 mm stark, 23 DM/m²; Gipstrockenestrichplatte, 20 mm stark, 20 DM/m²; Ziegeltrockenestrichplatte, 35 DM/m²

Trittschalldämmung

Zur Schalldämmung muß der Estrich von der Tragkonstruktion, der Decke, durch federnde Zwischenschichten getrennt werden. Trittschalldämmaterialien dürfen nicht zu weich und nicht zu hart sein, d.h. sie müssen eine sehr genau einzuhaltende dynamische Steifigkeit aufweisen und müssen zu diesem Zweck eine bauliche Zulassung haben. Zum Einsatz kommen unter trockenen Estrichen:

- Gasbetonplatten,
- Korkschrot,
- Kokosmatten,
- Holzweichfaserplatten,
- Mineralfasermatten,
- Korkplatten sowie
- Jutefilz- oder Holzweichfaserstreifen unter Lagerhölzern.

Aus baubiologischer Sicht sind naturnahe Dämmstoffe wie Kokosplatten oder Holzweichfaserplatten zu empfehlen.
Dem erhöhten Komfortdenken von Hausbesitzern und Mietern kommt die neue Schallschutznorm DIN 4109 entgegen. Die Schallschutz-Anforderungen, die jetzt erfüllt werden müssen, verlangen ein Umdenken bei Planung, Konstruktion und Ausführung der Fußbodenaufbauten.

Die Vielzahl der Möglichkeiten, trittschallverbessernde Trockenaufbauten sowohl bei Massiv- als auch bei Holzbalkendecken zu schaffen, stellt die Industrie und den Handwerker vor die Aufgabe, geprüfte Konstruktionen nachzuweisen.

Plattenmaterialien können nur verlegt werden, wenn der Untergrund, d.h. die Rohdecke oder ein alter Bodenbelag, bereits ausreichend eben ist. Betondecken dürfen den nachfol-

erhöhten Bruchgefahr bei keramischen Beläge). Einige der Platten sind auch als Sandwichplatten mit bereits aufkaschierter Trittschalldämmung erhältlich.

Eine besondere Art von Trockenestrich stellen schwere *Ziegelplatten mit Nut und Feder* dar, die miteinander verklebt werden. Die aufwendige Verlegearbeit macht sich nur dann bezahlt, wenn dieser Estrich gleichzeitig auch den Nutzbelag bildet.

Konstruktion	Gewicht kN/m²	Trittschall-verbesserung bei Leicht-decken in dB	bei Massiv-decken in dB	Wärme-durchlass-Widerstand m² K/W	Feuer-widerstands-klasse Beflammung von oben
2 × 10 MM GIPSFASER-PLATTEN	0,24			0,06	F 30
2 × 10 MM GIPSFASERPL. 12/10 MM MINERALWOLLE	0,25	8 / 21		0,31	F 60
2 × 10 MM GIPSFASERPL. 20 MM HOLZWEICHFAS PLATTE	0,25	6 / 17		0,47	F 30
2 × 10 MM GIPSFASERPL. 20 MM HOLZWEICHFAS. 30 MM GAS= BETONPLATTEN	0,47	16 / 24		0,52	F 90
2 × 5 MM HARTFASERPL. 1 × 20 MM HOLZWEICHFAS.	0,17	12 / 19		0,62	
2 × 5 MM HARTFASERPL. 1 × 20 MM HOLZWEICHFAS. 1 × 22 MM HARTFASERPL	0,36	24 / 26		0,66	
2 × 5 MM HARTFASERPL. 1 × 20 MM HOLZWEICHFAS 1 × 8 MM HOLZWEICHFAS 1 × 17 MM GASBETON= SCHÜTTUNG	0,25	15 / 19		0,70	

Abb. 9.2.7 Trittschallverbesserungsmaß (dB) verschiedener Trockenestrichaufbauten

Quelle: Fa. Fermacell/Fa. Pavatex

Abb. 9.2.8
Niveauausgleich alter Fußböden mit Gasbetongranulat ("Fermacell")

Abb. 9.2.9
Niveauausgleich mit bituminiertem Vulkangestein ("Perlite")

genden Bodenaufbau nicht durchfeuchten und sind auf allen Geschossen vorsichtshalber mit einer PE-Folie abzudecken. Ziegelelementdecken und Holzbalkendecken benötigen diese Zwischenschicht nicht. In diesem Fall eignen sich besonders Verbundplatten, bei denen das Trittschalldämmaterial bereits auf die Trockenestrichplatte kaschiert ist, wie z.B. die oben erwähnte Holzweichfaser-Hartfaser-Sandwichplatte.

Ist die vorhandene Deckenkonstruktion oder der alte Fußboden stark geneigt oder weist er große Unebenheiten auf, so wird eine trockene Schüttung aus Vulkangestein (z.B. "Perlite"), Flachsschaben (z.B. "Mehabit") oder Gasbetongranulat (z.B. "Fermacell") zum Niveauausgleich aufgebracht. Als Rieselschutz ist bei Holzbalkendecken ein reißfestes Baupapier erforderlich (z.B. Elefantenkreppapier), das allseitig hochgeschlagen wird. Auf dieser Unterlage wird die Schüttung verteilt und in der gewünschten Höhe über Lehren waagerecht abgezogen. Problematisch bei Trockenschüttungen ist die mögliche Nachverdichtung bei Benutzung, dadurch können die Trockenestrichplatten punktuell nachgeben. Es gibt nun mehrere Möglichkeiten, wie sich dies verhindern läßt:

- Die Materialien sind bei Schütthöhen über 4 cm (bei Gasbetongranulat erst ab 6 cm) lagenweise einzubringen und zu verdichten. Große Schrägen sind mit harten Platten auszugleichen.
- Eine Ummantelung des Schüttmaterials mit klebrigen Materialien soll die Körner unter Druck miteinander verbacken. Bei "Bituperl" und "Mehabit" ist dies Bitumen (Abb. 9.2.9), bei "Terraplan" ein Naturharz. Sehr körniges Material wie z.B. Gasbetongranulat ist auch ohne diese Zutaten frei von Nachverdichtungen. Korkschrot läßt sich wegen seiner hohen Elastizität nicht nachverdichten.
- Zur Verbesserung des Trittschallschutzes und als Flächendruckausgleich muß über die Schüttung eine Abdeckplatte (z.B. Holzweichfaserplatte, 8 mm) verlegt werden.

Die Verbesserung der Trittschalldämmwerte (TSM) ist für jeden Konstruktionsaufbau nach den Angaben der Dämmstoffhersteller neu zu bestimmen. Die angegebenen Werte können nur erreicht werden, wenn die Ausführung sorgfältig erfolgt. Schallnebenwege über Tür- und Fensteröffnungen, über Treppenhäuser, statisch durchführende Bauteile und Installations- und Lüftungsschächte können das Ergebnis erheblich beeinträchtigen.

Die erforderlichen Materialhöhen der Platten oder Schüttungen sind von mehreren Faktoren abhängig:

- Unebenheiten oder Neigungen müssen auf jeden Fall ausgeglichen werden. Bei großen Höhenunterschieden in der Decke muß überlegt werden, ob die Anordnung eines Niveausprungs mit einer Stufe nicht erheblich Material einspart. Dieselbe Entscheidung ist manchmal notwendig, wenn die gesamte Decke ein leichtes Gefälle hat (1% Gefälle bedeuten bei 12 m Haustiefe bereits 12 cm Höhenunterschied). Es ist nicht zu empfehlen, das Gefälle beizubehalten, da dies beim nachfolgenden Einbau von Türen, Badewannen oder Einbauküchen zu vielen Detailproblemen führen kann.
- Installationsleitungen für die Elektro-, Heizungs- und Sanitärversorgung werden von den Handwerkern einfachheitshalber gerne oberhalb der Rohdecke verlegt. Damit die Trockenestrichplatten nicht darauf aufliegen, muß zuerst bis zur Oberkante der Rohre aufgefüllt werden, dann werden die Leitungen zusätzlich mit einer mindestens 2 cm hohen Lage überdeckt (Gasbetongranulat nur mit 1 cm). Damit kann die gesamte Höhe der Trittschalldämmung 4 - 5 cm betragen.

Die Güte der Trittschalldämmung ist außerdem auch vom Fußbodenbelag abhängig: harte Beläge verursachen beim Gehen mehr Lärm, während weiche Beläge schalldämpfend wirken.

Preise: Schüttung, 5 cm stark: aus Perlite, 15 DM/m²; aus Flachsschaben 16 DM/m²; aus Gasbetongranulat 17 DM/m²; aus Korkschrot 17 DM/m²; Trittschall-Dämmung, 2 cm stark: aus Kokosmatten 18 DM/m²; aus Holzweichfaserplatten 8 DM/m²; aus Korkplatten 13 DM/m²; aus Mineralfasermatten 9 DM/m²; aus Jutefilz 15 DM/m²; Rieselschutz aus Elefantenkrepp-Papier 1 DM/m².

2. Wand

Bauteile aus Gips müssen, anders als z.B. Holzwolleleichtbauplatten, nicht "naß" verputzt werden. 1 cm Gips entspricht in der Wärmedämmungwirkung ca. 3 cm Ziegelmauerwerk. Durch sein gutes Wasseraufnahmevermögen reguliert Gips die Raumluftfeuchte. Gips ist statisch wenig belastbar und hoch widerstandsfähig gegen Feuer. Wurde bei der Herstellung von Platten und Dielen ausschließlich Naturgips eingesetzt, können sie als Bauelemente mit guten Eigenschaften unbedenklich am Bau verwendet werden. Der Baustoffhandel bietet jedoch auch Platten aus sogenanntem Industriegips an. Für den Laien ist es nicht möglich, zu prüfen, ob und in welchem Maß Gips schadstoffbelastet ist. Hier wäre eine Unbedenklichkeitsbescheinigung des Herstellers wünschenswert. Gips aus der Rauchgasreinigung, sog. REA-Gips, scheint nach vielen Gutachten dann unbedenklich zu sein, wenn er aus Steinkohlekraftwerken kommt.

Gipsdielen
Massive, einschalige Zwischenwände können mit Gipswandbauplatten in Stärken von 6 - 10 cm einfach aufgebaut werden (Abb. 9.2.10). Im Vergleich zu Ziegelwänden sind die Formate größer (50 x 60 cm), die Wandstärke geringer. Die Platten sind mit Nut und Feder versehen, die Verklebung erfolgt mit einer dünnen Gipslage, dem sog. Fugenfüller, der beim Zusammensetzen aus der Fuge quillt und mit einer "Traufel" abgezogen wird. Das Ablängen und Zuschneiden ist mit einem grob gezahnten Fuchsschwanz möglich, die Kanten werden mit einem sog. Surformhobel nachgearbeitet. Die glatte Oberfläche wird nur noch verspachtelt, was man sich sparen kann, wenn nachfolgend Fliesen verlegt werden. Die Wand ist leicht (55 - 90 kg/m²), nachteilig ist ihr schlechterer Schallschutz. Bei einer Wanddicke von 6 cm wird ein Schalldämmaß von 32 dB erreicht, bei 8 cm Stärke 35 dB und bei 10 cm Stärke 37-38 dB (vgl. Tab. Abb. 8.1.3)
Zur Verbesserung der Schalldämmung können diese Plattenwände auch zweischalig mit zwischenliegender Kokosdämmplatte ausgeführt werden.
Die Platten gelten bereits ab 6 cm Stärke als feuerhemmend (F 30), ab 8 cm als feuerbeständig (F 120) und ab 10 cm als

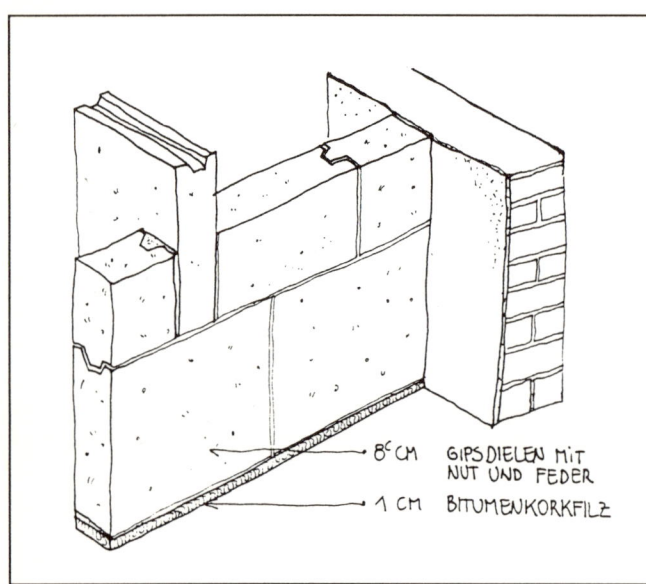

Abb. 9.2.10 Trockenbauwand aus Gipsdielen

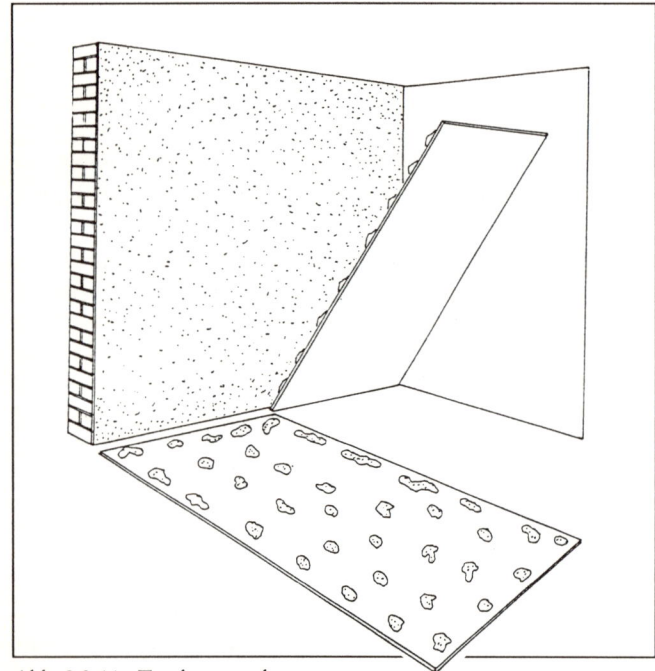

Abb. 9.2.11 Trockenputzplatte

hochfeuerbeständig (F 180). Sie dürfen gebohrt, gefräst und geschnitten werden. Stemmarbeiten sind verboten, da dies zu starker Rißbildung in den Platten führt und die Standfestigkeit der Wand beeinträchtigt. Die Herstellung von Schlitzen für die Elektroinstallation erfolgt mit dem Nutenzieher. Türöffnungen bis max. 1 m Breite werden mit einem 3 m langen Schlitzbandeisen als Bewehrung überdeckt. Bei längeren Wänden sind ausreichend bemessene Aussteifungen einzubauen. Ganz gleich, ob die Oberfläche nachfolgend gestrichen oder tapeziert wird, auf jeden Fall ist bei Gipswänden eine Grundierung notwendig, um die starke Saugfähigkeit zu verringern. Erst nach Austrocknung und Härtung dieses Voranstrichs kann weitergearbeitet werden.

Trockenputz
Als Trockenputz wird die Beschichtung von Wänden bezeichnet, wenn rohes Mauerwerk statt mit Mörtel verputzt, mit Gipsbauplatten beplankt wird (Abb. 9.2.11). Hierfür eignen sich Gipsleichtbauplatten, die unterschieden werden in:

- *Gipskartonplatten* (z.B. "Knauf" oder "Rigips"), die als 1 bis 2 cm starke Gipsplatten durch eine beidseitige Kartonbeschichtung stabilisiert sind. Feuchtraum- und Brandschutzplatten benötigen eine Kunstharzimprägnierung bzw. ein Glasfasergewebe zur Stabilisierung.
- *Gipsfaserplatten* (z.B. "Fermacell") bei denen der Naturgips mit Papierzellulose durchmischt wird, so daß die 10, 12,5, 15 oder 18 mm starken Platten ohne zusätzliche Beschichtung stabil sind. Mit 50% höherem Gewicht gegenüber Gipskartonplatten lassen sie sich wie Holzwerkstoffplatten verarbeiten und benötigen auch für Feuchträume oder als Brandschutzplatte keine Zusatzausrüstung.
- *Gips-Holzspanplatten* (z.B. "Gyproc"), der Gipsfaserplatte vergleichbar, aber mit Holzspänen als Zuschlagstoff.
- *Gips-Verbundplatten*: hierbei handelt es sich um eine der beiden vorher beschriebenen Leichtbauplatten, die zur besseren Innendämmung einseitig mit Wärmedämmstoff (meist Hartschaum) kaschiert sind. Grundsätzlich ist von diesen Platten abzuraten, da sie eine Fülle von bauphysikalischen Problemen mit sich bringen können. Sollte sich ihr Einsatz nicht vermeiden lassen, müssen vorher Berechnungen bezüglich der zu erwartenden Tauwassermenge vorgenommen werden.

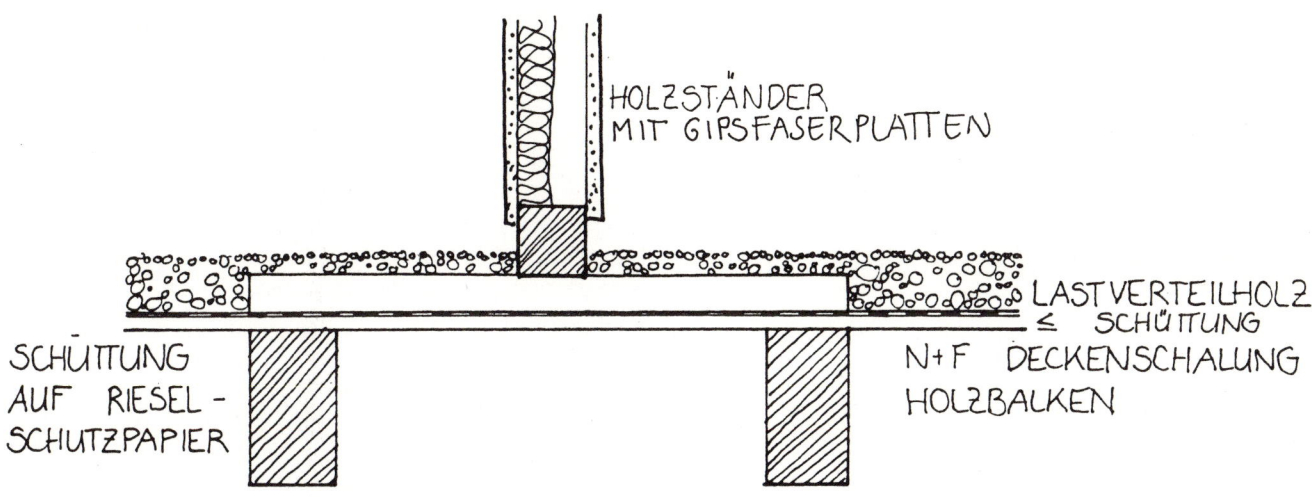

Abb. 9.2.12 Lastabtragung leichter Trennwände auf die Holzbalkendecke

Die Platten werden mit Klebemörtel direkt auf dem unverputzten Mauerwerk befestigt. Bei großen Unebenheiten der Wand sind 10 cm breite Streifen aus Trockenbauplatten waagerecht und senkrecht im Abstand von 50 - 60 cm nach dem Lot auszurichten. Auf diese Unterkonstruktion werden dann die Bauplatten geklebt. Eine weitere Möglichkeit besteht im Aufschrauben der Platten auf eine waagerecht und senkrecht ausgerichtete Holzunterkonstruktion, die an die Wand gedübelt wird.

Wird eine Trockenbauplatte an einer bestehenden massiven Zwischenwand schwingend befestigt, so wird der Luftschallschutz durch diese biegeweiche Vorsatzschale wesentlich verbessert. Bei der Konstruktion ist darauf zu achten, daß die Vorsatzschale von allen Bauteilen weichfedernd getrennt ist. Entweder werden Kokosmatten mit Klebemörtel vollflächig an der Wand befestigt und darauf die Trockenbauplatten aufgemörtelt, oder eine Holzunterkonstruktion wird mit aufgeschraubten Kokosstreifen an die Wand gemörtelt und darauf die Gipsbauplatte verschraubt (vgl. Abb. 8.1.5). Alle Anschlüsse an Seitenwände, Decke und Fußboden müssen dicht und dauerelastisch verfugt werden. Es ist vorteilhaft, die biegeweiche Schale auf der Seite anzubringen, von der der größere Lärm ausgeht. Die Steigerung des Luftschallschutz-

maßes auf 53 oder 55 dB qualifiziert die Wand als Wohnungstrennwand. Auch hier ist die Sorgfalt der Ausführung die einzige Garantie für eine erfolgreiche Schallschutzmaßnahme.

Leichte Trennwände
Leichte, nichttragende Trennwände haben keine statische Funktion. Sie können deshalb - je nach Konstruktion - wieder versetzt werden. Beim Dachgeschoßausbau empfehlen sich schon deshalb leichte Trennwände, um die Belastung der Deckenkonstruktion so gering wie möglich zu halten und um aufwendige, kostensteigernde Maßnahmen zur statischen Verbesserung der Tragkonstruktion zu vermeiden. Kann bei der Geschoßdecke ein Zuschlag zur Verkehrslast von 75 kp/m^2 toleriert werden (Statiker fragen), können - anders als tragende bzw. schwere Wände - leichte Trennwände an beliebiger Stelle im Dachgeschoß errichtet werden, was auch die Grundrißplanung erleichtert. Montagewände aus Gipsleichtbauplatten wiegen je nach Konstruktionsart etwa 30 - 70 kg/m^2 Wandfläche. Bei Holzbalkendecken ist die Ausrichtung der Deckenbalken und der Trennwand zu beachten. Wände quer zur Balkenlage stellen kein Problem dar, parallel zu errichtende Wände müssen auf ein Lastverteilungsholz gesetzt werden (Abb. 9.2.12).

Abb. 9.2.14
Holzständerwand mit Kokosfüllung

Abb. 9.2.13
Metallständer-
wand mit
Sanitärinstal-
lationsblock

Die Wände müssen nur dann wärmegedämmt werden, wenn sie unterschiedlich temperierte Räume trennen. Zur thermischen Stabilität des Dachgeschosses tragen leichte Trennwände aufgrund ihrer geringen Speichermasse nur wenig bei.

Bei zweischaligen Trennwänden empfiehlt es sich, den Hohlraum zwischen den beiden Wandplatten so groß zu wählen, daß die Installationen für Heizungs-, Wasser-, Warmwasser-, Abwasser-, und Elektroleitungen darin verlegt werden können (Abb. 9.2.13). Für die Wandmontage der Sanitärobjekte, wie z.B. Waschbecken, Hänge-WC's usw., stehen Spezialkonsolen zur Verfügung (siehe Kap. 12.1.1).

Als Unterkonstruktion für die Trennwände werden Holz- oder Metallkonstruktionen auf der Rohdecke oder auf einem festen, mineralischen Estrich errichtet. Trockenestrichplatten eignen sich nicht als Untergrund, da sie nicht steif genug sind.

Holzständerkonstruktion: An Fußboden, Decke und den beiden Wänden werden Kanthölzer auf einem Dichtungsband aus Jutefilz befestigt. Die trockenen und allseits gehobelten Holzständer werden in Abständen von 50 cm oder 62,5 cm aufgestellt und verschraubt. Für Wandhöhen bis 2,75 m sind Kanthölzer von 60 x 60 mm zu empfehlen, für Wandhöhen bis 4 m 48 x 80 mm. Holzkonstruktionen sind wegen des geringen Gewichtes und der leichten Anfertigung (Eigenleistung) vorteilhaft (Abb. 9.2.14). Nachteilig ist, daß durch das Arbeiten der Holzteile die Verkleidungsplatten an den Stößen reißen können. Auch müssen die Ständer größer dimensioniert werden, sollen sie mit Ausklinkungen für technische Installationen wie z.B. für schräg in der Wand geführte Abwasserrohre versehen werden. Aus diesen Gründen werden im professionellen Bauen heute fast ausschließlich Metallprofile für die Unterkonstruktion eingesetzt (Abb. 9.2.13).

Metallständerkonstruktion: Mit einer Unterkonstruktion aus Metallprofilen kann eine bessere Schalldämmung als mit einfachen Holzständern erreicht werden. Die Fußboden- und

Deckenanschlüsse werden mit sogenannten U- und C-Profilen hergestellt, wobei für die Tiefe der Profile 50 mm für Wandhöhen bis 3 m, 75 mm bis 3,50 m und 100 mm für Wandhöhen bis 4,50 m üblich sind. Metallprofile sind als komplette Ausbausysteme erhältlich. Die hohe Formstabilität läßt größere Bohrungen für technische Installationen zu. Vorteilhaft ist die Passgenauigkeit der Einzelbauteile. Die Ständer müssen nur in das Boden- und Deckenprofil eingeklemmt werden, das Ständerprofil kann sich bei Durchbiegung der Decke verschieben.

Möglich ist auch eine Mischkonstruktion, indem für Boden und Decke Metallprofile benutzt, und senkrecht Holzständer festgeklemmt werden, die um 1 bis 2 cm kürzer als die lichte Höhe sind, damit "Spiel" bei Durchbiegung der Decke gegeben ist.

Die Holz- bzw. Metallständerwerke können nun einseitig verkleidet werden, z.B. mit gehobelten Nut- und Federbrettern (ab 14 mm Stärke), die in vielen Holzarten und Profilierungen im Handel erhältlich sind. Sollen die Bretter nicht waagerecht, sondern senkrecht angebracht werden, ist zusätzlich eine Querlattung zu ihrer Befestigung erforderlich. Die Bretter werden mit Nägeln verdeckt durch die Feder genagelt. In Naßräumen müssen alle Holzverkleidungen hinterlüftet sein, um zu verhindern, daß das Holz an der Rückseite infolge von Feuchtigkeitsstau zu schimmeln beginnt (Abb. 9.2.16).

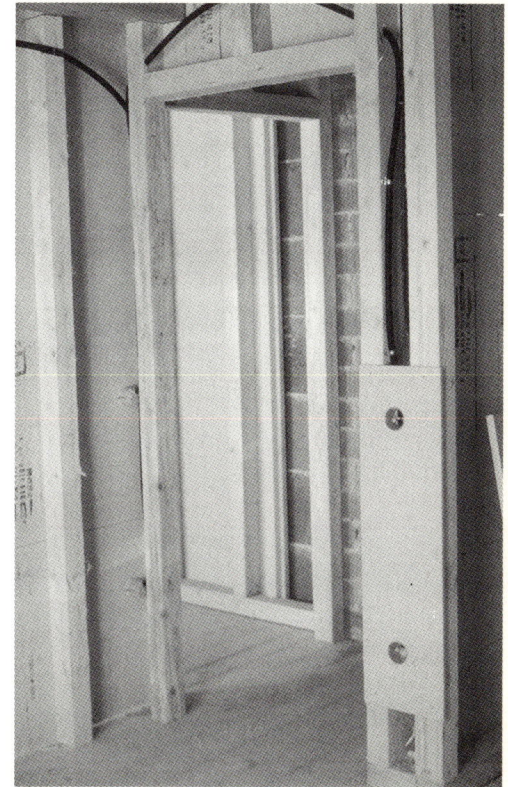

Abb. 9.2.15 Holzständerwand, teilweise beplankt und mit Elektroinstallation

Alternativ zur Holzverkleidung können an den Ständern auch 10 oder 12,5 mm starke Gipsleichtbauplatten mit Kreuzschlitzschrauben oder Hohlkopfnägel befestigt werden. Bei Gipskartonplatten darf die äußere Kartonbeschichtung von den Schrauben- oder Nägelköpfen nicht durchstoßen werden, da sonst die Platte an dieser Stelle nicht befestigt ist. Gipsfaserplatten können auch mit Klammern und Schußapparaten befestigt werden. In der Wand werden die Elektroleitungen verlegt, Wasserzu- und -ableitungen eingebaut und die Wandhohlräume z.B. mit Mineralfaser (nicht brennbar) oder Kokosmatte (normalentflammbar) ausgefacht. Es ist auch möglich, nach Anbringen der zweiten Verkleidung den Hohlraum mit Zellulosedämmstoff auszublasen.

Die Stöße können z.B. mit in Gips verlegtem Fugenband armiert und anschließend mit mehreren dünnen Gipslagen zugespachtelt werden. Bei Gipsfaserplatten sollte ein Fugenabstand von 7 mm eingehalten werden, der dann zugespachtelt wird. Der Anschluß an andere Bauteile sollte dauerelastisch verfugt werden, da es an diesen Stellen durch unterschiedliche Bewegungen der Materialien leicht zu Rissen kommt.

Eine Verbesserung der Schalldämmung wird erreicht, wenn die Wände doppelt mit Gipsbauplatten beplankt werden, da dies die Masse der Konstruktion erhöht. Die Plattenlängsstöße der zweiten Verkleidung sollten versetzt zu den Stößen der bereits montierten Schale angebracht werden. Dann kann auch auf die Dämmstoffüllung verzichtet werden

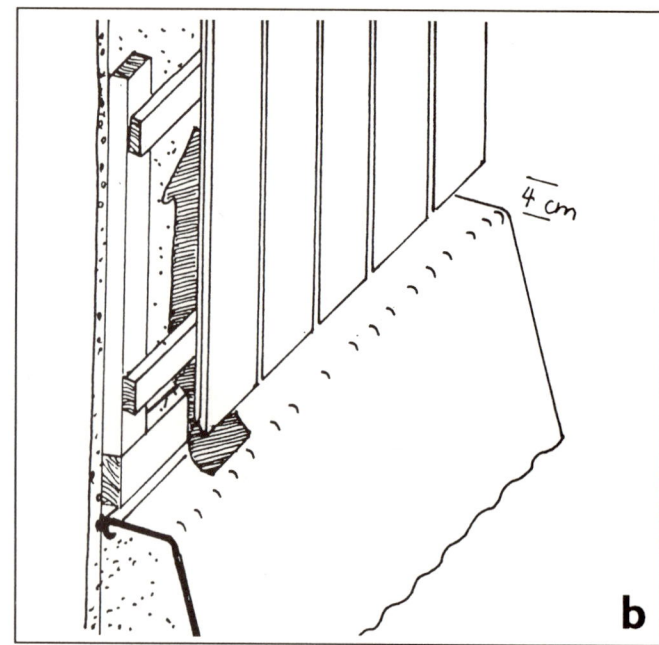

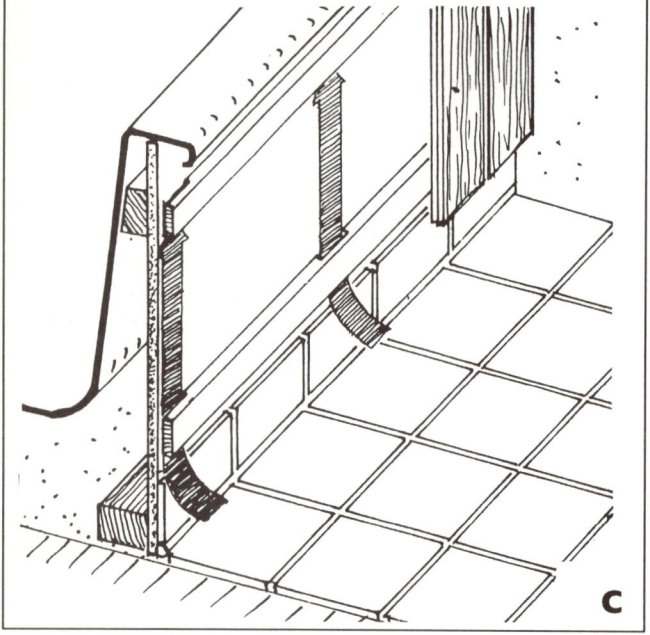

Abb. 9.2.16
Hinterlüftete Holzverschalung in Naßräumen
a) hinterlüftete Wand- und Deckenverkleidung
b) Badewannen-Randanschluß
c) Badewannen-Seitenverkleidung mit Holz

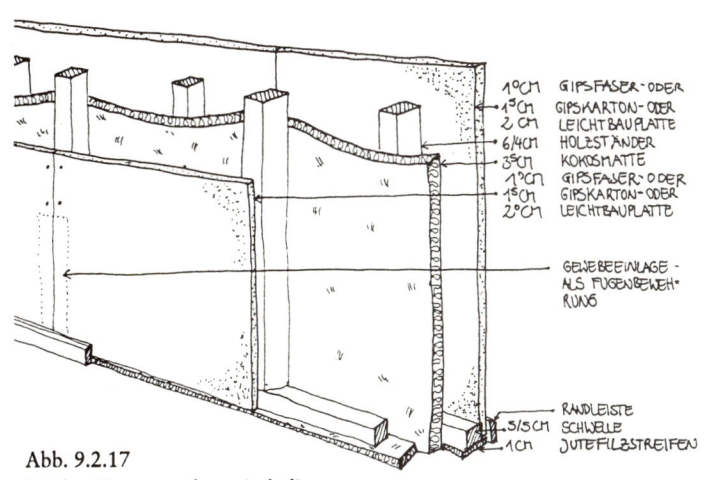

1ᵒ CM — GIPSFASER- ODER
1⁵CM — GIPSKARTON- ODER
2 CM — LEICHTBAUPLATTE
6/4CM — HOLZSTÄNDER
3CM — KOKOSMATTE
1ᵒCM — GIPSFASER- ODER
1⁵CM — GIPSKARTON- ODER
2ᵒCM — LEICHTBAUPLATTE

GEWEBEEINLAGE -
ALS FUGENBEWEH-
RUNG

RANDLEISTE
3/5CM — SCHWELLE
1CM — JUTEFILZSTREIFEN

Abb. 9.2.17
Leichte Trennwand, zweischalig

	Holzständer-wände mit Gipsplatten-bekleidung	Metallständer-wände mit Gipsplatten-bekleidung	Metalldoppelstän-derwände mit Gipsplatten-bekleidung
Einbauzeiten	1,3 Std./m²	1,3 Std./m²	1,5 Std./m²
Trocknungs-/ Wartezeiten	1,5 Tage	1,5 Tage	1,5 Tage
Schall-dämmung a) bewertetes Schalldämmaß b) Schallschutz-maß LSM	37 dB -15 dB	45 dB - 7 dB mit Hohlraum-dämpfung z.B. durch Kokos-wolle	55 dB + 3 dB mit Hohlraum-dämpfung z.B. durch Kokos-wolle
Gewicht	27 kg/m²	26 kg/m²	52 kg/m²
Anmerkungen	Sonderelemente für hohe Wand-lasten erforder-lich	Sonderelemente für hohe Wand-lasten erforder-lich	Sonderelemente für hohe Wand-lasten erforder-lich

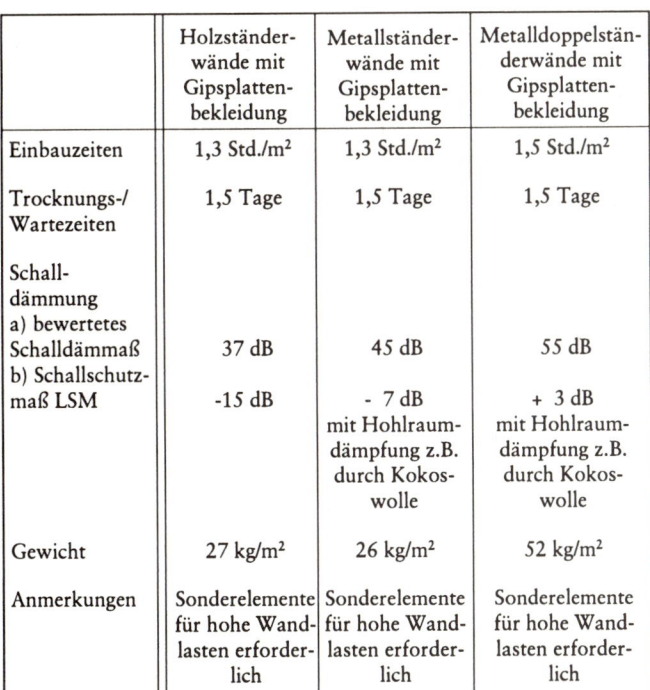

Abb. 9.2.19
Rohrverkleidung mit
Kanthölzern und
Leichtbauplatte

Sehr gut schalldämmende Zwischenwände lassen sich her-stellen, indem zwei getrennte, mit mindestens 15 cm Abstand parallel montierte Ständerwerke errichtet und beplankt wer-den (Abb. 9.2.17, 9.2.18). Auch hier ist auf die sorgfältige Verarbeitung vor allem der elastischen Anschlüsse an andere Bauteile zu achten. Statt eines Doppelständerwerkes können auch BPA-Profile eingesetzt werden, die die Form eines W's oder M's haben, dadurch wie ein doppeltes Ständerwerk wirken, und im Vergleich etwa 10 DM pro m² Wand an Materialkosten einsparen.

Sanitärinstallationen verschlechtern die Schalldämmung und sollten in Wohnungstrennwänden nicht verlegt werden.

Auch Rohre lassen sich mit Gipsleichtbauplatten verkleiden (Abb. 9.2.19). Nach dem Wärmedämmen der Rohre werden an die angrenzende Wand Holzleisten gedübelt, passend zu-geschnittene Streifen von Trockenbauplatten angeschraubt und die freien Enden der Platten über Eck mit einer Holzlatte verbunden. Die Plattenstöße, sowie Innen- und Außenkanten werden mit Fugendeckstreifen armiert und verfugt.

Abb. 9.2.18
Übersicht: Leichte Trennwände
(Quelle (35)

Ausnahmeregelungen im Einzelfall sind möglich, wenn keine Bedenken hinsichtlich des Brandschutzes bestehen.

Nr.	Bauteil Vorschrift	Geschoßzahl					Hoch-haus
		≤ 2	> 2	≤ 3	> 3	> 5	
1.	**Dämmschichten**						
1.1	auf oder in Wänden und Decken in Wohngebäuden	B 2*	B 2*	B 2*	B 1	B 1	A
	* auf oder in feuerhemmenden und feuerbeständigen Wänden und Decken B 1						
1.2	auf oder in Wänden und Decken in Bürogebäuden	B 2*	B 1	B 1	B 1	B 1	A
	* auf oder in feuerhemmenden und feuerbeständigen Wänden und Decken B 1						
1.3	auf oder in Außenwänden (nichttragend)	B 2	A*	A*	A*	A*	A*
	* gilt nicht, wenn eine Brandübertragung durch geeignete Vorkehrungen verhindert wird						
2.	**Bekleidungen**						
2.1	auf Wand- und Deckenflächen in Wohngebäuden	Keine Anforderungen	Keine Anforderungen	B 2*	B 1	B 1	A
	* auf feuerhemmenden und feuerbeständigen Wänden und Decken B 1						
2.2	auf Wand- und Deckenflächen in Bürogebäuden	B 2*	B 1	B 1	B 1	B 1	A
	* auf feuerhemmenden und feuerbeständigen Wänden und Decken B 1						
2.3	auf Wand- und Deckenflächen von Fluren	B 2	B 1	B 1	B 1	A	A
2.4	in Treppenräumen und ihren Ausgängen ins Freie	B 2	B 1	B 1	B 1	A	A
3.	**Dachgeschoß-Ausbau**						
3.1	Wände und Decken der Räume und Zugänge, die gegen nicht ausgebauten Dachraum abschließen	F 30 B*	F 30 B	F 30 B	F 30 B	F 30 B	F 30 B
	* Ausnahmen zugelassen bei Wohngebäuden mit bis zu zwei Wohnungen						
4.	**Trennwände**						
4.1	zwischen Wohnungen sowie zwischen Wohnungen und fremden Aufenthaltsräumen	F 30 B	F 30 B	F 30 B	F 90 AB	F 90 AB	F 90 A
4.2	zwischen Räumen, bei denen mindestens einer so genutzt wird, daß erhöhte Brand- oder Explosionsgefahr besteht	F 90 AB	F 90 AB	F 90 AB	F 90 AB	F 90 AB	F 90 AB
4.3	zwischen Wohnungen oder Wohn- und Schlafräumen und land- und forstwirtschaftlichen oder gärtnerischen Betriebsgebäuden oder -räumen	F 90 AB	F 90 AB	F 90 AB	F 90 AB		
4.4	in Treppenräumen und ihren Ausgängen ins Freie	F 90 AB*	F 90 A**	F 90 A**	F 90 A**	F 90 A**	F 90 A**
	* gilt nicht für Wohngebäude mit bis zu zwei Wohnungen ** in der Bauart von Brandwänden						

Abb. 9.3.1

Auszug aus der Landesbauordnung Bayern zum Brandschutz für den allgemeinen Wohnungsbau
Quelle (37)

Abb. 9.3.2
Verkleidung von Wänden und Ummanteln tragender Holzteile
mit Gipsbauplatten

DIREKTABHÄNGER
TRAGPROFIL CD 60 × 27
BLECHSCHRAUBE LM 3.5 × 9.5
MASSIVGIPSBAUPLATTE 25 MM
SCHNELLBAUSCHRAUBE TN 35

UW - PROFIL 50 × 40
PAPIERFUGENDECKSTREIFEN
CW - PROFIL 50 × 50 × 0.6
UW - PROFIL 50 × 40 × 0.6
DICHTER ANSCHLUSS MIT TRENNWANDKITT

Abb. 9.3.3
Brandgeschützte Deckenkonstruktion (F-90 B) mit Massivgipsbauplatte
(Fa. Knauf)

9.3 Decke und Dach

Die Brennbarkeit des Dachtragwerkes, der hölzerne Dachstuhl, ist für den Ausbau ein großes Problem. Die Auflagen des baulichen Brandschutzes betreffen deshalb im wesentlichen die Sicherung dieser Teile vor zu schnellem Abbrand (Abb. 9.3.1).
Eine Verschalung der Deckenflächen und Dachschrägen mit Holzbrettern ist möglich, wenn keine oder nur geringe Brandschutzauflagen bestehen. Eine Feuerwiderstandsdauer von mindestens 30 Minuten (F-30) kann z.B. mit 30 mm starken Holzbrettern oder mit zementgebundenen Spanplatten erreicht werden. In diesem Fall ist es aber einfacher, Trockenbauplatten aus Gips einzusetzen, die auch als Feuerschutzplatten erhältlich sind (Abb. 9.3.2, 9.3.3).
Ein weiterer Nachteil von Holzverschalungen ist ihre geringe Winddichtigkeit, wenn diese nicht schon durch Dampfbremse und Dämmstoff gewährleistet ist.
Verputzte Dachgeschosse aus den 50er und 60er Jahren oder

mit Trockenbauplatten beplankte Dachräume aus den 70er Jahren sind nur dank dieser Verkleidungen einigermaßen winddicht.
Es war in letzten Jahren beliebt, die Dachschräge bis zum First allseitig zu verkleiden, so daß der entstehende Raum wie ein Zelt wirkt. Die Pufferzone des Dachspitzes entfällt dann allerdings. Sparrendächer bilden einen offenen Raum (Abb 9.3.4), bei Pfettendächern dagegen unterbrechen die Kehlbalken oder Binder als waagerechte Gliederungselemente. Wird nicht bis zum Dachfirst ausgebaut, kann an den Kehlbalken oder Bindern die Zwischendecke befestigt werden. Ist keine Tragkonstruktion vorhanden, kann der Zimmermann durch den Einbau doppelter Kehlzangen links und rechts vom Sparren die Befestigung für die gewünschte Zwischendecke herstellen. Eine andere Möglichkeit besteht darin, bei vorhandenen Dachbindern, die meist im Abstand von 4 - 5 m den Dachstuhl gliedern, Deckenbalken längs den Pfetten über die Binder zu legen. Der über den Kehlbalken entstehende Raum sollte mit einer Leiter begehbar sein.

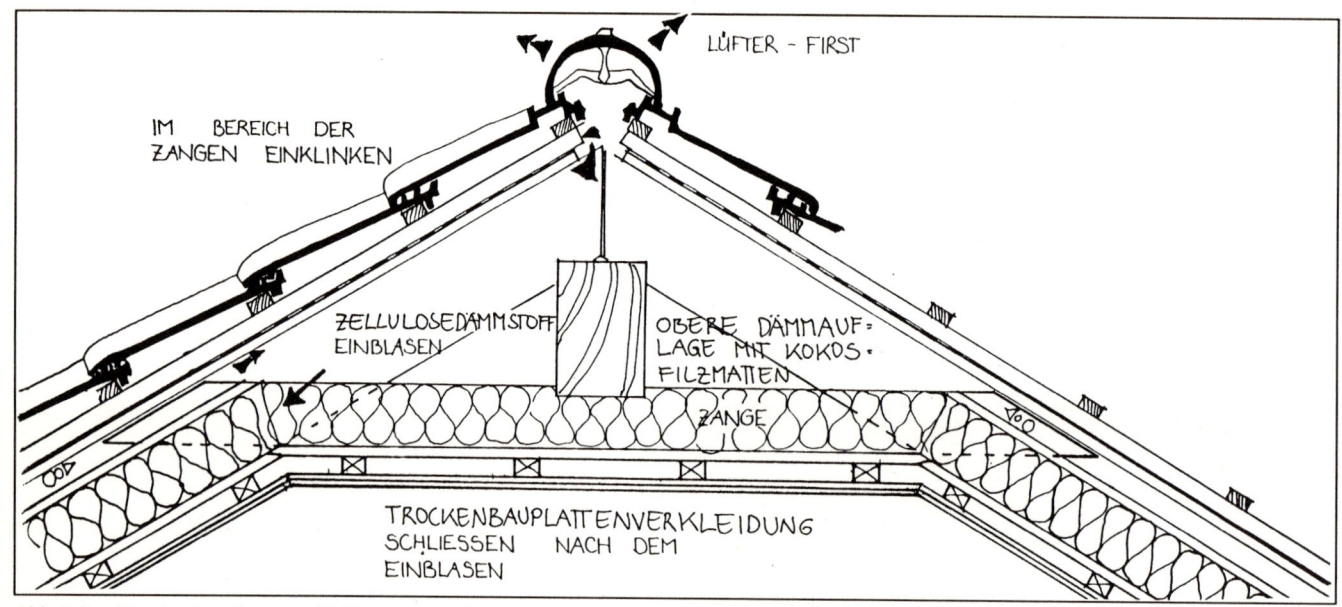

Abb. 9.3.4 Trockenbauplattenverkleidung am Dachspitz

1. Überdachdämmung und Verkleidung

Ist eine Überdachdämmung vorgesehen, so bildet meist eine Brettschalung oberhalb der gehobelten Sparren die sichtbare Fläche. Möglich sind an dieser Stelle auch Hartfaser- oder Heraklithplatten, mit denen eine im Vergleich zum Rauhfaser-Weiß völlig andere optische Wirkung erzielt werden kann. Für den Brandschutz können Gipsplatten auch über die Holzverschalung gelegt werden.

2. Dämmung zwischen Sparren und Verkleidung

Die Tragkonstruktion der Decke und der Dachschräge wird - außer bei dem "Sargdeckeldach" - von Sparren, Pfetten, Kehlzangen oder -balken gebildet.
Die Befestigung der Unterkonstruktion an den Tragbalken muß ausreichend und dauerhaft sein. Mit bauaufsichtlich zugelassenen Befestigungsmitteln, üblicherweise Kreuzschlitz-

schrauben, werden die Dachlatten (24 x 48 mm) angeheftet, ausgerichtet, unterkeilt und angeschraubt. Der Abstand der Latten beträgt 33,5 cm. Holzbretter werden verdeckt genagelt oder Trockenbauplatten mit Klammern (bei Gipsfaserplatten), Hohlkopfnägel oder Senkkopfschrauben befestigt.
Liegen die Binder oder die Deckenbalken zu hoch, kann die Zwischendecke auch abgehängt werden. Dazu werden Montageschienen aus Metall oder kräftige Kanthölzer mit sogenannten Schnellhängern aus Metall auf die gewünschte Höhe gebracht und auf diesen das ausgewählte Verkleidungsmaterial befestigt (Abb. 9.3.5). Will man mit dieser Konstruktion gleichzeitig die Schallübertragung nach oben dämpfen, z.B. bei einem zweigeschossigen Dachausbau, kann vor der Verkleidungsmontage eine Lage Jutefilz über die Montageträger gelegt werden.

Preise: Gipsmassivbauplatten, 10 cm stark, 45 DM/m²; Holzständerwand mit Zellulosedämmstoff und beidseitig Gipsfaserplatten, 50 DM/m²; Gipsfaserplatten, 10 mm stark, 7 DM/m²; Holzverschalung, Nut und Feder, 20 mm stark, 18 DM/m²; Kokoswolle, 35 mm stark, 14 DM/m².

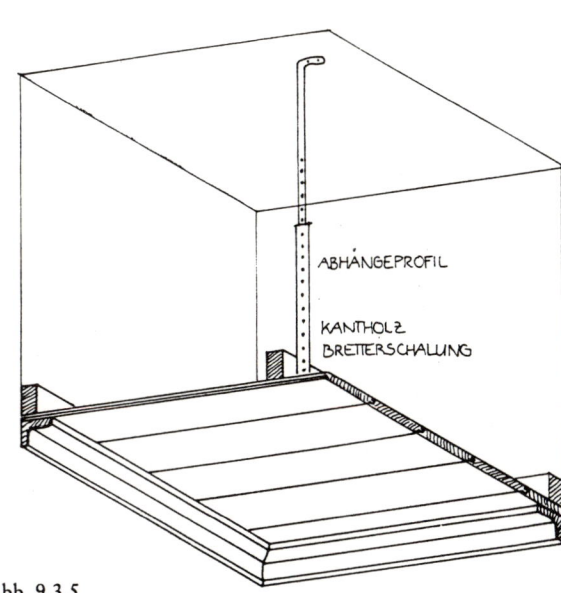

Abb. 9.3.5
Abgehängte Decke mit Holzverschalung

3. Brandschutz- und Schalldämpfungsverkleidung

Aus der Nutzung des Dachgeschosses (Abb. 9.3.6) ergeben sich die geforderte Feuerwiderstandsdauer für die Bauteile (F 0 bis F 90) und die Brandschutzanforderungen an die Materialien (B 2 bis A). Für das jeweilige Einsatzgebiet geprüfte und zugelassene Konstruktionen sind in der DIN 4102 Teil 4 (Brandverhalten von Baustoffen und Bauteilen) zu finden. Diese Konstruktionen sind meist mit Mineralfaserdämmstoff ausgeführt, was sich erübrigt, wenn die Bauteile mit einer doppelten Lage Gipsfaserplatten oder mit speziellen Feuerschutzplatten (Silikatfaserplatten) verkleidet werden. Früher übliches asbesthaltiges Material darf heute nicht mehr eingebaut werden. Soll eine andere Konstruktion oder ein anderes Material eingesetzt werden, so müssen entsprechende Prüfzeugnisse beim Hersteller angefordert werden. Einige Zellulosedämmstoff-Hersteller können z.B. Brandschutznachweise bieten. Letztlich kann der Brandschutz aber immer von der

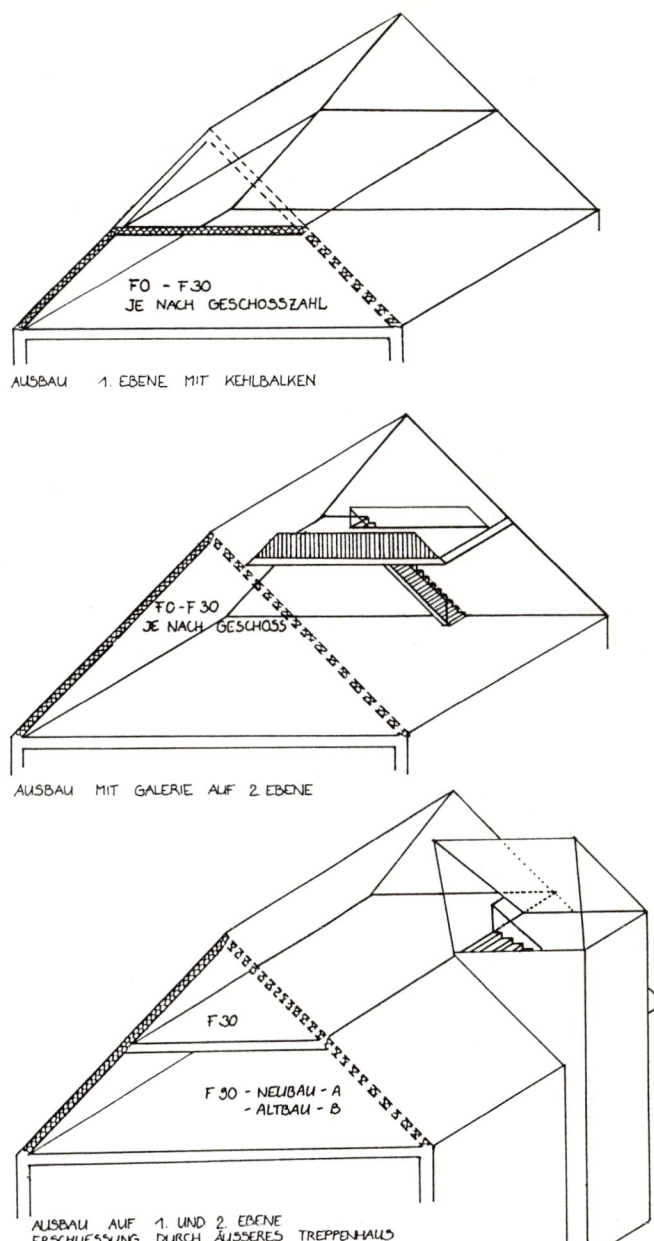

Abb. 9.3.6
Brandschutzauflagen für den Dachgeschoßausbau
(Landesbauordnung Bayern)

Abb. 9.3.7
Innenverkleidung mit Akustik-Platten ("Heraklith")
bei einem Kindergarten

verschalung ausgelegt. In letzterem Fall müssen aber die Abmessungen der Sparrenquerschnitte eine Feuerwiderstandsdauer von F 30 erfüllen.

Tragende, sichtbare Holzbalken, deren Abmessungen nicht den Brandschutzbestimmungen entsprechen, was bei nahezu allen Altbauten der Fall ist, müssen mit Trockenbauplatten ummantelt werden (siehe Abb. 9.3.2). Flammhemmende Anstriche erfüllen zwar denselben Zweck, sollten aber wegen möglicher gesundheitlichen Belastungen durch die Inhaltsstoffe nicht eingesetzt werden.

Die innere Verkleidung kann auch zur Schalldämpfung beitragen. Hierzu geeignet sind vor allem abgehängte Holzverschalungen mit einer dahinterliegenden weichen Platte (Kokos, Jutefilz) oder Holzwolleleichtbauplatten mit poröser Oberfläche (Abb. 9.3.7).

9.4 Abseite

Die Abseite ist eine niedrige Innenwand, welche die Dachschräge im schlecht nutzbaren unteren Bereich vom Raum optisch abtrennt. Sie wird oftmals mit dem Kniestock oder Drempel verwechselt (s. Kap. 6.1.6), verändert aber im Gegensatz zum Kniestock nicht die Auflagerhöhe der Fußpfette und damit auch nicht die Stehhöhe. Die Abseitenwände können z.B. aus Gipswandbauplatten oder aus Gasbeton bestehen, aber auch aus einer Holzständerkonstruktion, die mit Holzwolle-Leichtbauplatten verputzt, bzw. mit Gipsfaserplatten beplankt wird (Abb. 9.4.1, 9.4.2). Öffnungen werden mit einfachen Holztüren verschlossen. Die Dachdämmung sollte prinzipiell bis zur Außenwand reichen, da ein Abknicken im Bereich der Abseitenwand eine Fülle zusätzlicher Probleme bringt (s. Abb. 9.4.2).

Die Abseite schafft senkrechte Wandflächen und kann, je nach Höhe, als Stauraum benutzt werden, sie kann aber auch als Notbehelf für die Verlegung einer voluminösen Abwasserleitung dienen (siehe Kap. 12.1.3).

Nach Abschluß der Trockenbauarbeiten können die Oberflächen behandelt, die Türen gesetzt, die Holzfußböden verlegt und Schränke, Küchen usw. eingebaut werden.

äußeren Verkleidung übernommen werden, F 30 B läßt sich z.B. beim Dachausbau durch folgende innere Verkleidungen erreichen: Holzbretter (30 mm); Holzwolleleichtbauplatten (30 mm), die verputzt werden; Gipskartonfeuerschutzplatten (2 x 12,5 mm); Gipsfaserplatten (2 x 10 mm); Silikatfaserplatten (10 mm).

Die Brandschutzauflage F 60 B wird mit einer Abdeckung aus je einer 10 und 6 mm starken Silikatfaserplatte erreicht, für F 90 B sind 2 Silikatfaserplatten, jeweils 10 mm stark, erforderlich (kostengünstiger wird F 90 B mit Metallprofilen und 25 mm starken Massivgipsbauplatten erreicht).

Die Platten werden üblicherweise unterhalb der Sparren befestigt, bzw. bei einer Überdachdämmung oberhalb der Dach-

166

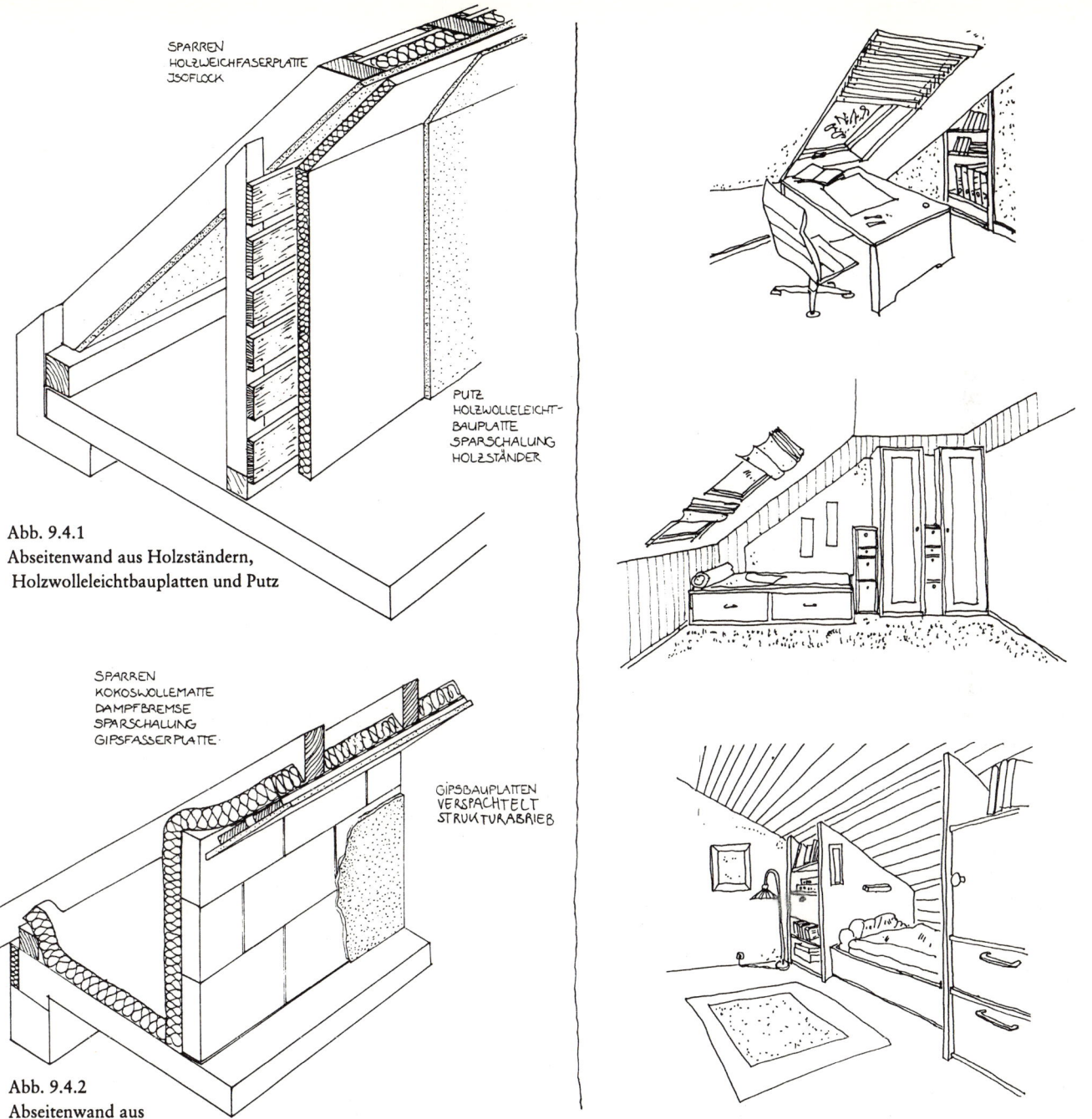

SPARREN
HOLZWEICHFASERPLATTE
ISOFLOCK

PUTZ
HOLZWOLLELEICHT-
BAUPLATTE
SPARSCHALUNG
HOLZSTÄNDER

Abb. 9.4.1
Abseitenwand aus Holzständern,
Holzwolleleichtbauplatten und Putz

SPARREN
KOKOSWOLLEMATTE
DAMPFBREMSE
SPARSCHALUNG
GIPSFASSERPLATTE

GIPSBAUPLATTEN
VERSPACHTELT
STRUKTURABRIEB

Abb. 9.4.2
Abseitenwand aus
Gipsbauplatten, gedämmt

Abb. 9.4.3 Möblierungsmöglichkeiten im Bereich der Abseitenwände

167

10. Fußboden

Den ganzen Tag über sind unsere Füße in Kontakt mit dem Fußboden. Daher werden wir auch in unserem körperlichen Empfinden und im Raumgefühl von der Materialauswahl und der Fertigungstechnik des Fußbodens stark beeinflußt. Aus diesem Grunde sind bei der Auswahl des Fußbodenmaterials sowohl technische als auch physiologische und psychologische Kriterien zu berücksichtigen.

10.1 Anforderungen

Elastizität und Fußwärme sind die wichtigsten Kriterien für die Auswahl des Fußbodenbelags. Alle anderen Überlegungen sind im Wohnhaus zweitrangig.

Fußwärme:
Beim Betreten eines Fußbodens wird Wärme vom Fuß abgeleitet. Ein Fußboden gilt als fußwarm, wenn beim Berühren die Auskühlung des nackten Fußes nicht mehr als 4°C beträgt. In fußwarmen Räumen kann bei gleichbleibender Behaglichkeit die Temperatur der Raumluft um 2 - 3°C gesenkt werden. Es werden drei Stufen der Wärmeableitung W, gemessen in kJ/m², unterschieden:

- Besonders fußwarm $W \leq 35$ kJ/m²;
- Ausreichend fußwarm $W = 35 - 50$ kJ/m²;
- Nicht ausreichend fußwarm $W \geq 50$ kJ/m².

Holzböden zählen mit einem Wärmeeindringkoeffizienten b von 34 kJ/m²hK (Hartholzparkett) und 24 kJ/m²hK (Weichholzdielen) zu den besonders fußwarmen Bodenbelägen, ebenso Kork (8 kJ/m²hK) und Teppichboden (6 - 9 kJ/m²hK).
Eine wichtige Rolle spielt in diesem Zusammenhang aber auch der Unterboden. Ob ein Holzboden auf Lagerholz liegt wird oder auf einem Zementestrich hat eine großen Einfluß auf das Gesamtempfinden. Dieser Sachverhalt wird von der Wärmeableitung W nicht mehr erfaßt.

Elastizität:
Die Ermüdung der Beinmuskulatur durch harte Bodenbeläge ist bekannt. Eine hohe Elastizität des Bodenmaterials wirkt entlastend für die Gelenke. Das Elastizitätsmodul als Qualitätskriterium wird bislang nur für einige Beläge erfaßt (Kork, Gummi, Holz), aber noch nicht für verschiedene Fußbodenaufbauten. Elastische Beläge sind orthopädisch empfehlenswert und eine Grundanforderung der Berufsgenossenschaft für Arbeitsplätze.

Trittschalldämmung:
Fußbodenbeläge können das beim Gehen entstehende Geräusch (Trittschall) sehr unterschiedlich beeinflussen. Weiche Beläge verbessern die Schalldämpfung, gemessen in Dezibel (dB), wobei 10 dB eine Verminderung des Schalls um die Hälfte bedeutet. So dämpft Linoleum in der Stärke von 2,0 bis 3,5 mm den Schall um 7 bis 11 dB, Korkplatten (Stärke 6 mm) um 15 dB, Kokosfaserläufer um 17 dB und ein Holzdie-

Linoleum 2,5 mm	7 dB
Linoleum auf 2mm Korkment	15 dB
Korklinoleum 3,5 mm	15 dB
Korklinoleum 7 mm	18 dB
Korkparkett 6 mm	15 dB
Kokosfaser-Läufer	17-22 dB
Teppichboden, je nach Ausführung	24-30 dB
Riemenböden auf Lagerhölzern, auf 1 cm dicken Dämmstreifen aus Kokosfasern	24 dB
Parkettbelag auf 1 cm Weichfaserdämmplatte	16 dB
Parkettbelag auf 2,5 cm Holzwolle-Leichtbauplatten, darunter 1 cm Kokosfasermatten	27 dB
Parkettbelag auf 1 cm Weichfaserdämmplatte, darunter 0,5 cm Mineralfaserplatten	28 dB
Keramische Fliesen	2 dB

Abb. 10.1.1 Trittschallverbesserungsmaß gebräuchlicher
Fußbodenausführungen   Quelle (7)

lenboden auf Lagerholz mit Dämmstreifen und dämpfender Hohlraumfüllung um 22 dB (Abb. 10.1.1).

Schallschluckvermögen:
Das Schallschluckvermögen eines Belages beeinflußt den Nachhall im Raum. Der Nachhall kann durch weiche Stoffe gemindert werden. Harte Beläge wie Stein, Estrich, Holz, Linoleum und Kork absorbieren nur 5% des Schalls, weiche Teppiche dagegen bis zu 50%.

Abriebfestigkeit:
Fußböden werden mechanisch beansprucht. Sie dürfen durch schleifende und rollende Reibung nicht zerstört werden, und die Oberfläche soll sich nur in geringem Maße abnutzen. Je nach Material gibt es verschiedene Prüfmethoden, deren Ergebnisse helfen, die Beläge einer Gruppe in ihrem Abriebverhalten miteinander zu vergleichen. Bei Holzböden wird die Härte (sog. Jankahärte) geprüft, indem die Eindruckkraft eines abgerundeten Metallstabes gemessen wird, die zu einer bleibenden Verformung der Oberfläche führt (Weichhölzer: Fichte 180 kp/cm^2, Kiefer 250 kp/cm^2; Harthölzer: Eiche 560 kp/cm^2, Buche 650 kp/cm^2).

Brandschutz:
Böden aus Massivholz sowie mineralische Beläge bereiten keine Brandschutzprobleme. Textile Bodenbeläge werden entsprechend ihres Brandverhaltens in Klassen eingeteilt. Die Klasse T-a steht für erhöhte Brandsicherheit (vor allem bei Naturfasern), T-b für begrenzte Anforderungen an Brandsicherheit (Acryl- oder Polyesterfasern) und T-c für leicht entflammbar.

Elektrostatisches Verhalten:
Durch Aneinanderreiben elektrisch isolierender Stoffe können elektrostatische Aufladungen erzeugt werden. So lädt sich z.B. auch der menschliche Körper bei trockener Luft und synthetischen, schlecht leitenden Fußböden beträchtlich auf. Unangenehm werden diese Aufladungen für Menschen, wenn geerdete, metallische Leiter (z.B. Treppengeländer) angefaßt werden, da die Entladung (der Funke ist im Dunkeln sichtbar) schlagartig über die Fingerspitzen erfolgt. Gefürchtet sind solche Entladungen dort, wo an empfindlichen elektroni-

schen Geräten gearbeitet wird, da Halbleiter-Chips durch die hohen Spannungen zerstört werden können.
Andererseits kann ein gut leitender Boden, wie z.B. alle Steinböden, beim Umgang mit schadhaften Elektrogeräten u.U. zu Unglücksfällen führen. Mit Wachs behandelte Oberflächen von Holzbelägen sowie Naturfasern bei Teppichbelägen sind elektrostatisch neutral.

Feuchtigkeitssperrschicht:
Sperrschichten haben die Aufgabe, den Belag, die Zwischenschichten (vor allem die Dämmschichten) oder die Unterkonstruktion vor Feuchtigkeit zu schützen. Die Lage der Sperrschicht hängt davon ab, ob Feuchtigkeit von unten oder oben zu erwarten ist. In Naßräumen ist in der Regel nur Feuchtigkeit von oben zu erwarten. Die Ausbildung der Feuchtigkeitssperrschicht hängt vom Ausmaß der möglichen Feuchtigkeit ab. Küche, Bad und WC werden auch unter normalen Bedingungen als Feuchträume bezeichnet. Hier muß die Ausführung der Sperrschichten sehr sorgfältig geschehen. Weil dies äußerst schwer nachzuprüfen ist, bietet es sich heute an (entgegen den früher üblichen Sperrschichten mit verschweißten Bitumenpappen oder Kunststoffolien), die Fläche oberhalb des Estrichs (bzw. des Putzes) mit einer aufgespachtelten, kunstharzvergüteten Zement- oder einer Kunstlatexschicht abzudichten. Eckfugen, Boden- und Wandanschlüsse sowie Rohrdurchführungen werden mit Dichtbändern und Dichtmanschetten zusätzlich abgedichtet. Diese Dichtschicht wird vom Fliesenleger aufgebracht (vgl. Kap. 12.1.4).

10.2 Holzböden

In der Berufspraxis der Schreiner kommt das Fußbodenlegen nur noch am Rande vor. Im Erlaß II B 1 1957 des Bundesministeriums für Wirtschaft zum Berufsbild des Tischlerhandwerks wird als 10. Arbeitsgebiet Entwurf, Herstellung, Reparatur, Verlegung und Pflege von Parkett, Stab- (Riem-) Fußboden und anderen Fußbodenarten genannt. Punkt 11 betrifft Bau und Reparatur von Kegelbahnen!
Die Ursache für diese Entwicklung liegt darin, daß der früher übliche Dielenboden auf Lagerholz über dem im Neubau

Abb. 10.2.1 Verlegen von Dielenboden auf Lagerhölzern

Abb. 10.2.2
Verlegen von Dielenboden auf einer Blind- oder Sparschalung

obligatorischen Naßestrich wegen der großen Aufbauhöhe nicht mehr verlegt werden kann. Trotzdem soll bei der nachfolgenden Darstellung von Holzfußböden auch auf diese, dem älteren Schreiner noch vertraute Verlegetechnik hingewiesen werden.

1. Hobeldiele auf Lagerholz

Bei dieser Fußbodenverlegetechnik kann auf einen Naß- oder Trockenestrich verzichtet werden. Die mindestens 6 cm starken Lagerhölzer werden direkt auf der Rohdecke, den Deckenbalken oder auf der Beschwerungsschüttung der Holzbalkendecke im Abstand von ca. 50 cm verlegt. Die Hölzer verhindern, daß sich die Massivholzdielen verziehen. Sind größere Höhen auszugleichen ist es preislich günstiger, das Lagerholz punktuell aufzudoppeln, als 10 oder 12 cm hohe Lagerbalken auszulegen.

Um einen guten Trittschallschutz zu erreichen, werden zwischen Lagerhölzer und Tragkonstruktion Streifen aus Holzweichfaserplatten, Kokoslatexfilz, Jutefilz oder Wollfilzstreifen gelegt (sog. "schwimmende" Verlegung). Die Lagerhölzer dürfen auf keinen Fall mit Teilen der Deckenkonstruktion durch Schrauben oder Nägel verbunden werden, sondern müssen lose aufliegen.

Statt auf Lagerhölzer können die Dielen auch auf eine Blindschalung aus 24 oder 30 mm starken, trockenen Fichtenholzbrettern aufgebracht werden, die mit 5 bis 8 cm Abstand voneinander auf einer Ausgleichsschüttung verlegt sind.

Hobeldielen werden heute aus vielen europäischen Nadelhölzern (z.B. Fichte, Kiefer, Lärche, Pitch-Pine, Yellow-Pine) und Laubhölzern (z.B. Buche, Eiche, Esche, Ahorn, Kastanie, Robinie, Birke) in Holzstärken von 20 - 28 mm bzw. bis 50 mm (Nadelholz) gefertigt. Die Feuchte der Hölzer sollte zwischen 10 und 12% liegen, um ein nachträgliches Schwinden gering zu halten. Je nach Holzgüte werden die Sorten in die Güteklassen A, B, HNF und U/S eingeteilt. Ob Hart- oder Weichhölzer zum Einsatz kommen, hängt von der zu erwartenden Belastung des Fußbodens ab. Zu den Weichhölzern zählen alle Nadelhölzer, aber auch Birke und Erle. Traditionelle Harthölzer sind Buche, Eiche, Esche und Ahorn.

Die Hobeldielen werden durch die Feder mit Stauchkopfnägeln, sog. Wagnerstiften, auf die Lagerhölzer genagelt und die Nagelköpfe versenkt. Da auf die Feder das nächste Brett geschoben wird, ist die Nagelung nicht sichtbar. Hartholzdielen müssen vorgebohrt werden. Da die Dielen bereits bei der Anlieferung leicht geworfen sein können und das Nachschwinden möglichst gering gehalten werden soll, ist eine Verlegung unter Pressung angebracht. Dabei sind mehrere Arbeitsweisen möglich, z.B. folgende: In die Lagerhölzer werden eiserne Baukrampen eingeschlagen, die als Widerlager für Keile dienen, mit denen die Bretter aufeinander gepreßt werden. Während des Pressens wird der Boden genagelt (Abb 10.2.3).

Um nicht wie ein Resonanzkasten zu wirken, muß der Hohlraum zwischen den Lagerhölzern mit schalldämpfendem Material verfüllt werden. Als unbedenkliche Materialien bieten sich z.B. Zellulosedämmstoff (Abb. 10.2.4), nichtexpandierter Korkschrot, und Kokoswolle an. Getrocknete Massivdielen nehmen in einem Neubau die vorhandene Baufeuchte auf und beginnen zu "schüsseln", d.h. sie werfen sich in Richtung der dem Baumkern abgewandten Seite. Deshalb werden die rohen Dielen erst 2 - 3 Wochen nach dem Verlegen geschliffen, um eventuell vorhandene Überzähne zu entfernen. Dann folgt die Oberflächenbehandlung.

Es muß toleriert werden, daß Hobeldielen zu nachträglichem Schwinden neigen und dadurch häufig Fugen auftreten. Moderne Heiztechniken mit konstanten Raumtemperaturen und eine hohe Lufttrockenheit über die gesamte Heizperiode hinweg sind wesentliche Ursache für die starke Fugenbildung selbst bei getrockneten Dielen. Grundsätzlich gilt: Je schmaler die Diele, um so geringer ist anteilmäßig das Schwundverhalten. Holzbreiten über 15 cm können nicht mehr empfohlen werden. Ebenso ist ein eventuell auftretendes leichtes Knarren der Dielen konstruktionsbedingt.

Schalltechnisch vorteilhaft ist eine Konstruktion, bei der jeder Kontakt des Lagerholzes mit der Tragschicht vermieden wird. Dies ist der Fall, wenn der Dielenbelag auf der Dämmschicht schwimmt. (Abb. 10.2.5). Dazu muß aber die Dämmschicht den Fußbodenbelag tragen können und die Lagerhölzer sollten mind. 0,5 cm niedriger als die Dämmschicht sein.

Preise: Hobeldielen kosten zwischen 25 und 50 DM/m² (Nadelholz) und 60 bis 140 DM/m² (Laubholz).

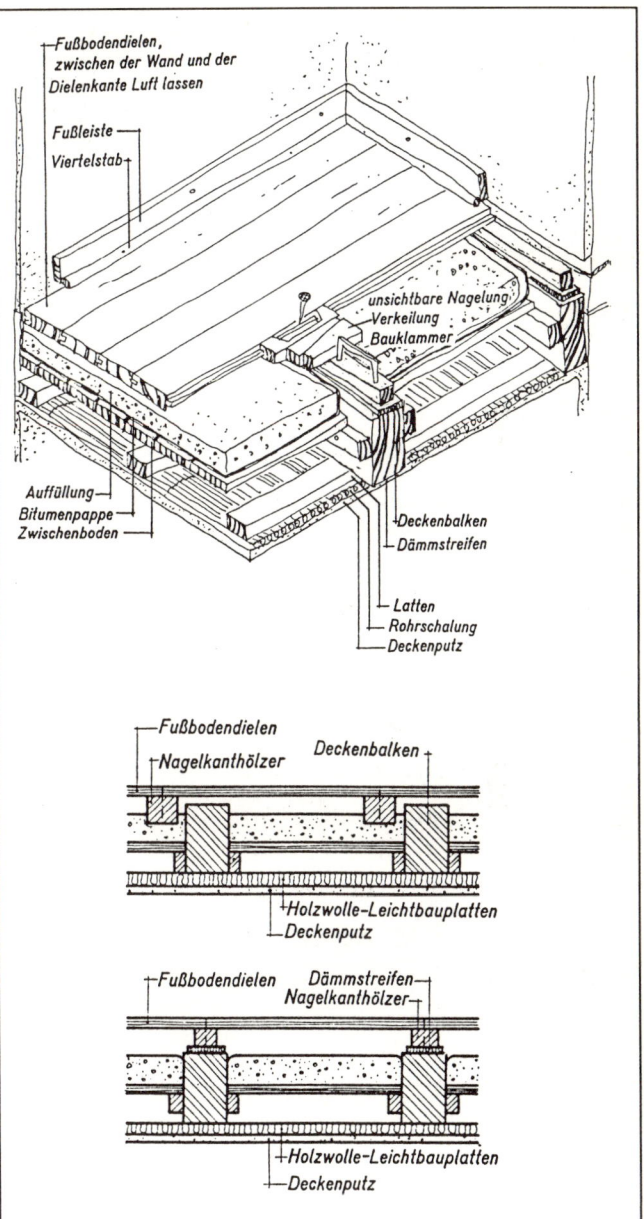

Abb. 10.2.3
Verlegen eines schalldämmenden Dielenfußbodens auf einer Holzbalkendecke   Quelle (38)

171

Abb. 10.2.4 Zellulosedämmstoff zwischen den Lagerhölzern

2. Massivholzparkett

Aus dem kurzstieligen Holz verschiedener Laubbäume, meist aus Eiche, Buche und Esche, heute aber auch aus Ahorn, Kirsche, Robinie und Nußbaum, werden Holzstäbe unterschiedlichen Zuschnitts gesägt und gehobelt. *Mosaikparkett* (Abb. 10.2.6) besteht aus 10 - 25 cm langen Stäben (Breite: 2,5 - 4 cm; Stärke: 8 - 10 mm), die richtungswechselnd nebeneinander, als engl. Verband, in Fischgrät oder als Kassette auf ein Gitter geklebt sind. Hochkant und in Reihen gelegte Stäbe ergeben das *Hochkantlamellen-* oder *Industrieparkett*, einen beliebten, weil sehr strapazierfähigen Boden für Werkstätten, Industriehallen, aber auch für Hobbyräume oder Kinderzimmer. Sowohl Mosaik- als auch Industrieparkett müssen vollflächig auf einen Naß- oder Trockenestrich geklebt werden.

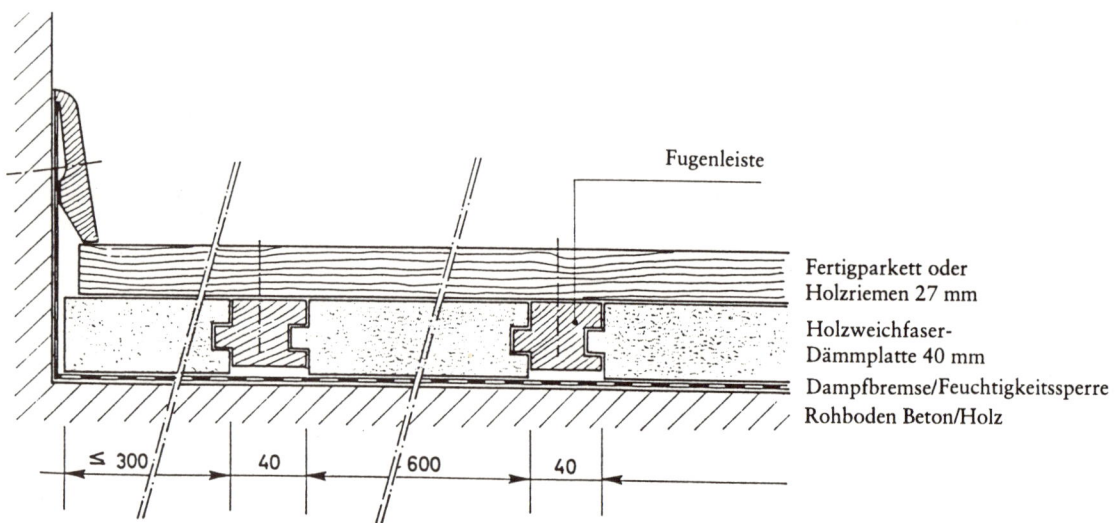

Abb. 10.2.5 Schwimmend verlegter Fußboden auf Holzfaserplatten ("Pavatherm")

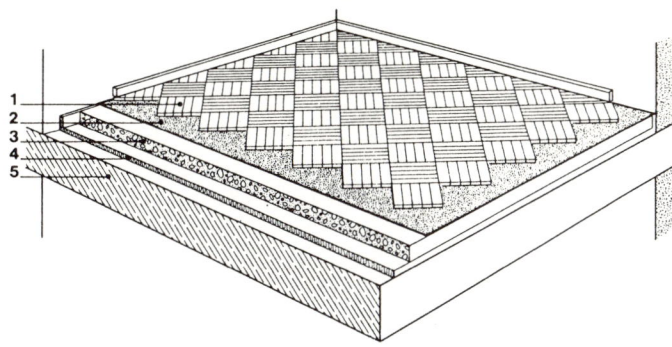

Mosaikparkett, diagonal zur Wand verlegt

Hochkantlamellenparkett

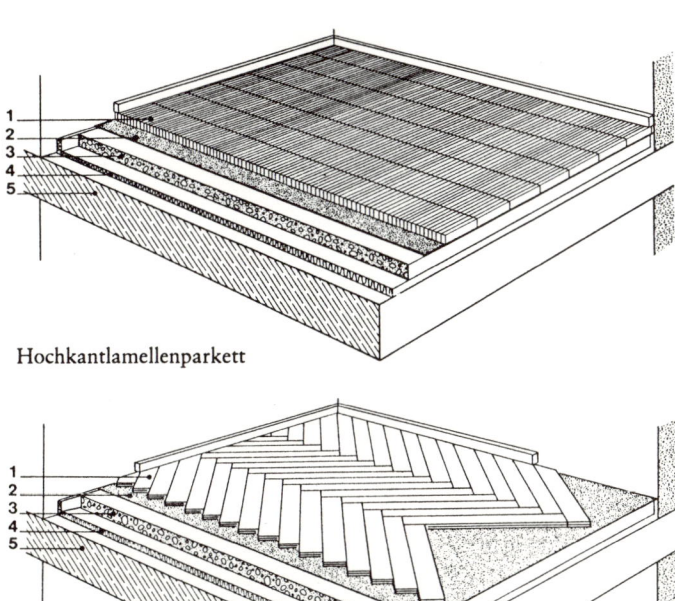

Stabparkett, Fischgrätmuster

Legende:	1. Parkett	Abb. 10.2.6
	2. Kleber	Massivholzparkett
	3. Schwimmender Estrich	Quelle:
	4. Dämmschicht mit Abdeckung	Informationsdienst Holz
	5. Rohdecke	Düsseldorf, Dez. 1984,
		Heft Parkett

Abb. 10.2.7 Stabparkett auf Zementestrich geklebt

Das klassische *Stabparkett* wird aus stärkeren Stäben (Länge 40 bis 80 cm, Breite 6 bis 8 cm, Stärke 20 mm) mit allseitiger Nut und Fremdfeder oder Nut-Federverbindung gefertigt. Es wird auf Estrich geklebt (Abb. 10.2.7) oder, wie früher üblich, auf Lagerhölzer oder eine Blind- oder Sparschalung im Verband genagelt.

Nach dem Verlegen muß die rohe Oberfläche geschliffen werden (bis Körnung 120 oder 150), anschließend können noch offene Fugen ausgespachtelt und die Oberfläche behandelt werden. Hartes Spachtelmaterial läßt sich aber nur aus Kunstharz, synthetischen Lösemittel und Schleifstaub herstellen.

Alle Massivholzparkettsorten haben ein ruhiges, kleinteiliges und geschlossenes Erscheinungsbild. Die bei Hobeldielen nicht vermeidbaren Nachteile, wie z.B. starke Fugenbildung, entstehen hier nicht.

Preise: Die Materialpreise liegen bei Mosaikparkett je nach Holzsorte und Sortierung bei 25 bis 40 DM/m², für Industrieparkett bei 30 bis 40 DM/m², für Großstabmosaik zwischen 35 und 55 DM/m², für Stabparkett (abhängig von der Stablänge) zwischen 45 und 105 DM/m².

173

Abb. 10.2.8
Massivfertigparkett schwimmend mit Federbügel verlegt

3. Massivfertigparkett

Für dieses Parkett werden bereits in der Fabrik massive Einzelstäbe (Stärke 8, 12 und 22 mm) von 40 cm Länge zu 1,85 bis 4 m langen Doppelstabbrettern (Breite 13,6 cm) verbunden, die nun maßhaltig gefräst, ohne Verschnitt fortlaufend durch Nut- und Federverleimung am Hirnholzende, aneinandergesetzt werden. Die Doppelstabbretter können entweder auf Lagerhölzer genagelt werden oder sie werden mit Stahlbügeln verbunden (Abb. 10.2.8). Diese Federbügel (12 - 13 Stück/m²) halten die Bretter dicht zusammen, erlauben dem Massivholz aber gleichzeitig ein begrenztes Quellen und Schwinden. Vorteilhaft ist, daß die Parketthölzer später wieder getrennt und in einem anderen Raum verlegt werden können. Als Unterboden ist bei der Parkettverlegung mit Federbügeln ein schwimmender Naß- oder Trockenestrich notwendig, als Zwischenlage dienen eine Lage Spezialwellpappe, Jutefilz oder Holzweichfaserplatten (8 - 10 mm). Das Parkett ist werkseitig mit einer unter UV-Licht ausgehärteten

Acrylharzversiegelung beschichtet, kann aber auch mit roher Oberfläche bezogen und dann selbst z.B. mit Wachs behandelt werden. Die optische Wirkung des Bodens entspricht der eines Stabparketts mit unregelmäßigen Stößen. An Holzarten sind Buche, Eiche, Esche, Ahorn und Ulme erhältlich. Der Leimanteil im Holz ist sehr gering, das Parkett muß nicht aufgeklebt werden, ist leicht selbst zu verlegen und strapazierfähig.

Preise: Die Preise für Massivfertigparkett liegen bei 110 DM/m² (Buche rustikal) bis 160 DM/m² (Eiche select).

4. Mehrschichtfertigparkett

Bei Mehrschichtplatten sind mindestens 3 Holzschichten kreuzweise miteinander verleimt. Die beiden unteren Schichten bestehen aus billigem Weichholz, meist Fichte. Die Deckschicht, 2,5 bis 4 mm stark, aus einem Edelholzsägefurnier kann höchstens zweimal zur Renovierung abgeschliffen werden. Aus diesen Mehrschichtplatten werden 13 - 20 cm breite und 10 bis 22 mm starke Streifen geschnitten und mit Nut- und Feder versehen. Das so entstandene Fertigparkett ist schwind- und verzugsfrei. Üblicherweise werden die Schichten mit formaldehydhaltigem Leim verbunden, die E 1-Klassifikation muß eingehalten werden. Der optische Eindruck entspricht je nach Breite der Furnierstreifen entweder dem eines Stabparketts (Schiffsboden) oder dem eines Dielenbodens (Landhausdiele).
Verlegt wird Mehrschichtfertigparkett wie Massivfertigparkett: Stärken über 20 mm auf Lagerholz, sonst schwimmend, d.h. die Bretter werden in der Nut miteinander verleimt (Abb. 10.2.9). Dadurch entsteht eine zusammenhängende Fläche, die mit der Tragschicht des Bodens nicht durch Nägel oder Kleber verbunden ist. Mehrschichthölzer mit Stärken unter 15 mm sollten vollflächig verklebt werden. Mehrschichtfertigparkett wird fertig versiegelt angeboten, kann aber auch mit roher Oberfläche bei entsprechender Lieferzeit bezogen werden.

Preise: Die Materialpreise liegen je nach Deckfurnier zwischen 85 und 145 DM/m².

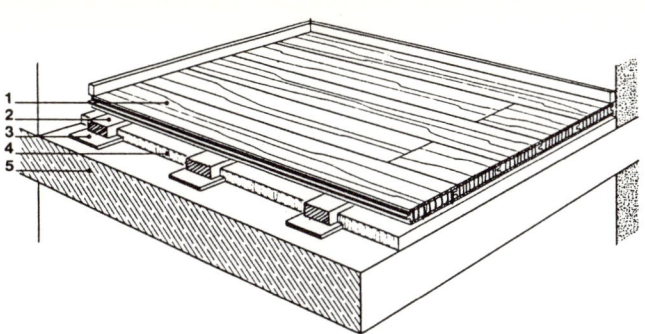

1. FREITRAGENDE FERTIG-
   PARKETTELEMENTE
   SCHIFFSBODENMUSTER
2. LAGERHOLZ
3. DÄMMPLATTENSTREIFEN
4. DÄMMSCHICHT MIT
   ABDECKUNG
5. ROHDECKE

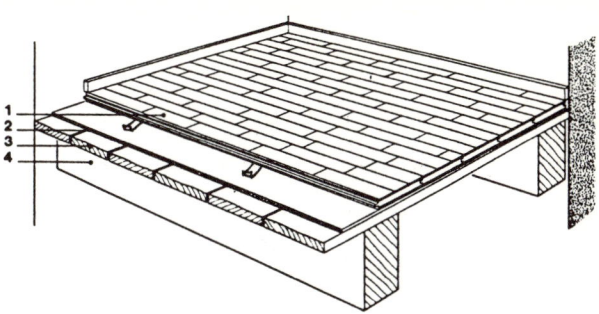

1. MASSIVFERTIGPARKETT-
   ELEMENTE SCHWIMMEND
   FEDERBÜGELVERLEGUNG
   SCHIFFSBODENMUSTER
2. DÄMMSCHICHT
3. ALTER DIELENBODEN
4. HOLZBALKENDECKE

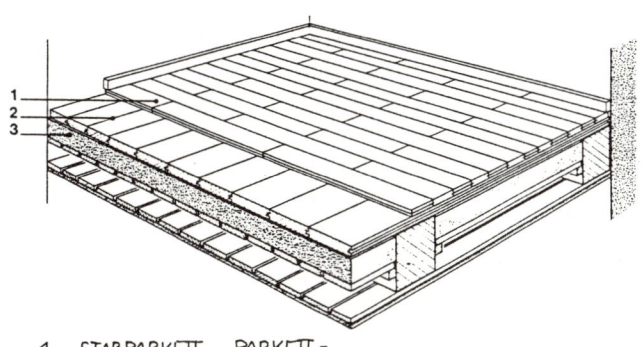

1. STABPARKETT PARKETT-
   RIEMEN
2. DIELENBODEN
3. HOLZBALKENDECKE

Abb. 10.2.9
Schwimmende Fußbodenkonstruktionen
Quelle:
Informationsdienst Holz,
Düsseldorf 1984, Heft Parkett

5. Verlegetechnik

Verlegung auf Lagerhölzern:
Wegen der feinen, für den menschlichen Körper angenehmen Elastizität der Konstruktion, ist es vorteilhaft, Parkett auf Lagerhölzer oder einer Blindschalung zu verlegen. Zwar ist der Verlegepreis im Vergleich zu schwimmendem oder geklebtem Parkett höher, die Estrichkosten können jedoch eingespart werden (d.h. ca. 35 DM/m² bei Naßestrich und 65 DM/m² bei Trockenestrich). Die trockene Verlegung ist wegen des Verzichtes auf Klebstoff auch aus baubiologischer Sicht zu bevorzugen, zumal z.B. Hobeldielen und das klassische Stabparkett in der Regel aus nicht chemisch behandeltem Holz bestehen.

Schwimmende Verlegung:
Der Vorteil eines schwimmend verlegten Holzfußbodens liegt im einfachen Einbau und dem sich daraus ergebenden geringen Zeitaufwand. Dadurch wird der hohe Materialpreis wieder relativiert. Ein makelloses Erscheinungsbild und wenig

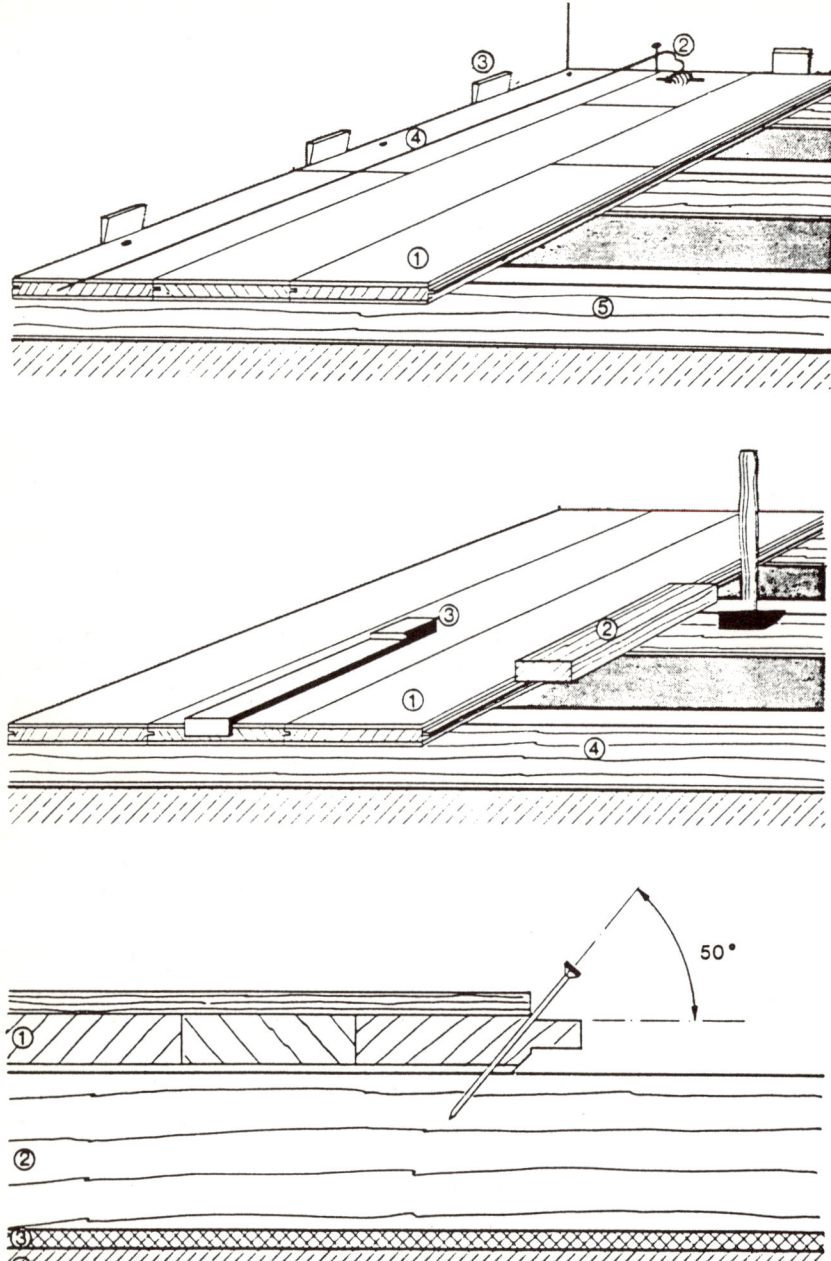

Ausrichten

1. Fertigparkett
2. Richtschnur
3. Keile
4. Nagelung
5. Lagerholz

Die Parkettelemente werden an einer Wandseite mittels Keilen auf Abstand zur Wand (ca. 15 mm) gehalten und rechtwinklig ausgerichtet. Dabei muß die Nut zur Wand liegen. Die erste Reihe der Parkettelemente wird möglichst nahe am Rand durchgenagelt. Die Nagelköpfe werden versenkt und verkittet. Die weitere Verlegung erfolgt dann mit verdeckter Nagelung

Montage

1. Fertigparkett
2. Schlagholz
3. Zugeisen
4. Lagerholz

Zur Montage der einzelnen Parkettelemente wird ein Schlagholz verwendet.
Zum Heranziehen des jeweils letzten Parkettelementes und zum Zusammentreiben der stirnseitigen Stöße dient das Zugeisen. An den Wänden ist auf ausreichenden Abstand zu achten

Vernagelung

1. Fertigparkett
2. Lagerholz
3. Dämmstreifen
4. Rohdecke

Fertigparkett wird verdeckt vernagelt. Die Nagelung erfolgt in einem Winkel von ca. 50° schräg von oben durch die Feder. Es werden Nägel ca. 15/55 verwendet

Abb. 10.2.10 Hinweise zum Verlegen von Nut- und Feder-Holzfußböden

mögliche Fehlerquellen sind vor allem für das Handwerk wichtige Entscheidungsgründe. Im Vergleich zum auf Lagerhölzer verlegten Parkett ist der schwimmende Boden weniger elastisch.

Geklebtes Parkett:
Geklebte Böden sind wegen ihrer festen Verbindung mit dem Unterboden wenig elastisch und je nach Dichte des Unterbodens auch ziemlich fußkalt. Der Kleber sollte auf jeden Fall lösemittelarm sein, vorteilhaft ist ein Naturharzdispersionskleber. Naßestriche müssen vor der Parkettbeschichtung auf ihren Feuchtigkeitsgehalt geprüft werden, das Meßprotokoll sollte vom Auftraggeber mitunterschrieben werden.

6. Oberflächenbehandlung

Rohes Holz hat eine Vielzahl offener Poren, die verschlossen werden müssen, um die Reinigung und Pflege des Bodens ohne großen Aufwand zu ermöglichen.
Vor der "Kunststoffzeit" wurden die Holzböden z.B. mit Schmierseife behandelt, d.h. die Seife wurde sorgfältig in die offenen Poren eingerieben, was von Zeit zu Zeit wiederholt wurde. Oder der Boden wurde gewachst und gebohnert, und die (nicht wasserfeste) Wachsschicht, wenn sie zu dick wurde, wieder abgezogen. Eine andere Möglichkeit der Oberflächenbehandlung bestand darin, die Holzböden mit Ölfarbe zu streichen.
Seit den 50er Jahren werden Parkettböden - manchmal auch Dielenböden - mit Kunstharzanstrichen versiegelt. Grundsätzlich sind Kunstharzversiegelungen wegen ihrer großen Härte nur für Harthölzer geeignet. Unterschieden werden dabei vier Produktgruppen:

- *Polyurethansiegel* (DD-Lack oder Zweikomponentensiegel): dabei wird das hochgiftige Isocyanat Desmophen mit dem Härter Desmodur zur Reaktion gebracht. Während der Verarbeitung ist der Handwerker einer hohen Gesundheitsbelastung ausgesetzt. Die Oberfläche ist sehr hart und braucht zur Aushärtung nur eine kurze Trockenzeit.

- *Säurehärtende Siegel* (SH-Siegel): während des Trocknungsprozesses kommt es auch hier zu problematischen Gasabspaltungen, die Härte ist ähnlich wie beim DD-Lack.

- *Öl-Kunstharzsiegel* (Imprägniersiegel): sie schaffen eine weniger harte Oberfläche als die zuvor genannten Versiegelungen und belasten die Raumluft bei der Aushärtung etwas weniger, benötigen allerdings auch längere Trockenzeiten.

- *Hydrosiegel* (Wasserlacke): hier handelt es sich um neue high-chem-Produkte mit stark reduziertem Lösemittelgehalt, über deren gesundheitliche Unbedenklichkeit noch keine Aussagen getroffen werden können. Enthält der letzte Anstrich keinen zusätzlichen Härter, sind sie mit dem "Blauen Engel" gekennzeichnet.

Alle Versiegelungen überziehen den Holzboden mit einer wasserundurchlässigen und zum Teil sehr harten Kunstharzschicht. Die Vorteile des Holzes, wie z.B. sein Vermögen, Raumluftfeuchte auszugleichen, Fußwärme zu geben und Schweiß aufnehmen zu können, gehen mehr oder weniger verloren. Außerdem laden sich die Kunststoffoberflächen bei Reibung stark elektrostatisch auf. Werkseitig aufgebrachte Versiegelungen sollten auf der Baustelle nicht nachversiegelt werden, da die Perfektion und Härte der bestehenden Beschichtung nur beeinträchtigt werden kann.
Anfangs sehr pflegeleicht, sind Versiegelungen doch empfindlich für Kratzer und Druckstellen (Pfennigabsätze!), weshalb Versiegelungen auf Weichhölzern wenig sinnvoll sind, da die Holzschicht einbricht, auch wenn die Versiegelung sehr hart ist. Teilausbesserungen sind bei Versiegelungen nicht möglich, es muß immer die ganze Raumfläche abgeschliffen und der Anstrich neu aufgebaut werden.
Eine gute Alternative zur Kunstharzversiegelung ist die Holzoberflächenbehandlung mit einem Pflanzenhartwachs: Nach dem Schleifen wird das Holz mit einem Naturharzhartöl (Inhaltsstoffe: Leinöl, Kalk-Colophonium, Citrusschalenöl, Holzöl-Standöl usw.) satt eingelassen. Die Holzporen sind damit wasserfest verschlossen. Nach einer Trockenzeit von 24 Stunden wird der Boden mit Pflanzenhartwachs (Inhaltsstoffe: Carnaubawachs, Leinöl, Citrusschalenöl, Bienenwachs u.a) behandelt. Die Wachsschicht wird - am besten mit Hilfe

Abb. 10.2.11 Bohnermaschine zur Wachsbehandlung des Parketts

Abb. 10.2.12 Gewachster und polierter Parkettboden

einer Heißwachsmaschine - nur sehr dünn aufgetragen (Abb. 10.2.11). Sie härtet innerhalb von 24 Stunden aus, so daß der Boden poliert werden kann (Abb. 10.2.12). Durch die hohe Dichte und große Glätte der Wachsschicht ist der Boden wenig schmutzempfindlich.

Gewachste Oberflächen können mit dem Besen oder Staubsauger gereinigt, oder mit in Wasser aufgelöster Pflanzenseife feucht gewischt und zusätzlich mit einer Bienenwachsemul-

sion gepflegt werden. Stärkere Verschmutzungen werden mit einem Wachsbalsamreinigungsmittel behandelt, nach dem Trocknen wird mit Fußbodenwachs neu poliert. Diese Behandlung ist aber nur in stark benutzten Bereichen notwendig (Durchgangsbereich) und sollte nicht großflächig ausgeführt werden.

10.3 Kork und Linoleum

Werden wasserfeste, pflegeleichte, aber doch fußwarme Beläge gesucht, so sind Korkplatten oder Linoleum hervorragend geeignet.

Linoleum wird durch Oxidation von Leinöl hergestellt, dem dann als Füllstoff Kork oder Holzmehl beigemengt wird (Abb. 10.3.1). Die 2 bis 4 mm starken Bahnen sind 2 m breit. Der Belag ist schwer entflammbar, sehr strapazierfähig, antistatisch und wegen der hohen Materialdichte schmutzunempfindlich. Nur dauernde Feuchtigkeit verträgt er nicht. Der in vielen Farben erhältliche Bodenbelag ist wegen der geringen Stärke hart, kann aber durch eine Unterlage aus Korkment (Linoleum mit einem hohen Korkanteil) weicher und schalldämpfender verlegt werden. Linoleum wird mit Naturharzkleber vollflächig auf einen glatten Unterboden geklebt. Die Fugen können verklebt werden, wenn hohe Dichtigkeit gewünscht wird (z.B. im Krankenhaus). Der Schmelzdraht besteht allerdings aus PVC.

Preise: Linoleum kostet zwischen 38 und 54 DM/m², Korkment, je nach Stärke, zwischen 25 bis 50 DM/m².

Korkplatten bestehen aus Korkschrot, der mit Kleber gemischt und bei hohem Druck gepreßt wird. Die Platten sind in Stärken von 2 bis 8 mm in verschiedenen Dessins im Handel. Es ist darauf zu achten, daß als Bindemittel des Korkgranulats keine ausgasenden Kunststoffkleber eingesetzt wurden (Gutachten verlangen). Die Qualität der Korkplatten hängt von der Dichte des Materials ab, je dichter, um so abriebfester. Eine gute Qualität hat ein Rohgewicht von 450 - 500 kg/m³. Korkplatten sind sehr fußwarm, schalldämpfend, abriebfest und so elastisch, daß sich Eindruckstellen wieder

178

zurückbilden. Da sie ausreichend wasserfest sind, können sie bei normaler Beanspruchung im Bad gut die kalten Bodenfliesen ersetzen. Furnierter Kork sollte wegen der zu dünnen Nutzschicht, eingefärbter Kork wegen der Acrylharzversiegelung und den bald auftretenden Abnutzungen und PVC-beschichteter Kork wegen der unsinnigen Materialkombination nicht verwendet werden. Die Platten werden ebenfalls mit Naturharzkleber auf einen glatten Unterboden geklebt und nach dem Schleifen der Oberfläche mit Ölen und Wachsen behandelt (Abb. 10.3.2).

Preise: Korkplatten kosten zwischen 28 und 60 DM/m².

10.4 Textiler Bodenbelag

Die Wand-zu-Wand-Verlegung von Teppichbahnen oder Teppichfliesen hat sich seit den 60er Jahren im Büro- und Wohnungsbau stark durchgesetzt. Die Zunahme allergischer Erkrankungen vor allem bei Kindern, die mit der starken Ausbreitung von Hausstaubmilben in Verbindung gebracht wird, hat die Beliebtheit der Teppichböden vermindert, ebenso das Wissen über Schadstoffabgaben bei synthetischen Kunstfaserteppichen. Die Branche geht aus diesen Gründen immer stärker dazu über, Naturfaserteppiche mit gesundheitlich unbedenklichen Web- oder Latexrücken zu produzieren. Als nichtsynthetisches Teppichmaterial sind pflanzliche Stoffe (Kokos, Sisal, Baumwolle) oder animalische Fasern (Schafwolle, Ziegenhaar) zu empfehlen. Naturfaserteppiche haben gute raumklimaregulierende Eigenschaften, sind schalldämpfend, fußwarm und leicht sauberzuhalten.
Schafwollteppiche sind als gewebte Ware im Handel, getuftete Böden (Schlinge oder Velours) werden mit einem Rücken aus Naturlatex und Jutefaser angeboten.
Kokos- und Sisalteppiche werden mit einer Rückenbeschichtung aus Naturlatex als Flachgewebe gefertigt.
Baumwollteppiche werden häufig als Veloursteppiche getuftet und mit Naturlatex und Jute rückenbeschichtet.
Problematisch bei Naturfaserteppichen können Zusatzstoffe sein: Bei der industriellen Fertigung werden z.B. Tierhaare gegen Motten mit dem gesundheitsschädlichen Haftinsekti-

Abb. 10.3.1 Linoleum, in Mustern verlegt

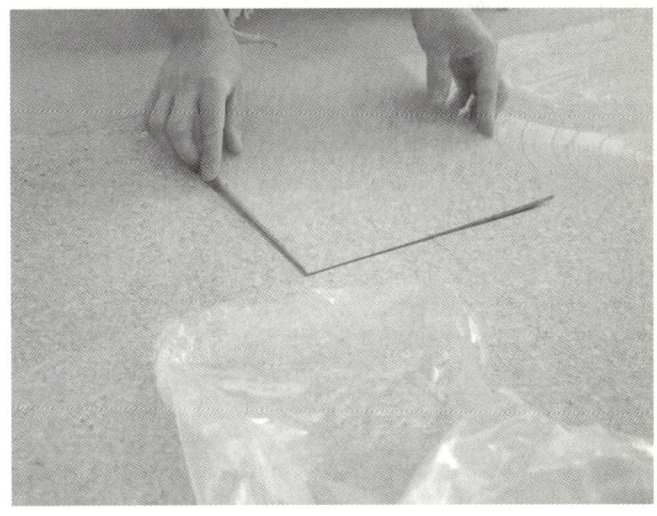

Abb. 10.3.2 Aufkleben von Korkparkett

zid Eulan ausgerüstet und Kokos und Sisal für den Transport mit Insektiziden behandelt. Auch kann die Naturlatexbeschichtung spezielle Alterungsschutzmittel enthalten. Beim Kauf ist darauf zu achten, ob über alle Materialien und Inhaltsstoffe befriedigend Auskunft gegeben wird.

Teppichboden aus pflanzlichen oder tierischen Fasern reagiert auf eine Änderung der Luftfeuchte mit Quellen und Schwinden, weshalb er verspannt oder mit Naturharzkleber verklebt wird. Das Verspannen ist etwa doppelt so teuer wie das Verkleben. Schmale, als Läufer eingesetzte Teppiche lassen sich mit metallenen Klemmschienen so fixieren, daß sie zum Reinigen aufgerollt werden können.

Preise: Bei Teppichböden gibt es je nach Material und Fertigung erhebliche Preisunterschiede. Sisal- und Kokosböden sind schon ab 24 DM/m² erhältlich, dickere Webarten (z.B. Boucle) können bis zu 60 DM/m² kosten. Der Preis für einen Ziegenhaarteppich liegt bei 45 bis 65 DM/m². Schafwollteppiche kosten zwischen 55 und 115 DM/m². Der Preis ist abhängig vom Wollgewicht, d.h. wieviel Material pro m² Teppich verarbeitet wurde.

10.5 Mineralische Bodenbeläge

Mineralische Böden sind formbeständig, wasser-, abrieb- sowie druckfest und haben daher eine lange Lebensdauer. Nahezu alle steinernen Böden sind tritthart und belasten daher die Fußgelenke, haben eine hohe Wärmeableitung und sind "fußkalt". Aus diesen Gründen sollten Steinbeläge nur in stark strapazierten Bereichen verlegt werden, bei denen es zusätzlich auf eine hohe Wasserdichtigkeit ankommt, also z.B. im Eingangsbereich, in Fluren und gewerblichen Räumen. In Küchen und Bädern im Wohnhaus kann eine ausreichende Wasserfestigkeit auch mit anderen Belägen erreicht werden (siehe Kap. 10.3).
Mineralische Böden verlangen wegen ihrer geringen Elastizität feste, biegesteife Untergründe. Als Untergründe sind geeignet:

- Beton und Ziegelelementdecken,
- Holzbalkendecken (nur bei sehr steifen Ausgleichsschichten, da sonst leicht Plattenbruch durch Schwingungen),
- ein dickes Mörtelbett, schwimmend auf einer Trittschalldämmschicht oder im Verbund mit der tragenden Decke,
- Naßestriche, schwimmend oder im Verbund,
- Trockenestriche (nur in Ausnahmefällen, hohe Schadensanfälligkeit durch Plattenbruch).

I. Bodenarten

Die mineralischen Beläge können in verschiedene Gruppen eingeteilt werden:

- *Zementgebundene Böden (Nutzestrich).* Sie sind sinnvoll für Böden in untergeordneten Räumen wie z.B. im Keller oder im gewerblichen Bereich.
- *Betonwerkstein.* Dies sind zementgebundene, geschliffene und polierte Platten aus zerkleinerten Natursteinen.
- *Terazzo.* Wird wie Betonwerkstein hergestellt und als flächiger Belag naß auf der Baustelle eingebracht und nach dem Erhärten geschliffen und poliert.
- *Natursteinplatten* aus Steinbrüchen, in vielen Farben und Oberflächen. Wenig oder nicht radioaktiv sind Sedimentgesteine wie Dolomit, Travertin, Marmor sowie Solnhofer Kalksteine.
- *Keramische Platten (Steinzeugplatten).* Sie werden aus Ton, Kaolin und Sand gepreßt und bis zur Sinterung (1200°C) gebrannt, so daß sie auch ohne Glasur wenig Wasser aufnehmen. Die Platten haben eine hohe Abriebfestigkeit und sind durchgefärbt.
- *Steingutfliesen.* Sie werden nicht so hoch wie Steinzeugplatten gebrannt und deshalb in einem zweiten Brennvorgang mit einer farblosen oder gefärbten Glasur überzogen.
- *Ziegeltonplatten.* Je nach Farbe des eingesetzten Lehms sind sie in Gelb-, Braun- oder Rottönen erhältlich. Nicht frostbeständige Platten (z.B. Cottofliesen) sind durch die niedrige Brenntemperatur (800 - 900° C) auch nach dem Brand noch offenporig und nehmen Wasser auf, ihre

Oberfläche wird nach dem Verlegen mit Ölen und Wachsen behandelt. Frostsichere Platten (Klinker) werden bis zur Sinterung gebrannt, haben eine wasserdichte, glasierte Oberfläche und sind sehr fußkalt.

Preise: Je nach Abriebfestigkeit, Größe, Maßhaltigkeit, modischer Form und Farbe variieren die Preise sehr stark. Zementestrich kostet 25 bis 35 DM/m² je nach Stärke, Betonwerkstein 15 bis 40 DM/m², Terrazzo, wegen des hohen Arbeitsanteils 150 DM/m², Natursteinplatten zwischen 50 und 250 DM/m², keramische Platten 45 bis 120 DM/m², Fliesen 12 bis 150 DM/m², Ziegeltonplatten 35 bis 80 DM/m².

2. Verlegung und Oberflächenbehandlung

Folgende Verlegearten sind möglich:
- Verlegung auf einer Trittschalldämmschicht (Materialien siehe Kap. 8.3) im Dickbettverfahren, d.h. der Bodenleger legt die Platten in ein 3 - 5 cm starkes Mörtelbett;
- Verlegung auf einen schwimmenden Naßestrich mit einem Zementkleber (Dünnbettverfahren).

Mittlerweile gibt es Fliesenkleber für die Verlegung im Dünn- und Mittelbett auf der Basis von Kalksand, Weißzement und anderen natürlichen Zusätzen, so daß auf kunstharzhaltige Kleber verzichtet werden kann (z.B. Fa. Haga).
Dicht gehärtete, dicht gebrannte oder glasierte Platten benötigen keine Oberflächenbehandlung. Damit die Böden nicht fleckig werden und um das Reinigen zu erleichtern, werden offenporige, saugfähige Beläge mit porenverschließendem Naturharzölimprägniergrund und polierfähigem Pflanzenhartwachs behandelt. Vor dem Einlassen sollten Farbmuster angelegt werden, da zum Teil sehr starke Veränderungen des Farbtons auftreten können.

Abb. 10.5.1
Verlegen von glasierten Bodenfliesen im Dünnbettverfahren auf Estrich

II. Türen

Türen trennen und verbinden Außen- und Innenraum bzw. Innenräume untereinander. Sie sind Zugang und Abschluß in einem. Form, Größe und Anordnung der Tür, ihre Lage in der Wand und die Aufschlagrichtung beeinflussen entscheidend die Wirkung eines Raumes.

Die Industrialisierung hat auch in diesem Bereich zur Standardisierung geführt. Dadurch sind vor allem bei der Altbausanierung industriell gefertigte Zimmertüren konstruktiv und gestalterisch selten die richtige Lösung. Kleinere Schreinerbetriebe sind dagegen meist in der Lage, Maße, Profile und Holzauswahl individueller zu gestalten.

II.1 Aufschlag und Größe

Folgende Aufschlagsrichtungen werden unterschieden:

- Die nach außen, d.h. aus dem Raum hinaus aufschlagende Tür. Diese Aufschlagart ist oft aus brandschutzrechtlichen Gründen notwendig (Fluchtwegrichtung), oder, wenn der Raum aufgrund seiner geringen Größe sonst unbenutzbar wird (z.B. WC).
- Die nach innen, d.h. in den Raum aufschlagende Tür. Dies ist die übliche Aufschlagart.

Die Lage der Tür im Raum ist in der Regel mehr oder weniger vorgegeben. Besteht Spielraum, ist es lehrreich, sich die verschiedenen Raumwirkungen vorzustellen, die sich ergeben, wenn z.B. der Raum von der Mitte der Wand aus oder über Eck betreten wird. Sofern anders möglich, sollte eine Türe nicht zu nah an eine Trennwand anschließen, da sonst Stellfläche verloren geht (Abb. 11.1.1).

Beim Kauf einer Tür ist die Angabe des Aufschlages notwendig, unterschieden werden Links- und Rechtstüren, (von der Seite aus betrachtet, nach der sie aufschlagen). Sind die Scharniere, die Bänder links befestigt, so handelt es sich z.B. um eine DIN-links Tür.

Die Größe der Tür wird im Rohbau festgelegt und sollte sich nach der Maßordnung im Hochbau richten. Die Bemessung von Türöffnungen sind nach dem Ziegelmaß bestimmt, d.h. die lichten Rohbaumaße für Türeinbauten betragen in der Breite üblicherweise 62,5 cm, 75 cm, 87,5 cm, 100 cm, 112,5 cm und in der Höhe 187,5 cm, 201 cm, 212,5 cm, 225 cm. Je nach Bauart der Zarge (siehe unten) wird die tatsächliche Durchgangsöffnung um 6 - 12 cm kleiner. Für Innentüren sind Durchgangsbreiten zwischen 70 und 90 cm üblich.

II.2 Türrahmen

Die Ausführung des Türrahmens ist hauptsächlich von der Bauart der Wand abhängig, in die er eingebaut wird.

I. Holzzarge

Im verputzten Massivbau, aber auch im Holzbau wird ein Holzrahmen (die Zarge) in die Wandöffnung gestellt und auf beiden Seiten eine Verkleidung angebracht (Abb. 11.2.1). Früher wurden die Zargen aus einheimischen Massivhölzern gefertigt, die Futter- oder Zargenseiten wurden gezinkt. Heute bestehen sie fast ausschließlich aus Holzspanplatten, die mit einer Vielzahl von Furnieren beschichtet sein können. Neuerdings werden industriell gefertigte Zargen in massivem Fichtenholz oder aus Dreischichtplatten günstig angeboten.

2. Stahlzarge

Die Möglichkeit, Eisenprofile in endlosen Bändern herzustellen, führte zur Fertigung von Stahlprofilen für Türen, die wegen ihrer Strapazierfähigkeit vor allem im Gewerbe-, Industrie- und Verwaltungsbau eingesetzt werden. Aufgrund des

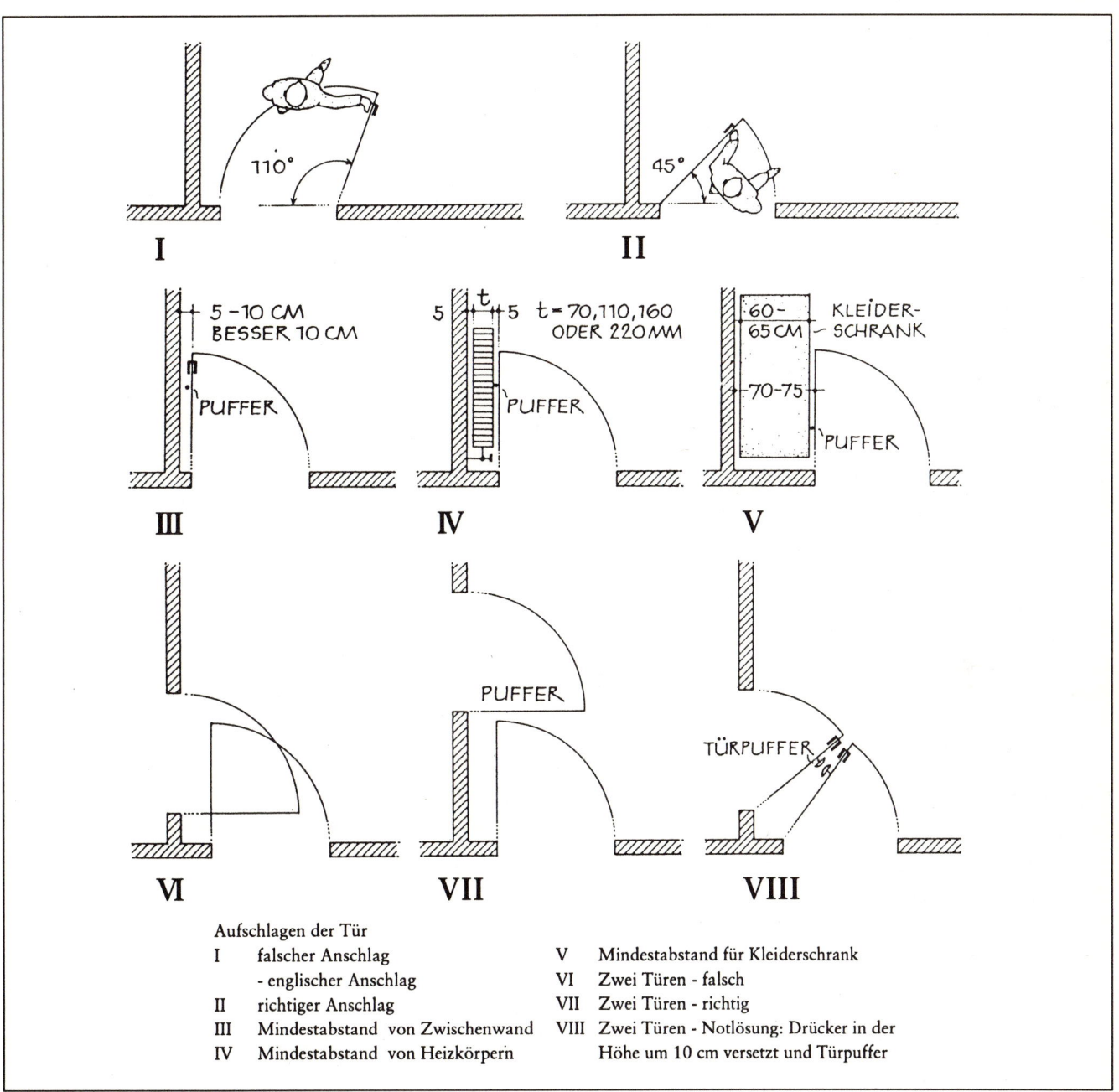

Aufschlagen der Tür

I falscher Anschlag
   - englischer Anschlag
II richtiger Anschlag
III Mindestabstand von Zwischenwand
IV Mindestabstand von Heizkörpern

V Mindestabstand für Kleiderschrank
VI Zwei Türen - falsch
VII Zwei Türen - richtig
VIII Zwei Türen - Notlösung: Drücker in der
     Höhe um 10 cm versetzt und Türpuffer

Abb. 11.1.1   Türanschlag und Grundriß

Quelle (39)

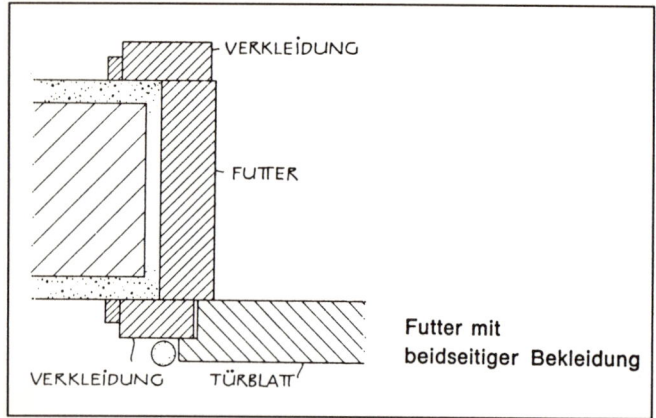

VERKLEIDUNG

FUTTER

VERKLEIDUNG   TÜRBLATT

Futter mit
beidseitiger Bekleidung

Abb. 11.2.1   Türzarge aus Holz   Quelle (39)

günstigen Preises werden Stahlzargen zunehmend auch im Wohnungsbau eingesetzt, was optisch ein meist wenig wohnliches Gefühl vermittelt.

3. Zargengröße

Die Zarge umrahmt die Tür, ihre Abmessung wird durch die Größe des Türblattes bestimmt. Die Zarge wird aber zuweilen auch über das Türblatt hinaus nach oben bis zur Decke verlängert, dann entfällt der ansonsten notwendige Türsturz. Die Fläche oberhalb der Türöffnung kann z.B. verglast oder mit einem Holzpaneel gefüllt werden.

11.3 Einbau

Bei Holzständerwänden wird die Zarge am Ende der Bauphase direkt an die Stützen angeschraubt. Um die unterschiedlichen Bewegungen der Materialien ohne Schäden zuzulassen, müssen bei verputztem Mauerwerk die Anschlußfugen an die Wand mit Deckleisten oder mit in Nuten gesteckten metallischen Putzprofilen überbrückt werden. Die Zarge wird vor Verlegen des Fußbodens eingesetzt, üblicherweise mit Mon-

tageschaum, einem Polyurethan- oder Urea-Formaldehydschaum, der ozonschichtzerstörende FCKW-Treibgase enthält. Inzwischen gibt es auch treibgasfreie Schäume, allerdings ist deren gesundheitliche Unbedenklichkeit noch nicht erwiesen. Die einzige empfehlenswerte Lösung ist deshalb das Setzen der Türen mit Türankersystemen. Dabei werden 6 - 8 Sperrholzplättchen (8 x 12 cm) mit Dübeln und Spezialschrauben in der Leibung befestigt und exakt auf das Zargenaußenmaß eingestellt. Die Holzfläche wird mit Weißleim bestrichen, das Futter aufgeschoben und von innen mit Spreizzwingen auf die Anker gepreßt. Nach dem Aushärten kann die äußere Verkleidung aufgeleimt werden. Ohne Spezialschrauben kommt man aus, wenn in die Rohbauöffnung ein Blindfutter gesetzt wurde.
Der Hohlraum zwischen Mauer und Türfutter sollte mit Kokosfaser oder Jutestrick zugestopft werden.
Stahlzargen werden im Rohbau gesetzt und mit eingeputzt. Die vorgrundierte Oberfläche wird später vom Maler lackiert.

11.4 Anschlag, Dichtung und Schwelle

Früher schlug die Tür stumpf auf den Türrahmen oder in einen Falz. Geringe Fertigungstoleranzen einerseits und höhere Anforderungen an den Lärmschutz andererseits führten zum Einbau von Kunststoffdichtungen in den Zargenfalz. Stärker schalldämmende Türen werden mit Doppelfalz und Doppeldichtung versehen. Will man darauf verzichten, bleibt nur die Anfertigung durch den Schreiner.
Damit keine kalte Luft in den Raum einströmt, muß der Anschlag ringsum geführt werden, d.h. auch am Fuß der Tür. Dies wurde früher durch ein Schwellenholz erreicht, das auf den Fußboden geschraubt wurde. Der Name "Stolperschwelle" sagt einiges über die Nachteile (Abb. 11.4.1). In modernen, zentralbeheizten und gleichmäßig temperierten Wohnungen wird auf Schwelle und Anschlag verzichtet. Diese Vereinfachung muß allerdings mit Schall- und Geruchsbelästigungen bezahlt werden. In Naßräumen darf auf den Anschlag als "Schwallrand" nicht verzichtet werden.

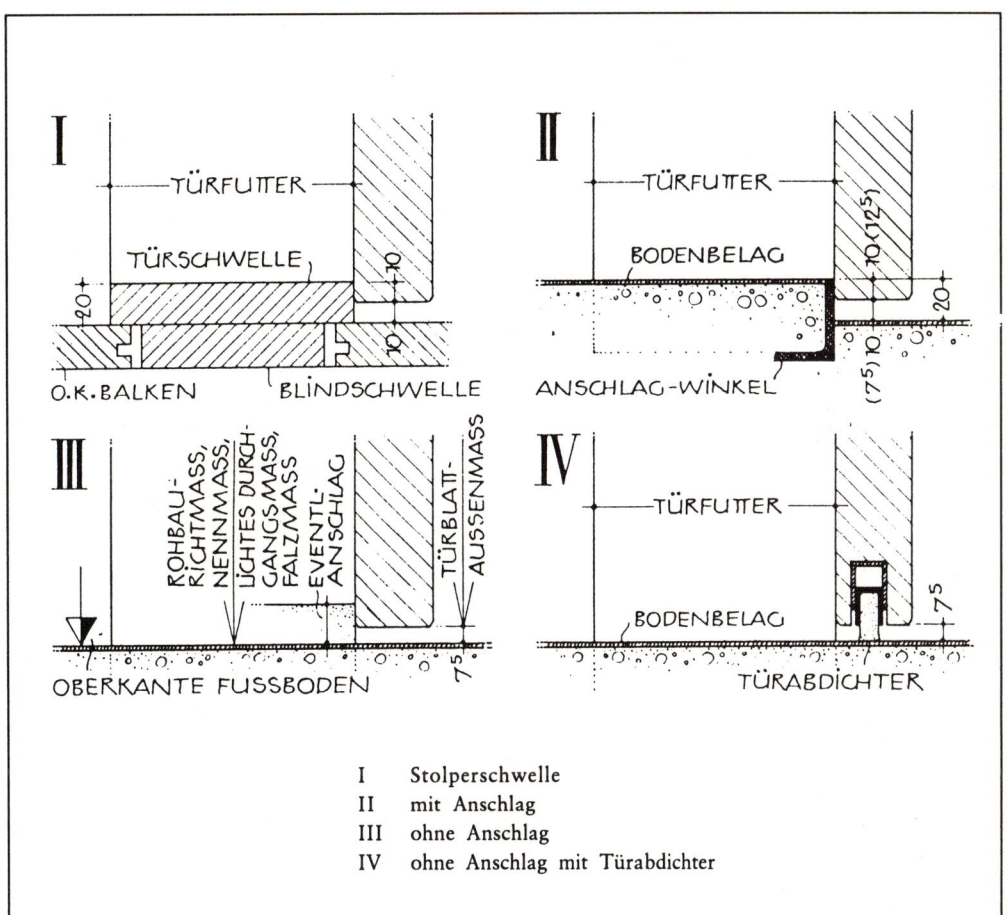

Abb. 11.4.1
Ausbildung der
Türschwelle
Quelle (39)

I   Stolperschwelle
II   mit Anschlag
III ohne Anschlag
IV   ohne Anschlag mit Türabdichter

Der Türanschlag besteht heute aus einem Stahl- oder Aluminiumwinkel, an den der Naß- oder Trockenestrich anschließt. Der Fußboden wird außen und innen bis an das Profil geführt. Bei Holzböden kann der Schreiner auch eine Hartholzschwelle in Türrahmenbreite einbauen. Da die Türen üblicherweise vom Flur in die Zimmer aufschlagen, muß der Zimmerboden 2 - 3 cm niedriger liegen. Die Höhenfestlegung der einzelnen Räume findet vor der Estrichverlegung statt. Im Naßbereich muß die Dichtungsbahn korrekterweise fugendicht mit dem Anschlag verbunden werden, was technisch aufwendig ist.

11.5 Türblatt

Türen sind immer aus Holz gefertigt worden. Mit steigendem Sicherheitsbedürfnis wurden Verstärkungen aus Eisen aufgebracht. So sind Stadttore oder Kirchenportale mit wehrhaften oder kunstvollen Blechverkleidungen versehen. Die Kunst des Türenbaus bestand darin, daß die Türen trotz des Schwindens und Quellens des Holzes ohne zu klemmen dicht blieben. Dazu wurden verschiedene Techniken entwickelt.

1. Gestemmte Türen

Diese Konstruktion mit Rahmen und Füllung ist schon bei den Ägyptern ausgeführt worden. Seit der Renaissance ist es allgemein üblich, die Türen in gestemmter Bauweise auszuführen. Dabei wird ein starker Rahmen gebaut (Holzstärke ca. 35 - 42 mm) in den schwächere Holzfüllungen eingelegt werden (Stärke 15 - 22 mm). Hierdurch kann das Holz der Füllung arbeiten, ohne sich zu werfen. Das Erscheinungsbild der Tür wirkt recht leicht und bietet einen großen Gestaltungsspielraum. Der Rahmen kann sehr unterschiedlich profiliert sein, die Türfläche in verschiedenen Füllungen aufgeteilt und die Füllung selbst reich dekoriert werden.

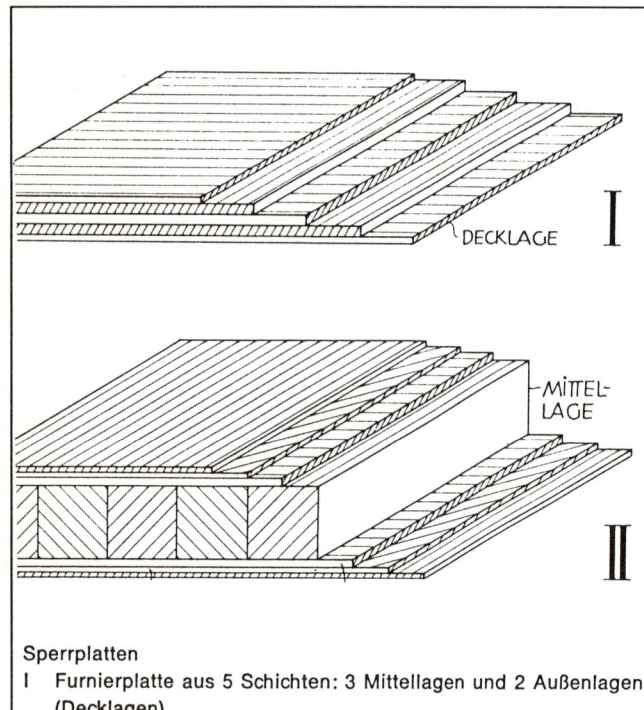

Sperrplatten
I Furnierplatte aus 5 Schichten: 3 Mittellagen und 2 Außenlagen (Decklagen)
II Tischlerplatte - Blockplatte; aus Mittellage, beidseitigen Sperrfurnieren, Blindfurnieren und Deckfurnieren

Abb. 11.5.1 Tischlerplatten   Quelle (39)

2. Mehrschichtplattentüren

Seit einer Reihe von Jahren sind Türen aus Mehrschichtplatten auf dem Markt. Um das Verziehen des Holzes zu reduzieren, werden dabei fünf Holzschichten in der Stärke von 7 mm kreuzweise aufeinandergeleimt. An den Außenseiten wird für den Falz eine Anleimerleiste aus Massivholz vorgesehen. Die glatten Türen weisen eine gute Schalldämmung auf, ihr Leimanteil ist im Vergleich zu einer Spanplatte geringer.

3. Tischlerplattentüren

Tischlerplatten bestehen aus Holzleisten, die beidseitig durch mindestens eine Furnierholzlage belegt sind. Alle Lagen sind miteinander verleimt, so daß im Regelfall auch hier mit einer, wenn auch geringen Formaldehydbelastung aus der Verleimung zu rechnen ist. Je nach Art und Qualität der Mittellage unterscheidet man Streifenplatten, Stabplatten und Stäbchenplatten. Letztere wird mit entsprechenden Anleimern versehen für Türrohlinge verwendet. Diese Rohlinge können mit Furnieren vielfältig gestaltet werden. Auch hier entsteht ein glattes Türblatt. (Abb. 11.5.1).

4. Spanplattentüren

Holzspanplatten bestehen aus feinen Holzspänen und werden mit Kunstharzleim als Bindemittel in großen Pressen hergestellt. Da die Fasern völlig ungeordnet in dem Spankuchen zu liegen kommen, ist ein späteres Quellen und Schwinden der Platten nicht möglich. Der Leimanteil ist sehr hoch, er beträgt ca. 3 - 4 kg für eine 35 mm starke Vollspanplatte und kann die Raumluft erheblich mit Formaldehyd belasten. Je nach Verwendungszweck sind die Platten als Spanstreifen-, Röhrenspan- und Vollspantüren erhältlich (Abb. 11.5.2). Je schwerer die Türe, desto besser ist ihre Schalldämmung.
Die Türen werden mit Sperrholzdecklagen, Anleimern und Furnieren einbaufertig hergestellt. Spanplattentüren sind heute die am meisten eingesetzten Türen im Baugewerbe.

5. Pappwabentüren

Diese sehr billigen, für Neben- und Kellerräume geeigneten leichten Fertigtürblätter bestehen aus einem Pappwabenkern in einem Holzrahmen, der mit Hartfaserplatten oder Sperrholz abgedeckt wird. Der Leimanteil ist sehr gering. Die Türen haben eine schlechte Schalldämmung.

6. Stahltüren

Ebenfalls für untergeordnete Räume können Stahlblechtürblätter eingesetzt werden, die aus Vierkantrohrrahmen mit aufgeschweißten verzinkten Blechen bestehen.

7. Feuerschutztüren

Feuerschutztüren werden aus mit Mineralfasern gefüllten Blechhohlkörpern hergestellt. Die Türen haben je nach Feuerwiderstandsdauer die Klassifizierung T-30 (30 Minuten Feuerwiderstand), T-60, T-90 und T-120. Alle Feuerschutztüren benötigen eine bauaufsichtliche Zulassung.

Abb. 11.5.2   Röhrenspan-Türblatt

8. Verglaste Türen

Nicht erwünscht, aber bei großen Haustiefen meist unvermeidlich, sind dunkle Zonen im Inneren des Hauses, vor allem in Hausfluren. Zur Belichtung solcher Flächen im Dachgeschoß sind außer Dachflächenfenstern (siehe Kap. 7.7) Verglasungen in Wänden oder Türen hilfreich. Bei gestemmten Türen werden eine oder mehrere Füllungsteile verglast, ebenso kann jedes glatte Türblatt mit einem verglasten Ausschnitt versehen werden, solange die Stabilität erhalten bleibt. Bei deckenhohen Zargen bietet es sich an, die Fläche oberhalb der Tür als stehendes Oberlicht zu verglasen.
Anfänglich nur im Gewerbebau üblich, kommen inzwischen auch in Wohnhäusern Ganzglastüren zum Einsatz. Die Zerbrechlichkeit des Glases ist technisch mit Einscheiben- oder Verbundsicherheitsglas bewältigt, trotzdem wirkt Glas ohne Einbindung in einen Rahmen wenig vertrauenswürdig. Für feststehende Türverglasungen wird Fensterglas in mittlerer Dicke (2,8 - 4 mm) eingesetzt. Ein Schutz vor Zerbrechen ist mit Drahtglas gegeben, das in der preiswerten Ausführung allerdings sehr unruhig wirkt, blickundurchlässig ist und in der geschliffenen Ausführung wesentlich teurer kommt. Um Einblick in die Räume trotz der Verglasung zu verhindern, können Sonderverglasungen wie gehämmertes Kathedralglas, geätztes Glas, Schmuckglas oder Milchüberfangglas zum Einsatz kommen. Als weitere Sondergläser sind z.B. Brandschutzverglasungen erhältlich, die allerdings sehr teuer sind.

187

Preise: Tür mit Rahmen und Füllung (Größe 86 x 201 cm), Fichte massiv mit Massivholzzarge (Breite 20,5 cm), Oberfläche gewachst, 900 bis 1300 DM; dasselbe Format, jedoch mit Fünfschichttürblatt, ca. 200 DM Ersparnis; Aufpreis für 2/3 Verglasung mit Klarglas und Sprossenrahmen 250 DM; Aufpreis für Ausführung als Schiebetüre 550 DM; Aufpreis für Verglasung oberhalb der Tür 400 DM.

11.6 Türbeschläge

Türbeschläge dienen zum Öffnen und Schließen von Türen. Unterschieden werden:

- Türbänder und Türscharniere
- Türschlösser und Türdrücker.

Brettüren und Gratleistentüren wurden mit Langbändern und Kloben befestigt. Gestemmte Türen wurden früher mit aufgeschraubten oder eingestemmten Lappen- oder Fitschenbändern versehen. Da das Einstemmen oder Einfräsen der Fitschen umständlich ist, verwendet man heute ausschließlich Einbohrbänder, die mit Schablonen schnell und einfach angeschlagen werden (Abb. 11.6.1).

Früher mußte der Schmied jedes Schloß einzeln von Hand herstellen, was entsprechend teuer war. Aus diesem Grunde wurden die Türen oft nur durch einen hölzerne Riegel zugehalten. Mit zunehmender Industrialisierung konnten Schlösser in großen Stückzahlen hergestellt werden, z.B. das außen aufgesetzte Kastenschloß mit Einschlagkloben. Heute üblich sind eingestemmte Einsteckschlösser mit Schließblech in der Türzarge, für Innentüren werden Buntbartschlösser verwendet.

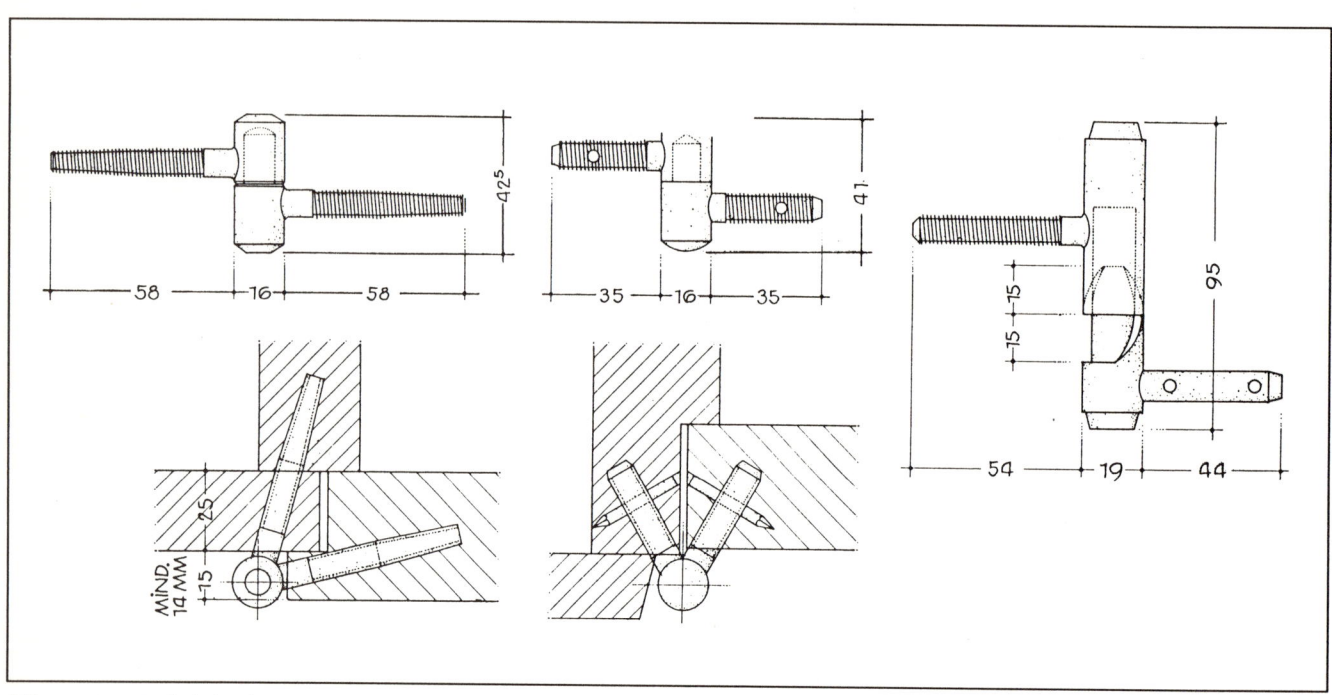

Abb. 11.6.1   Einbohrbänder zur Befestigung von Türblättern

Quelle (39)

11.7 Oberflächenbehandlung

Massivholztüren können mit Naturharzölimprägnierung grundiert und anschließend mit Bienenwachsstreichbalsam poliert werden. Auch eine farbig abgetönte Naturharzöllasur oder das Versiegeln mit Klarlack sind geeignet. Decklacke sind wegen des Arbeitens des Holzes weniger zu empfehlen. Die glatten Fertigtürblätter sind werkseitig bereits mit Kunstharzklarlacken behandelt. Werden die Türen vom Schreiner hergestellt, können die Türrohlinge mit einheimischen Holzarten furniert werden. Die Oberfläche wird anschließend wie bei Massivholztüren behandelt. Eine farbige, strapazierfähige Oberfläche wird auch durch das Aufkleben einer dünnen Linoleumschicht geschaffen (z.B. "Linodesk", Fa. Forbo)

11.8 Renovierung

Alte Türen und Türstöcke sind in den meisten Fällen noch in funktionsfähigem Zustand, nur der optische Eindruck ist wegen mangelnder Pflege oder fehlendem Bauunterhalt unzureichend. Einfache, preiswerte Massivholztüren wurden früher aus minderwertigen Hölzern hergestellt und deckend lackiert. Sind keine konstruktiven Mängel vorhanden, ist eine Neulackierung mit Naturharzdecklack ausreichend. Durch Abbeizen der alten Lackschichten (die auf den Sondermüll gehören!) und farbloses Imprägnieren und Wachsen werden ebenfalls schöne Ergebnisse erzielt, wenn das Holz nicht zu stark ausgebessert wurde.

Der Ausbau eines Türstocks gelingt kaum ohne größeren Schaden, da Türstockanker, Nägel und aufgeleimte Verkleidungen eine sehr stabile Verbindung bilden. Am besten wird die Zarge durch Abbruch der angrenzenden Ziegelleibung ausgebaut. Notfalls muß zu der alten Türe ein passender Türstock neu gefertigt werden.

12. Haustechnik

1950 lag der Kostenanteil für den Bereich Haustechnik bei 15% der Gesamtbaukosten, er stieg in den vergangenen Jahren aufgrund gehobener Ansprüche auf etwa 30% (1990) an. Aufwand und Kosten der Haustechnik im Dachgeschoß sind abhängig von folgenden Gegebenheiten:

- Bei einem Neubau ist davon auszugehen, daß die haustechnischen Anlagen bereits im Rahmen der Planung sachgemäß integriert werden, d.h. um alle Versorgungsleitungen auf kurzem Wege vom Keller bis zum Dach und wieder zurück zu verlegen, sollten z.B. die Naßräume möglichst übereinander liegen.
- Bei bestehenden Gebäuden kann das Dach für den nachträglichen Ausbau vorbereitet sein, indem die Anschlüsse für Sanitär-, Heizungs- und Elektroinstallation bereits bis zur Oberkante der Rohdecke hochgezogen und ausreichend dimensioniert sind. Da aber das alte Ausbaukonzept selten mit den heutigen Wohnvorstellungen übereinstimmt, müssen häufig Kompromisse zwischen vorhandenem und gewünschtem Haustechnikstandard gefunden werden.
- War das Dach nicht für einen Ausbau vorgesehen, wie bei Altbauten vor 1960 meist der Fall, müssen sämtliche Versorgungsleitungen vom darunterliegenden Geschoß verlängert, oder neue Leitungen vom Keller in das Dachgeschoß gelegt werden. Von dieser Baumaßnahme sind die darunterliegenden Geschosse mehr oder weniger stark betroffen. Im mehrgeschossigen Wohnungsbau sind solche Baumaßnahmen für andere Hausbewohner nicht akzeptabel. Aus diesem Grund werden die neuen Versorgungsleitungen häufig über das öffentliche Treppenhaus in Schächten hochgezogen, oder alte stillgelegte Kamine für die Verlegung der Steig- und Falleitungen genutzt. So werden Störungen durch die Baumaßnahme auf ein Minimum reduziert.

Die Haustechnik umfaßt die Bereiche Sanitärinstallation, Lüftung, Heizung und Elektroinstallation.

12.1 Sanitärinstallation

Zur Sanitärinstallation gehören die Brauchwasser- und die Abwasserinstallation.

1. Brauchwasserinstallation

Die Brauchwasserinstallation kann von jedem erreichbaren Anschlußpunkt auf der Dachgeschoßebene zur Entnahmestelle geführt werden. Die 1/2" oder 3/4" (Zoll) starken Rohre lassen sich sowohl in der Fußbodenebene als auch in der Wand mit vertretbarem Aufwand verlegen. Als Installationsmaterialien sind üblich:

- Verzinkte Stahlrohre, die verschraubt oder auch verquetscht werden,
- Kupferrohre, die verlötet werden,
- Edelstahlrohre (V2A oder V4A), die verquetscht werden, sowie
- Kunststoffrohre, die verklebt, verschweißt oder mit Anschlußstücken verschraubt werden.

Die Warmwasserleitungen müssen gut wärmegedämmt werden, auch bei Kaltwasserleitungen ist eine Wärmedämmung angebracht, da an der kalten Leitung sonst Schwitzwasser (Kondensat) entstehen kann. Die elektrische Leitfähigkeit der Metalle macht es notwendig, alle Leitungen und Einbaugegenstände wie z.B. Badewannen zum Schutz gegen gefährliche Spannungen zu erden (sogenannter Potentialausgleich). Der im Leitungswasser enthaltene Sauerstoff bewirkt bei verzinkten Stahl- und Kupferleitungen die Bildung einer Oxidschicht, die einer Korrosion des Rohrmaterials von innen vorbeugt. In mineralarmem Wasser, d.h. sehr "weichem", aber auch in saurem Wasser (ph-Wert 0-3) aus Zisternen oder Brunnen können bei längeren Standzeiten oder bei starker Erwärmung des Brauchwassers (über 60°C) aus den Leitungen Schwermetalle gelöst werden.

Als vor einigen Jahren mehrere Säuglinge im Bayerischen Wald und im Emsland an "frühkindlicher Leberzirrhose" starben, ergab sich als wahrscheinliche Ursache der tödlichen Erkrankung eine Kupfervergiftung, hervorgerufen durch gelöste Metallverbindungen aus den Wasserleitungen der betreffenden Häuser. Man muß davon ausgehen, daß Wasser mit einem ph-Wert unter 6,5 Schwermetalle aus der Kupferleitung lösen kann und warmes Wasser diesen Vorgang verstärkt. Wer auf Nummer sicher gehen will, nimmt Trinkwasser nur aus dem Kaltwasserhahn und nutzt bei kalkarmem Wasser nach langen Standzeiten, z.B. morgens oder nach dem Urlaub, die ersten Liter zum Blumengießen oder Duschen.
Bei den früher üblichen Trinkwasserrohren aus Blei tritt dieser Effekt noch in viel stärkeren Maße auf. Daher sollten solche Rohre unbedingt ausgetauscht werden.

Grundsätzlich kann man davon ausgehen, daß die Qualität des vom Wasserwerk gelieferten Trinkwassers kaum mit eigenen Hauswasserstationen oder Filtern verbessert werden kann. Die Wasserenthärtung ist nur bei sehr kalkreichem Wasser (Härtebereich 4, ab 21° dH) notwendig und auch nur im Warmwasserkreislauf, da die Kalkmineralien erst ab 60°C ausfallen. Warmwasser sollte deshalb nur bis maximal 55°C aufgeheizt werden.
Bei Sanitärinstallationsarbeiten im Altbau muß besonders die elektromagnetische Spannungsreihe der Metalle (siehe auch Kap. 3.3.1) berücksichtigt werden. Konkret heißt dies, daß bei der Rohrinstallation z.B. auf Stahlrohr in Fließrichtung ein Kupferrohr angeschlossen werden darf, aber nie umgekehrt, da das edlere Metall das unedlere schnell durch Korrosion zerstören würde.
Bei Kunststoffrohren gibt es diese Probleme nicht. Für Trinkwasserinstallationen sind nur bestimmte Kunststoffe zugelassen (z.B. Polyäthylen, weichmacherfreies Polyvinylchlorid), dennoch gilt es zu bedenken, daß noch wenig über die Auswirkungen dieser Rohrmaterialien auf die Trinkwasserqualität bekannt ist und die Statistik der Gebäudeversicherer viele Schadensfälle bei Kunststoffleitungen aufführt.

Ist im Dachgeschoß eine separate Wohneinheit untergebracht, muß in die Kaltwasserzuleitung eine Wasseruhr und in die

Abb. 12.1.1 Vorwandinstallation

Warmwasserzuleitung ein Wärmemengenzähler eingebaut werden, um eine Verbrauchsabrechnung zu ermöglichen.
Zur Vermeidung aufwendiger Schlitzarbeiten in der Wand werden die Zuleitungen in den Naßräumen (WC, Küche, Bad) am besten als sogenannte Vorwandinstallation angebracht, indem die Leitungen auf der rohen Wand verlegt und nach Abschluß der Installation durch eine Verkleidung mit Trockenbauplatten oder einer Vormauerung mit dünnen Bims-

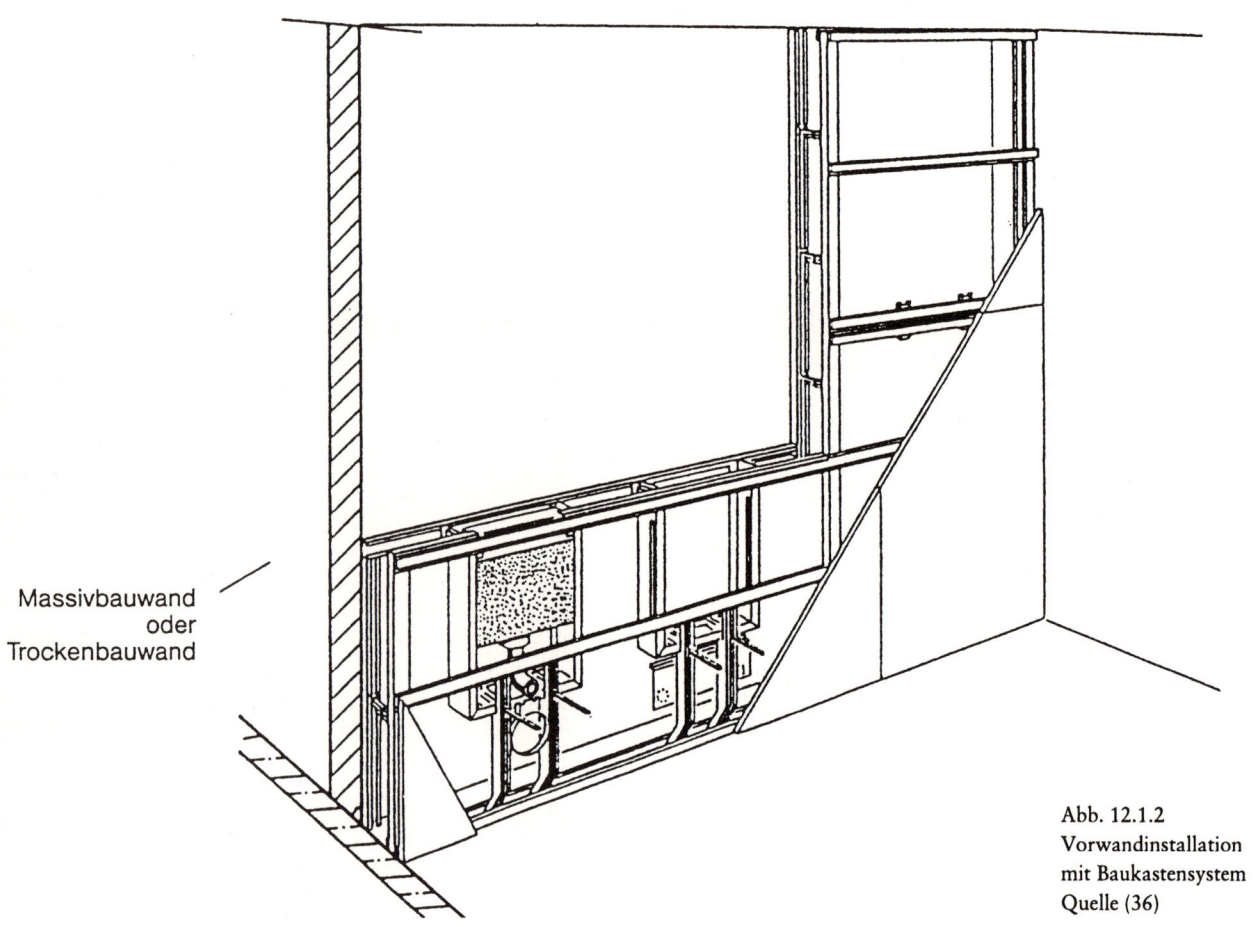

Massivbauwand
oder
Trockenbauwand

Abb. 12.1.2
Vorwandinstallation
mit Baukastensystem
Quelle (36)

oder Ziegelplatten (5 - 10 cm Stärke) verdeckt werden (Abb. 12.1.1, 12.1.2). Die dadurch entstehenden Simse und Vorsprünge lassen sich als Ablagen nützen. Ansonsten werden bei ausreichend starken Mauern die Leitungen in Wandschlitzen oder Aussparungen verlegt, die später zugeputzt werden. Leitungen im Fußboden (in der Trockenschüttung oder unter der Trittschalldämmschicht) sollten keine Verbindungsstücke aufweisen, da diese potentielle Leckstellen sind.

Stand der Technik bei Wasserarmaturen sind Einhebelarmaturen mit keramischen Dichtungen, deren komfortable Bedienung zudem einen sparsamen Umgang mit Trinkwasser erleichtert. Toilettenbecken werden bevorzugt an der Wand aufgehängt (sogenannte Hänge-WC), da dies die Reinigung des Bodens erheblich erleichtert. Der Spülkasten, unter Putz oder sichtbar, sollte nur noch ausreichende 6 l Wasserinhalt haben.

2. Warmwasserbereitung

Grundsätzlich sollte erwärmtes Wasser nicht als Trinkwasser oder zur Nahrungszubereitung benutzt werden, da sich bei Warmwassertemperaturen von 45 - 60°C gesundheitsschädliche Keime sehr gut vermehren und nicht wie beim Kochen weitgehend absterben. Für die Bereitung von Warmwasser und seine Verteilung gibt es prinzipiell 2 Möglichkeiten:

- *Dezentrale Warmwasserbereitung*: Sie ist sinnvoll, wenn nur ein geringer Verbrauch zu erwarten und die Entnahmestelle von der zentralen Heizquelle sehr weit entfernt ist. In diesem Falle sind lokale Gasdurchlauferhitzer (mit Außenwand- oder Kaminanschluß), ein Elektrountertischboiler mit 5 - 10 l Inhalt (über Thermostat und Zeitschaltuhr gesteuert) oder der gute alte Badeofen mit Wasserspeicher vorzusehen. Eine weitere Möglichkeit besteht darin, daß ein großer Einzelofen (Kachelofen, Küchenherd) mit Kaminanschluß einen zusätzlichen Wärmetauscher erhält, über den ein Wasserspeicher aufgeheizt wird. Der Wirkungsgrad wird dabei entscheidend von der Qualität des Ofens bestimmt (Güte der Verbrennung, Wärmeübertragung, Verrußung, Kesselsteinbildung).

- *Zentrale Warmwasserbereitung*: Sie ist mit der Hausheizung verbunden und heute allgemein üblicher Standard. Statt des Heizkessels im Keller kann auch eine Gastherme oder ein Brennwertkessel auf der Wohnebene angebracht werden (die Voraussetzung dafür ist in Kap. 12.3 aufgeführt), dann sind die Versorgungswege kurz und direkt. Steht der Heizkessel mit Standspeicher im Keller, müssen die Entnahmestellen über Steigleitungen versorgt werden. Gut isolierte Speicher mit 180 l Inhalt sind heute üblich. Bei sparsamem Warmwasserverbrauch wird dann der Speicher bei einer 3-4 köpfigen Familie ein bis zweimal am Tag aufgeheizt.

Eine Sonderlösung ist die Warmwasserbereitung mit Solarkollektoren, welche die beschriebenen Warmwassersysteme in den Übergangszeiten (Frühling, Herbst) ergänzen und in den Sommermonaten weitgehend ersetzen kann (Abb. 12.1.3, 12.1.4). Voraussetzung ist eine ausreichend große, südorientierte Dachfläche (günstige Neigung: 30 - 60°) oder entspre-

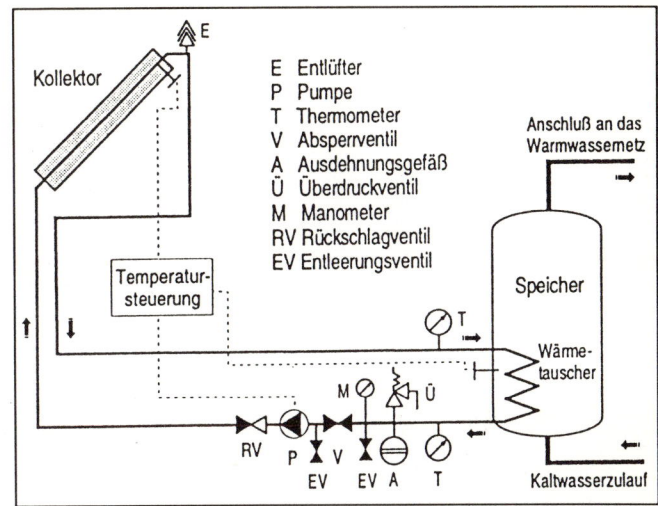

Abb. 12.1.3 Schaltbild einer Standard-Solaranlage zur Warmwasserbereitung   Quelle (41)

chende Befestigungsflächen z.B. am oder über dem Balkon, wo etwa 6 - 10 m² Kollektorfläche (für einen 4-Personen-Haushalt) montiert werden können. Zum Einsatz kommen je nach Vorliebe und Geldbeutel Flach- oder Vakuumkollektoren, die einen Speicher mit 300 - 400 l Inhalt aufladen.
Im Sommerhalbjahr können die Kollektoren bei großzügiger Auslegung fast 100% des Warmwasserbedarfs decken. Für die Übergangszeit und den Winter muß auf jeden Fall eine Nachheizmöglichkeit vorgesehen werden, z.B. durch einen Heizungswärmetauscher im Solarspeicher oder eine nachgeschaltete Gastherme (Durchlauferhitzer).
Kann der Wasserspeicher oberhalb der Kollektoren, d.h. im Dach installiert werden, so ist eine technisch einfache Schwerkraftanlage möglich (Abb. 12.1.5). Voraussetzung dafür ist, daß der Wärmespeicher - stehend - im Dachgeschoß untergebracht werden kann und die zusätzliche punktförmige Belastung von 400 bis 500 kg statisch unbedenklich ist. Wegen dieser Einschränkungen werden die Sonnenkollektoren üblicherweise mit einem gepumpten Wasserkreislauf an den Speicher angeschlossen, so daß der Standort des Wärmespeichers frei gewählt werden kann (Näheres siehe Ladener, Heinz: Solaranlagen. ökobuch, Staufen 1993).

193

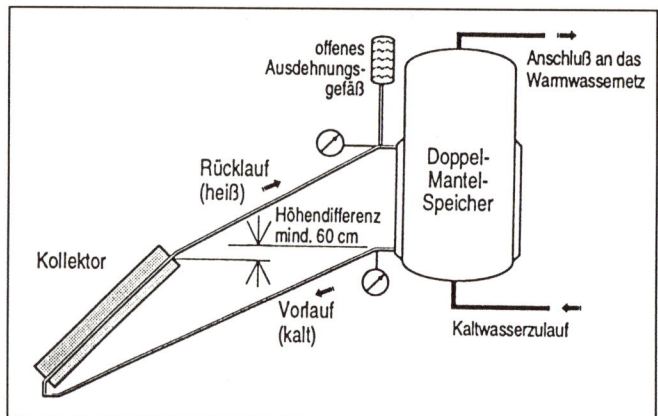

Abb. 12.1.5
Solaranlage mit Schwerkraftumlauf, der Speicher muß oberhalb der
Kollektoren angeordnet sein   Quelle (41)

3. Abwasserinstallation

Bad, WC und Küche sollten in den Wohngeschossen möglichst übereinander angeordnet sein, um kurze Wege zum
vertikalen Entwässerungsstrang zu erhalten (Abb. 12.1.6;
12.1.7). Für eine Toilette ist ein Fallrohr mit 100 mm Innen-
durchmesser vorgeschrieben (Platzbedarf mind. 13 cm), für
Badewannen 70 mm und für Waschbecken 50 mm. Der Querschnitt der Abwasserleitung darf nicht verkleinert werden,
das obere Rohrende ist zur Entlüftung über Dach zu führen.
Waagrechte Anschlußleitungen sind mit einem Gefälle von
wenigstens 3% zu verlegen und dürfen wegen Verstopfungs-
gefahr nicht länger als 5 m sein. Die wichtigsten Vorschriften
über Leitungsgrößen und Rohrnetzausführung sind in der
DIN 1986 festgehalten und sollten auf jeden Fall beachtet
werden.
Abwasserrohre können aufgrund ihres Querschnittes nur in
Ausnahmefällen noch in Wandschlitzen oder im Fußboden
untergebracht werden. Sie werden in gedämmten Hohlräumen (z.B. Abseite) und besonderen Steigschächten geführt.
Bei sehr ungünstiger Lage der Fallrohre zum Entwässerungs-
ort, besonders zum WC, gibt es seit einigen Jahren eine
technische Hilfe, die sogenannte Klein-Fäkalienhebeanlage.

Abb. 12.1.4
Solaranlage zur Warmwasserbereitung für ca. 6 Personen als
Balkonüberdachung

Nach gut 15 Jahren Praxiserfahrung sind heute ausgereifte
Systeme auf dem Markt, die vom Installateur und ggf. auch
von handwerklich geschickten Heimwerkern eingebaut wer-
den können. Die Kosten liegen derzeit zwischen 8.000 - 15.000
DM für einen 4-Personen-Haushalt, bei Einbau durch den
Installateur.

Abb. 12.1.6
Installationsschacht

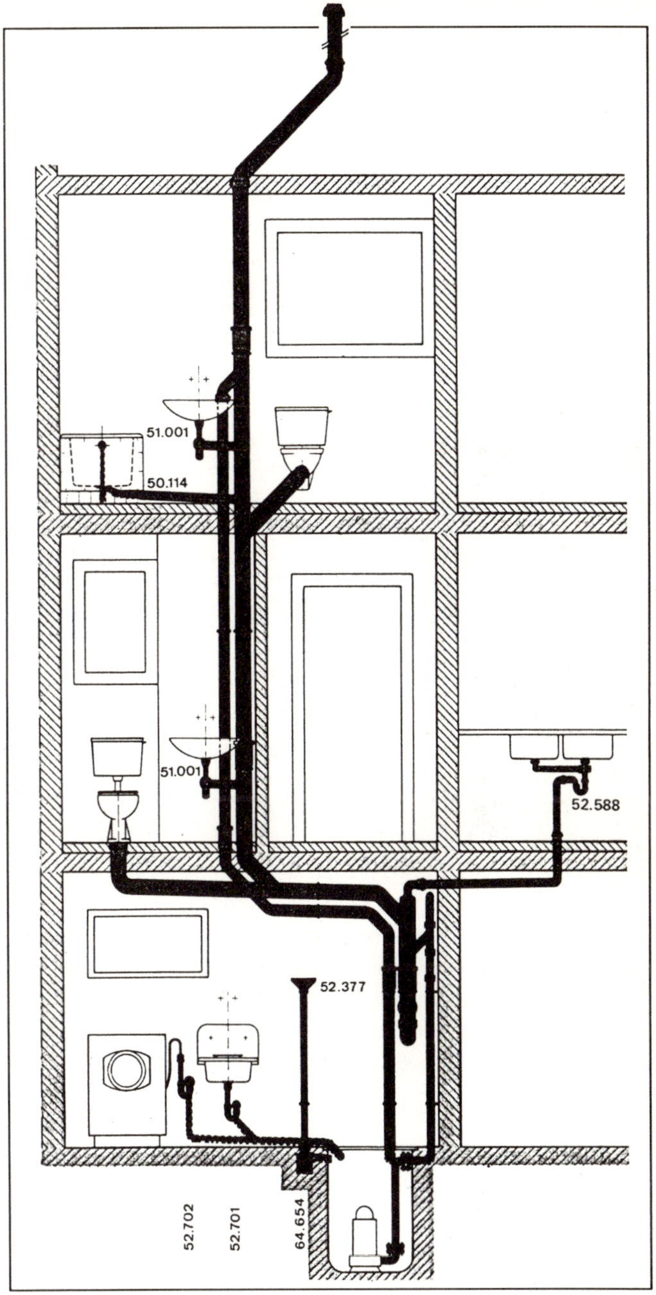

Ein Kasten von der Größe einer Schultasche wird direkt an die Toilette angeschlossen. Die Fäkalien werden zerhackt und durch einen 30 mm starken Schlauch zum Fallrohr gepumpt, auch über größere Entfernungen. Die Geräte sind nicht ganz billig (800 - 1000 DM), bei richtiger Bedienung arbeiten diese Anlagen jedoch 10 und mehr Jahre wartungsfrei (Abb. 12.1.8). Eine weitere Möglichkeit für die Erleichterung der Abwasserinstallation besteht in der Anordnung der Sanitärräume in der Nähe von nicht mehr genutzten Kaminen, in welche die Versorgungsleitungen eingezogen werden können.

Eine Sonderlösung ist der Einsatz einer Kompost-Toilette, wie sie in Schweden 100.000 fach in Betrieb ist. Abgesehen von möglichen Platzproblemen bei der Unterbringung des großen Kompostbehälters (bei nachträglichem Einbau) kann man in Deutschland mit einer Genehmigungsanfrage noch immer leicht in den Behördendschungel geraten (Näheres siehe Lorenz-Ladener, Claudia (Hrsg.): Komposttoiletten. ökobuch Verlag, Staufen 1992).

Abb. 12.1.7 Abwasserrohrinstallation
Quelle Fa. Gerberit

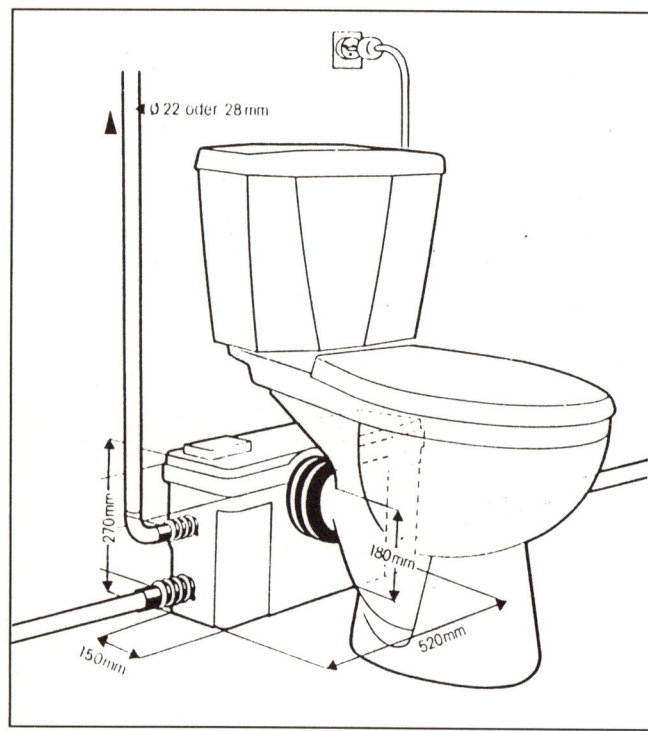

Ø 22 oder 28 mm

270 mm

180 mm

150 mm

520 mm

Abb. 12.1.8
WC mit Zerhacker und Hebeanlage (Fa. Sanibroy)

Für die Entwässerungsleitungen können Gußrohre mit muffenlosen Verbindungen eingesetzt werden, die sich durch lange Lebensdauer und ein gutes Schalldämmvermögen auszeichnen. Sie sind allerdings schwerer zu verarbeiten und teurer als die Polyäthylen-Rohre (sog. HT-Rohre) oder Polypropylen-Rohre, die auch von Heimwerkern verlegt werden können. Anschlüsse an alte Gußrohre mit Muffen müssen mit speziellen Übergangsstücken geruchsdicht ausgeführt werden.

4. Bad

Das Badezimmer ist wegen der hohen Installationskosten der teuerste Raum im Haus, auch wenn keine Designerbadewannen aufgestellt werden. Kostentreibend sind z.B. die Abdich-

tungen an Boden und Wand zur Begrenzung von Wasserschäden. In einigen Bundesländern ist zudem ein Bodenablauf im Badezimmer zwingend vorgeschrieben. Die Schadensstatistik der Versicherungen zeigt deutlich, daß prinzipiell drei Schadensfälle vorkommen:

- Die plötzliche Überschwemmung durch eine überlaufende Badewanne oder einen geplatzten Waschmaschinenschlauch,
- Beschädigte Wand- und Bodenflächen, die dauernder Durchfeuchtung ausgesetzt sind (z.B. in der Dusche) und diese Feuchtigkeit in die benachbarten Bauteilschichten abgeben,
- Undichtigkeiten im Wasserzu- oder -abflußsystem mit langsam entstehenden Bauschäden, die meist spät entdeckt werden.

Gegen den ersten Fall hilft der Bodenablauf, wenn er korrekt am tiefsten Punkt des Gefälleestrichs eingebaut und in die Dichtschichten sauber eingeklebt worden ist. Andernfalls muß man hoffen, daß die Randabdichtung des Fußbodens so dicht ist, daß das Wasser bis zur 2 cm hohen Türschwelle ansteigen kann und in der Zwischenzeit jemand das Unglück bemerkt. Bei einem 10 m² großen Bad sind das immerhin 200 Liter Wasser, die ohne größeren Schaden auslaufen können.

Für den zweiten Fall muß man von der Annahme Abschied nehmen, daß dauerelastische Fugen über einen längeren Zeitraum wasserdicht sind, und ein Fliesenbelag kein Wasser durchläßt. Vielmehr ist es notwendig, Anschlußfugen so auszubilden, daß sie nicht stehendem Wasser ausgesetzt sind. Sie müssen zusätzlich mit einem Dichtungsband versehen werden. Außerdem ist unter allen Belägen an Boden und Wand eine Dichtungsschicht z.B. in Form einer sogenannten Streichisolierung auf Kunstkautschukbasis anzubringen, die vom Fliesenleger ausgeführt wird. In diese dünne Schicht können 10 cm breite Dichtungsbänder an den Übergängen von Boden zu Wand und allen Anschlußfugen sowie Dichtungsmanschetten an Rohrdurchführungen und Bodenabläufen eingearbeitet werden (Abb. 12.1.10, 12.1.11).

Bei "heimlichen" Undichtigkeiten im dritten Fall kann größerer Schaden nur durch Abdichtungsbahnen vermieden werden, die unter dem Naß- oder Trockenestrich, aber oberhalb

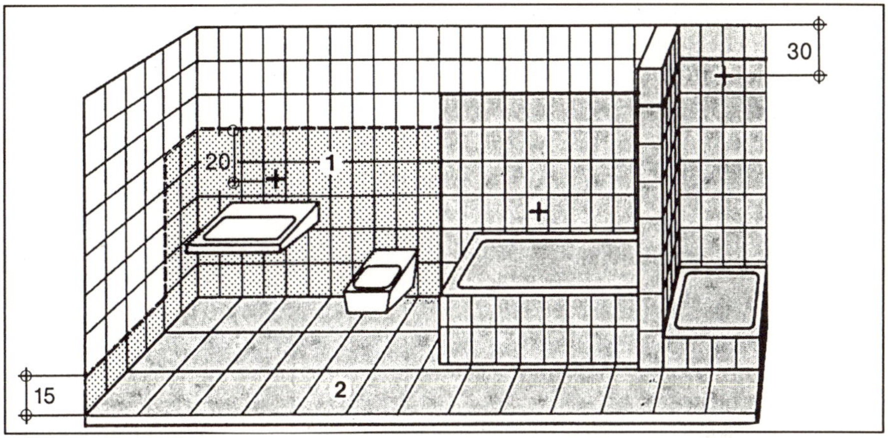

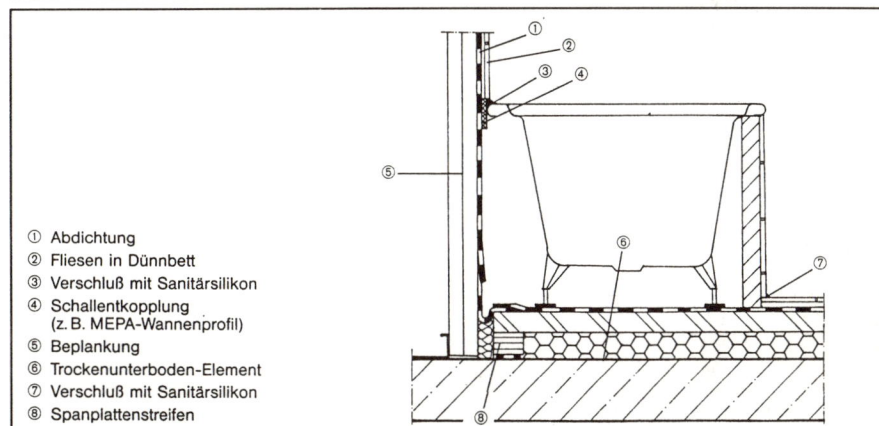

Abb. 12.1.9
Verschiedene Abdichtungs-
bereiche in Bädern:
1 nicht wasserbeansprucht
2 wasserbeansprucht
Quelle (36)

① Abdichtung
② Fliesen in Dünnbett
③ Verschluß mit Sanitärsilikon
④ Schallentkopplung
(z. B. MEPA-Wannenprofil)
⑤ Beplankung
⑥ Trockenunterboden-Element
⑦ Verschluß mit Sanitärsilikon
⑧ Spanplattenstreifen

Abb. 12.1.10
Randanschluß von Badewannen
und Duschwannen bei Wannen-
aufstellung *vor* der Verfliesung
Quelle (36)

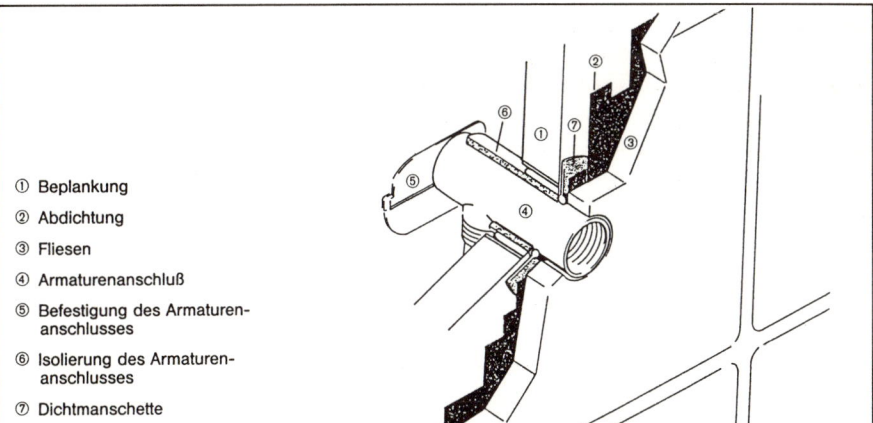

① Beplankung
② Abdichtung
③ Fliesen
④ Armaturenanschluß
⑤ Befestigung des Armaturen-
anschlusses
⑥ Isolierung des Armaturen-
anschlusses
⑦ Dichtmanschette

Abb. 12.1.11
Abdichtung an Rohrdurchführungen
Quelle (36)

197

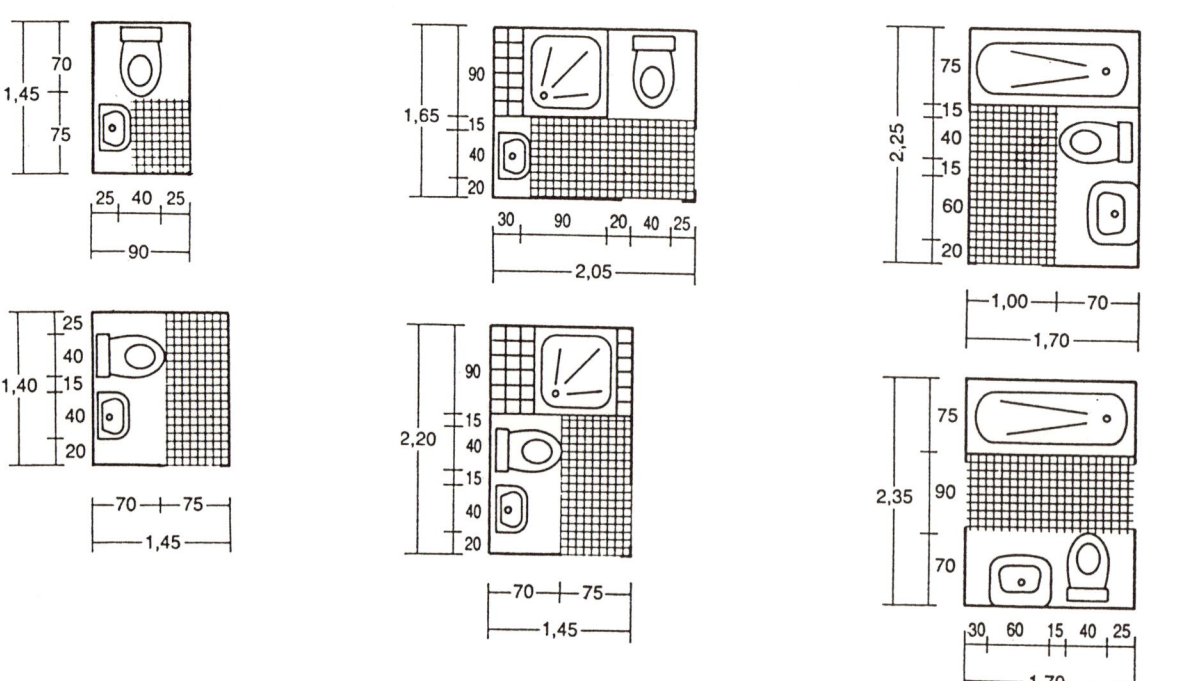

Abb. 12.1.12 Mindestraumbedarf von Bädern und Toiletten

Quelle (42)

der Trittschalldämmung eingebaut sind. Die Abdichtung kann aus bituminösen Schweißbahnen oder starken PE-Folien bestehen. Wichtig ist nur, daß sie sich lückenlos verschweißen oder verkleben läßt. Die Dichtungsbahnen sollen an allen Seiten mindestens 10 cm hochgeführt werden. Prinzipiell sollte die Dichtschicht nicht von Rohrleitungen durchstoßen werden, was im Baualltag allerdings ein frommer Wunsch ist, da die Rohinstallation meist vor dem Estrichleger ausgeführt wird. Alle Durchbrechungen müssen an den Übergängen sehr sorgfältig abgedichtet werden.

Die Größe und Ausstattung eines Bades richtet sich nach Benutzeranzahl und Komfortansprüchen. Als Mindestausstattung gilt ein WC, Waschtisch und eine Bade- oder Duschwanne. Bei einer Neueinrichtung sind wandhängende WC-Modelle vorzuziehen. Waschtische sollten ausreichend

groß sein und genügend Ablagefläche haben. Tiefspül-WC's reduzieren die Geruchsbelästigung. Alle Spülkästen sollten mit einer Wasserspartaste ausgerüstet sein. Unterputzarmaturen sind platzsparend und pflegeleicht. Aus Schallschutzgründen sind ausschließlich Armaturen der Gruppe 1 zu verwenden.

Die Kosten für eine Sanitärinstallation sind wegen der großen Preisdifferenzen kaum vorab kalkulierbar. Für die Kostenschätzung werden deshalb pauschale Werte pro Stück montiertem Sanitärgegenstand angenommen. Diese liegen im Neubau bei 2.500 bis 2.900 DM. Beim Dachausbau mit vorhandenen Brauchwassersteig- und Abwasserfalleitungen kann sich dieser Wert um die Hälfte verringern. Die Kosten für die Warmwasserbereitung sind hierbei nicht erfaßt.

12.2 Lüftung

Für das Wohlbefinden des Menschen sind nicht nur Lufttemperatur und -feuchtigkeit entscheidend, sondern ebenso die Zusammensetzung der Luft, die er einatmet. Die Raumluft muß durch die Abfuhr von verbrauchter Luft und die Zufuhr von frischer Luft erneuert werden (Abb. 12.2.1).
Frischluft besteht aus ca. 21% Sauerstoff (O_2), ca. 79% Stickstoff (N_2) und ca. 0,03% Kohlendioxid (CO_2). Bei jedem Verbrennungsprozeß wird Sauerstoff verbraucht und Kohlendioxid erzeugt. Bereits die ausgeatmete Atemluft enthält nur noch 16% Sauerstoff, aber bereits 4% Kohlendioxid. Bei Aufenthalt in geschlossenen Räumen muß deshalb immer wieder Frischluft zugeführt werden, da der Mensch bereits bei einem Kohlendioxidgehalt der Luft von 0,07% mit Ermüdung, Leistungsminderung und Kopfschmerzen reagiert.
Der Frischluftbedarf des Menschen beträgt im Mittel 32 m³/h. Der hygienisch erforderliche Luftwechsel für Wohnräume liegt bei dem 0,3 - 0,5 fachen Rauminhalt pro Stunde und Person, bei leichter Tätigkeit.

1. Natürliche Lüftung

Die Lüftung von Räumen geschieht üblicherweise durch die Undichtigkeit der Fenster- und Türfälze, durch das Kippen von Fenstern oder das kurzzeitige Öffnen von Fenstern und Fenstertüren.
Bei Fensterlüftung wird mit folgendem stündlichen Austausch des Raumluftvolumens gerechnet:

- Fenster und Türen (mit Dichtung) geschlossen: 0,1 - 0,5 facher Luftwechsel pro Stunde.
- Fenster gekippt, ohne Rolladen: 0,8 - 4 facher Luftwechsel pro Stunde.
- Fenster weit geöffnet: 9 - 15 facher Luftwechsel pro Stunde.

Die kurze Stoßlüftung durch weites Öffnen von Fenster und Türen ist dabei gesünder und energiesparender als das ständig geöffnete Kippfenster.

Quelle	Ermittierte Stoffe oder Stoffklassen
Mensch	Kohlendioxid, Wasserdampf, Gerüche
Menschliche Aktivitäten Energieversorgung (Gasherde und -öfen, offene Feuerstellen)	Kohlenmonoxid, Kohlendioxid, Stickstoffdioxid, Wasserdampf, Aldehyde, Kohlenwasserstoffe, Teilchen, polycyclische aromat. Kohlenwasserstoffe
Tabakrauch	Kohlenmonoxid, Stickstoffdioxid, Acrolein und andere Aldehyde, Nitrosamine, Rauchpartikel, polycyclische aromat. Kohlenwasserstoffe
Haushalts- und Hobbyprodukte	viele organische Verbindungen, z. B. Lösemittel, Pestizide; teilweise als Aerosol
Staubsaugen	Staub
Raumausstattung Bau- und Renovierungsmaterialien	Radon, Asbest und andere Fasern, Formaldehyd und andere organische Verbindungen, z. B. Lösemittel, Holzschutzmittel, Klebstoffe
Einrichtungsgegenstände (Möbel, Teppiche)	viele organische Verbindungen, z B. Lösemittel, Formaldehyd

Abb. 12.2.1
Quellen von Luftverunreinigungen in Innenräumen und die von ihnen emittierten Stoffe   Quelle (43)

2. Lüftungselemente

Die heute üblichen Normfenster mit Gummilippendichtung sollen verhindern, daß warme Luft den Raum verläßt. Eine Folge dieser Forderung der Wärmeschutzverordnung bezüglich des zulässigen Fugendurchlaßwertes war ein verstärktes Auftreten von Schimmelpilzen an Wohnraumwänden. Denn man hatte vergessen, daß mit der Fugenlüftung auch Wasserdampf den Raum verließ, bzw. an den kalten, äußeren Scheiben von Kastenfenstern kondensierte. In Schweden ist dieser Effekt seit langem bekannt. Wegen der hohen Luftdichtigkeit

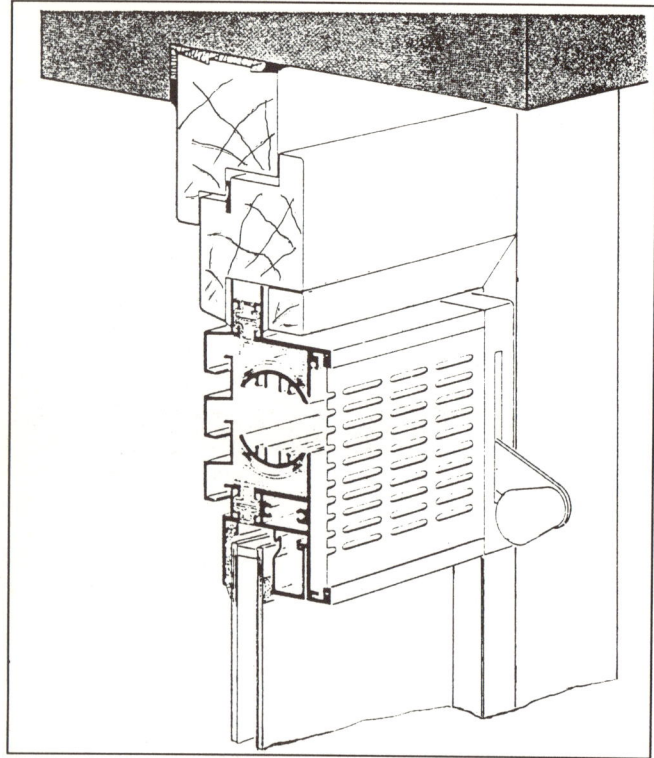

Abb. 12.2.2   Fensterlüftungskörper   Quelle Fa. FSB

der dortigen Häuser sind Systeme zur regulierbaren Zwangs-be- und -entlüftung seit Jahren üblich. Das einfachste System sieht einstellbare Lüfterdosen vor, die unterhalb der Fenster oder oberhalb von Heizkörpern eingebaut werden. Deutsche Hersteller haben vergleichbare, regelbare Lüftungsleisten auf den Markt gebracht, die über die ganze Breite unten oder oben im Fensterflügel oder -rahmen montiert werden und trotz geschlossener Fenster eine dosierbare Lüftung ermögli-chen (Abb. 12.2.2).

Liegen WC und Bad im Inneren des Dachgeschosses ohne Fenster, muß der Raum an einen Abluftschacht angeschlos-sen werden, der ins Freie führt. Bestehende Abluftschächte aus unteren Geschoßwohnungen können zwar mitbenutzt werden, besser ist es jedoch, für die neue Wohneinheit im

Dach einen eigenen Abluftschacht zu installieren. Die alten Systeme der Kölner oder Berliner Lüftung mit Einzel- oder Sammelschächten funktionieren wie ein Kamin: durch den Auftrieb der warmen Luft strömt die geruchsbelastete Luft nach oben ins Freie (Abb. 12.2.3).

3. Mechanische Lüftung

Die oben beschriebenen, einfachen Entlüftungskamine nut-zen die bei normaler Witterung herrschenden Druck- und Sogverhältnisse am Gebäude, bei Windstille und ohne Temperaturunterschied zwischen innen und außen funktio-nieren sie nicht. Soll ein Luftwechsel zuverlässig unter allen Witterungsbedingungen aufrecht erhalten werden, muß die Abluft mit motorgetriebenen Ventilatoren nach draußen be-fördert werden. Durch den Ventilator auf der Abluftseite wird ein leichter Unterdruck im Haus erzeugt, so daß Frisch-luft durch Zuluftöffnungen (und Fugen) nachströmt. Die Dunstabzugshaube über dem Kochherd ist ein solches me-chanisches Abluftgerät, das den fettigen, wasserdampfhalti-gen Küchendunst nach draußen bläst.
Bei allen Lüftungs-Rohrinstallationen ist zu bedenken, daß eine Wartung dieser Rohre kaum möglich ist und sie aus diesem Grund schon nach kurzer Benutzungszeit ein erhebli-ches hygienisches Risiko darstellen. Innenliegende WC's und Bäder werden mit kleinen Einbauventilatoren entlüftet, die an möglichst glatte Blech- oder Kunststoffrohre angeschlossen werden. Vorteilhafter und wegen der Geräuschentwicklung der Motoren günstiger ist es, den Motor in den nicht ausge-bauten Dachraum zu verlegen.
Wichtig ist in beiden Fällen, daß die Lüftungsrohre im kalten Dachraum wärmegedämmt werden, bis sie über Dach ge-führt sind, da sonst Kondensat entsteht und dies zurück-fließt. Führen die Rohre durch mehrere Etagen und hat nicht jede Wohnung ihr eigenes Abluftrohr, so sind gegenseitige Geruchs- und Lärmbelästigungen nicht ausgeschlossen. Auch die Abluftventilatoren können störenden Lärm verursachen. Für die Planung bzw. den Einkauf empfiehlt es sich daher, die Angaben zur Geräuschentwicklung (dB-Angaben) der Her-steller zu vergleichen.

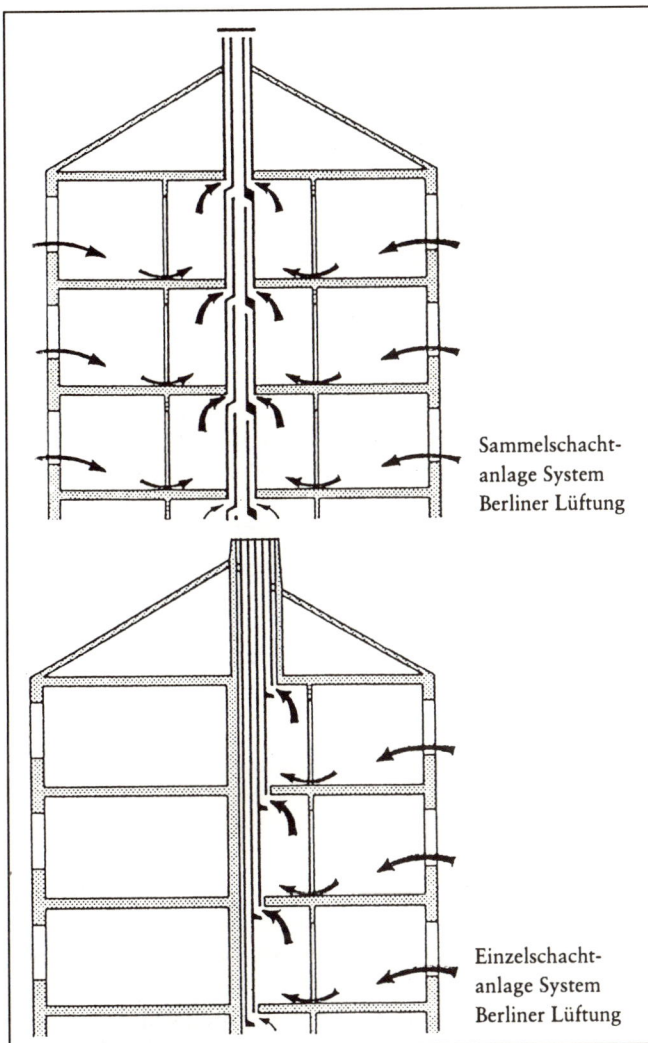

Sammelschacht-
anlage System
Berliner Lüftung

Einzelschacht-
anlage System
Berliner Lüftung

Abb. 12.2.3 Schachtentlüftungen ohne Ventilator   Quelle (44)

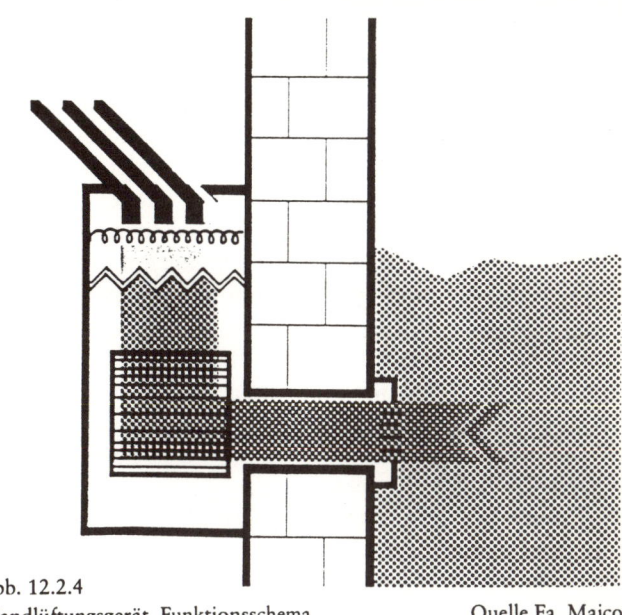

Abb. 12.2.4
Wandlüftungsgerät, Funktionsschema   Quelle Fa. Maico

Eine Variante der kontrollierten Lüftung ordnet den Ventilator nicht auf der Abluftseite, sondern auf der Zuluftseite an. Das heißt, die Zuluft wird über Wandgeräte (die sich für Allergiker mit einem elektrostatischen Feinstfilter ausrüsten lassen) mittels Ventilatoren in einzelne Räume geblasen. Sie erzeugen im Haus einen leichten Überdruck, so daß die Abluft über entsprechende Lüftungsöffnungen selbsttätig den Weg nach draußen findet. Diese Geräte eignen sich besonders für Räume, bei denen wegen des Verkehrslärms und -drecks die Fenster, vor allem nachts, nicht mehr geöffnet werden können (Abb. 12.2.4).

Die Zuluft sollte im Winter möglichst nicht durch beliebige Fugen oder durch offene Fenster nachströmen, sondern durch die zuvor beschriebenen Lüftungsdosen regulierbar zugeführt werden. Daher ist die Winddichtigkeit der Außenhülle eine notwendige Voraussetzung für die Regulierbarkeit der Lüftungsanlage.

4. Wärmerückgewinnung

Soll die Wärme der Innenraumluft ausgenutzt werden, bevor sie nach draußen geblasen wird, so ist neben den Zu- und Abluftrohren zusätzlich ein Wärmetauscher erforderlich (Zwangslüftung mit Wärmerückgewinnung).

Die warme Abluft wird aus den Räumen, vor allem aus Küche, Bad und Schlafzimmer, abgesaugt und über einen Zuluft-Abluft-Wärmetauscher geblasen. Der Wärmetauscher entzieht der Abluft einen beträchtlichen Teil der mitgeführten Wärme und erwärmt damit die im Gegen- oder Kreuzstrom vorbeiströmende kalte Zuluft. Bei nicht fachgerechter Ausführung können Probleme durch Schallübertragung, Staub- und Geräuschentwicklung auftreten. Kaum kontrollierbar ist die Kondensatfeuchte und das damit verbundene Auftreten von Legionellen. Da bei diesem System Zu- *und* Abluft in Rohren geführt werden müssen, ist der Leitungsaufwand etwa doppelt so groß wie bei einfachen Zu- oder Abluftsystemen. Die Kosten liegen für ein Dachgeschoß mit 120 m² Wohnfläche bei 8.000 - 12.000 DM. Der Einsatz solcher Anlagen ist daher abzulehnen.

Noch ein wenig mehr Energie läßt sich aus der Abluft herausholen, wenn anstelle des Abluft-Wärmetauschers eine elektrische Wärmepumpe eingesetzt wird, um der gesamten Abluft des Hauses die Wärme an zentraler Stelle zu entziehen und sie ganzjährig zur Warmwasserbereitung zu nutzen. Der Aufwand dazu ist in üblichen Ein- und Zweifamilienhäusern allerdings so hoch, daß die mögliche Energieeinsparung auch nach mehreren Jahren unter dem Primärenergieaufwand zur Erstellung der Anlage liegen kann.

Die Preise für Entlüftungsanlagen liegen zwischen 800 und 2000 DM für Abluftventilatoren zuzüglich der benötigten Rohrinstallationen für die Abluft und 100 bis 200 DM für die Wandzuluftdosen, für Wärmerückgewinnungsanlagen liegen die Preise bei 8.000 DM und mehr, zuzüglich der Zu- und Abluftrohre.

12.3 Heizungsinstallation

Da die Heizung eine der teuersten technischen Investitionen im Haus ist (ca. 10.000 bis 15.000 DM für 80 m² Wohnfläche bei Neuinstallation von Kessel und Verteilung, entsprechend 150 bis 200 DM pro m² Wohnfläche), will der Bauherr bzw. die Baufrau hier alles besonders gut machen. Leider ist in diesem kostenträchtigen Bereich das Verwirrspiel von tech-

nischen Informationen, Vorschriften, Handwerkerberatung, Produktwerbung und Ratschlägen von Heizungsbastlern besonders groß.

Bei der Frage, welche Heizung für das ausgebaute Dachgeschoß vorteilhaft ist, sind im wesentlichen vier Punkte zu klären:

- die Wahl des Energieträgers: Holz, Öl, Gas;
- die Feuerstelle: Einzelofen oder Zentralheizung,
- die Wärmeverteilung: Warmluft oder Warmwasser,
- die Wärmeabgabe: Strahlung oder Konvektion.

In den meisten zentralgeheizten Häusern hat der vorhandene Heizkessel ausreichende Leistungsreserven (infolge Überdimensionierung), so daß es zur Beheizung des Dachgeschosses vielfach ausreicht, den oder die Steigstränge bis ins Dachgeschoß zu verlängern und dort an den gewünschten Stellen ausreichend dimensionierte Heizkörperflächen zu installieren. Näheres dazu wird in den Abschnitten 3 und 4 behandelt.

Ist jedoch geplant, im Zuge des Dachgeschoßausbaus auch die alte Heizungsanlage zu erneuern, sollte die Wahl des Heizenergieträgers und die Art der Feuerung grundsätzlich noch einmal überdacht werden.

1. Energieträger

Da die Preise der verschiedenen Brennstoffe durch den Markt und teilweise auch gesetzlich gekoppelt sind und die Kostenunterschiede bezogen auf die Kilowattstunde Wärmeenergie relativ gering ausfallen, sollte neben praktischen Erwägungen auch die Schadstoffabgabe der Brennstoffe betrachtet werden. Das Hauptaugenmerk gilt dabei heute dem Ausstoß von Schwefeldioxid (SO_2), von Stickoxiden (NO_x), organischen Kohlenwasserstoffen (C_nH_m), Kohlenmonoxid (CO) und Staub. Korrekte Verbrennung und neue Heizkessel vorausgesetzt, entstehen bei der Verbrennung von Erd- bzw. Flüssiggas die geringsten Emissionen, gefolgt von Erdöl. Da diese Brennstoffe in der BRD durch ein perfekt ausgebautes Verteilernetz einfach bezogen werden können und kostengünstig angeboten werden, sind sie heute im Hausbrand die gebräuchlichsten Heizstoffe (Heizöl ca. 50%, Erdgas ca. 25% Gesamtanteil am Hausbrand). Es ist zu erwarten, daß sie auch in den neuen Bundesländern die dort noch gebräuchliche Braunkohle verdrängen werden.

In Zukunft wird es allerdings immer weniger vertretbar sein, diese in Jahrmillionen entstandenen energiereichen Kohlenstoffverbindungen für Heizzwecke zu verschleudern. Nachwachsende Rohstoffe (Holz, Stroh, Schilfrohr und andere) müssen langfristig an deren Stelle treten. Dies würde auch die Kohlendioxidmengen (CO_2), welche die Atmosphäre belasten, begrenzen, da langfristig nur diejenige Kohlenstoff- und Energiemenge freigesetzt wird, die in einer Wachstumsperiode mittels Sonnenlicht durch Photosynthese gebunden wird. Eine günstige, d.h. schadstoffarme Verbrennung läßt sich bei vegetabilem Brennstoffen (z.B. Holz) nur erreichen, wenn das Material hinreichend trocken ist. Daher muß für die 2 bis 3 jährige Trocknung von Scheitholz eine ausreichend große Lagerfläche vorhanden sein. Einfacher und mit geringerem Lageraufwand verbunden ist der Einsatz sogenannter "Holzbriketts" (1 to entspricht 3 - 4 Ster Scheitholz), die aus trockenen Hobelspänen oder Rindenresten ohne Bindemittel gepreßt werden.

2. Feuerstelle

Entscheidet man sich bei der Beheizung des Dachgeschosses für eine Einzelofenlösung, so muß der dafür notwendige Kamin mit Anschlußmöglichkeit möglichst in der Mitte der Grundfläche stehen, so daß die Räume um ihn herum angeordnet sind. Bei Wohnungen bis 70 m² Grundfläche erscheint die Einzelofenheizung mit vertretbarem Aufwand realisierbar. Als Ofen sollte wegen der Wärmespeicherung eine möglichst schwere Ausführung gewählt werden, die trotzdem eine kurze Aufheizphase hat. Vor dem Einbau eines 500 - 1500 kg schweren Kachelofens ist jedoch die Deckenstatik (vor allem bei Holzbalkendecken) zu überprüfen. Die heute noch in vielen Altbauten anzutreffenden Einzelöfen mit Doppelmantelbauweise (Kohle-, Öl-, oder Gaseinzelöfen) sind wegen der hohen Luftkonvektion und entsprechender Staubbelastung der Raumluft ungeeignet. Die nostalgische Mode der offenen Kamine und verbrennungstechnisch schlechter Kaminöfen ist insbesondere unter dem Gesichtspunkt der Schadstoffemission negativ zu beurteilen.

Als Zusatzheizung können gute Einzelöfen in Übergangszeiten (Frühling und Herbst) sowie an feucht-kalten Sommertagen eine sinnvolle und energiesparende Ergänzung zur Zentralheizung darstellen. Auch in zentralbeheizten Wohnungen bilden sie einen Wärmepol mit angenehm hohem Strahlungswärmeanteil. Bei der Entscheidung für eine Ofenheizung im Dachgeschoß ist der Brennstoffan- und Ascheabtransport ebenso zu bedenken, wie die ausreichende Lagermöglichkeit für den Brennstoff im Keller oder in Nebengebäuden.

Für die Zentralheizung ist dieser letzte Punkt von untergeordneter Bedeutung, da bei Öl und Flüssiggas ein Tank bereits vorhanden sein muß und das Erdgas über die Fernleitung zum Kessel gelangt. Bei der Zentralheizung wird der gesamte Wärmeverbrauch des Hauses in der Regel in einem Heizkessel erzeugt, wobei die Brennstoffe Öl und Gas einen automatischen Betrieb gestatten. Da die Heizwärme leitungsgebunden im Haus verteilt wird, ist die Anordnung der Räume für die Beheizbarkeit von untergeordneter Bedeutung.

Für den Dachgeschoßausbau ist es nun entscheidend, ob ein Anschluß an die vorhandene Zentralheizung möglich ist. Dazu sind verschiedene Punkte zu klären:

- Ist die Leistungsfähigkeit des Kessels ausreichend? Eine Wärmebedarfsberechnung des gesamten Hauses schafft hier Klarheit. Wird der Dachgeschoßausbau mit Wärmedämmaßnahmen am Gebäude kombiniert, so kann auch ein bereits ausgelasteter Kessel in seiner Leistung noch ausreichen. War die oberste Geschoßdecke bisher nur schlecht gedämmt, wird durch den Dachgeschoßausbau kaum ein Mehraufwand an Heizenergie entstehen.
- Ist der Kessel z.B. auf Weisung des Kaminkehrers wegen schlechter Abgaswerte auszutauschen, so kann die Leistung des neuen Kessels dem zu berechnenden, neuen Heizenergiebedarf problemlos angepaßt werden. Bezüglich Größe und Ausbildung des Heizraumes sind die Auflagen der Heizungsanlagenverordnung zu berücksichtigen. Bei Kesseln mit Leistungen über 50 kW werden aus

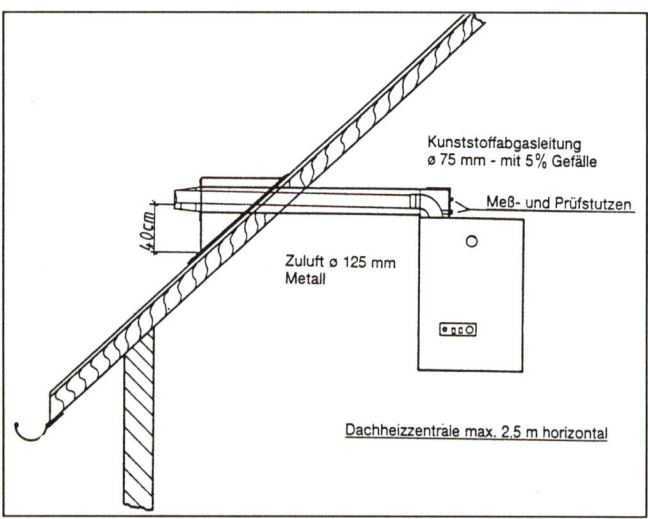

Abb. 12.3.1
Dachheizzentrale mit horizontaler Abgas- und Zuluftführung
Quelle Fa. Paradigma

Sicherheitsgründen höhere Anforderungen an Heizraum und Brennstofflager gestellt als bei Kleinanlagen.

- Im Zuge der Kesselerneuerung ist der Kamin zu überprüfen, insbesondere ob der vorhandene Querschnitt und die Bauart zu dem neuen Kessel passen. So führt der Betrieb moderner Niedertemperaturheizkessel an Kaminen mit zu großen Querschnitten unweigerlich zur Durchfeuchtung des Kamins, wobei Schäden durch im Wohnraum austretendes Kondensat aufwendig zu beheben sind. Abhilfe schafft in solchen Fällen nur die Querschnittsreduzierung des Kamins durch eingezogene Schamotte-, Glas- oder Edelstahlrohre, bei Brennwertkessel sind auch Abgasrohre aus Kunststoff möglich (Abb. 12.3.1).

All diese Fragen sollten unbedingt zusammen mit einem Heizungsfachmann und dem Bezirkskaminkehrermeister geklärt werden. Letzterer muß die Heizanlage und die Kamine nach Fertigstellung begutachten und abnehmen.

Bei Öl- und Gaskesseln sind derzeit Niedertemperaturkessel mit gleitender Vorlauftemperatur und zunehmend auch Brennwertkessel Stand der Technik. Wird nur eine geringe Heizlei-

stung benötigt, z.B. in der Übergangszeit, sinkt die Kesseltemperatur auf 50°C oder darunter, was sich günstig auf die Stillstandsverluste des Kessels und den Wirkungsgrad auswirkt. Die Kessel brauchen einen sauberen Aufstellungsraum mit Luftzuführung, der üblicherweise im Keller des Hauses liegen wird.

Kleine Gaskessel, sogenannte Gasthermen, können auch innerhalb einer Wohnung angeordnet werden, sofern einige Bedingungen erfüllt sind:

- Begrenzung der Heizleistung auf 11 kW, was für Wohnflächen von 100 - 150 m² ausreicht.
- Zufuhr des Gases bis an die Feuerstelle. Der Angst vor ausströmendem Gas bei Undichtigkeiten im Gasnetz kann durch Einbau von elektronischen Meldegeräten begegnet werden.
- Sicherstellung einer ausreichenden Luftzufuhr für die Verbrennung, z.B. durch Luftverbund mehrerer Räume mittels Lüftungsgitter in den Türen oder durch Zufuhr von außen über einen Lufteinlaß in der Außenwand.
  Eine bessere Möglichkeit besteht darin, den Kamin als sogenannten Luft- und Abgasschornstein (LAS) auszurüsten. Die Kaminhöhe ist dabei auf maximal 3,0 m begrenzt. Die Verbrennungsluft wird vorgewärmt über ein Doppelmantelrohr im Kamin angesaugt, die Brenner sind vollständig gekapselt und können in jedem Raum aufgestellt werden (Küche, Bad, usw.).
- Eine Sonderausführung ist die Außenwandtherme, bei der Abgas und Verbrennungsluft senkrecht oder waagerecht direkt durch die Außenwand ab- bzw. zufführt werden. Bei der Montage müssen Sicherheitsabstände zu Fenstern eingehalten werden (Abb. 12.3.1).

Die seit einigen Jahren neuentwickelten Brennwertkessel haben sich sehr gut bewährt. Sie holen durch Kondensation des Abgases (Abgastemperatur 30 - 50°C) das letzte Quentchen Wärme aus dem eingesetzten Brennstoff (Abb. 12.3.2). Bislang hat diese Technik allerdings nur für Gas breitere Anwendung gefunden. Bei Brennwertkesseln für Öl entsteht aufgrund des SO_2-Gehaltes im Abgas schweflige Säure im Kondensat, die neutralisiert werden muß und die Kesselkonstruktion insgesamt aufwendiger, d.h. auch teurer macht.

Der Zustand und die Bauart des Heizungs-Kamins sind, wie schon erwähnt, vor der Installation genauestens zu überprüfen. Moderne Heizungskessel arbeiten im Vergleich zu Altanlagen mit sehr niedrigen Abgastemperaturen (120 - 180°C bei Niedertemperaturkesseln, 40 - 70°C bei Brennwertkesseln), so daß die thermischen Auftriebskräfte merklich reduziert sind und eine Kondensation des Abgases im Kamin nicht ausgeschlossen werden kann. Für die Kaminsanierung stehen heute verschiedene Systeme zur Verfügung. Üblicherweise werden Schamotte-, Glas-, Edelstahl- oder Alurohre von oben in den Kamin eingezogen und der Hohlraum zwischen Rohr und Kamin mit nichtbrennbarem Dämmstoff verfüllt. Bei Brennwertkesseln kommen heute auch spezielle Kunststoffrohre zum Einsatz.

Da der Neueinbau von massiven Kaminen aus statischen Gründen aufwendig ist, bieten leichte Edelstahl-Doppelwandkamine im Bedarfsfall einen praktikablen, wenn auch nicht ganz billigen Ausweg.

3. Wärmeverteilung

Bei der Einzelofenheizung ist die Wärmeverteilung kein Problem, da jeder Raum über seine eigene Heizquelle verfügt.
Bei Zentralheizungen muß die Wärme mittels Wärmeträger über ein Verteilungsnetz zu den einzelnen Räumen transportiert werden. Da Luft eine sehr geringe Wärmekapazität besitzt (c = 1,3 kJ/m³K), sind bei Luftheizungsanlagen so große Rohrquerschnitte erforderlich, daß diese Form der Wärmeverteilung bei der Altbausanierung in den meisten Fällen schon aus Platzgründen nicht realisiert werden kann. Wasser ist wegen der hohen Wärmekapazität (c = 4190 kJ/m³K) ein guter Wärmeträger und die Warmwasserheizung hierzulande die gebräuchliche Form der Wärmeverteilung.
Der Wärmetransport zu den Heizkörpern erfolgt über eine Doppelleitung für Vor- und Rücklauf. Sofern sich die Steigleitungen im Altbau nicht bis in das Dachgeschoß verlängern lassen, müssen neue Steigleitungen z.B. in einem stillgelegten Kamin herangeführt werden. Dieser Aufwand entfällt, wenn die Wärme im Dachgeschoß selbst erzeugt wird (Etagenheizung). Dann sind nur noch die Heizkörper vom Kessel her anzuschließen.

Abb. 12.3.2
Brennwertkessel als Wandgerät mit Installation

Die Heizungsrohre können fast beliebig weit geführt werden, da das Heizungswasser über die eingebaute, regelbare Pumpe bewegt wird. Um störende Luft in den Leitungen und Heizkörpern aus dem System entfernen zu können, sind die Leitungen mit stetigem Gefälle zum Kessel zu führen und an allen hochliegenden Punkten (z.B. an Heizkörpern) Entlüftungsventile vorzusehen. Bei einer Entleerung der gesamten

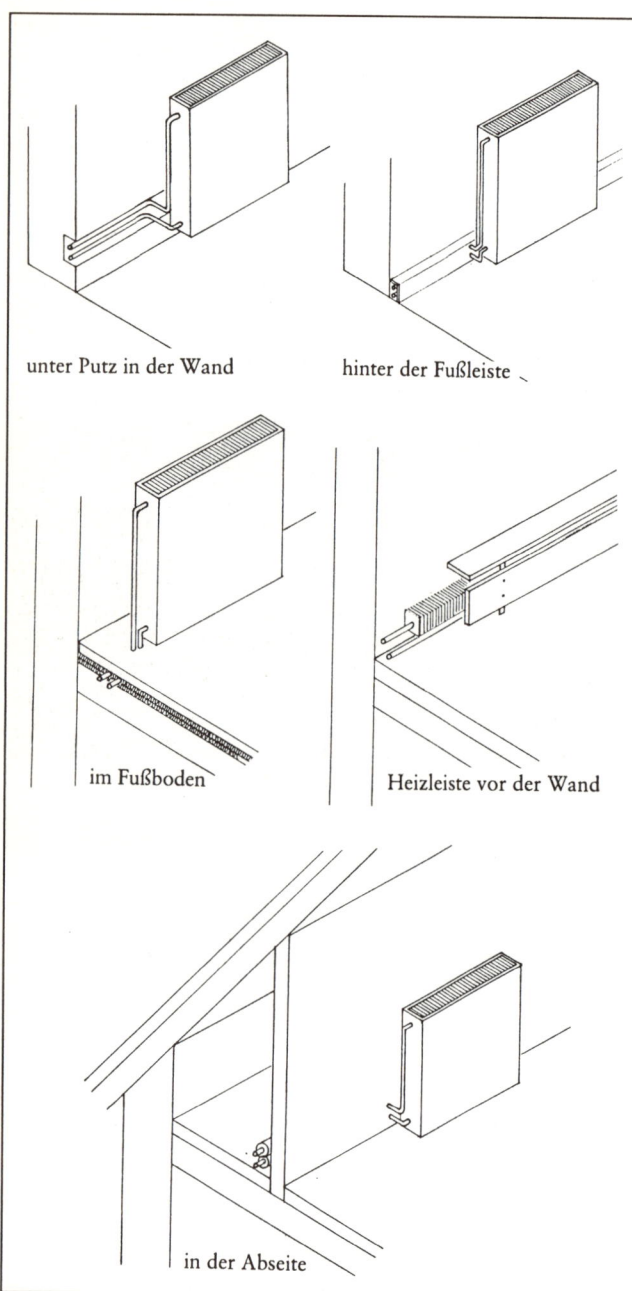

unter Putz in der Wand   hinter der Fußleiste

im Fußboden   Heizleiste vor der Wand

in der Abseite

Abb. 12.3.3 Heizrohrführung

Anlage darf kein Wasser in den Leitungen stehenbleiben, da dies im Frostfall zur Zerstörung der Rohre führen kann.

Als Leitungsmaterial für die Rohre wird heute wegen der einfachen und schnellen Verbindungstechnik (Löten mit Fittings) vorwiegend Kupferrohr verwendet. Gebräuchlich sind außerdem geschweißte Eisenrohre (schwarz), Weichstahlrohr mit Preßfittings und mehrschichtige Kunststoffrohre.

Die Verlegung kann in den Wänden, in der Abseite, hinter speziellen Fußleisten, hinter Heizleistenverkleidungen oder im Fußbodenaufbau erfolgen. Im letzten Fall sollten Weichstahl- oder Kupferrohre verwendet werden, die ohne Verbindungsstelle vom Verteiler zum Heizkörper führen, um potentielle Leckstellen im Deckenaufbau zu vermeiden.

4. Wärmeabgabe

Der Wärmeverlust der menschlichen Körperoberfläche durch Strahlung, Leitung oder Konvektion wird als unangenehm empfunden, wenn diese Wärmeabgabe die Wärmeproduktion des Körpers in der jeweiligen Situation (tätigkeitsabhängig) überschreitet. Um ein behagliches Raumklima zu schaffen, sollte die Raumheizung auch bei niedrigen Außentemperaturen die Oberfläche der äußeren Raumbegrenzungsflächen soweit erwärmen, daß die Wandoberflächentemperatur mindestens 18°C beträgt. In diesem Fall wird eine Raumlufttemperatur von 20°C als ausreichend warm empfunden. Die Luftbewegung und Staubbelastung durch den Heizkörper bleibt unter diesen Bedingungen relativ gering. Sind die Wandoberflächen kälter, so muß der Auskühlung durch wärmere Raumluft und mehr Heizenergie entgegengewirkt werden.

Da beim Dachgeschoßausbau die Dachschräge ein stark gedämmtes Leichtbauteil ist, wird eine günstige Oberflächentemperatur im Winter schnell erreicht, sofern keine Wärmebrücken oder offene Fugen vorhanden sind. Das oben genannte Ziel einer hohen Wandtemperatur kann auf verschiedene Weise erreicht werden:

- Ein Ofen mit hohem Strahlungsanteil (Oberflächentemperatur 90 - 100°C) erwärmt vom Inneren des Raumes aus die Außenwandflächen, und zwar vorwiegend durch Wärmestrahlung (Abb. 12.3.4).

- Die Heizkörper der Zentralheizung, die entlang der Außenwandflächen angebracht sind, erwärmen diese großflächig. Als Heizflächen sind lange, großformatige Plattenheizkörper (ein- oder zweizeilig) einsetzbar.
- Noch konsequenter ist das Prinzip der Wandheizung bei der sogenannten Heizleiste verwirklicht, die auf den ersten Blick wie ein Konvektorheizkörper arbeitet (Abb. 12.3.6). Sie wird entlang der Außenwände montiert (insgesamt 7 cm Installationstiefe vor der Wand). Über die Kupfer- oder Alulamellen auf dem Kupferrohr wird die anströmende Luft erwärmt, und der aufsteigende Warmluftschleier heizt die Wandfläche. Durch die relativ geringe Wärmeabgabe pro Meter Heizleiste bleibt die Luftbewegung auf den wandnahen Bereich beschränkt, im Raum selbst entstehen nur geringe Luftbewegungen. Da sich die obere Wandschicht relativ schnell erwärmt, läßt sich die Raumtemperatur gut regulieren (vor allem schnelle Anpassung an wechselnde Sonneneinstrahlung), die gewünschte horizontale Temperaturstaffelung tritt von selbst ein. Ein gewisser Nachteil der Heizleiste sei hier nicht verschwiegen: die beheizten Wandflächen gehen als Stellfläche für Möbel weitgehend verloren.

Die Installation von Heizschlangen in den Wänden (direkte Wandheizung) ist im Dachgeschoß eher ungünstig und allenfalls bei Giebel- und Innenwänden möglich.

Bei der Bemessung neu zu installierender Heizkörperflächen sind im Altbau dieselben Vor- und Rücklauftemperaturen einzusetzen, wie sie für die Beheizung der übrigen Geschosse gebraucht werden. Sollen Niedertemperaturheizflächen (z.B. Fußbodenheizung) installiert werden, muß ein getrennter, separat geregelter Heizkreis vom Kessel herangeführt werden.

Preise: Die Kosten für komplette Heizungsanlagen bewegen sich, abhängig von den notwendigen Installationsarbeiten, in einer großen Bandbreite. Für Neubauten können Schätzwerte bezogen auf die beheizte Wohnfläche angegeben werden, sie liegen für komplette Neuinstallationen bei 150 - 170 DM/m². Können im Altbau vorhandene Heizkessel und Steigleitungen genutzt werden, so sind Einsparungen von bis zu 70% der genannten Kosten möglich.

Abb. 12.3.4 Einzelofen, zentral im Dachgeschoß aufgestellt

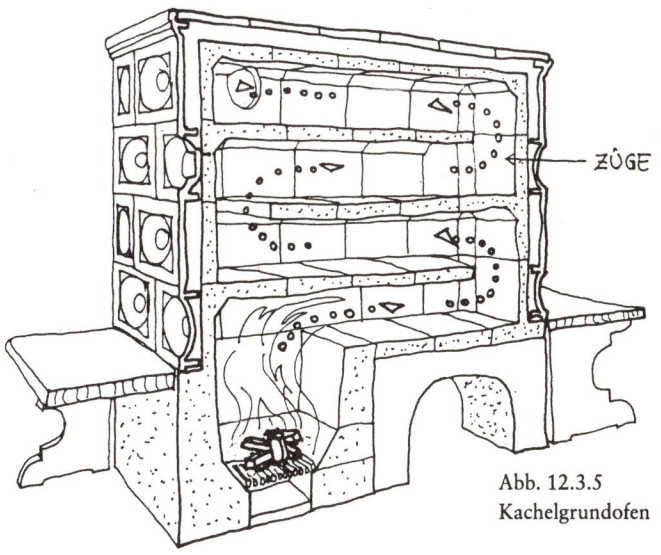

ZÜGE

Abb. 12.3.5
Kachelgrundofen

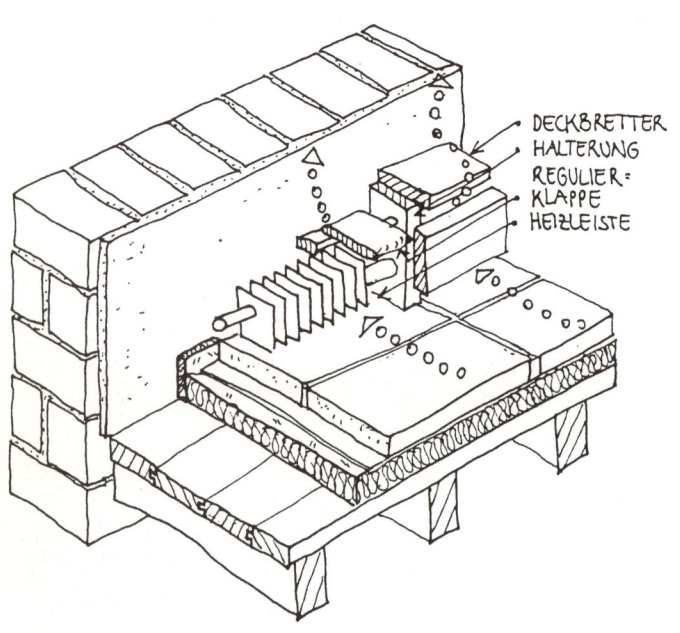

DECKBRETTER
HALTERUNG
REGULIER=
KLAPPE
HEIZLEISTE

Abb. 12.3.6 Heizleiste

Abb. 12.3.7 Angeschlossenes Heizleistenregister

12.4. Elektroinstallation

Die Elektroinstallation bereitet von allen technischen Gewerken in der Regel die geringsten Probleme. Dafür werden die Auswirkungen von elektrischen und magnetischen Feldern auf die Gesundheit vom Handwerk noch weitgehend ignoriert.

Jedes stromführende Kabel baut ein elektromagnetisches Feld auf, das zu Störungen des "Elektroklimas" im Hauses führen kann. Aus baubiologischer Sicht ist daher zu empfehlen, entweder bei der Installation abgeschirmte Elektroleitungen (relativ teuer) zu verlegen oder mindestens für die Hauptaufenthaltsräume (Schlafzimmer) einen sogenannten "Netzfreischalter" einzubauen, der die Verteilungsleitungen zwischen Schaltschrank und Steckdose nur bei Bedarf mit Netzspannung versorgt.

Das Haus sollte nach Möglichkeit über ein Erdkabel an das Netz angeschlossen sein, um stärkere elektromagnetische Felder, die beim Dachständeranschluß besonders auf die Räume im Dach einwirken, zu vermeiden. Im Zuge des Dachgeschoßausbaus sollten daher vorhandene Freileitungen abgebaut und die Stromversorgung vom Hausanschluß im Keller über Steigleitungen zu den Unterverteilungen auf den einzelnen Geschoßebenen geführt werden. Von der Unterverteilung aus werden die einzelnen Zimmer nun mit sternförmig abgehenden Leitungen angeschlossen, raumumschließende Ringleitungen sind zu vermeiden.
Bei der Planung der Elektroausstattung der Wohnung ist es vernünftig, mit Steckdosen, Lampenauslässen und Schaltern sparsam umzugehen. Der Standard der 60er Jahre mit zwei Steckdosen, ein bis zwei Lampenauslässen und einem Schalter pro Raum ist in den meisten Fällen auch heute noch ausreichend. Auf stromfressende Ausstattungsgeräte mit ho-

hen Anschlußwerten (Wäschetrockner, Geschirrspüler, Nachtstrom-Heißwasserboiler usw.) läßt sich durchaus verzichten, auch wenn diese Geräte in der Werbung der Stromerzeuger oft als Standardausstattung genannt werden.

Nach den VDE-Bestimmungen kann die elektrische Leitungsinstallation folgendermaßen ausgeführt werden:

- Stegleitung NYIF für Unterputzinstallation. Die mit einem Gummisteg zusammengefaßten Leitungsadern werden auf das Mauerwerk genagelt und verputzt.
- Mantelleitung NYM. Die kunststoffumhüllten Leiter erhalten einen zusätzlichen Kunststoffmantel gegen äußere Beschädigung. Dieses Kabel ist auch für die Auf-Putz-Montage und zur Verlegung in Hohlräumen geeignet. Abgeschirmte Kabel haben eine zusätzliche metallische Ummantelung, die einseitig geerdet werden muß (Abb. 12.4.2).
- Leerrohrverlegung. Dabei werden zuerst flexible Kunststoffrohre in Wände und Boden verlegt. Später werden in diese Rohre die Kabel (NYM) eingezogen. Der Vorteil dieser Verlegeart besteht darin, daß das Leitungsnetz später durch zusätzliche Leitungen oder solche mit größerem Querschnitt einfach erweitert werden kann. Im Bereich von Wasserzapfstellen, z.B. im Bad, sind in der DIN VDE 0100, Teil 701, Schutzbereiche festlegt (Abb. 12.4.3). Im Bereich 0, 1 und 2 dürfen Schalterssteckdosen und Leitungen im oder unter Putz oder hinter Wandverkleidungen nicht angebracht werden (Ausnahme Warmwasserbereiter).

Um die Ausbreitung störender elektromagnetischer Wechselfelder im Haus einzuschränken, gibt es vier Möglichkeiten:

- Einbau von abgeschirmten Kabeln, Verteiler- und Installationsdosen und Erdung aller Abschirmungen über ein separates Erdungskabel.
- Verlegung der Kabel in geerdeten Panzerrohren (Rohre mit Metallumhüllung).
- Verwendung von flexiblen verdrillten Kabeln, die in die Leerrohre eingezogen werden.
- Einbau von Netzfreischaltgeräten für einzelne Stromkreise. Das Freischaltgerät trennt automatisch die Leitungen

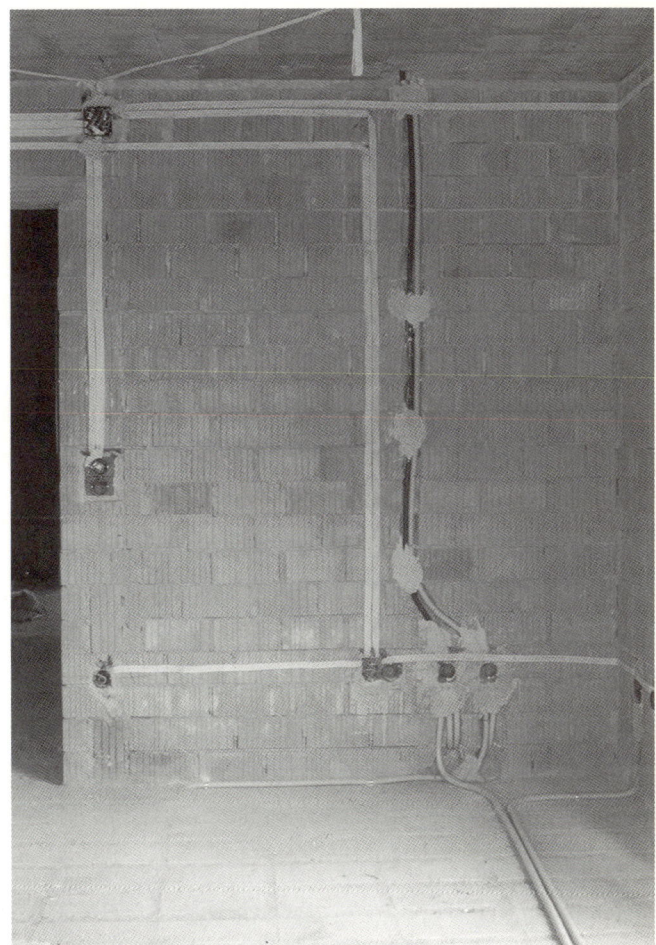

Abb. 12.4.1
Elektroinstallation mit Stegleitungen auf dem unverputzten Mauerwerk

der Unterverteilung vom Netz, wenn kein Strom verbraucht wird. Sobald ein Verbraucher eingeschaltet wird, erkennt dies die eingebaute Kontrollelektronik und schaltet die Netzspannung wieder ein. Dauerverbraucher wie Kühlschrank oder Kühltruhe müssen in diesem Fall mit einem abgeschirmten Kabel separat angeschlossen werden. (Abb. 12.4.4).

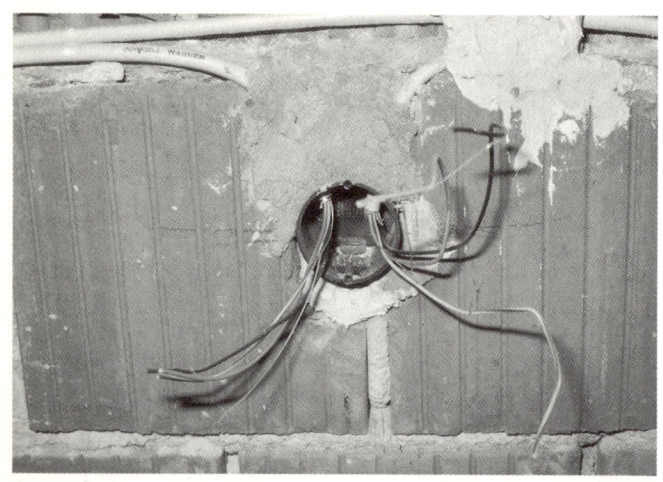

Abb. 12.4.2 Abgeschirmtes Kabel

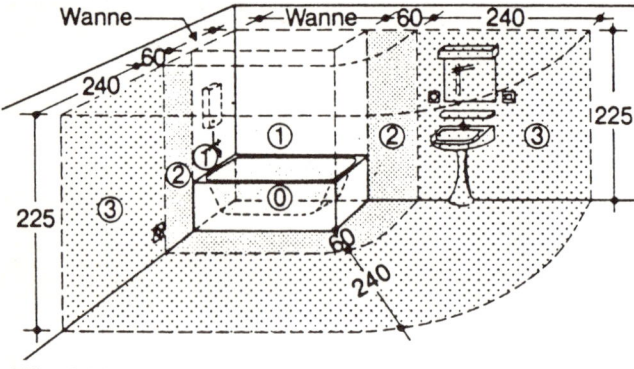

Abb. 12.4.3
Schutzbereiche im Bad nach DIN VDE 0100   Quelle (36)

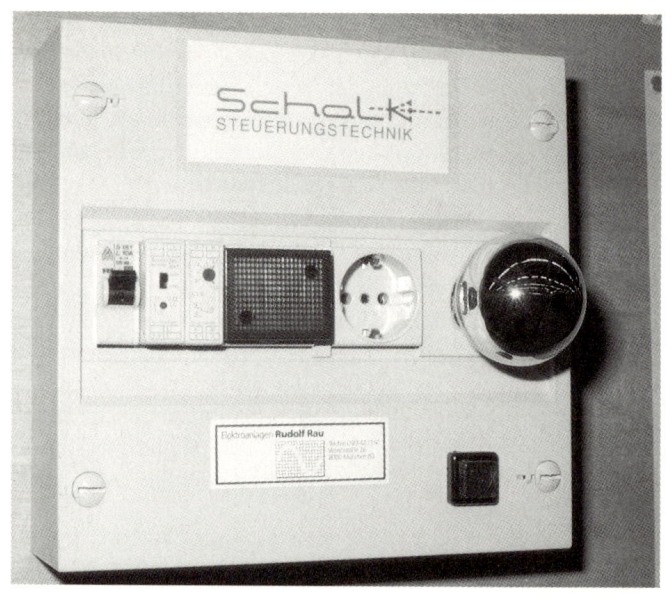

Abb. 12.4.4 Netzfreischalter

Preise: Die Kosten der Elektroinstallation werden im Rahmen der Kostenschätzung ebenfalls auf die Wohnfläche bezogen, wobei Werte von 90 - 115 DM/m² realistisch sind.
Ein guter Netzfreischalter kostet ca. 300 DM; abgeschirmte Schalterdose 4,50 DM/Stück; abgeschirmte Abzweigdose 6 DM/Stück; abgeschirmte Hohlwandabzweigdose 10 DM/Stück.

13. Beispiele ausgeführter Objekte

13.1. Neubau: Einfamilienhaus im ländlichen Raum

Baujahr 1992
Architekt: Holger König, 8038 Gröbenzell
Mitarbeiterin: Michaela Bergmann

Abb. 13.1.1 Einfamilienhaus mit EG und DG

In einer kleinen Landgemeinde werden auf einer größeren, innerorts liegenden Wiese mehrere Grundstücke für Einheimische zur Wohnbebauung ausgewiesen. Der Bebauungsplan schreibt die Geschoßzahl mit Erdgeschoß und Dachgeschoß vor und läßt eine steile Dachneigung mit Firstrichtung Ost/West zu, so daß die Dachräume nach Süden mit zwei Gauben belichtet werden können. Die Dachneigung mit 45° ist vorteilhaft für die Installation von Sonnenkollektoren. Im Dachgeschoß müssen Elternschlafzimmer, zwei Kinderzimmer, Bad und ein zusätzliches WC untergebracht werden.

Die Dachkonstruktion wird als Pfettendach mit First- und Fußpfette und langen Sparrenspannweiten (6 m) konzipiert. Auf halber Höhe trennen Doppelzangen den Spitzboden ab. Wegen des Horizontalschubs auf den kleinen Kniestock (50 cm) werden die Fußpfetten mit einzelnen betonierten Pfettenstützen verankert, die mit dem umlaufenden Ringanker der Holzbalkendecke verbunden sind. Die Dachdämmung wird als Zwischensparrendämmung ausgeführt, als Dämmstoff Zelluloseflocken eingesetzt. Durch den Einsatz offenporiger, bituminierter Holzweichfaserplatten als wasserführende Schicht oberhalb der Sparren, kann das gesamte Sparrenfeld gefüllt werden. Die Dachschräge wird nur bis zu den Kehlzangen gedämmt und deren Zwischenräume ebenfalls mit Zellulosedämmstoff gefüllt. Die Dachgauben werden an den Außenflächen mit einer bituminierten Holzweichfaserplatte verkleidet und zwischen die Ständer Holzweichfaserdämmplatten (10 cm stark) eingebaut. Die Winddichtigkeit der Konstruktion wird durch die Vollsparrendämmung, die Verfilzung des Dämmstoffes, die dicht verklebte Dampfbremse und die Trockenbauplatten erreicht.

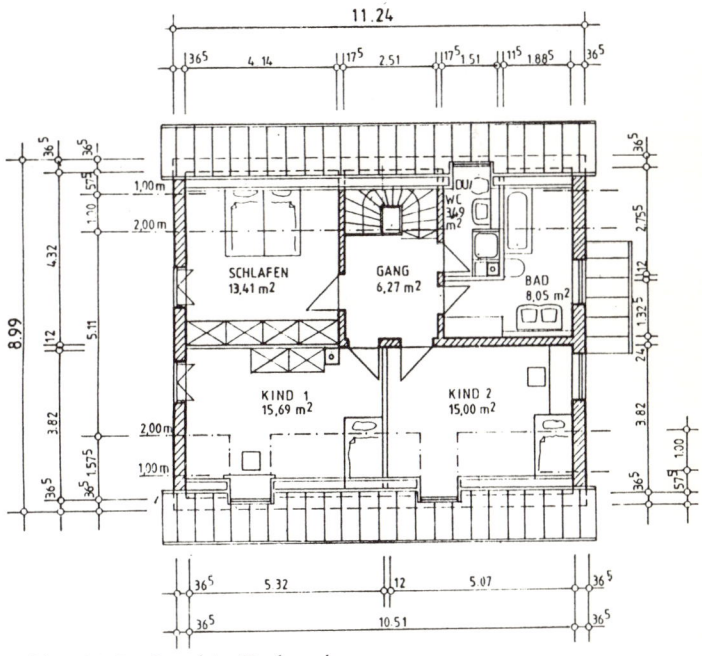

Abb. 13.1.2 Grundriss Dachgeschoss

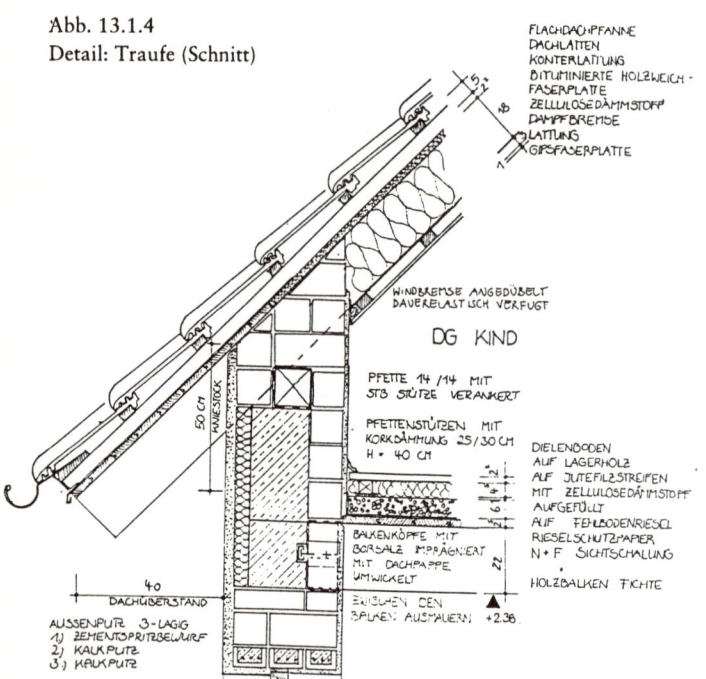

DACHNEIGUNG 45°

KNIESTOCK +2,75

-0,23

±0,00

-2,58

Abb. 13.1.3 Schnitt

Abb. 13.1.4
Detail: Traufe (Schnitt)

FLACHDACHPFANNE
DACHLATTEN
KONTERLATTUNG
BITUMINIERTE HOLZWEICH-
FASERPLATTE
ZELLULOSEDÄMMSTOFF
DAMPFBREMSE
LATTUNG
GIPSFASERPLATTE

WINDBREMSE ANGEDÜBELT
DAUERELASTISCH VERFUGT

DG KIND

PFETTE 14/14 MIT
STB STÜTZE VERANKERT

PFETTENSTÜTZEN MIT
KORKDÄMMUNG 25/30 CM
H = 40 CM

50 CM

KNIESTOCK

DIELENBODEN
AUF LAGERHOLZ
AUF JUTEFILZSTREIFEN
MIT ZELLULOSEDÄMMSTOFF
AUFGEFÜLLT
AUF FEHLBODENRIESEL
RIESELSCHUTZPAPIER
N + F SICHTSCHALUNG

BALKENKÖPFE MIT
BORSALZ IMPRÄGNIERT
MIT DACHPAPPE
UMWICKELT

HOLZBALKEN FICHTE

ZWISCHEN DEN
BALKEN AUSMAUERN +2,38

40
DACHÜBERSTAND

AUSSENPUTZ 3-LAGIG
1) ZEMENTSPRITZBEWURF
2) KALKPUTZ
3) KALKPUTZ

13.2. Neubau: Doppelhaus im städtischen Vorortbereich

Baujahr 1989
Architekt: Holger König, 8038 Gröbenzell
Mitarbeiterin: Michaela Bergmann

In einem Neubaugebiet wird ein Doppelhaus auf einem dafür ungünstig geschnittenen Grundstück errichtet, da die südlich gelegene Haushälfte bevorzugt ist. Der nördliche Hausteil wird deshalb an der nach Norden gelegenen Giebelwand im Erdgeschoß mit einem vorspringenden Erker und im Dachgeschoß mit einem großzügig dimensionierten Fenster ausgestattet. Die Aufenthaltsräume orientieren sich ansonsten vornehmlich nach Westen (Wohnzimmer EG, Kinderzimmer OG). Der weit vorspringende Balkon und das Vordach schützen an dieser Seite gegen die tiefstehende Westsonne.

Das Dachgeschoß wird bei beiden Haushälften über die an der Kommunwand gelegene Treppe erschlossen. Da ein höherer Kniestock nicht zulässig war und die Dachneigung nur 35° beträgt, wird der Raum nicht zusätzlich unterteilt. Eine

Abb. 13.2.1 Doppelhaus

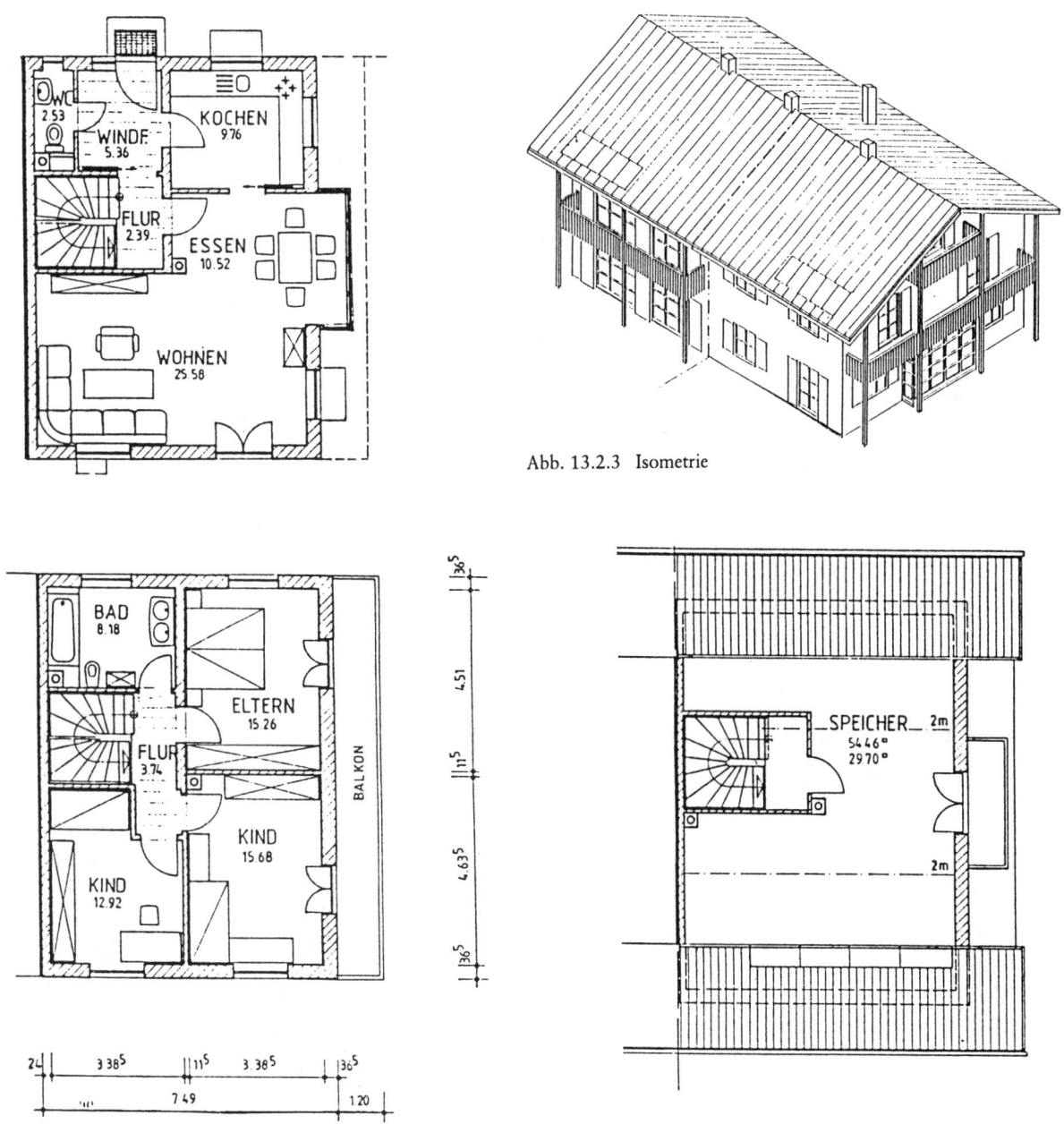

WC
2.53

WINDF.
5.36

KOCHEN
9.76

FLUR
2.39

ESSEN
10.52

WOHNEN
25.58

Abb. 13.2.3 Isometrie

BAD
8.18

ELTERN
15.26

FLUR
3.74

KIND
15.68

KIND
12.92

BALKON

SPEICHER 2m
54.46 ▫
29.70 ▫

2m

36⁵

4.51

11⁵

4.63⁵

36⁵

24   3.38⁵   11⁵   3.38⁵   36⁵
7.49   1.20

Abb. 13.2.2 Grundrisse der Doppelhaus-Hälfte

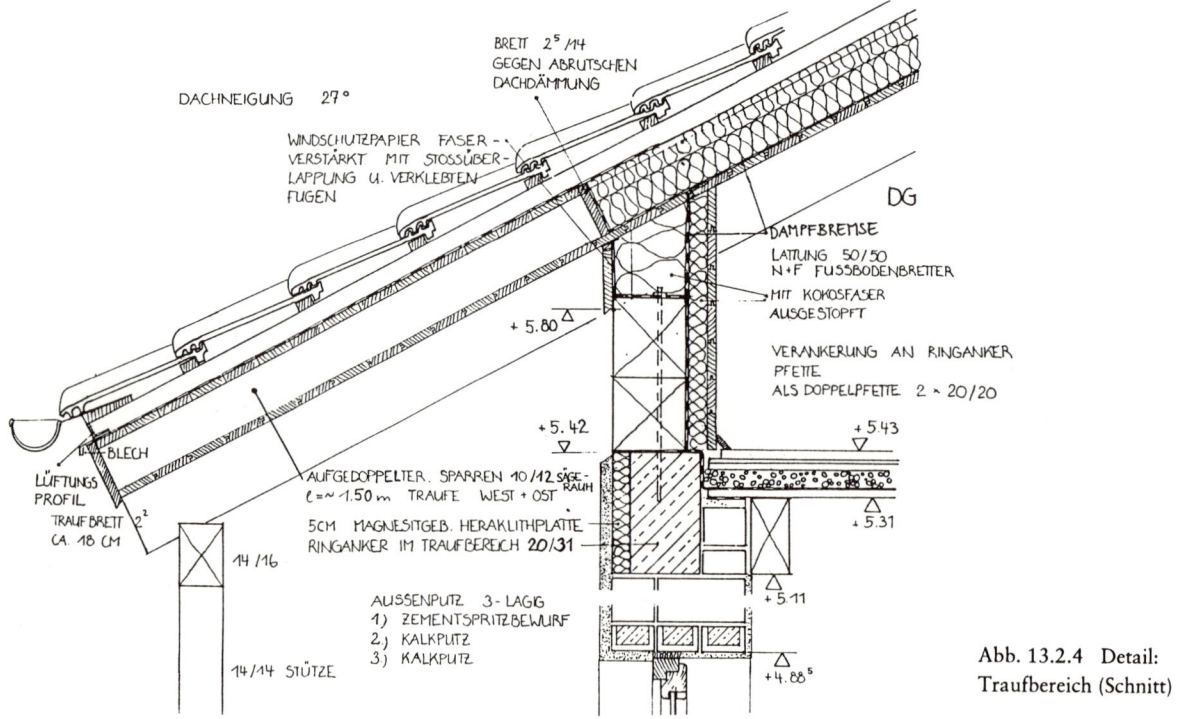

BRETT 2⁵/14
GEGEN ABRUTSCHEN
DACHDÄMMUNG

DACHNEIGUNG   27°

WINDSCHUTZPAPIER FASER-
VERSTÄRKT MIT STOSSÜBER-
LAPPUNG U. VERKLEBTEN
FUGEN

DG

DAMPFBREMSE
LATTUNG 50/50
N+F FUSSBODENBRETTER
MIT KOKOSFASER
AUSGESTOPFT

VERANKERUNG AN RINGANKER
PFETTE
ALS DOPPELPFETTE 2 × 20/20

+ 5.80

+ 5.42   + 5.43

AUFGEDOPPELTER SPARREN 10/12 SÄGE-
ℓ=~ 1.50 m TRAUFE WEST + OST   RAUH

5 CM MAGNESITGEB. HERAKLITHPLATTE   + 5.31
RINGANKER IM TRAUFBEREICH 20/31

LÜFTUNGS
PROFIL
BLECH

TRAUFBRETT 2²
CA. 18 CM

14/16

AUSSENPUTZ 3 - LAGIG
1.) ZEMENTSPRITZBEWURF
2.) KALKPUTZ
3.) KALKPUTZ   + 5.11

14/14 STÜTZE   + 4.88⁵

Abb. 13.2.4 Detail:
Traufbereich (Schnitt)

Ausbaumöglichkeit mit Dusche, Spüle und Kochgelegenheit wurde installationsmäßig vorgesehen. Die Belichtung erfolgt über die Giebelfenster und je ein Dachflächenfenster nach Osten und Westen. An der südlichen Haushälfte wurde zusätzlich ein Balkon angebaut.

Die Wärmedämmung ist als Aufdachdämmung mit schweren Holzweichfaserdämmplatten ausgeführt, wodurch bisher die Temperaturen im Sommer im Dachraum sehr erträglich waren. Der durch die Aufdachdämmung entstandene hohe Ortgang wirkt durch die Höhe des Giebels und die Gestaltung mit zwei Ortgangbrettern und Ortgangziegel mit getrennter Abschlußpfanne fein gegliedert. Die Winddichtigkeit im Giebel- und Traufbereich wird durch mehrere Maßnahmen sichergestellt:

- Die Dämmplatten werden bis zur Außenkante der Wand gelegt und die wasserführende Schicht dicht mit der im Vordachbereich liegenden Dachpappe verklebt.
- Die Wind- und Dampfbremse wird ebenfalls auf der Holzschalung bis zur Außenkante verlegt und dort dicht mit Butylkautschukband befestigt.
- Die Sichtschalung liegt auf der Außenwand auf einer Dachpappe auf, der Hohlraum zwischen Sparren und Wand wird mit Kokoswolle dicht verstopft und der bewegliche Anschluß zum Innenputz mittels Deckleiste und eingelegtem Dichtungsband hergestellt.
- Im Bereich des hölzernen Kniestocks wird die Wind- und Dampfbremse innenseitig bis zum betonierten Ringanker gezogen und alle Hohlräume ausgestopft. Zusätzlich wird eine Lage Wärmedämmung hinter der Holzverkleidung angebracht.

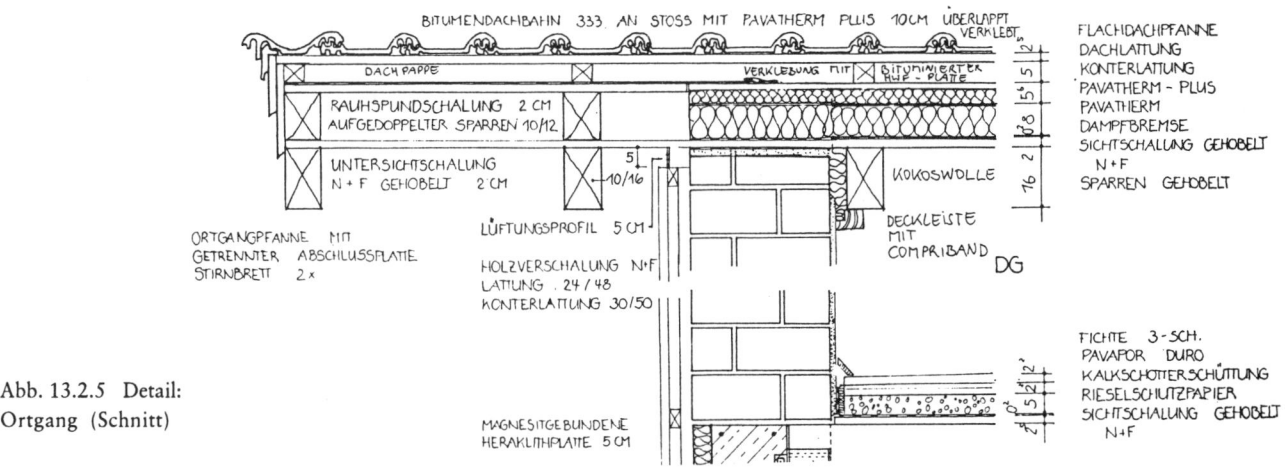

BITUMENDACHBAHN 333 AN STOSS MIT PAVATHERM PLUS 10CM ÜBERLAPPT
VERKLEBT

DACH PAPPE
VERKLEBUNG MIT BITUMINIERTER AUF PLATTE

RAUHSPUNDSCHALUNG 2 CM
AUFGEDOPPELTER SPARREN 10/12

UNTERSICHTSCHALUNG
N + F GEHOBELT   2 CM

ORTGANGPFANNE MIT
GETRENNTER ABSCHLUSSPLATTE.
STIRNBRETT 2.×

LÜFTUNGSPROFIL 5 CM

HOLZVERSCHALUNG N+F
LATTUNG . 24 / 48
KONTERLATTUNG 30/50

MAGNESITGEBUNDENE
HERAKLITHPLATTE 5 CM

KOKOSWOLLE

DECKLEISTE
MIT
COMPRIBAND
DG

FLACHDACHPFANNE
DACHLATTUNG
KONTERLATTUNG
PAVATHERM - PLUS
PAVATHERM
DAMPFBREMSE
SICHTSCHALUNG GEHOBELT
N + F
SPARREN GEHOBELT

FICHTE 3-SCH.
PAVAPOR DURO
KALKSCHOTTERSCHÜTTUNG
RIESELSCHUTZPAPIER
SICHTSCHALUNG GEHOBELT
N + F

Abb. 13.2.5 Detail:
Ortgang (Schnitt)

13.3. Neubau: Mehrfamilienhaus im verdichteten Gebiet

Baujahr 1988
Architekt: Holger König, 8038 Gröbenzell,
Mitarbeiter: Gundolf Zurmühl

Abb. 13.3.1   Mehrfamilienhaus

In einem Vorort von München sollte auf einem verwilderten Grundstück unter Berücksichtigung baubiologischer Aspekte eine relativ hohe bauliche Nutzung (GFZ 0,6) erreicht werden. Die Nähe des Flughafens ergaben zudem erhebliche Anforderungen an den Schallschutz. Da die beiden Wohnungen im Dachgeschoß als separate Zweizimmerappartements geplant waren, sollte auch für eine angenehme Innenraumtemperatur im Sommer gesorgt werden.
Die Appartements sind mit der Giebelseite nach Osten bzw. Westen orientiert und erhielten an diesen Seiten auch einen Balkon. Nach Süden wird zur Verbesserung der Belichtung eine Gaube angeordnet. Der Schlafraum liegt im Norden, zum Treppenhaus hin befinden sich das Bad, ein zusätzliches WC und sowie ein Abstellraum.
Außenmauern, Innenwände und Decke werden aus Ziegeln hergestellt, mit Kalkputz verputzt und mit Silikatfarbe gestri-

Abb. 13.3.2 Gaube im Dachgeschoß

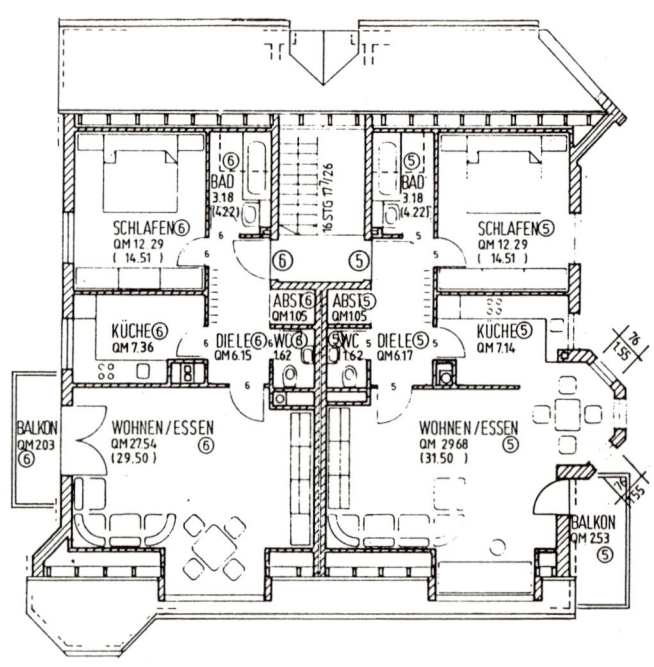

Abb. 13.3.3
Grundriß Dachgeschoß

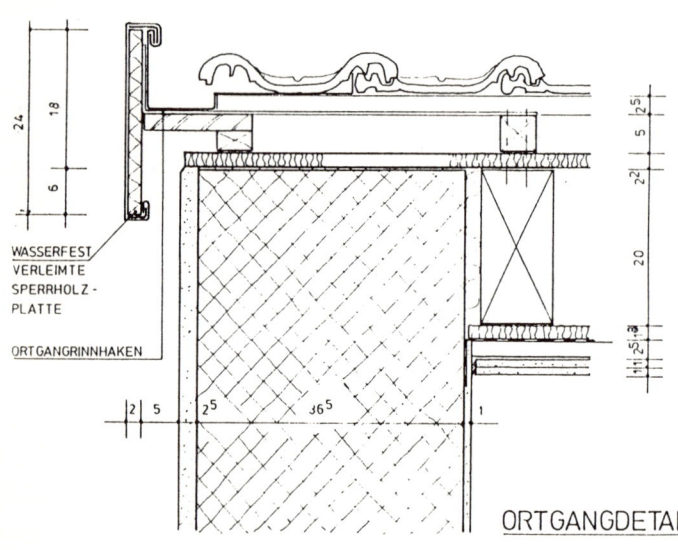

ORTGANGDETAIL

WASSERFEST
VERLEIMTE
SPERRHOLZ -
PLATTE

ORTGANGRINNHAKEN

DACHZIEGEL
DACHLATTUNG
KONTERLATTUNG
BIT. HOLZWEICHFASERPLATTE
SPARREN
VOLLSPARRENDÄMMUNG MIT
BLÄHTON, GEBLASSEN

HOLZWEICHFASERPLATTE, ROH
DAMPFBREMSE GEKLEBT
SPARSCHALUNG
GIPSFASERPLATTE 2 × LAGIG

Abb. 13.3.4
Detail: Ortgang und
Wandanschluß (Schnitt)

216

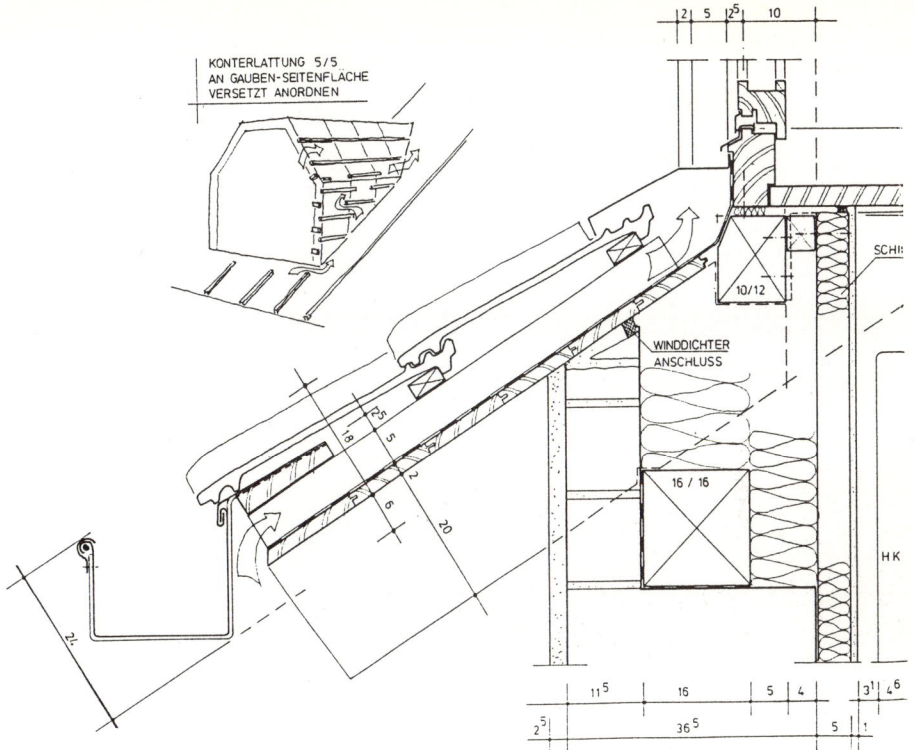

Abb. 13.3.5
Brüstungsdetail Gaube (Schnitt)

chen, die Holzfenster haben eine Doppeldichtung und Schallschutzverglasung (45 dB im eingebauten Zustand). Die Sparren, wegen der großen Spannweite 20 cm hoch, werden oberseitig mit bituminierten und unterseitig mit rohen Holzweichfaserplatten abgedeckt. Der Hohlraum wird mit Blähton vollständig verfüllt. Innenseitig wird eine Dampfbremse dicht auf die Platten aufgeklebt und wegen der Gefahr des Aufsprengens der Konstruktion eine Sparschalung innenseitig angebracht (Blähton hat wegen seiner Kugelform einen ungünstigen Rollwinkel). Auf die Sparschalung werden zwei Lagen Gipsfaserplatten, je 10 mm stark, befestigt und verspachtelt. Das Gewicht des Blähtons (80 kg/m²), die wechselnde Schichtenfolge von leichten und schweren Bauteilen (HWF - Blähton - HWF - Gipsfaser) und die schwere Innenschale ergeben eine Konstruktion mit guten Eigenschaften für den winterlichen und sommerlichen Wärmeschutz und den Schallschutz.

13.4. Altbau: Gebäude aus den 40er Jahren

Baujahr 1986
Architekt: Holger König, 8038 Gröbenzell

Das eingeschossige Haus liegt in einer Vorortgemeinde Münchens auf einem recht großen Grundstück mit schöner Südorientierung. Das Gebäude wurde nach dem Krieg mit bescheidenen Mitteln und äußerst beschränkter Baustoffwahl aus Trümmerziegeln errichtet. Die Außenwände sind zweischalig mit unbelüftetem Hohlraum, eine heutzutage ungewöhnliche Konstruktion. Das Haus ist auch nach jahrzehntelangem Gebrauch ohne Bauschäden und die Räume, mit Einzelöfen beheizt, sind auch in strengen Wintern angenehm zu bewohnen.

Abb. 13.4.1 Einfamilienhaus aus den 40er Jahren

Abb. 13.4.2 Küche vor dem Umbau

Abb. 4.3 Küche nach dem Umbau

Das Dachgeschoß wurde wegen des damals herrschenden Wohnungsmangels mitausgebaut und vermietet. Die Benutzung des Dachraumes war trotz der geringen Dachneigung (35°) und der recht geringen Hausbreite (10 m) durch den 1 m hohen Kniestock gut möglich.

Die unbefriedigende Situation im Dachgeschoß (kein Bad, Küche in der Abseite, die anderen Räume mit ungedämmten Abseitenwände) wurde durch das Entfernen von Zwischen- und Abseitenwänden erheblich verbessert. Ein Gaubeneinbau nach Westen verschafft nun etwas mehr Stehhöhe. Küche, Eßplatz und Wohnraum liegen auf der Südseite mit Zugang zum Balkon. Ein kleiner Schlafraum mit eingebautem Wandschrank schließt sich im Osten an. An der Nordseite befindet sich ein weiterer Raum, das anschließende Bad wird über ein Dachflächenfenster belichtet.

Der Pfettendachstuhl mit sehr gering dimensionierten Hölzern war innenseitig nur mit einer Sparschalung und 2 cm starken, verputzten Holzwolleleichtbauplatten versehen. Da es sich um eine Mietwohnung handelt, sollte die Wärmedäm-

mung verbessert werden, ohne daß an der verputzten Innenschale und der Dachdeckung etwas verändert werden mußte. Dazu wurden zwei Lagen je 5 cm starke Schilfrohrplatten vom Spitzboden in die Gefache eingeschoben, und die Kehlbalkenlage nach dem Entfernen einiger Bodenbretter vollständig mit Zellulosedämmstoff (12 cm hoch) gefüllt. Eine Dampfbremse konnte nicht eingebaut werden. Optische Kon-

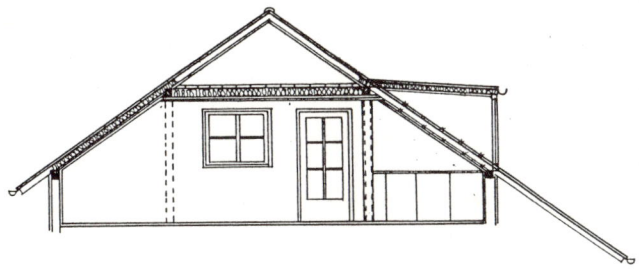

Abb. 13.4.4
Dachgeschoß: Schnitt

Abb. 13.4.5 Detail: Dachdämmung

DACHZIEGEL
3/5cm DACHLATTUNG
3/5cm KONTERLATTUNG
UNTERDACHSPANNBAHN
SPARREN
2,5cm SCHILFROHRPLATTEN

2cm HOLZBRETTER
KEHLBALKEN
12cm ZELLULOSEDÄMMSTOFF
3cm SPARSCHALUNG
2,5cm HERAKLITHPLATTE
1,5cm KALKPUTZ

trolle der Dämmschichten haben in den vergangenen acht Jahren keine Feuchtigkeitsschäden erkennen lassen. Die Gaubenseiten wurden mit Korkplatten gedämmt.

Beheizt werden die Räume mit zwei älteren Holzöfen, verkachelte Eisenöfen ohne Luftzirkulation, die auch bei strengem Nachtfrost die Räume am Morgen durch Strahlungswärme schon nach 20 Minuten angenehm temperieren. Die Warmwasserbereitung erfolgt mit Gas mittels Durchlauferhitzer. Die Elektroinstallation wurde in der Etagenstromverteilung mit einem Netzfreischalter versehen. Im Bad war für das WC ein Zerhacker mit Pumpe notwendig, da sich die Falleitung ab der EG-Decke auf 50 mm Durchmesser verengt, und für ein WC mindestens 100 mm Durchmesser Fallrohr erforderlich sind. Diese Installation ist seit 9 Jahren mit nur einem kleineren Defekt in Betrieb.

13.5. Altbau: Zweifamilienhaus in gehobener Wohnlage

Bauzeit: 1989
Architekten: Hubert und Thomas Brettschneider,
8000 München

Das Haus wurde 1931 erbaut, im Erd- bzw. Obergeschoß befinden sich je eine abgeschlossene Wohnung mit vorgelagertem Balkon nach Südosten. Der Dachboden war bis zu

Abb. 13.5.1 Zweifamilienhaus in gehobener Wohnlage

Abb. 13.5.2 Gaube im Dachgeschoß

219

seinem Ausbau nur teilweise für Wohnzwecke genutzt, großteils diente er zum Wäschetrocknen und als Abstellraum. Der Wunsch nach einer separaten Drei-Zimmerwohnung erforderte einen kompletten Neuausbau, da die vorhandenen Ausbauten nicht mehr den heutigen Baustandards entsprachen.

Die ca. 70 m² große Wohnung wird von der Nordwestseite her erschlossen. Die Schlafräume liegen nach Osten, Bad und Dusche nach Westen, der Wohnraum mit der integrierten Küche ist über die gesamte Haustiefe nach Süden hin angeordnet. Eine große Gaube mit einem vierflügeligem Fenster-

türelement führt auf einen Balkon, der konstruktiv auf den darunterliegenden Balkon abgestützt ist und mit dem Geländer die horizontale Gliederung des Bestandes aufnimmt. Ebenfalls am Bestand orientieren sich die neuen Gauben im Süden und Westen, sie werden sowohl im Material (Schieferdeckung) als auch im Format angepaßt.

Die Wärmedämmung ist als Zwischensparrendämmung mit Hinterlüftung ausgeführt. Um die Wohnung trotz der kleinen Räume licht und großzügig erscheinen zu lassen, wurden Decken, Dachschrägen und Wände weiß gehalten.

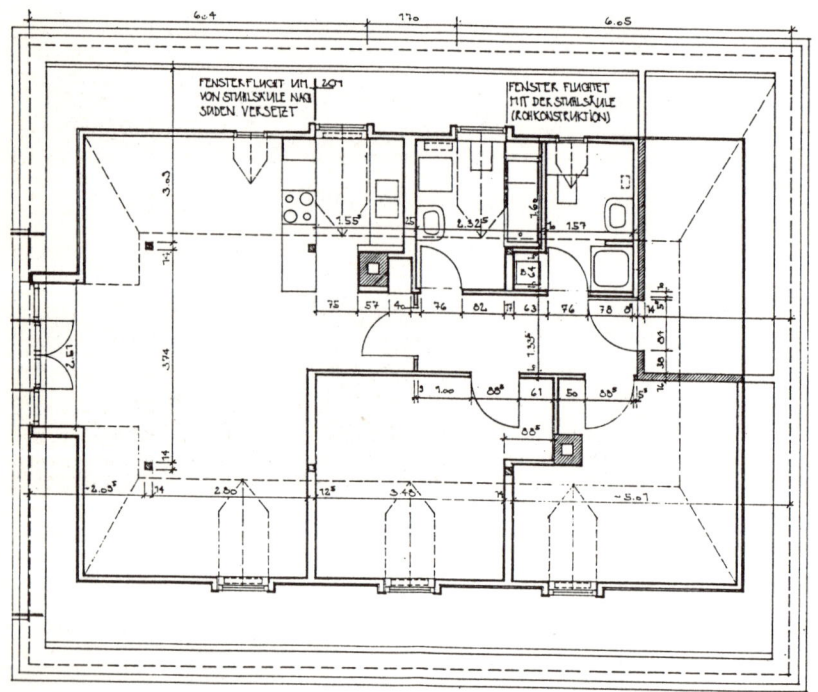

Abb. 13.5.3 Grundriß Dachgeschoß

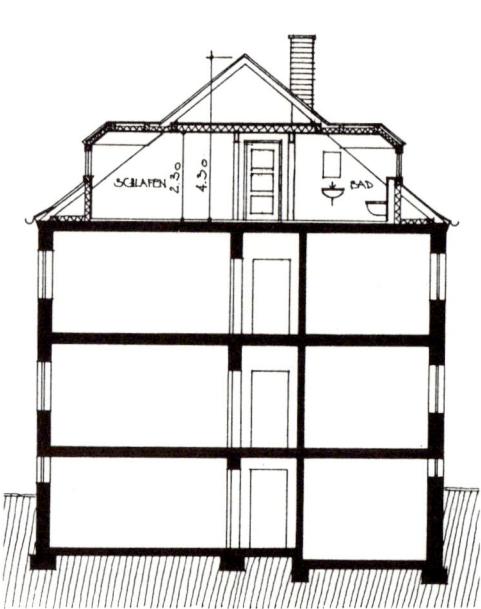

Abb. 13.5.4 Dachgeschoßausbau (Schnitt)

13.6 Altbau: Mehrgeschossiges Wohngebäude

Architekt: Peter Voelkner und Partner, 8000 München,
Mitarbeiter: Monika Duschl, Hans Faltermeyer

Das Objekt umfaßt eine viergeschossige Bebauung längs der Straßenfront und eine dreigeschossige Hofbebauung, in dem sich auch der beschriebene Dachausbau befindet.

Das Objekt, Baujahr 1900, wurde von einer Eigentümergemeinschaft erworben und 1988 vom Keller bis zum Dach komplett saniert. Dabei konnte eine Verdrängung der alten Mieter vermieden werden, da einige Wohnungen unbewohnt waren und als Ersatzwohnungen zur Verfügung standen. Das bisher nicht genutzte Dachgeschoß des Rückgebäudes ließ nach dem Entfernen einiger nicht benötigter Kamine durch das nur von wenigen grundrißeinschränkenden konstruktiven Elementen des Mansarddaches einen großzügigen Ausbau zu.

Wegen der Größe des Dachraumes war es leicht möglich, eine Zwei- und eine Drei-Zimmer-Wohnung zu schaffen und die von Norden nach Süden "durchgesteckten" Wohnbereiche zu großzügigen Einheiten zusammenzufassen. Der Wohn- und Eßbereich sowie die Zimmer werden über Dachgauben belichtet, die Küchen im Norden durch Dachflächenfenster und durch die senkrechte Verglasung der eingeschnittenen Dachterrasse. Das innenliegende Bad ist durch eine Wand aus Glasbausteinen vom Wohnraum getrennt und erhält dadurch etwas Tageslicht. Die Höhe des Dachstuhls (Firsthöhe 4,50 m), erlaubte es, in jeder Wohnung Emporen einzuziehen, die aus Gewichts- und Dimensionsgründen aus schlanken Stahlprofilen hergestellt und vom Dachstuhl abgehängt sind. Diese Emporen werden über Fenster im Firstbereich belichtet. Um die Holzbalkendecke nicht zu belasten und um von den darunterliegenden Wänden unabhängig zu sein, sind die neuen Zwischenwände in Trockenbauweise ausgeführt, die zur Schallschutzverbesserung einseitig doppelt beplankt wurden. Die Fassade erhält einen neuen Putz und vorgesetzte Balkone aus Stahl (Hängekonstruktion). Die Dachdeckung besteht aus Titanzinkblech und ist durch die genaue Detaillierung (z.B. dreifach abgesetzte Stichbögen bei den Gaubenbrustble-

Abb. 13.6.1   Vor der Sanierung

Abb. 13.6.2   Neu: 2 zusätzliche Wohnungen im DG

chen), handwerklich sehr sauber ausgeführt. Die Baumaterialien und die farbigen Anstriche sind sorgfältig gewählt, so daß das Erscheinungsbild des alten Gebäudes erhalten bleibt und mit modernen Mitteln respektvoll ergänzt wird.

Abb. 13.6.5   Innenansicht Dachgeschoß

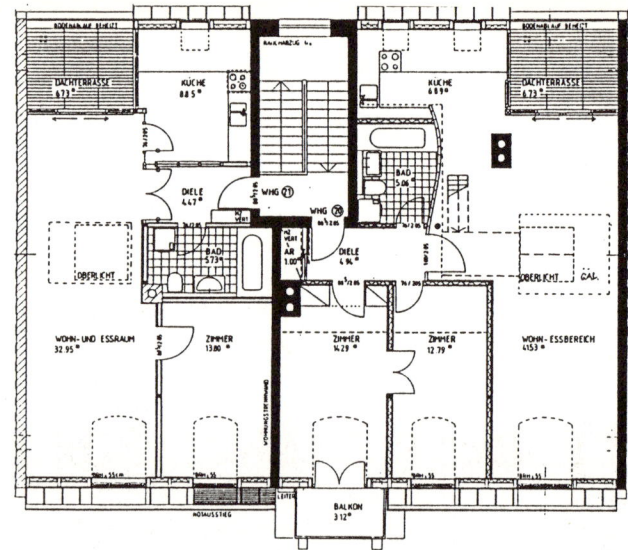

Abb. 13.6.3   Grundriß Dachgeschoß

13.7. Aufsattelung eines Flachdachgebäudes

Architekt: Roland Kraus, 7100 Heilbronn

Nach Änderung des Bebauungsplanes wurde 1985 die Aufsattelung des bisherigen Flachdachgebäudes (Typ Winkelbungalow) möglich. Die Arbeiten wurden weitgehend von außen und oben ausgeführt, so daß eine Beeinträchtigung der Wohnfunktion auf ein Minimum beschränkt blieb.

Durch die neue Höhe des Kniestockes von 1,2 bis 1,37 m wird für die Grundrißgestaltung einen guten Nutz- und Gestaltungsspielraum geschaffen. Optisch wurde diese große Erhöhung durch die Verschalung des aufgesattelten Daches gelöst. Dachgauben konnten nicht eingesetzt werden. Zur Belichtungsverbesserung der Wohnräume ist im inneren Winkel des Daches, der Kehle, ein Dachbalkon eingebaut.

Nach Entfernung der Attika und der Kiesschüttung des Flachdaches wurde der Kniestock gemauert, ein Ringanker gegossen und der neue Holzdachstuhl aufgestellt. Die Tragfähigkeit des alten Flachdaches, eine Holzbalkendeckenkonstruktion, mußte in allen Bereichen durch zusätzliche Träger auf

Abb. 13.6.4   Dachsanierung

Abb 13.7.1 Gesamtansicht   Foto: Siegfried Sonneborn, Tangstedt

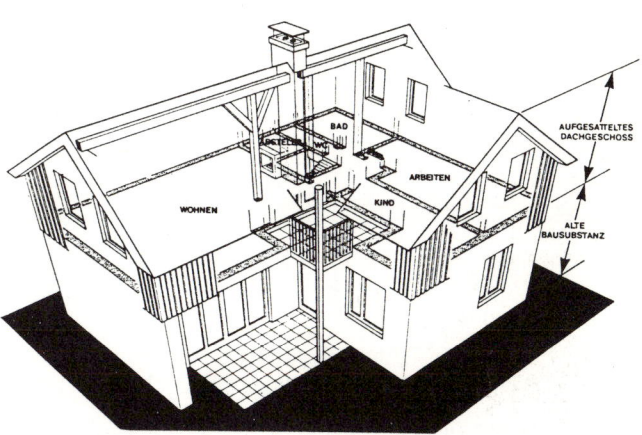

Abb 13.7.2   Alte und neue Bausubstanz

200 kp/m² gebracht werden. Für das Dach wurde wegen des hohen Kniestocks eine Pfettenkonstruktion gewählt, wobei die Firstpfette wegen der großen Länge von 14 m zweimal abgestützt ist. Die alte Dachdichtung wurde erst nach der Eindeckung des neuen Daches entfernt, so daß sogar im Winter ohne Zeitverzögerung gebaut werden konnte.

Alle ins Dach hochzuführenden Versorgungsleitungen (Strom, Telefon, Heizung, Wasser, Abwasser und Dunstrohre) konnten durch den hinteren Teil der im Erdgeschoß liegenden Gaderobennische geführt werden. Nicht so leicht zu lösen war die Leitungsführung für die Dachentwässerung. Da das Flachdach mittig entwässert worden war, mußten die alten Rohre sorgfältig verschlossen werden und um das Haus herum neue Grundleitungen gelegt und an den alten Revisionsschacht angeschlossen werden.

Zwar ist eine Aufsattelung teurer als eine Flachdachsanierung, wird jedoch der Zugewinn an neuem Wohnraum mitgerechnet, ist dies dennoch eine sehr preiswerte Lösung.

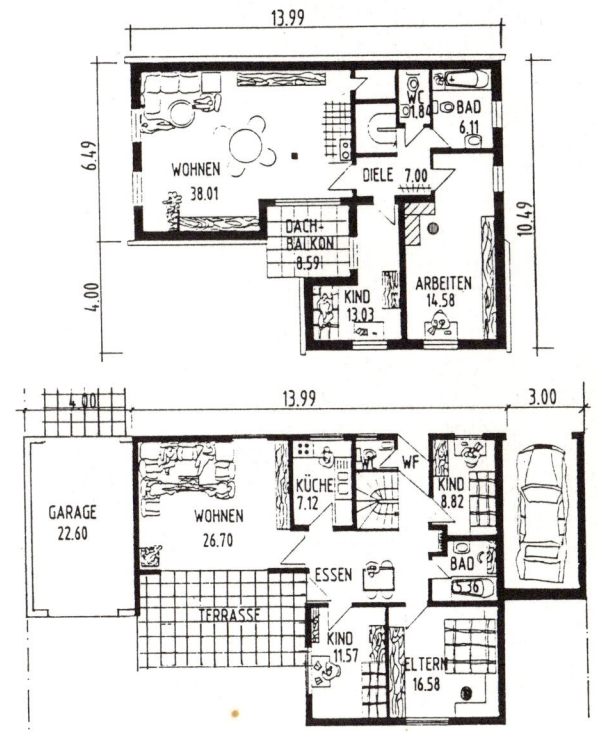

Abb 13.7.3 Grundriß Erd- und Dachgeschoß

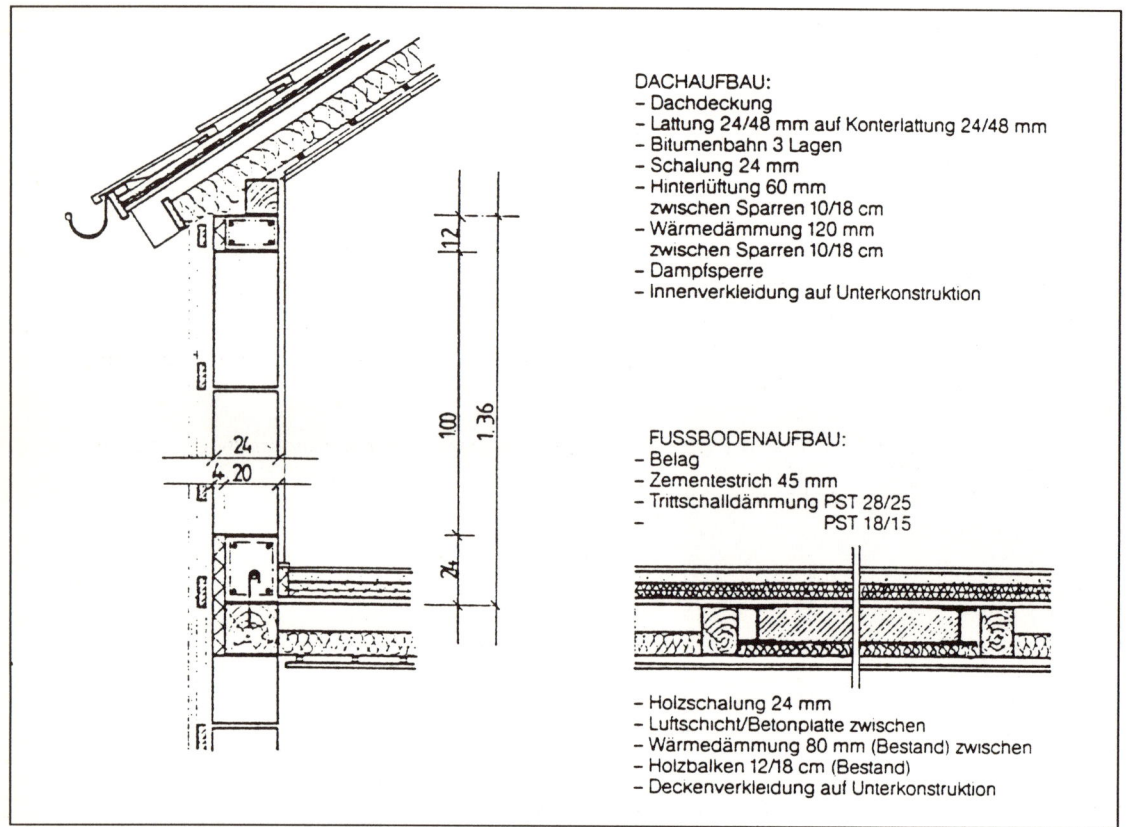

DACHAUFBAU:
- Dachdeckung
- Lattung 24/48 mm auf Konterlattung 24/48 mm
- Bitumenbahn 3 Lagen
- Schalung 24 mm
- Hinterlüftung 60 mm
  zwischen Sparren 10/18 cm
- Wärmedämmung 120 mm
  zwischen Sparren 10/18 cm
- Dampfsperre
- Innenverkleidung auf Unterkonstruktion

FUSSBODENAUFBAU:
- Belag
- Zementestrich 45 mm
- Trittschalldämmung PST 28/25
-                          PST 18/15

- Holzschalung 24 mm
- Luftschicht/Betonplatte zwischen
- Wärmedämmung 80 mm (Bestand) zwischen
- Holzbalken 12/18 cm (Bestand)
- Deckenverkleidung auf Unterkonstruktion

Abb 13.7.4
Detail Kniestock

Anhang

Stoffwert-Tabelle

Im folgenden sind Stoffwerte für Baumaterialien zum Vergleich aufgelistet und mit einer Kurzbewertung versehen.

Materialeinteilung: Die einzelnen Materialien sind in Stoff- und Bauteilgruppen zusammengefaßt, wobei je nach Einsatzmöglichkeit einzelne Baustoffe mehrfach genannt sind.

Rohdichte: Unter 300 kg/m³ gilt ein Baustoff als Leichtbau-Material. Werte über 2500 kg/m³ werden nur von Natursteinen und Metallen erreicht.

Wärmeleitfähigkeit: Materialien mit Werten unter 0,1 W/mK gelten als Dämmstoffe, deshalb ist Holz (Fichte) mit 0,13 W/mK kein Dämmstoff mehr.

Wärmeeindringkoeffizient: Unter 20 kJ/m²h^1/2K (die Einheit hat hier untergeordnete Bedeutung) wird die Oberfläche des

Stoffes sehr schnell warm, weil die Wärme nur langsam nach innen geleitet wird (= sehr günstiges Verhalten für Fußböden und andere raumumschließende Flächen); von 20 - 75 erreicht der Stoff eine angenehme Oberflächentemperatur (fußwarm); ab 75 wirkt die Oberfläche kalt, da die Wärme sehr schnell in das Innere des Stoffes abfließt.

Wärmespeicherungszahl: Werte unter 400 kJ/m³K = 110 Wh/m³°C gelten für Dämmstoffe ohne Speicherfähigkeit; bei Werten von 400 - 1000 ist die gespeicherte Wärmemenge gering; 1000 - 1900 sind Werte für einen guten Wärmespeicher im Tagesrhythmus; Werte über 1900 weisen auf ein großes Wärmespeichervermögen hin (zum Vergleich: Wärmespeicherzahl von Wasser 4190).

Spez. Wärme: Multipliziert mit der Rohdichte ergibt sich die Wärmespeicherungszahl. Um 1,0 kJ/kgK sind typisch für mineralische Stoffe; Werte um 1,9 werden nur von pflanzlich-vegetabilen Stoffen erreicht.

Dampfdiffusionswiderstandszahl: Werte unter $\mu = 10$ zeigen eine sehr gute Diffusionsfähigkeit für Wasserdampf an; 10 - 50 sind mittlere Diffusionswerte; bei Werten von 50 - 500 wird die Dampfdiffusion eingeschränkt; bei 500 - 15000 wird sie stark eingeschränkt; ab 15000 wirkt ein Material wasserdampfsperrend; ab 100000 ist ein Material dampfdicht. Eine tatsächliche Aussage über die Wirkung eines Materials in einer gegebenen Konstruktion ist nur unter Berücksichtigung der Dicke des Stoffes möglich, $\mu \times s$ = Diffusionswiderstand. Der Diffusionswiderstand $\mu \times s$ von Bauteilen kann folgendermaßen beurteilt werden:

$\leq = 2$ m	zu gering
2 - 4 m	rel. günstig
4 - 7 m	optimal
7 - 15 m	rel. günstig
15 - 25 m	zu groß
≥ 25 m	bei Dampfsperren

Wassergehalt: Der Wassergehalt, d.h. die Gleichgewichtsfeuchte, von Stoffen hängt von der jeweiligen Luftfeuchte ab. Mineralische Baustoffe haben in der Regel niedrige Werte bis 10%, während sie bei pflanzlich-vegetabilen Baustoffen meist höher liegen (15 - 20%).

Elektroklima: Das Elektroklima eines Gebäudes kann durch Veränderungen oder Abhalten der elektrischen oder magnetischen Felder und Strahlungen von Materialien negativ verändert werden. Ein + bedeutet, daß kein negativer Einfluß von dem Material zu erwarten ist.

Wiederverwendbarkeit: Ein + bedeutet, daß der Baustoff problemlos nochmals verwendet werden kann, bzw. in den Produktionsprozeß als Rohmaterial wieder eingeführt werden kann.

Schadstoffentstehung: Ein + bedeutet, daß bei dauerndem Gebrauch für den Benutzer keine gesundheitlichen Risiken entstehen.

Neben eigenen Berechnungen und Einschätzungen wurden in der Stoffwerttabelle Angaben aus folgenden Quellen verwendet:

Krusche et al.: Ökologisches Bauen
Volhard: Leichtlehmbau
Hart: Scriptum Baustoffkunde
Hebgen und Heck: Außenwandkonstruktionen
Hebgen: Bauen mit der Sonne
RWE: RWE-Bauhandbuch
Fa. Wienerberger: Perlite-Information
Fa. Wienerberger: Leca Information
Wendehorst: Baustoffkunde
Institut für Baubiologie: Fernstudium Baubiologie
Balkowski: Gesundes Bauen
Fa. Schnabel: Ziegeldecke Information
Weber: Ausbauhandbuch
Fa. Sürofa: Schilfrohrmatten Information
Trykowski: Grundlagen für Biologisches Bauen
Eichler: Bauphysikalische Entwufslehre
Eichler/Arndt: Bautechnischer Wärme- und Feuchtigkeitsschutz
Fa. Möding: Trockenziegelestrich Information
Fa. Eternit: Isoternit Information
Fa. Pavatex
Fa. Gutex
Fa. Ökologische Bautechnik, Hirschhagen
Fa. Fels: Fermacell Information

Kriterien / Materialien	Rohdichte ρ kg/m³	Wärmeleitfähigkeit λ W/m·K	Wärmeeindringkoeff. b kJ/m²hK	Wärmespeicherzahl s kJ/m³K	spez. Wärmekapazität c kJ/kgK	Dampfdiffusionswiderstand μ	Wassergehalt bei rel. Luftfeuchtigkeit Volumen % bei 30%	60%	90%	Einfluß auf Elektroklima ±0	Wiederverwendbarkeit ±0	Schadstoffe b. Hersteller ±0	Auswirkung Gesundheit ±0
1. Außenwand													
1.1 Wetterschutz													
Holz (Fichtenverschal.)	600	0,13	24	1160	1,9	40	7	12	20	+	+	+	+
Schiefer	2700	3,5	120	2457	0,91	25	1,4	-	1,8	+	0	+	0
Ziegelplatten	1800	0,46	47	1656	0,92	8				+	+	+	+
Vormauerziegel	1800	0,96	84	1656	0,92	50-100	0,2	0,4	0,6	+	0	+	0
Kalkputz	1800	0,87	81	1728	0,96	10	0,5	1,1	2,4	+	-	0	+
Zementputz	2000	1,4	108	2010	1,05	35	4,4	6,9	10,8	+	-	0	0
Dämmputz (Kunststoff)	600	0,19	22	552	0,92	5-20				0	-	0	
Keramik	2000	0,96	84	1840	0,92	100 - 300				+	0	0	-
Aluminium	2700	203	1310	2430	0,9	dampfd.				-	+	-	0
Kunststoff (PVC)	1500	0,23	45	2250	1,5	600-1200				-	0	-	
Glas	2500	0,8	77	1875	0,75	dampfd.				+	0	0	-
1.2 Wärmeschutz siehe Dachdämmung													
1.3 Wandbaustoffe													
Holzblockwand	600	0,13	24	1160	1,9	40	7	12	20	+	+	+	+
Leichtlehm	400	0,12	14,4	480	1,2	2-5	3	5	10	+	+	+	+
	800	0,25	28,1	880	1,1	2-5				+	+	+	+
Strohlehm	1200	0,59	54,4	1400	1,0	5-10				+	+	+	+
Massivlehm	1800	0,91	77	1800	1,0	5-10				+	+	+	+
Leichtziegel	800	0,39	35	736	0,92	4				+	0	+	+
Ziegel 1,2	1200	0,50	45	1104	0,92	8	1,5		4,0	+	0	+	+
Ziegel 1,4	1400	0,58	56	1288	0,92	8	0,2	0,4	0,6	+	0	+	+
Ziegel 1,8	1800	0,81	74	1656	0,92	8	1,0		2,7	+	0	+	+
Klinker 2,0	2000	0,96	84	1840	0,92	35	0,1	0,2	0,3	+	0	+	0
Kalksandstein 1,0	1000	0,5	42	880	0,88	5-10				+	0	+	0
Kalksandstein 1,4	1400	0,7	58	1232	0,88	5-10	2,1	3,7	6,6	+	0	+	0
Kalksandstein 1,8	1800	0,99	79	1504	0,88	15-20					0	+	0
Gasbeton	800	0,29	30	840	1,05	5-10	1,8	2,7	4,5	+	0	0	0
Leichtbeton	1200	0,50	49	1260	1,05	6	2,0	3,5	5,4	0	-	0	0
Blähtonsteine	800	0,39	31	840	1,05	6				0	0	0	0
Leichtbetonsteine	1400	0,72	73	1470	1,05	9				0	0	0	0
Ziegelsplittbeton	1600	0,87	85	1470	0,92	15	1,4	2,2	3,8	0	-	0	0/+
Schwerbeton, unbewehrt	2400	2,1	142	2304	0,96	35	1,8	3,1	4,8	0	-	-	-
Stahlbeton	2500	2,1	142	2400	0,96	35	5		9	-	-	-	-
Tuffstein	1300	0,80	60	1144	0,88	4,6	12		30	+	+	+	+
Dichter Kalk	2000	1,2	100	2197	0,91	11	0,4		1,8	+	+	0	0
Sandstein	2400	2,1	136	2232	0,93	22	0,4		24	+	+	0	0
Marmor	2800	3,5	190	2584	0,91	65	0,4		1,8	+	+	0	0
Granit	2800	3,5	190	2584	0,91	65	0,4		1,4	0	+	0	-

Kriterien / Materialien	Roh-dichte ρ kg/m³	Wärme-leit-fähig-keit λ W/m·K	Wärme-ein-dring-koeff. b kJ/m²hK	Wärme-spei-cher-zahl s kJ/m³K	spez. Wärme-kapa-zität c kJ/kgK	Dampfdif-fusions-wider-stand μ	Wassergehalt bei rel. Luftfeuchtigkeit Volumen % bei 30%	60%	90%	Einfluß auf Elektro-klima ±0	Wieder-verwend-barkeit ±0	Schad-stoffe b. Her-steller ±0	Aus-wirkung Gesund-heit ±0
1.4 Träger und Stütze siehe Decke													
2. Innenwand													
2.1 Wandbaustoff													
Holz	600	0,13	24	1160	1,9	40	7	12	20	+	+	+	+
Leichtlehm	400	0,12	14,4	480	1,2	2-5				+	+	+	+
Ziegel 1,4	1400	0,58	56	1288	0,92	8	0,2	0,4	0,6	+	+	+	+
Kalksandstein 1,0	1000	0,5	42	880	0,88	5-10				+	0	+	0
Gasbeton	800	0,29	30	840	1,05	5-10	1,8	2,7	4,5	+	0	0	0
Kalkputz	1800	0,87	81	1728	0,96	10	0,5	1,1	2,4	+	-	+	+
Gipsputz	1400	0,35	60	1286	0,92	4	2,0		7,0	+	-	+	+
Vollgipsplatten	1000	0,47	48	840	0,84	5-10				+	-	+	+
Gipskartonplatten	900	0,21	35	756	0,84	8				+	-	+	+
Gipsfaserplatten	1000	0,27	37	840	0,84	8				+	-	+	+
Holzweichfaserplatten	250	0,05	10	420	1,8	5-13	1,6	2,5	4,2	+	+	+	+
Spanplatte (kunstharzg.)	800	0,17	28	1260	1,8	50-140	3,8	6,5	10	-	+	0	-
Spanplatte (zementgeb.)	1250	0,20	37	1750	1,4					0	+	0	0
Sperrholz	600	0,15	28	1140	1,9	50-230				0	+	0	0
Holzwolleleichtbaupl.	400	0,093	16	760	1,9	2-5	1,9	3,5	6,7	+	+	+	+
Schilfrohrplatten	225	0,045	7	270	1,2	2				+	+	+	+
2.2 Füllstoffe													
Kokosfaser	90-230	0,045	4	140-385	1,6	1	-	-	-	+	+	+	+
Zellulosedämmstoff	35-60	0,045	7	60	1,2	3,5	-	-	-	+	+	+	0
3. Decken													
3.1 Tragwerk													
Holz	600	0,13	24	1260	1,9	40	7	12	20	+	+	+	+
Ziegelgewölbe	1800	0,81	74	1656	0,92	8	0,2	0,4	0,6	+	0	+	+
Ziegelfertigdecke													
mit Holzbalkenträger	1100	0,36	38	1155	1,05	12	1,0	2,5	3,1	+	+	+	+
mit Betonträger	1440	0,72	45	1276	0,95	16				0	-	0	0
Stahlbetondecke	2400	2,1	142	2304	0,96	35	1,8	3,1	4,8	-	-	-	-
3.2 Träger und Stütze													
Holz (12/20)	600	0,13	24	1140	1,9	40	7	12	20	+	+	+	+
Stahl (IPB 220)	7500	58	860	3000	0,4	dampfd.				-	+	-	-
Stahlbetonstütze	2400	2,1	142	2304	0,96	35	1,8	3,1	4,8	-	-	0	0
3.3 Beschwerungs- u. Wärmedämmstoffe													
Sand geglüht	1700	0,58	60	1530	0,9	5	1,7		4,8	+	+	+	+
Kalkschotter	1500	1,2	100	1385	0,91	10	0,4	-	1,8	+	+	+	+

Kriterien / Materialien	Rohdichte ρ kg/m³	Wärmeleitfähigkeit λ W/m·K	Wärmeeindringkoeff. b kJ/m²hK	Wärmespeicherzahl s kJ/m³K	spez. Wärmekapazität c kJ/kgK	Dampfdiffusionswiderstand μ	Wassergehalt bei rel. Luftfeuchtigkeit Volumen % bei 30%	60%	90%	Einfluß auf Elektroklima ±0	Wiederverwendbarkeit ±0	Schadstoffe b. Hersteller ±0	Auswirkung Gesundheit ±0
3.3 Beschwerungs- u. Wärmedämmstoffe													
Ziegelsplitt, trocken	1200	0,40	35	1000	0,84	6	0,2	0,4	0,6	+	+	+	+
Ziegel-Hourdis	750	0,43	45	1104	0,92	8				+	+	+	+
Beschwerungsestrich aus Zement	2000	1,4	108	2000	1,0	35				0	-	0	0
Betonplatten	2400	2,1	142	2304	0,96	35	1,8	3,1	4,8	0	+	0	0
Massivlehmsteine	1800	0,91	77	1800	1,0	5,10				+	+	+	+
Kalksandvollsteine	1800	0,99	79	1504	0,88	15-20					+	+	0
Ziegelvollsteine	1800	0,81	74	1656	0,92	8	1,0		2,7	+	+	+	+
Lehmstrohwickel	1000	0,45	54,5	1400	1,0	5-10				+	+	+	+
Massivlehm	1800	0,91	76,8	1800	1,0	5-10				+	+	+	0
Bimskies	1200	0,19	35	1200	1,0					+	+	+	0
Blähton (4-8mm)	530	0,13	16	477	0,9	5-8				+	+	+	0
Schlacke gebläht	700	0,18	28	700	1,0	5				0	+	0	0
Blähperlite	90	0,055	7	90	1,0	3-4				+	+	0	+
Korkschrot, natur	80-200	0,045	5,3	150	1,6	10	0,2	0,4	0,6	+	+	+	+
Glaswolle/Steinwolle	100	0,04	4	80	0,8	1	0,5		1,0	0	0	-	-
Polystyrolschaum	20-60	0,040	2,2	30	1,5	40-370	0,02		0,5	-	-	-	-
Schilfrohr	225	0,045	7	270	1,2	2				+	+	+	+
3.4 Trittschalldämmung													
Korkplatten	80	0,045	5,3	176	1,6	20-30	0,2	0,4	0,6	+	+	+	+
Kokosmatten	130	0,047	4	208	1,6	1				+	+	+	+
Holzweichfaserplatte	250	0,05	10	420	1,8	5-13	1,6	2,5	4,2	+	+	+	+
Holzwolleleichtbaupl.	400	0,093	16	760	1,9	2-5	1,9	3,5	6,7	+	+	+	+
Filz (Wolle, Haar)	400	0,09	12	390	0,098	10				+	+	+	+
Glaswolle	150	0,05	6	120	0,8	1	0,5		1,0	+	0	-	-
Polystyrolplatten	80	0,04	2,2	30	1,5	40-370			0,5	-	-	-	-
Blähperlite bit.	120												
Flachsschaben bit.	150	0,060	8	225	1,5	16				+	+	-	0
Gasbetongranulat	400	0,14	25	420	1,05	5-10	1,8	2,7	4,5	+	+	+	+
Gebläte Glaswolle										+	+	0	0
Korkschrot, natur	80-120	0,050	5,3	176	1,8	20-30	0,2	0,4	0,6	+	+	+	+
3.5 Estrich naß/trocken													
Magnesiaestrich	1400	0,67	50	1400	1,0	15				+	-	0	+
Zementestrich	2000	1,4	108	2000	1,0	35				+	-	0	0
Anhydridestrich	2100	1,2	100	2100	1,0	30				+	-	+	+

Kriterien / Materialien	Roh-dichte	Wärme-leit-fähig-keit	Wärme-ein-dring-koeff.	Wärme-spei-cher-zahl	spez. Wärme-kapa-zität	Dampfdif-fusions-wider-stand	Wassergehalt bei rel. Luft-feuchtigkeit Volumen % bei			Einfluß auf Elektro-klima	Wieder-verwend-barkeit	Schad-stoffe b. Her-steller	Aus-wirkung Gesund-heit
	ρ	λ	b	s	c	μ	30%	60%	90%	±0	±0	±0	±0
	kg/m³	W/m·K	kJ/m²hK	kJ/m³K	kJ/kgK								
3.5 Estrich naß/trocken													
Gußasphaltestrich	2300	0,9	91	2300	1,0	dampfd.				-	-	-	-
Ziegeltrockenestrich	1800	0,80	35	1515	0,84	8	1,0		2,7	+	+	+	+
Lehmestrich	1800	0,91	77	1800	1,0	5-10				+	+	+	+
Spanplatte (kunstharzg.)	800	0,17	28	1270	1,8	50-140	3,8	6,5	10	-	+	0	-
Spanplatte (zementgeb.)	1250	0,20	37	1750	1,4					0	+	0	0
Gipsestrichplatten	1000	0,47	48	840	0,84	5-10				+		+	+
Gipsfaserestrichplatten	1000	0,27	37	840	0,84	9				+	-	+	+
Sandwich Holzweich-Hartfaserplatte	430	0,07	14	774	1,8	10/60				+	+	+	+
3.6 Fußboden													
Naturstein (Marmor)	2800	3,5	190	2584	0,91	65	0,4		1,8	+	+	0	0
Ziegel (Klinker)	2000	1,0	84	1760	0,88	120-300	0,1	0,2	0,3	+	+	0	0
Ziegel (Cotto)	1200	0,5	45	1204	0,92	8	0,2	0,4	0,6	+	+	+	+
Lehmboden	1800	0,91	76,8	1800	1,0	5-10				+	+	+	+
Holzdielen	600	0,13	24	1140	1,96	40	7	12	20	+	+	+	+
Holzparkett	800	0,20	34	1336	1,67	80	6	10	17	+	+	+	+
Linoleum	1000	0,17	32	1500	1,5	500				+	+	+	+
Gummi (synthetisch)	1300	0,19	30	1820	1,4	800				+	-	-	0
Kunststoff (PVC)	1500	0,23	45	2250	1,5	600-1200	0,2	0,4	0,6	-	-	-	-
Korkparkett	500	0,070	8	1250	2,5	15				+	+	+	+
Kokos-Sisalteppich	500	0,050	9	900	1,8	5				+	+	+	+
Wollteppich	500	0,040	6	950	1,9	5				+	+	+	+
Nadelvlies (synthetisch)	500	0,0	18	700	1,4	30				-	-	-	-
4. Dach **4.1 Tragwerk**													
Holz	600	0,13	24	1160	1,9	40	7	12	20	+	+	+	+
Gasbeton, bewehrt	800	0,29	30	840	1,05	5-10	1,8	2,7	4,5	-	0	0	0
Stahlbeton	2500	2,1	142	2400	0,96	35	5		9	-	-	-	-
Stahl	7500	58	860	3000	0,4	dampfd.				-	+	0	
4.2 Wärmedämmung													
Holzweichfaserdämmpl.	190	0,045	8	342	1,8	10				+	+	+	+
Holzweichfaserplatte	250-280	0,05	10	450	1,8	5-13	1,6	2,5	4,2	+	+	+	+
Schilfrohr	225	0,055	7	270	1,2	2				+	+	+	+
Korkplatten	80	0,045	5	130	1,6	20-30							
Torfplatten	225	0,05	7	270	1,2	2,7				+	+	+	+

Kriterien / Materialien	Rohdichte	Wärmeleitfähigkeit	Wärmeeindringkoeff.	Wärmespeicherzahl	spez. Wärmekapazität	Dampfdiffusionswiderstand	Wassergehalt bei rel. Luftfeuchtigkeit Volumen % bei			Einfluß auf Elektroklima	Wiederverwendbarkeit	Schadstoffe b. Hersteller	Auswirkung Gesundheit
	ρ	λ	b	s	c	μ							
	kg/m³	W/m·K	kJ/m²hK	kJ/m³K	kJ/kgK		30%	60%	90%	±0	±0	±0	±0
4.2 Wärmedämmung													
Holzwolleleichtbaupl.	400	0,093	16	760	1,9	2-5	1,9	3,5	6,7	+	+	+	+
Schaumglas	120	0,045	5,1	130	1,1	dampfd.				+	0	0	-
Polystyrolschaum	15-30	0,025-0,04	2,2	30-45	1,5	20-180	0,0		0,5	-	-	-	-
Polyurethanhartschaum	30	0,02-0,035	2	45	1,5	30-100				-	+	-	-
Kokoswolle	125	0,045	4	200	1,6	1				+	+	+	+
Schlackenwolle	100	0,04	4	80	0,8	1				0	0	-	-
Glas- u. Steinwolle	100	0,04	4	80	0,8	1	0,5		1,0	0	0	-	-
Sägemehl	200	0,07	11	420	2,1	20	2,5		7,0	+	+	+	+
Blähperlite	90	0,055	7	90	1,0	3-4				+	+	0	+
Bähton (4-8)	300-700	0,10-0,16	16	270-630	0,9	1				+	+	+	+
Strohschüttung	150	0,058	6,6	190	1,26					+	+	+	+
Korkschrot	80-120	0,050	5,3	176	1,8	20-30	0,2	0,4	0,6	+	+	+	+
Zellulose Dämmstoff	35-50	0,045	7	60	1,2	3,5				+	+	+	+
stehende Luftschicht (50 mm)		0,27				0				+	+	+	+
4.3 Dachdichtung													
Wollfilzpappe	870	0,17	27,7	1131	1,3	15				+	+	0	+
Dachpappe	1200	0,17	31,3	1440	1,2	1300				0	0	-	-
Bitumierte Pappe	1200	0,17	31,3	1440	1,2	10000				0	0	-	-
Folie (PVC, PE)						15000				-	0	-	-
Alu-Folie						100000				-	0	-	-
Asphalt	2100	0,7				800				-	-	-	-
Kreppapier	1400	0,17	25	2100	1,5	200				+	-	0	+
wasserabstoßendes Papier	720	0,17	30	1070	1,5	400				+	-	0	+
dampfbremsendes Papier	590	0,17	27	900	1,6	2250				-	-	-	0
4.4 Dachhaut													
Stroh, Rohr	225	0,045	7	270	1,2	2				+	+	+	+
Holzschindeln (Lärche)	700	0,13	28	1330	1,9	50	7	12	20	+	+	+	+
Schiefer	2700	3,5	185	2457	0,9	25	1,4		1,8	+	-	0	0
Ziegelpfannen	1800	0,46	47	1656	0,92	8				+	+	+	+
Betondachstein	2400	2,1	139	2304	0,96	35				-	+	-	-
Asbestzementplatten	1700	0,35	49	1700	1,0	25-950				-	0	-	-
Asbestfreie Dachplatten	1700	0,35	49	1700	1,0	136				+	0	0	-

Kriterien / Materialien	Rohdichte ρ kg/m³	Wärmeleit-fähigkeit λ W/m·K	Wärmeein-dringkoeff. b kJ/m²hK	Wärmespei-cherzahl s kJ/m³K	spez. Wärmekapazität c kJ/kgK	Dampfdif-fusions-widerstand μ	Wassergehalt bei rel. Luftfeuchtigkeit Volumen % bei 30%	60%	90%	Einfluß auf Elektro-klima ±0	Wieder-verwend-barkeit ±0	Schad-stoffe b. Her-steller ±0	Aus-wirkung Gesund-heit ±0
4.4 Dachhaut													
verzinkt. Stahlblech	7500	58	860	3000	0,4	dampfd.				-	0	-	-
Kupferblech	8900	383	2335	3560	0,4	dampfd.					-	0	0-
Aluminium	2700	203	1310	2430	0,9	dampfd.				-	0	0	-
Titanzinkblech	7800		1200		0,4	damfd.				-	0	0	-
5. Fenster u. Türen													
Holz (Fichte)	600	0,13	24	1140	1,9	40	7	12	20	+	+	+	+
Kunststoff (PVC)	1500	0,23	45	2250	1,5	600-1200				-	+	-	-
Aluminium	2700	203	1310	2430	0,9	dampfd.				+	+	-	-
Glas (einfach)	2500	0,8	77	1875	0,75	dampfd.				0	+	0	0
Isolierverglasung	2500		77	1875	0,75	dampfd.					+	-	0
Sonnenschutzverglasung	2500		70	1875	0,75	dampfd.					+	-	0
6. Anstriche													
Naturnahe Anstriche auf Kalk-, Leim-, Silikat- oder Naturharzbasis						180-215				+	+	+	+
Ölfarben, Lacke						10000				0	-	-	-
Kunstharzdispersion						1800				-	-	-	-
PVC-Lacke						50000				-	-	-	-
Chlor-Kautschuklack						77000				-	-	-	-
Teer-Bitumenanstrich						1200				-	-	-	-
7. Installation													
Wasser	1000	0,582		4170	4,17								
Luft	1,29	0,27		1,3	1,01								
7.1 Brauchwasser und Heizung													
Verzinkter Stahl	7500	58	860	3000	0,4	dampfd.				-	+	0	0
Kupfer	8900	383	1167	3560	0,4	dampfd.				-	+	0	0
Kunststoff (PVC-HT)	1500	0,23	2250	1,5	600-1200				-	0	-	-	
7.2 Abwasser													
Steinzeug	2000	0,96	84	1840	0,92	35				+	0	+	+
Gußeisen	7500	58	860	3000	0,4	dampfd.				-	0	0	0
Pvc-hart (KG)	1500	0,23	45	2250	1,5	600-1200				-	0	-	-

Quellen

(1) Büttner, Horst; Meißner, Günter
Bürgerhäuser in Europa
Edition Leipzig, Lizenzausgabe Kohlhammer
Stuttgart 1981

(2) Bayerische Versicherungskammer
Dachausbau in Wohngebäuden
Heft 3.4.11, München 1993

(3) Informationsdienst für neuzeitliches Bauen e.V. Bonn
Aufsattelung geneigter Dächer
d.-Extrakt, Bonn 1992

(4) Bayerische Versicherungskammer
Abstandsflächen
Heft 3.4.2, München 1993

(5) Neufert Ernst
Bauentwurfslehre
Bertelsmann Fachverlag, Düsseldorf 1973

(6) Häfele, Oed, Sabel
Althauserneuerung
ökobuch Verlag, Staufen 1988

(7) Schmidt, Heinrich
Hochbaukonstruktion
Otto Maier Verlag, Ravensburg 1987

(8) Frick, Knöll, Neumann
Baukonstruktionslehre Teil 2
B.G. Teubner, Stuttgart 1979

(9) Fachkunde Bau
Verlag Europa-Lehrmittel, Haan-Gruiten 1991

(10) Zickenheiner, Nehmelmann
Technologie für Zimmerer
Schroedel, Hannover 1979

(11) Hess, Friedrich
Konstruktion und Form im Bauen
Julius Hoffmann Verlag Stuttgart, Stuttgart 1949

(12) Landesverein für Denkmalpflege München
Der Bauberater, 2/3, München 1981

(13) Informationsblatt Fa. Nordex, Schweden

(14) Arge für neuzeitliches Bauen e.V., Kiel 1992

(15) GDI Gesamtverband Dämmstoffindustrie
In: Holz-Zentralblatt Nr. 72 vom 16. Juni 1993
DRW-Verlag Weinbrenner, Leinfelden

(16) Nach Untersuchungen von Cammerer, Krischer, Schüle
und verschiedenen Materialprüfungsanstalten, Graphik:
Borsch-Laaks, Energie- und Umweltzentrum am Deister e.V.

(17) In Anlehnung an Untersuchungen von Marme, Seeberger,
Feist, Din 4108, Din 52612, Einzeluntersuchungen
verschiedener Materialprüfungsanstalten

(18) Information der Mineralfaser-Industrie

(19) nach: RWE Bauhandbuch Technischer Ausbau
10.Ausgabe, RWE-Energie AG, Essen 1990

(20) Referentenentwurf der neuen Wärmeschutzverordnung

(21) Werneke, Klaus,
Das geneigte Dach als Wohnraumaußenfläche Bauverlag,
Wiesbaden 1992

(22) Fa. Möding, Landau/Isar

(23) Fa. Pavatex Schweiz

(24) Informationsdienst für neuzeitliches Bauen e.V. Bonn
Sanierung ausgebauter Dächer
d.-Extrakt, Bonn 1992

(25) Mannes, Willibald
Treppen und Geländer
DVA, Stuttgart 1971

(26) Intern. Bauausstellung Berlin (Hrsg.)
Sanierung von Holzbalkendecken
Verlag Ernst und Sohn, Berlin 1985

(27) Wiechmann, Varsek
Der Sachverständige IX, Heft 12, 297

(28) Bau- und Möbelschreiner
Konradinverlag, Stuttgart 1993

(29) Fa. Interpane, Berlin, Information I-plus

(30) Information von B. Kübler, München, während des Seminars
Dachgeschoßausbau im Bauzentrum München 1993

(31) Hebgen, Heinrich
Bauen mit der Sonne
Energieverlag, Heidelberg 1982

(32) Brennecke, Folkerts u.a.
Dachatlas
München 1975

(33) Deutsches Architektenblatt
4/93, Forum Verlag, Stuttgart 1993

(34) Informationsdienst für neuzeitliches Bauen
Sonderheft Dachausbau
d-extrakt, Bonn 1991

(35) Schmitz, Böhning, Krings
Altbaumodernisierung im Detail
Rudolf Müller Verlag, Köln 1989

(36) Bundesarbeitskreis Trockenbau (Hrsg.)
Bäder in Trockenbauweise
Bonn 1993

(37) Bundesarbeitskreis Trockenbau (Hrsg.)
Brandschutz
Bonn 1985

(38) Fachkunde für Schreiner
Europa Verlag, 1975

(39) Reitmayer, U.
Holztüren, Holztore
Julius Hoffmann Verlag, Stuttgart 1970

(40) Spannagel, F.
Der Möbelbau
Otto Maier Verlag, Ravensburg 1954

(41) Ladener, Heinz
Solaranlagen
ökobuch Verlag, Staufen 1993

(42) Ernst Neufert
Bauentwurfslehre
Vieweg Verlag, Wiesbaden 1992
(33. Auflage)

(43) Rat von Sachverständigen für Umweltfragen
Luftverunreinigung in Innenräumen
Sondergutachten 1987
W. Kohlhammer Verlag, Stuttgart 1987

(44) RWE Bauhandbuch
Energieverlag, Heidelberg 1990

Literaturliste

Dachausbau Sonderheft, Das Haus Spezial, München 1992,
Verlag Burda GmbH München
Gute Anregungen, breit gestreute Lösungen, technische Tips

Der Dachausbau, Dieter Hoor, Holger Reiners, München 1991,
Callwey Verlag
Architektenbilderbuch mit vielen Fotos, wenig Text

Ausgebaute Dächer, Olaf Hüner, Jürgen Lausch, Stuttgart
1991, Kohlhammer Verlag
*12 Beispiele eher exklusiver Dachausbauten, gute Grundriß-
abbildungen, keine Information über rechtliche und konstruktive
Schwierigkeiten*

Dachgeschosse/Dachausbau, Deutsche Bauzeitung, Stuttgart 8/
1991, Bertelsmann Fachzeitschriften
*10 Reportagen mit guten Photos, vier Artikel über Baurecht und
Bautechnik*

Sanierung ausgebauter Dächer, d-extrakt Informationsdienst für
neuzeitliches Bauen e.V., Bonn
*Text mit hohem Informationsgehalt, Zeichnungen, Tabellen,
keine Bilder*

Belichtung von Wohn- und Arbeitsräumen im Dachgeschoß, d-
extrakt Informationsdienst Nr. 11, Bonn

Lärmschutz bei geneigten Dächern, d-extrakt, Informationsdienst
Nr. 9, Bonn

Dachaufbauten und Dachkombinationen, d-extrakt, Informationsdienst Nr. 12, Bonn

Aufsattelung von geneigten Dächern, d-extrakt, Informationsdienst
Nr. 12, Bonn

Dachgeschoßausbau, Dietmar Lochner, Köln 1980, Rudolf Müller Verlag
Fachwissen für Heimwerker mit vielen Zeichnungen und Isometrien, nahezu alle Themen rund um den Dachausbau, zum Teil stark vereinfacht, das meiste ist schwieriger als es auf den Bildern ausschaut, da der Teufel im Detail steckt

...wohnen unterm Dach, Dokumentation einer Ausstellung des Bayerischen Landeswettbewerbes 1990, Bayerisches Zimmerer- und Holzbaugewerbe München
16 Beispiele vom Lande bis in die Stadt

Das muß ich wissen Band 1, Das Dach, Helmut Frielingsdorf, Erftstadt 1989, Deutsche Wohnungswirtschaft Verlag, Düsseldorf
Mischung von technischer Information und Produktwerbung, Informationsbroschüre des Dachdeckerhandwerks

Dachatlas, Brennecke, Folkerts, Haferland, Hart, München 1975, Institut für internationale Architekturdokumentation
Viele Dachdetails für Ingenieure und Architekten, allerdings keine Fotos und wenig Hinweise zum Dachgeschoßausbau

Glasdachbau, Fa. Täumer und Söhne, München
Spezialhandbuch für Verglasungssysteme

Althauserneuerung, Häfele, Oed, Sabel, Staufen bei Freiburg 1988, ökobuch Verlag
Dachausbau ist ein Nebenthema, dennoch viele Renovierungsdetails für Holzbalkendecken und Dachstuhl

Das geneigte Dach als Wohnraumaußenfläche, Klaus Werneke, Wiesbaden 1992, Bauverlag
Sehr gutes Buch für Fachleute, alle bauphysikalischen Phänomene nach dem neuesten Kenntnisstand gut und übersichtlich dargestellt

Das Buch vom Dachausbau, H. Fischer-Uhlig, Taunusstein 1992, Verlag Eberhard Blottner
Ein Sammelband mit PR-Nachrichten der Baustoffindustrie, für den man nicht noch Geld bezahlen sollte

Wohnen unter schrägem Dach, A. Mütsch-Engel, 1982, Verlag Alexander Koch
Ein Bilderbuch mit 631 Fotos und Zeichnungen zum Anregen und Nachahmen, wenig baupraktische Information

Sanierung von Holzbalkendecken, Internationale Bauausstellung Berlin, Berlin 1985, Ernst und Sohn
Gutes Buch zur Altbausanierung mit Zeichnungen, die auch für den Laien die komplizierte Materie alter Holzbalkendecken verständlich erklärt

Brandschutzinformation der Bayerischen Versicherungskammer, München 1992, Nummer 3.4-11 Dachausbau von Wohngebäuden
Hervorragende graphische Darstellung des komplizierten Sachverhalts, Brandschutz, Fluchtwege usw.

Ziegeldach, Ziegelbauberatung, Bundesverband der deutschen Ziegelindustrie, Bonn 1992
Dachkonstruktionen mit Ziegeldeckung, allerdings wenig Beispiele für ausgebaute Dächer

Ausbau von Dächern und Untergeschossen, Innenministerium Baden-Würtemberg, Stuttgart 1990
Kleine, informative Broschüre für Bauherren, mit einigen Fotos, zum Einstieg in die Problematik

Bauphysikalische und bauakustische Aufgaben beim Dachgeschossausbau, Bernhard Kübler, unveröffentliche Seminarbroschüre, München 1993
Gute, knappe Darstellung der wichtigsten bauphysikalischen und -akustischen Parameter für den Dachausbau

Zimmern leicht gemacht, Fachwissen für Heimwerker, Köln 1977, Verlag Rudolf Müller
Kleines Kompendium für einfache Arbeiten an Decke und Dachstuhl (der Holzschutzteil sollte nicht beachtet werden)

Ökologie der Dämmstoffe, Robert Borsch-Laaks, Informationen des Energie-und Umweltzentrums am Deister, Springe-Eldagsen 1991
Gute Zusammenstellung der gebräuchlichsten Dämmstoffe und Versuch einer ganzheitlichen Betrachtung

Dach- und Fassadenbegrünung, Mulders, Tomm, Aachen 1990, Landesinstitut für Bauwesen und angewandte Bauschadensforschung
Gute Übersicht über derzeit angebotene Systeme und ihre Kosten

Holzbau Handbuch, Reihe 3 Bauphysik, Teil 2, Wärme- und Feuchteschutz, G. Hauser und H. Stiegel, Düsseldorf 1992, Arbeitsgemeinschaft Holz
Ein sehr wissenschaftliches Werk, das durch Rechenprogramme versucht, Optimierungsmodelle für den Holzbau zu entwickeln

Holzbau Handbuch, Reihe 1 Entwurf, Teil 14, Folge 3, nachträglicher Dachgeschoßausbau, H. Schulze, Düsseldorf 1992, Arbeitsgemeinschaft Holz e.V.
Im Heft wird versucht, auf wenigen Seiten die wesentlichen Punkte für den nachträglichen Ausbau abzuhandeln. Wegen der knappen Darstellung nur für Fachleute geeignet. Auf den PR-Fotos der Dämmstoffindustrie werden auch noch dicke Baufehler dargestellt, z.B. als Sparrenvolldämmung der Einbau von Dämmstoffen ohne Feuchteschutz unter den Dachplatten

Stichwortverzeichnis

Sach- und Fachbücher zur umweltfreundlichen Technik

Holger König
Wege zum gesunden Bauen
Aus dem Inhalt: richtige Baustoffwahl, geeignete Baukonstruktionen mit Eigenschaften und Anwendungsbereichen, Beispiele ausgeführter Häuser, Baunormen, Bauphysik, Preise und Bezugsquellen. Ein Handbuch für Bauherren, Selbstbauer, Architekten und Handwerker, das die theoretischen und praktischen Aspekte der Baubiologie anschaulich und nachvollziehbar miteinander verbindet. 192 S. m. v. Abb., Neuauflage 1989   39,80 DM

G. Häfele, W. Oed, L. Sabel
Althauserneuerung
Ein Handbuch für alle Hausbesitzer und Bauherrn, das ausführlich den behutsamen, handwerklich sachgerechten Umgang mit alter Bausubstanz beschreibt und zeigt, worauf es bei einer umweltverträglichen und kostengünstigen Renovierung ankommt, welche Maßnahmen bei den einzelnen Bauteilen angebracht sind. Mit Anleitungen zur Selbsthilfe, ausführlicher Baustoffkunde und Kostenübersicht. 226 S. m. v. Abb., 1988   39,80 DM

Peter Stenhorst
Heißes Wasser von der Sonne
Allgemeinverständliche Einführung in die Sonnenkollektortechnik und Leitfaden für Planung und Kauf von Solaranlagen zur Warmwasserbereitung, Schwimmbad- u. Raumheizung. 1994, 188 S. m.v.Abb.   19,80 DM

Heinz Ladener
Solaranlagen
Grundlagen, Planung, Bau und Selbstbau solarer Wärmeerzeugungsanlagen. Das Handbuch der Sonnenkollektortechnik für Warmwasserbereitung, Schwimmbad- und Raumheizung! 1993, 220 S. m.v.Abb.   44,- DM

Othmar Humm
Niedrigenergiehäuser - Theorie und Praxis
Grundlagen und Praxis des Baus von Häusern mit sehr niedrigem Energieverbrauch: planerische Konzepte, Baukonstruktionen und besondere Haustechniken; mit 14 Beispielen, die die Bandbreite der Lösungsmöglichkeiten dokumentieren. 226 Seiten m. vielen Abb., 1990   48,- DM

Holger König
Das Dachgeschoß
Gesunder Wohnraum unter dem Dach - Umbau, Ausbau, Neubau: ein umfassendes und konsequentes Planungshandbuch für Bauherren, Handwerker und Planer. 2.unveränd.Aufl. 1994, 236 S. m. v. Abb.   48,- DM

Gernot Minke
Lehmbau-Handbuch
Ein umfassendes Lehrbuch und Nachschlagewerk, das die ganze Vielfalt der Einsatzmöglichkeiten und Verarbeitungstechniken des Baustoffes Lehm zeigt und die materialspezifischen Eigenschaften praxisnah erläutert. 1994, 320 S. m. vielen z.T. farb. Abb.   68,- DM

Peter Weissenfeld
Holzschutz ohne Gift?
Holzschutz und Holzoberflächenbehandlung in der Praxis mit vielen Anleitungen und Rezepten für alle, die in Haus und Hof selbst zum Pinsel greifen. 7. überarbeitete Aufl. 1988, 141 S. mit Abb. DIN A5 br.   19,80 DM

Claudia Lorenz-Ladener, Hrsg.
Kompost-Toiletten
Wege zur ökologischen Fäkalienentsorgung. Nach einer Einführung in die geschichtliche Entwicklung beschreibt das Buch die verfügbaren Produkte, deren Funktion, Installation und Gebrauchstauglichkeit. Mit Untersuchungen und Erfahrungsberichten. 163 S. m.v. Abb., 1992   29,80 DM

Claudia Lorenz Ladener
Naturkeller
Grundlagen, Planung und Bau von naturgekühlten Lagerräumen im Haus oder Freiland, um für Obst und Gemüse geeignete Überwinterungsmöglichkeiten zu schaffen. 139 S. m.v.Abb., 1990   29,80 DM

Hans-P. Ebert
Heizen mit Holz
Günstiger Holzeinkauf, Zurichten des Waldholzes, Lagerung und Trocknung, Anforderungen an Feuerstelle und Schornstein, die verschiedenen Ofentypen und ihre Einsatzbereiche. 121 S. m. v. Abb., 1993   16,80 DM

Bücher zu aktuellen Themen
Bauen - Energie - Umwelt

Klaus Bahlo, Gerd Wach
Naturnahe Abwasserreinigung
Planung und Bau von Pflanzenkläranlagen. Dieser Ratgeber für Grundstücksbesitzer und Planer, die häusliche Abwässer umweltschonend und landschaftsbezogen entsorgen möchten, zeigt detailliert und verständlich, wie Pflanzenkläranlagen genehmigungsfähig geplant und fachgerecht gebaut, betrieben und gewartet werden. 137 S. m.v. Abb., 1992   29,80 DM

Wolfgang Bredow
Regenwasser-Sammelanlage
Eine leicht verständliche Anleitung für den Bau verschiedener Regenwasser-Sammelanlagen, mit denen viel kostbares Trinkwasser eingespart werden kann. 7. überarb. Aufl. Dezember 1988, 126 S. m. v. Abb.   16,80 DM

Hans Mönninghoff, Hrsg.
Wege zur ökologischen Wasserversorgung
Wassersparende Armaturen und Toilettenspülsysteme, doppelte Wassernetze, Regenwassernutzung, Grauwasserreinigung: Grundlagen, Betriebserfahrungen, Anleitungen sowie kommunal- und landespolitische Handlungsmöglichkeiten. ca. 120 S., 3. überarb. Aufl. 1993   29,80 DM

Karlheinz Böse
Brunnen- und Regenwasser für Haus u. Garten
Über die Techniken zur Nutzung von Grund- und Regenwasser: Das Buch beschreibt, wie und in welchen Behältern Wasser gesammelt werden kann, wann es gefiltert werden muß, welche Pumpen geeignet sind, wie das Wasser in Haus und Garten richtig verteilt wird. 109 S. m.v.Abb.,   16,80 DM

Uwe Hallenga
Wind: Strom für Haus und Hof
Eine ausführliche, reich bebilderte Bauanleitung mit komplettem Zeichnungssatz für eine kleine Windkraftanlage mit 2,2 m Rotor-, die bei gutem Wind 200-500 Watt Leistung liefert. 76 S. m.v.Abb., 1990   14,80 DM

Heinz Schulz
Der Savonius-Rotor
Bauanleitungen für diverse Rotorkonstruktionen zur Nutzung der Windenergie im Leistungsbereich von 100-2000 W. Mit Hinweisen zur Auswahl von Generatoren u. Pumpen. 80 S. m.v. Abb. +Plänen, 1989   14,80 DM

Heinz Ladener
Solare Stromversorgung
Grundlagen- und Praxiswissen, das für Planung und Bau solarer Stromversorgungsanlagen gebraucht wird: Solarpanele, Akkus, Schaltungstechnik und Geräte, m. Beispielen u. Erfahrungen. Neubearb. '94, 230 S.,ca. 48,- DM

Heinz Schulz
Kleine Windkraftanlagen
Technik, Erfahrungen, Meßergebnisse. Detaillierter Überblick über käufliche Windkraftanlagen bis 1 kW Leistung zur Stromerzeugung und zum Wasserpumpen. Mit Leistungsdaten u. Preisen! 108 S., 1991 24,80 DM

Martin Werdich
Stirling - Maschinen
Grundlagen und Technik von Stirling-Maschinen mit einem Überblick über erprobte Motorkonzepte und ihre Vor- und Nachteile. Mit ausführlichem Hersteller- und Literaturverzeichnis sowie Bauplan für ein Funktionsmodell. 140 S. m.v.Abb., 3. Aufl. 1994   29,80 DM

Unsere Bücher erhalten Sie in allen guten Buchhandlungen!

Preisstand 1.8.1994 - Änderungen vorbehalten!